高等职业教育财务会计类专业课程系列教材

浙江省普通高校『十三五』新形态教材

Tax Calculated Declaration and Planning

税费计算申报与筹划

（第四版）

朱丹 主编

东北财经大学出版社
Dongbei University of Finance & Economics Press
大连

图书在版编目（CIP）数据

税费计算申报与筹划 / 朱丹主编. —4版. —大连：东北财经大学出版社，2023.2

（高等职业教育财务会计类专业课程系列教材）

ISBN 978-7-5654-4686-3

Ⅰ. 税… Ⅱ. 朱… Ⅲ. ①税费–计算–高等职业教育–教材 ②税收管理–中国–高等职业教育–教材 ③税收筹划–中国–高等职业教育–教材 Ⅳ. ①F810 ②F810.423

中国国家版本馆CIP数据核字（2023）第021118号

东北财经大学出版社出版

（大连市黑石礁尖山街217号　邮政编码　116025）

网　　址：http：//www.dufep.cn

读者信箱：dufep@dufe.edu.cn

大连天骄彩色印刷有限公司印刷　东北财经大学出版社发行

幅面尺寸：185mm×260mm　　字数：599千字　　印张：25

2023年2月第4版　　　　　　2023年2月第1次印刷

责任编辑：王天华　周　慧　责任校对：慧　心　尚玉影
　　　　　　　　　　　　　　　　　　　　包利华

封面设计：冀贵收　　　　　　版式设计：原　皓

定价：49.00元

第四版前言

本书第一版自2016年11月出版以来，历经3次再版多次重印，并于2020年入选浙江省普通高校"十三五"新形态教材。本次根据教育部《高等学校课程思政建设指导纲要》《职业院校教材管理办法》等文件精神，结合我国最新发布的税收政策进行全面修订。

本次修订基本保持了前三版的内容体系和特点，重点是更新了过时的税收政策，并将课程思政，即价值引领融入课程教学体系，新增和调整完善了重难点微课、动画、图片等数字资源，调整完善了部分引导案例、知识链接、思考与练习等内容。

本书具有以下特色：

一、将课程思政即价值引领融入课程教学体系。在每章学习目标中增加"职业素养目标"，并将课程思政典型案例以"税收与民生""素养园地"栏目方式系统展现，力求将价值体系与知识体系、能力体系有机融合，通过"润物细无声"方式将课程思政元素融入教材之中。

二、突出应用性、实践性。结合优秀教学团队长期的教学经验，完善理实一体的教学项目安排，紧密结合当前我国税收领域的热点问题，将税收理论知识和社会时政、国计民生相结合。

三、内容科学先进，导向正确，梯度清晰，编排合理。教材素材选取注重导向性和及时性，所涉及的所有税种的相关法规均以修订交稿时（2022年12月）我国最新发布的税收法律法规为主要依据。更新了与教材配套的课程能力标准、教学实施纲要、教学课件、习题答案等教学资源，新增和调整了高质量的微课、动画、图片等读者喜闻乐见的教学资源，打造新形态一体化教材。

四、配套数字化资源丰富。本书系浙江省精品在线开放课程、浙江省职业教育在线精品课程、浙江省课程思政示范课程"税费计算申报与筹划"的配套教材，课程于2017年在浙江省高等学校在线开放课程共享平台（http://zjedu.moocollege.com）上线，已开设11期，2020年同时在智慧职教MOOC学院（https://icve-mooc.icve.com.cn/）上线，已开设5期。线上教学资源丰富，混合式教学设计合理，平台资源及各项功能将减轻老师批改作业、试卷命题等工作量，让老师们将更多的精力投入课堂教学以及与学生的沟通互动中。在此诚邀各校老师加入我们的教学团队开展线上线下混合教学，在实现课堂智慧化的同时，让课堂"动起来"。

本次修订由朱丹负责修订项目二至项目六，王荃负责修订项目一和项目七，书中部分课程思政案例由浙江经济职业技术学院倪成伟教授提供指导，朱丹负责全书课程思政案例的设计与统稿。

本书在修订过程中得到企业、任课老师及东北财经大学出版社的大力支持，在此表示诚挚的谢意。

　　本书建议课时数为84课时，具体课时分配见下表：

税费计算申报与筹划课时分配表

内　容	课　时		
	理论	实训	合计
项目一　税收与纳税筹划基础知识	6		6
项目二　增值税计算申报与筹划	12	12	24
项目三　消费税计算申报与筹划	8	4	12
项目四　关税计算申报与筹划	2		2
项目五　企业所得税计算申报与筹划	10	8	18
项目六　个人所得税计算申报与筹划	8	4	12
项目七　其他税种计算申报与筹划	4	4	8
机　动	2		2
合　计	52	32	84

　　由于编者水平及时间有限，书中难免存在错误与不足之处，敬请广大读者批评指正，以使本书日臻完善。

编　者

2022 年 12 月

目 录

项目一　税收与纳税筹划基础知识 / 1

职业能力目标 / 1

典型工作任务 / 1

任务一　学习税收基础知识 / 2

任务二　了解现行税收体系与税务机构设置 / 10

任务三　了解企业涉税工作基本流程 / 14

任务四　学习纳税筹划基础知识 / 31

思考与练习 / 37

项目二　增值税计算申报与筹划 / 41

职业能力目标 / 41

典型工作任务 / 41

任务一　学习增值税基本知识 / 42

任务二　认识与管理增值税专用发票 / 57

任务三　计算增值税 / 67

任务四　申报增值税 / 86

任务五　出口退（免）增值税 / 100

任务六　筹划增值税 / 106

思考与练习 / 113

项目三　消费税计算申报与筹划 / 121

职业能力目标 / 121

典型工作任务 / 121

任务一　学习消费税基本知识 / 122

任务二　计算消费税 / 129

任务三　申报消费税 / 140

任务四　出口货物退（免）消费税 / 148

任务五　筹划消费税 / 149

思考与练习 / 152

项目四　关税计算申报与筹划 / 157

职业能力目标 / 157
典型工作任务 / 157
任务一　学习关税基本知识 / 158
任务二　计算关税 / 162
任务三　申报关税 / 166
任务四　筹划关税 / 169
思考与练习 / 171

项目五　企业所得税计算申报与筹划 / 175

职业能力目标 / 175
典型工作任务 / 175
任务一　学习企业所得税基本知识 / 176
任务二　计算企业所得税 / 180
任务三　申报企业所得税 / 207
任务四　筹划企业所得税 / 242
思考与练习 / 246

项目六　个人所得税计算申报与筹划 / 253

职业能力目标 / 253
典型工作任务 / 253
任务一　学习个人所得税基本知识 / 254
任务二　计算个人所得税 / 263
任务三　申报个人所得税 / 284
任务四　筹划个人所得税 / 320
思考与练习 / 326

项目七　其他税种计算申报与筹划 / 332

职业能力目标 / 332
典型工作任务 / 332
任务一　房产税计算申报与筹划 / 333
任务二　城镇土地使用税计算申报与筹划 / 343
任务三　车船税计算申报与筹划 / 347
任务四　印花税计算申报与筹划 / 353
任务五　城市维护建设税和教育费附加计算申报与筹划 / 360
任务六　土地增值税计算申报与筹划 / 363

任务七　契税计算申报与筹划／375

任务八　其他税种综合计算与筹划／379

思考与练习／382

参考文献／389

数字化教学资源索引／390

项目一

税收与纳税筹划基础知识

职业能力目标
1. 掌握税收的基本概念与本质特征
2. 掌握税收制度的基本构成要素
3. 认识我国现行税收体系
4. 了解我国现行税收征收管理体系
5. 了解企业涉税工作基本流程
6. 初步了解纳税筹划的基础知识

典型工作任务
1. 按规定办理各类税务登记
2. 根据企业实际情况设置和管理凭证账簿
3. 领购和使用发票
4. 申报和缴纳税款

职业素养目标
1. 培养涉税业务判断与沟通能力
2. 增强依法纳税、合法节税意识
3. 引导自觉践行社会主义核心价值观

任务一   学习税收基础知识

引导案例

税收收入是国家机构运行和社会经济正常运转的重要保障。国家取得税收收入，同时保障纳税人的合法权益，纳税人则享受政府提供的服务和社会资源，这就是国家税收"取之于民，用之于民"的本质。所以，纳税人应按照税收法律法规的要求，及时足额缴纳税款并承担各项应尽的义务。而纳税人只有了解税收法律法规的基本内容，才能防范税收风险，维护自身合法权益，同时通过纳税筹划降低纳税成本，减轻税收负担。

一、税收的概念和特征

（一）什么是税收

税收是国家为满足社会公共需要，凭借政治权力，按照法律的规定，强制地、无偿地参与社会剩余产品分配，以取得财政收入的一种规范形式。税收又称"赋税""租税""捐税"等。

税收是国家实现其职能的物质基础。国家为了行使其职能、满足社会公共需要，必须取得财政收入，而国家自身不创造财富，因此国家就要以向社会成员征税等方式来取得收入。同时，税收还是国家凭借政治权力进行的分配形式，只要在社会上存在私有财产制度，而国家又需要将一部分不属于国家所有或不能直接支配使用的社会产品转变成国家所有，就有必要采取税收方式。

国家筹集财政收入的方式除税收外，还有发行公债和收取各种规费等，但税收自产生以来，一直是国家取得财政收入的主要形式。与其他财政收入形式相比，税收具有强制性、无偿性和固定性三大本质特征。

（二）税收的特征

1.强制性

强制性指在税法规定的范围内，任何单位和个人都必须依法纳税，否则就要受到法律的制裁。征税是为了满足社会公共需要，对于经济单位和个人而言，由于征税会减少自己的既得利益，其必定会抵制征税。国家就必须运用政治权力进行干涉和约束以保障其征税权利，所以税收具有强制性。

2.无偿性

无偿性是指国家征税不需要对具体纳税人付出任何报酬，也不再直接偿还给纳税人。国家征税时不需要向纳税人付出任何代价或等价物，这体现的是税收的无偿性特征。但就国家与全体纳税人的利益关系而言，税收是有偿还性的，因为国家利用税收为全社会提供了社会秩序、公共安全、公共设施等各种服务，纳税人整体又享受了这种服务。从这个意义上说，税收对于全体纳税人而言是有偿还性的，其具有"取之于民，用之于民"的性质。

3.固定性

固定性是指国家预先通过法律形式规定了纳税人、征税对象和征收比例等，征纳双方都必须遵守，不能随意变动。但税收的固定性也并非一成不变，随着社会经济的发展和政治条件的变化，税收的纳税人、征税对象和征收比例都是会不断改变的，但税收制度的改革和调整必须通过一定的法律程序，以法律法令的形式进行，因而能在一定时间内保持相对稳定。

【提示】税收的"三性"相互联系，不可分离，是不同社会制度下税收所共有的，是税收本质的具体体现，这使其与利润、规费等分配形式有明显的区别，因此税收的"三性"是区别税与非税的根本标志。

区分一种财政收入是税还是非税，不在于它叫什么名称，而主要看它是否同时具备这"三性"，只要同时具备这"三性"，即便不叫税，实质上也是税。

【思考】有些国家开征社会保险税，从本质上看，这种具有对称性返还特点的税种能算税吗？

微课

税收制度
构成要素

二、税制构成要素

税制构成要素包括纳税人、征税对象、税率、纳税环节、纳税期限、纳税地点、税收减免、税收加征、违章处理等项目。

（一）纳税人

纳税人是指税法规定直接负有纳税义务的单位和个人，也称纳税主体。

纳税人可以是自然人，也可以是法人。自然人和法人若有税法规定的应税财产、收入和特定行为，就对国家负有纳税义务。

【知识链接】

纳税人、负税人、扣缴义务人的区别

负税人是指税收负担的最终承担者。纳税人与负税人可能一致，也可能不一致。当某一税种的税负可以转嫁时，该税种的纳税人与负税人不一致，该税种为间接税。比如，增值税的纳税人是税法规定的销售货物、进口货物、提供加工修理修配劳务、发生应税行为的单位和个人，但是其负税人却是最终消费者。如果某一税种的纳税人和负税人一致，则说明该税种是不能转嫁的，该税种为直接税。比如，个人所得税的纳税人和负税人都是个人。

扣缴义务人是指按照税法的规定负有扣缴税款义务的单位和个人。扣缴义务人不是纳税主体，而是纳税人和税务机关的中介，应按税务机关和税法的要求认真履行扣缴税款义务。扣缴义务人可分为代扣代缴义务人和代收代缴义务人。代扣代缴义务人是指有义务在向纳税人支付款项时扣除应纳税款并代为缴纳的单位或个人。比如，税法规定单位对于职工取得的工资薪金所得产生的个人所得税负有代扣代缴义务，因此单位就是扣缴义务人，应在支付职工工资薪金时代扣代缴其个人所得税。代收代缴义务人则是指有义务在向纳税人收取款项的同时收取应纳税款并代为缴纳的单位或个人。比如，委托加工消费税应税产品时，受托方是税法规定的代收代缴义务人，应在收取加工费时代收代缴该应税消费品委托方应交的消费税。

【思考】扣缴义务人是纳税人的一种特殊形式吗？

（二）征税对象

征税对象又称课税对象，是征税的目的物，即对什么征税。它是一种税区别于另一种税的主要标志。征税对象决定着不同税种名称的由来以及各税种在性质上的差别。比如，流转税的征税对象是商品流通过程中的流转额，所得税的征税对象则是所得额。

在此，应注意征税对象与计税依据、税目的区别。计税依据是征税对象的数量化，也是应纳税额计算的基础。从价计征的税收，以计税金额为计税依据；从量计征的税收，以征税对象的数量、容积、体积为计税依据；复合计征的税收，则同时以计税金额和计税数量为计税依据。比如，我国现行消费税中，高档化妆品、鞭炮焰火等是从价计征的，其计税依据为销售额；成品油是从量计征的，其计税依据为销售数量，以"升"为计税单位；卷烟和白酒都是复合计税，既要以销售额为依据计算从价税，又要以销售数量为依据计算从量税，再将两者相加。

税目是征税对象的具体化，反映各税种具体的征税项目，体现每个税种的征税广度。对于大多数税种而言，由于征税对象比较复杂，而且对税种内部不同征税对象又需要采取不同的税率档次进行调节，因此需要对税种的征税对象作进一步划分，做出具体的界限规定，这个规定的界限范围就是税目。比如，消费税按应税消费品种类划分为15个税目。

（三）税率

税率是应纳税额与计税依据之间的法定比例，是计算应纳税额的尺度，体现了征税的深度。每种税的税率高低，都反映国家在一定时期的有关经济政策，直接关系到国家财政收入的多少和纳税人税收负担的大小。

按照表现形式，税率可以分为以绝对量形式表示的税率和以百分比形式表示的税率，我国目前主要有以下几种税率：

1.比例税率

比例税率是指对同一征税对象，不论金额大小都按同一比例纳税，税额与征税对象之间的比例是固定的。比如，企业所得税的基本税率为25%。

比例税率的优点：对同一征税对象的不同纳税人的税收负担相同，有利于在大体相同的条件下开展竞争，而且计算方便，也便于税收稽征管理。主要缺点：不分纳税人的环境、条件差异及收入等，都按同一税率征税，这与纳税人的实际负担能力不完全相符，具有一定的局限性。

2.定额税率

定额税率是对单位征税对象规定的固定的税额，是税率的一种特殊形式，一般适用于从量计征的税种。比如，消费税中黄酒的税率为240元/吨，汽油的税率是1.52元/升。

定额税率的特点是税率与征税对象的价值量脱离了联系，不受征税对象价值量的影响。

3.累进税率

累进税率是按征税对象的多少划分若干级距，并从低到高分别制定各等级税率，征税对象数额越大，税率越高。这种税率形式既可适应纳税人的负担能力，又便于充分发挥调节纳税人收入水平的作用，较比例税率更符合税收的公平要求，一般适用于对所得和财产的征税。

按照累进依据和累进方式不同，累进税率可分为全额累进税率、超额累进税率、超率累进税率等。

（1）全额累进税率。它是对征税对象的全部数额，均按与之相适应等级的累进税率计算纳税，当征税对象提高到一个新的级距时，对其全额都提高到一级新的与之相适应的税率计算纳税。它的计算方法简单，但存在累进分界点上税负呈跳跃式递增、税负不尽合理的弊端。

全额累进税率的计税公式：

$$应纳税额 = 应纳税所得额 \times 适用税率$$

（2）超额累进税率。它是把征税对象按数额大小划分为若干等级，从低到高对每个等级分别规定相应的税率，一定数额的征税对象可以同时适用几个等级的税率，每超过一级，超过部分按提高一级的税率计税，分别计算各等级税额，各等级应纳税额之和就是纳税人的应纳税额。它的累进程度比较缓和，在计算上比较复杂。比如，目前我国个人所得税中的综合所得采用的就是3%～45%的七级超额累进税率。

超额累进税率下的计税公式：

$$应纳税额 = \sum 每一级应纳税所得额 \times 本级适用税率$$

【知识链接】

速算扣除数的计算

为了简化计算，通常在超额累进税率中确定速算扣除数。速算扣除数实际上是在级距和税率不变的条件下，全额累进税率的应纳税额比超额累进税率的应纳税额多纳的一个常数。因此，在超额累进税率的条件下，用全额累进的计税方法，只要减掉这个常数，就等于用超额累进方法计算的应纳税额，故称速算扣除数。

速算扣除数的计算公式是：

本级速算扣除数 = 前一级最高所得额 × （本级税率 – 前一级税率） + 前一级速算扣除数

假定某一超额累进税率规定见表1-1。

表1-1　　　　　　　　　　　　超额累进税率规定

级距	应纳税所得额	税率	速算扣除数（元）
1	小于3 000元的部分	3%	0
2	超过3 000～12 000元的部分	10%	210
3	超过12 000～25 000元的部分	20%	1 410
4	超过25 000～35 000元的部分	25%	2 660

第二级距速算扣除数 = 3 000 × （10% – 3%） + 0 = 210（元）

第三级距速算扣除数 = 12 000 × （20% – 10%） + 210 = 1 410（元）

第四级距速算扣除数 = 25 000 × （25% – 20%） + 1 410 = 2 660（元）

采用速算扣除数计算法计算超额累进税率的税额时，计税公式为：

应纳税额 = 应纳税所得额 × 适用税率 – 速算扣除数

假定某人取得的应税所得为15 000元，分别采用分段计算法和速算扣除数计算法比较结果。

分段计算法应纳税额 = 3 000 × 3% + 9 000 × 10% + 3 000 × 20% = 1 590（元）

速算扣除数计算法应纳税额 = 15 000 × 20% − 1 410 = 1 590（元）

两种方法计算的结果完全一致，但速算扣除数计算法要简单得多，尤其是在所得越高，适用的级距越高的时候，速算扣除数计算法的优势就更加明显。

（3）超率累进税率。它是以征税对象的某种比率为累进依据，按超率累进方式计算应纳税额的税率。它与超额累进税率在原理上是相同的，不过税率累进的依据不是绝对数，而是销售利润率、增值率等相对数。比如，目前我国土地增值税采用的四级超率累进税率就是以增值率作为税率累进依据的。

4. 零税率

零税率是指对某种课税对象和某个特定环节上的课税对象，以零表示的税率，即税率为"零"。

【思考】零税率与免税有何共同点与区别？

【提示】目前我国多数税种采用比例税率，少数税种的部分税目采用比例税率加定额税率复合计税，采用超率累进税率的只有土地增值税一种税，没有采用全额累进税率的税种。

（四）纳税环节

纳税环节是指征税客体在运动过程的诸环节中依税法的规定应该纳税的环节。每个税种都有其特定的纳税环节，有的纳税环节单一，有的需要在不同环节分别纳税。凡只在一个环节纳税的，称为"一次课征制"，比如，现行消费税只在生产、委托加工或进口环节征税（特殊情况除外）；凡在两个环节征税的，称为"两次课征制"，比如，现行消费税中的卷烟在批发环节还需征收一道消费税；凡在两个以上环节征税的称为"多次课征制"，比如，现行增值税在商品和劳务流通的每一个环节都要纳税。

（五）纳税期限

纳税期限是指纳税人在发生纳税义务后，应向税务机关申报纳税并解缴税款的起止时间。它是税收的强制性、固定性在时间上的体现。各税种由于自身的特点不同，有着不同的纳税期限，一般分为按期纳税和按次纳税两种形式。比如，我国增值税法律制度规定的纳税期限分别为1日、3日、5日、10日、15日、1个月或者1个季度，以1个月或者1个季度为一个纳税期的，自期满之日起15日内申报纳税；以1日、3日、5日、10日或者15日为一个纳税期的，自期满之日起5日内预缴税款，于次月1日起15日内申报纳税并结清上月应纳税款；不能按照固定期限纳税的，可以按次纳税。

（六）纳税地点

纳税地点是指按照税法的规定向征税机关申报纳税的具体地点。它说明纳税人应向哪里的征税机关申报纳税，以及哪里的征税机关有权进行税收管辖的问题。我国税法上规定的纳税地点主要是机构所在地、经济活动发生地、财产所在地、报关地等。比如，我国房产税的纳税地点是房产所在地。

（七）税收减免

税收减免是减税和免税的合称，是对某些纳税人或征税对象的鼓励或照顾措施。减税是对应纳税额少征一部分税款，而免税则是对应纳税额全部免征税款。除税法另有规定外，一般减税、免税都属于定期减免性质，期满后要恢复征税。减税免税体现了税收在原则性基础上的灵活性，是构成税收优惠的主要内容，具体可分为税基式减免、税率式减免和税额式减免三种形式。

1.税基式减免

税基式减免是通过直接缩小计税依据的方式来实现的减免税。其涉及的概念包括起征点、免征额、项目扣除以及跨期结转等。

起征点是计税依据达到税法规定数额开始征税的起点。对计税依据数额未达到起征点的不征税，达到起征点的按全部数额征税。

免征额是在计税依据总额中免予征税的数额。它是按照一定标准从计税依据总额中预先减除的数额。

【提示】注意区分起征点和免征额。两者相同之处在于：达不到的，都不征税。区别在于：起征点是"不到不征，达到全征"；免征额是"不到不征，达到只就超过的部分征"。

比如某纳税人的应税收入为3 000元，税率为5%。假定规定2 000元为起征点，则其应纳税额为150元（3 000×5%）；假定规定2 000元为免征额，则其应纳税额为50元（（3 000−2 000）×5%）。

项目扣除则是指在计税依据中扣除一定项目的数额，以其余额作为依据计算税额。

跨期结转是指将以前纳税年度的经营亏损从本纳税年度经营利润中扣除。

2.税率式减免

税率式减免即通过直接降低税率的方式实现的减免税。比如，企业所得税法规定符合条件的小型微利企业适用的税率为20%，国家需要重点扶持的高新技术企业适用的税率为15%。

3.税额式减免

税额式减免即通过直接减少应纳税额的方式实现的减免税，包括全部免征、减半征收等。

（八）税收加征

税收加征形式包括地方附加、加成征收、加倍征收等。

1.地方附加

地方附加，简称附加，是地方政府按照规定的比例随同正税一起征收的列入地方预算外收入的一种款项。税收附加是对税种的附加，以正税税额为依据，按规定的附加率计算附加额。比如，教育费附加就是以增值税、消费税税额为计税依据，按规定的附加率计算的。

2.加成征收

加成是指按法定税率计算出应纳税额后，再以应纳税额为依据加征一定成数的税额。加征一成相当于应纳税额的10%，加征成数一般规定在1成至10成之间。

3.加倍征收

加倍是指按法定税率计算出应纳税额后，再以应纳税额为依据加征一定倍数的税额。加征10成即为加征1倍。

　　无论是附加、加成还是加倍，都增加了纳税人的负担，但其目的不同。实行地方附加是为了给地方政府筹措一定的机动财力，用于发展地方建设事业；实行加成征收和加倍征收，则是为了调节和限制某些纳税人获取过多的收入，或者是对纳税人违章行为进行处罚的措施。

（九）违章处理

　　违章处理是对纳税人发生违反税法行为采取的惩罚措施，它是税收强制性的体现。纳税人必须依法及时足额地缴纳税款，凡有拖欠税款、逾期不交、偷税漏税等违反税法的行为，都应受到制裁。违章处理的措施主要有加收滞纳金、处以罚款、税收保全措施、税收强制执行措施等。

三、税收分类

（一）按征税对象分类

　　按征税对象分类是税收最基本和最主要的分类方法。按征税对象分类，税收可分为流转税、所得税、财产税、行为税、资源税。

　　流转税类是指以商品或劳务的流转额为征税对象征收的一类税。这是我国现行税制中最大的一类税收，涉及商品的生产和流通各个环节，主要有增值税、消费税、关税。

　　所得税类是指以所得额为征税对象征收的一类税。所得额是指全部收入减除为取得收入所耗费的各项成本费用后的余额。我国现行税制中属于所得税类的主要有企业所得税、个人所得税。

　　财产税类是指以纳税人所拥有或使用的财产为征税对象征收的一类税。我国现行税制中属于财产税类的主要有房产税、车船税等。

　　行为税类是指以纳税人的某些特定行为为征税对象征收的一类税。我国现行税制中属于行为税类的主要有印花税、契税等。

　　资源税类是指对开发、利用和占有国有自然资源的单位和个人征收的一种税。我国现行税制中属于资源税类的主要有资源税、土地增值税、城镇土地使用税。

（二）按税收与价格的关系分类

微课

价内税与
价外税

　　按税收与价格的关系划分，税收可分为价内税和价外税。

　　价内税是指税款包含在应税商品价格（计税依据）内，商品价格由"成本＋利润＋税金"构成的一类税。比如，我国现行的消费税、关税等。

　　价外税是指税款不包含在应税商品价格（计税依据）之内，商品价格仅由成本和利润构成，价税分离的一类税。我国现行的增值税就是一种典型的价外税。

（三）按计税依据分类

　　按计税依据不同，税收可分为从价税和从量税。

　　从价税是指以征税对象的价值、价格与金额为标准，按一定比例征收的一类税，从价税实行比例税率和累进税率。我国现行的增值税、企业所得税、个人所得税等税种都属于从价税。

　　从量税是指以征税对象的一定数量单位（重量、件数、容积、面积、长度等）为标准，按固定税额计征的一类税。我国现行的车船税、城镇土地使用税等都属于从量税。

（四）按税负能否转嫁分类

按税负能否转嫁，税收可以分为直接税和间接税。

直接税是指纳税人本身承担税负，不发生税负转嫁关系的一类税。直接税的纳税人就是负税人。比如，个人所得税即为直接税。

间接税是指纳税人本身不是负税人，可将税负转嫁给他人的一类税。间接税的纳税人与负税人不一致。比如，增值税即为间接税。

（五）按税收管理与使用权限分类

按税收管理与使用权限的不同，税收可以分为中央税、地方税、中央地方共享税。

中央税是指管理权限归中央，税收收入归中央支配和使用的税种，比如消费税。

地方税是指管理权限归地方，税收收入归地方支配和使用的税种，比如房产税。

中央地方共享税则是指主要管理权限归中央，税收收入由中央政府和地方政府共同享有，按一定比例分成的税种，比如增值税。

【素养园地】

小康路上的十二件税收大事

2021年7月，经党中央批准，由中央党史和文献研究院编写的《全面建成小康社会大事记》公布，其中，取消农业税、营改增及大规模减税降费、国税地税机构合并、个税改革等12项税收事件入选大事记。让我们跟着时间轴一起来看入选大事记的12项税收事件都有哪些吧。

1.1983年4月24日，国务院批准财政部《关于国营企业利改税试行办法》。

2.1993年12月15日，国务院作出《关于实行分税制财政管理体制的决定》，确定从1994年1月1日起，改革地方财政包干体制，对各省、自治区、直辖市以及计划单列市实行分税制财政管理体制。

3. 2000年3月2日，中共中央、国务院发出《关于进行农村税费改革试点工作的通知》。

4.2005年2月19日，国务院印发《关于鼓励支持和引导个体私营等非公有制经济发展的若干意见》，从放宽非公有制经济市场准入，加大对非公有制经济的财税、金融支持等方面提出36项政策措施。

5.2005年10月27日，十届全国人大常委会第十八次会议通过《关于修改〈中华人民共和国个人所得税法〉的决定》。

6.2005年12月29日，十届全国人大常委会第十九次会议决定自2006年1月1日起废止《中华人民共和国农业税条例》。在中国延续两千多年的农业税正式成为历史。

7.2007年3月16日，十届全国人大五次会议通过《中华人民共和国企业所得税法》。

8.2014年4月24日，十二届全国人大常委会第八次会议通过修订后的《中华人民共和国环境保护法》。此后，中国还制定或修改环境保护税法、大气污染防治法、水污染防治法、土壤污染防治法和核安全法等法律。

9.2014年6月30日，中共中央政治局会议审议通过《深化财税体制改革总体方案》。改革的目标是建立现代财政制度，重点是改进预算管理制度、深化税收制度改革、建立事权和支出责任相适应的制度。

10.2017年11月19日，国务院作出《关于废止〈中华人民共和国营业税暂行条例〉和修改〈中华人民共和国增值税暂行条例〉的决定》，营业税改革全面完成，通过实施营改增、下调增值税税率，阶段性减免社保缴费等措施，近年来持续大规模减税降费，"十三五"时期新增减税降费累计达7.6万亿元。

11.2018年6月11日，中共中央办公厅、国务院办公厅印发《国税地税征管体制改革方案》，改革国税、地税征管体制，合并省级和省级以下国税、地税机构。

12.2019年1月1日，我国开始全面实施综合与分类相结合的个人所得税改革。

《全面建成小康社会大事记》全面记述党团结带领人民在中华大地上全面建成小康社会的光辉历程，时间跨度为1978年12月18日至2021年7月1日。改革开放之初，党中央提出小康社会的战略构想，40多年来，全党全国各族人民持续奋斗，实现了全面建成小康社会的第一个百年奋斗目标，正在意气风发向着第二个百年奋斗目标迈进。

资料来源：国家税务总局网站。

任务二　了解现行税收体系与税务机构设置

引导案例

自1994年起，由于我国的财政管理体制为分税制，将所有税种按征管权限和收入归属划分为中央税、地方税和中央地方共享税，由此，我国税务机构也分设为国家税务系统和地方税务系统。但随着营改增等税制改革的深入，国税、地税务机构分设已经不适应社会、经济的发展需要，2018年，将省级和省级以下国税地税机构合并，实行以国家税务总局为主与省（区、市）人民政府双重领导管理体制。

一、我国现行税收体系

我国现行税收法律体系是在原有税制的基础上，经过1994年工商税制改革逐渐完善形成的。后又经2007年所得税法修订、2009年流转税改革、2016年5月起全国全面推行"营改增"、2018年国税地税合并、环境保护税开征、个人所得税法修订，以及历年来个人所得税、企业所得税、车船税、资源税、环境保护、烟叶税、船舶吨税、耕地占用税、车辆购置税、契税、城市维护建设税、印花税立法等历次改革。目前，我国共有增值税、消费税、企业所得税、个人所得税、资源税、城镇土地使用税、房产税、城市维护建设税、耕地占用税、土地增值税、车辆购置税、车船税、印花税、契税、关税、烟叶税、船舶吨税、环境保护税等18个税种，其中，16个税种由税务部门负责征收，关税和船舶吨税由海关征收。另外，进口货物的增值税、消费税由海关代征。

我国现行的财政管理体制为分税制，税收收入按其征管权限和收入归属，分为中央税、地方税和中央地方共享税。

我国现行各税种构成具体见表1-2。

表1-2 我国现行税种构成

	税 种	中央税	地方税	共享税	备 注
1	增值税	√		√	海关代征的增值税归中央政府；其他为共享收入，中央政府分享50%，地方政府分享50%
2	消费税	√			含海关代征的消费税
3	关税	√			
4	企业所得税	√		√	自2002年起，中国铁路总公司（原铁道部）、各银行总部、海洋石油企业缴纳的所得税归中央政府；其他由中央政府与地方政府共享，中央政府分享60%，地方政府分享40%
5	个人所得税	√		√	储蓄存款利息所得的个人所得税归中央政府；其他由中央政府与地方政府共享，中央政府分享60%，地方政府分享40%
6	房产税		√		
7	车船税		√		
8	印花税	√	√		自2016年1月1日起，证券交易印花税收入归中央政府；其他印花税收入归地方政府
9	契税		√		
10	城市维护建设税	√	√		中国铁路总公司（原铁道部门）、各银行总行、各保险总公司等集中缴纳的城市维护建设税归中央政府；其他归地方政府
11	土地增值税	√	√		
12	耕地占用税		√		
13	车辆购置税	√			
14	城镇土地使用税		√		
15	资源税	√	√		海洋石油企业缴纳的部分作归中央政府；其余归地方政府
16	船舶吨税	√			仅对境外港口进入境内港口的船舶征收
17	烟叶税		√		
18	环境保护税		√		自2018年1月1日起征收

【素养园地】

我国已有13部税收法律税收法定

党的十八届三中全会提出落实税收法定原则。《中华人民共和国立法法》规定，税种的设立、税率的确定和税收征收管理等税收基本制度，只能制定法律。中共中央就落实税收法定原则作出具体部署以来，税收法定进程紧锣密鼓、稳步推进。截至目前，我国现行18个税种中，立法税种已达12个，另有一部税收程序法《中华人民共和国税收征收管理法》，共有13部税收法律。

一、1993年1月1日，《中华人民共和国税收征收管理法》开始施行。

《中华人民共和国税收征收管理法》于1992年9月4日第七届全国人民代表大会常务委员会第二十七次会议通过，根据2015年4月24日根据第十二届全国人民代表大会常务委员会第十四次会议《全国人民代表大会常务委员会关于修改〈中华人民共和国港口法〉等七部法律的决定》第三次修正。

二、1980年9月10日，《中华人民共和国个人所得税法》开始施行。

《中华人民共和国个人所得税法》于1980年9月10日第五届全国人民代表大会第三次会议通过，根据2018年8月31日第十三届全国人民代表大会常务委员会第五次会议《关于修改〈中华人民共和国个人所得税法〉的决定》第七次修正。

三、2008年1月1日，《中华人民共和国企业所得税法》开始施行。

《中华人民共和国企业所得税法》于2007年3月16日第十届全国人民代表大会第五次会议通过，根据2018年12月29日第十三届全国人民代表大会常务委员会第七次会议《关于修改〈中华人民共和国电力法〉等四部法律的决定》第二次修正。

四、2012年1月1日，《中华人民共和国车船税法》开始施行。

《中华人民共和国车船税法》于2011年2月25日第十一届全国人民代表大会常务委员会第十九次会议通过，根据2019年4月23日第十三届全国人民代表大会常务委员会第十次会议《关于修改〈中华人民共和国建筑法〉等八部法律的决定》修正。

五、2018年1月1日，《中华人民共和国环境保护税法》开始施行。

《中华人民共和国环境保护税法》于2016年12月25日第十二届全国人民代表大会常务委员会第二十五次会议通过，根据2018年10月26日第十三届全国人民代表大会常务委员会第六次会议《关于修改〈中华人民共和国野生动物保护法〉等十五部法律的决定》修正。

六、2018年7月1日，《中华人民共和国烟叶税法》开始施行。

《中华人民共和国烟叶税法》于2017年12月27日第十二届全国人民代表大会常务委员会第三十一次会议通过。

七、2018年7月1日，《中华人民共和国船舶吨税法》开始施行。

《中华人民共和国船舶吨税法》于2017年12月27日第十二届全国人民代表大会常务委员会第三十一次会议通过，根据2018年10月26日第十三届全国人民代表大会常务委员会第六次会议《关于修改〈中华人民共和国野生动物保护法〉等十五部法律的决定》修正。

八、2019年7月1日，《中华人民共和国车辆购置税法》开始施行。

《中华人民共和国车辆购置税法》于2018年12月29日第十三届全国人民代表大会常务委员会第七次会议通过。

九、2019年9月1日，《中华人民共和国耕地占用税法》开始施行。

《中华人民共和国耕地占用税法》于2018年12月29日第十三届全国人民代表大会常务委员会第七次会议通过。

十、2020年9月1日，《中华人民共和国资源税法》开始施行。

《中华人民共和国资源税法》于2019年8月26日第十三届全国人民代表大会常务委员会第十二次会议通过。

十一、2021年9月1日，《中华人民共和国城市维护建设税法》开始施行。

《中华人民共和国城市维护建设税法》于2020年8月11日第十三届全国人民代表大会

常务委员会第二十一次会议通过。

十二、2021年9月1日，《中华人民共和国契税法》开始施行。

《中华人民共和国契税法》于2020年8月11日第十三届全国人民代表大会常务委员会第二十一次会议通过。

十三、2022年7月1日，《中华人民共和国印花税法》开始施行。

《中华人民共和国印花税法》于2021年6月10日第十三届全国人民代表大会常务委员会第二十九次会议通过。

税收法定有助于充分发挥税收在推进国家治理体系和治理能力现代化以及法治化中的关键作用，是规范税收征纳行为，保护纳税人权益，实现税收公平正义的制度保障。税收法定凝聚了广大纳税人共识，让税收更加稳定权威，使税收执法更加规范，促进税法遵从，为广大纳税人创造公平公正的税收征管环境，构建法治化税收营商环境提供了坚实保障，对促进我国经济不断高质量可持续发展具有重要意义。

二、我国现行税务机构设置

我国税务机构的设置是由我国现行财政管理体制决定的。财政管理体制是指中央与地方政府、地方各级政府之间划分财政收支范围和财政管理职责与权限的一项根本制度。

（一）国家税务总局

国家税务总局是我国主管国家税务工作的最高职能机构。该局为国务院正部级直属机构。国家税务总局主要负责拟定和执行国家税收的方针和政策；制定并执行税收管理体制，调动地方管理税收的积极性；负责工商各税的征收管理等。国家税务总局局长和若干名副局长都由国务院任命。

（二）各级地方税务系统

根据我国行政机构设置原则，一级政府设置一级税务机构。地方税务系统设置为四级，即省、自治区、直辖市税务局；地区、地级市、自治州、盟税务局；县、县级市、旗税务局；征收分局、税务所。

此外，关税、船舶吨税由海关系统负责征收，海关还负责代征进口环节增值税和消费税。

【素养园地】

国税地税时隔23年再合并　有利于减轻纳税人负担

2018年3月我国改革国税地税征管体制，将省级和省级以下国税地税机构合并，具体承担所辖区域内各项税收、非税收入和社会保险费征管职责，这是以习近平同志为核心的党中央作出的重大决策，是深化党和国家机构改革的重要内容，也是继1994年实行分税制改革后，省级及省级以下国税地税机构的再次合并。

改革开放后，为激活地方的活力，中央充分授权地方去闯去试，获得的财政收益更大程度上倾向于留给地方。然而，这一做法使地方拥有相当大的财权，中央的宏观调控能力不断被削弱，形成了"弱中央"状态。到了20世纪80年代末90年代初，中央财政陷入危机。

为了改变中央财政这种"弱势"，1994年中央进行分税制改革，建立了分设国税、地税两套税务机构的征管体制，20多年来取得了显著成效，为调动中央和地方的积极性、建立和完善社会主义市场经济体制发挥了重要作用。但是国税、地税两套机构在不同程度上存在资源和职能重置，很多纳税人要同时缴纳国税、地税，存在"多头跑"等问题。

党的十九届三中全会审议通过了《中共中央关于深化党和国家机构改革的决定》，十三届全国人大一次会议批准了《国务院机构改革方案》，就是要推进重点领域和关键环节的机构职能优化和调整，简化机构，提高政府执行力和办事效率。改革国税地税征管体制，合并国税地税机构，实行以国家税务总局为主与省（区、市）人民政府双重领导管理体制，税务机构职能和资源配置全面调整优化，信息实现互联互通，税收征管效能明显提高。同一个申报系统就可完成所有税种申报，全国范围内承诺清单上的办税事项百分百实现最多跑一次和全程网上办，有利于减轻纳税人负担，使纳税人有更多获得感。

改革国税地税征管体制，是以习近平同志为核心的党中央着眼全局作出的重大决策，是深化党和国家机构改革的重要内容，是理顺统一税制和分级财政关系的重大举措，是高质量推进新时代税收现代化的必然要求，对于更好服务纳税人和缴费人，服务国家发展战略，更好发挥税收在国家治理中的基础性、支柱性、保障性作用，具有十分重要的意义。

任务三　了解企业涉税工作基本流程

引导案例

纳税人要享受各种税务服务和税收优惠待遇，首先要进行开业登记，取得合法纳税人的身份。在完成开业登记后，企业还应依法取得和使用发票，按时进行纳税申报并及时缴纳税款。在企业的基本情况发生变化时，应进行变更税务登记或办理停、复业登记；企业如因各种情况需要注销时，应至税务机关缴清税款、缴销发票，并进行税务注销登记。我国税收法律、法规对这一系列涉税工作，有规定的内容和流程。

一、进行税务登记

动画

深化税收征管改革　服务国家治理大局

（一）税务登记概念

税务登记是税务机关对纳税人有关开业、变动、歇业以及注销等基本情况的变化实行法定登记，并据此对纳税人实施税务管理的一项法定管理制度，也是纳税人履行纳税义务向税务机关办理的一项法定手续。

税务登记按时间和内容的不同，可以分为开业（设立）登记、变更登记、停复业登记、注销登记、一般纳税人资格登记等内容。

微课

企业涉税工作流程

（二）税务登记范围

根据《中华人民共和国税收征收管理法》（以下简称《税收征管法》）的规定，需要办理税务登记的对象主要有四类：

（1）从事生产经营的纳税人，主要包括企业，企业在外地设立的分支机构和从事生产、经营的场所，个体工商户和从事生产、经营的事业单位。

（2）未从事生产经营但依法负有纳税义务的纳税人，除国家机关、个人和无固定生产、经营场所的流动性农村小商贩外，也应当按照规定办理税务登记。

（3）根据税收法律、行政法规的规定，负有扣缴税款义务的扣缴义务人（国家机关除外），应当办理扣缴税款登记。

（4）根据《税收征管法》的规定，临时取得应税收入或发生应税行为以及只缴纳个人所得税、车船税的纳税人，可不办理税务登记。

（三）税务登记地点

纳税人应到其生产经营所在地的县以上（含本级）税务局（分局）进行税务登记。

（四）税务登记种类

1.办理开业（设立）税务登记

开业登记是指在我国境内从事生产、经营，并经市场监督管理机关批准开业，或依照法律、行政法规的规定负有纳税义务的单位和个人，在从事正式生产、经营之前依法向税务机关办理的登记。

【提示】企业只有依法办理了开业登记手续，才算是合法经营者，也才享有合法纳税人的权利。

根据《税收征管法》的规定，纳税人必须自领取市场监督管理机关颁发的营业执照或依照税收法律、行政法规的规定成为纳税义务人之日起30日内，到当地税务机关办理开业登记手续，并依法领取税务登记证件。为深化商事制度改革，优化营商环境，特为企业开办和成长提供便利化服务，自2016年10月1日起，我国在全国范围实行"五证合一、一照一码"登记模式。

动画

五证合一办，
别忘把税交

"五证合一"，指将原来由市场监督管理部门核发的"工商营业执照"、质量技术监督部门核发的"组织机构代码证"、税务部门核发的"税务登记证"、社保部门核发的"社会保险登记证"和统计部门核发的"统计登记证"合并，由市场监督管理部门核发一个统一的营业执照。"一照一码"指将原五证上的企业注册号、组织机构代码证号、税务登记证号（纳税人识别码）、社保登记证号、统计登记证号合并为一个统一的18位法人和其他组织"统一社会信用代码"。企业进行"五证合一"登记后，组织机构代码证、税务登记证、社会保险登记证和统计登记证不再发放。

企业领取"五证合一"营业执照后，无须再次进行税务登记，也不再领取税务登记证，相关信息由市场监督管理部门与税务部门共享，加载统一代码的营业执照代替税务登记证使用。

自2016年10月1日起，黑龙江、上海、福建、湖北试点实施个体工商户"两证整合"，其他地区自2016年12月1日起实施。"两证整合"登记制度是指将个体工商户登记时依次申请（分别由市场监督管理机关核发营业执照、税务部门核发税务登记证）改为一次申请（由市场监督管理机关核发一个加载法人和其他组织统一社会信用代码的营业执照）。同时，实现市场监督管理、税务部门的个体工商户数据信息实时共享。该营业执照具有原营业执照和税务登记证的功能，税务部门不再发放税务登记证。税务机关在个体工商户办理涉税事宜时，确认统一社会信用代码等相关信息，进行税务管理。

2017年5月，国务院常务会议审议通过《国务院办公厅关于加快推进"多证合一"改革的指导意见》，要求在2017年10月1日前，在五证合一的基础上全国全面推行"多证合一"，由于各地产业差异比较大，同时也为了给地方政府以更大的自由裁量权，具体哪些证件合并在一起，由各省区市根据实际情况决定。

2.办理变更税务登记

变更税务登记是指纳税人办理开业登记后，因登记内容发生变化，需要对原有登记内容进行更改，而向主管税务机关申请办理的税务登记。

（1）办理变更登记的时间。

① 如果纳税人原工商登记的涉税主要内容发生变化，如纳税人名称、法定代表人（负责人）、生产经营地址等发生改变，需要到市场监督管理机关办理变更登记的，必须在市场监督管理机关办理执照变更登记后的30日内，到原税务登记机关办理税务变更登记。

② 如果纳税人按规定不需要到市场监督管理机关办理变更登记，则应该在其税务登记内容实际发生变化之日起30日内，到主管税务机关办理税务变更登记。

以上两种情况纳税人都需要领取并填写"变更税务登记表"。

（2）变更登记表格。

变更登记主要通过填制"变更税务登记表"（见表1-3）来完成。

表1-3   变更税务登记表

纳税人名称		纳税人识别号	
变更登记事项			
序号	变更项目	变更前内容	变更后内容	批准机关名称及文件
送缴证件情况：				
纳税人				
经办人： 法定代表人（负责人）： 纳税人（签章）：				
年　月　日 　年　月　日 　年　月　日				

（3）变更登记需要提交的相关证件资料。

通常情况下，纳税人在办理税务登记变更时，除提供"税务登记变更表"外，还需提交以下相关资料。

① 纳税人需在市场监督管理机关办理变更登记的，需提交的资料有：营业执照；纳税人变更登记内容的有关证明文件；其他税务部门要求提供的有关资料。

② 纳税人按照规定不需要在市场监督管理机关办理变更登记，或者其变更登记的内容与工商登记内容无关的，需提交的资料有：纳税人变更登记内容的有关证明文件；其他税务部门要求提供的有关资料。

3.办理停、复业登记

实行定额定额征收方式的个体工商户在生产经营期间，因某种特殊原因不能正常进行生产经营和依法办理纳税申报的，必须按规定办理停业登记；否则，税务机关将视同正常营业，按不依法申报、纳税进行处理。

停业的纳税人恢复正常营业前，需要向主管税务机关办理复业登记。

（1）办理停业登记的时间。

纳税人应在预计停业的上一个月向主管税务机关提出书面停业申请，并按规定填报"停业、复业报告书"。纳税人在申请停业时必须结清上期应纳税款、滞纳金、罚款，核销结存发票，交回发票领购簿；主管税务机关经过认真审核，对符合条件、准予办理停业登记的，在其申请报告书上签署"同意停业"字样。

（2）办理复业登记的时间。

办理了停业登记的纳税人，在正常停业期结束后无须进行复业登记即可自动恢复生产经营，恢复正常纳税。如需在原登记期限前复业，需向税务机关办理复业登记。

纳税人停业期满不能及时恢复生产经营的，应当在停业期满前，向税务机关提出延长停业登记申请，并如实填写"停业、复业报告书"，主管税务机关经审核后，重新办理停业手续，延长停业期限。对停业期满未申请延期停业的，视为正常纳税人管理。

纳税人提前复业的，按提前复业日期作为恢复纳税义务的日期。

【提示】纳税人的停、复业手续都必须事先办理，不得事后补办；凡未按规定办理停业手续的，一律视同正常经营户管理。

【思考】不办理停业手续的，视同正常经营户管理，这意味着什么呢？

4.办理注销税务登记

依《税收征管法》的规定，纳税人在生产经营期间发生破产、合并、分立、解散、撤销，或者因经营地址改变而改变主管税务登记机关的，或者依法终止纳税义务的，应当办理税务登记注销手续。

（1）办理注销税务登记的时间。

纳税人发生解散、破产、撤销以及其他情形，依法终止纳税义务的，应当在向市场监督管理机关或者其他机关办理注销登记前，持有关证件和资料向原税务登记机关申报办理注销税务登记。

按规定不需要在市场监督管理机关或者其他机关办理注销登记的，应当自有关机关批准或者宣告终止之日起15日内，持有关证件和资料向原税务登记机关申报办理注销税务登记。

纳税人被市场监督管理机关吊销营业执照或者被其他机关予以撤销登记的，应当自营业执照被吊销或者被撤销登记之日起15日内，向原税务登记机关申报办理注销税务登记。

境外企业在中国境内承包建筑、安装、装配、勘探工程和提供劳务的，应当在项目完工、离开中国前15日内，持有关证件和资料，向原税务登记机关申报办理注销税务登记。

【提示】纳税人因住所、经营地点变动，涉及改变税务登记机关的，应当在向市场监督管理机关或者其他机关申请办理变更、注销登记前，或者住所、经营地点变动前，持有关证件和资料，向原税务登记机关申报办理注销税务登记，并自注销税务登记之日起30日内，向迁达地税务机关申报办理税务登记。

（2）注销税务登记表格。

实行"多证合一"登记模式的企业和已领取加载统一社会信用代码营业执照且在税务机关办理涉税事项的个体工商户申请注销登记的，注销税务登记通过填制"清税申报表"完成（见表1-4）。清税完成，受理税务机关将向纳税人出具清税证明，并将信息共享到交换平台。

表1-4　　　　　　　　　　　　　清税申报表

纳税人名称		统一社会信用代码 （纳税人识别号）	
注销原因			
附送资料			
纳税人			
	经办人： 年　月　日	法定代表人（负责人）： 年　月　日	纳税人（签章） 年　月　日
以下由税务机关填写			
受理时间	经办人： 年　月　日		负责人： 年　月　日
清缴税款、滞纳金、罚款情况	经办人： 年　月　日		负责人： 年　月　日
缴销发票情况	经办人： 年　月　日		负责人： 年　月　日
税务检查意见	经办人： 年　月　日		负责人： 年　月　日
批准意见	部门负责人： 年　月　日		税务机关（签章）： 年　月　日

未实行"多证合一"登记模式的企业注销税务登记，通过填制"注销税务登记申请审批表"（表略）完成。

（3）注销登记需要提交的相关证件资料。

纳税人进行注销登记，应提供以下证件资料："发票领用簿"及未验旧、未使用的发票；工商营业执照被吊销的，应提交市场监督管理部门发出的吊销决定原件及复印件；单位纳税人应提供上级主管部门批复文件或董事会决议原件及复印件；使用增值税税控系统的纳税人应提供金税盘、税控盘和报税盘；其他按规定应收缴的设备。

5.办理增值税一般纳税人资格登记

根据《中华人民共和国增值税暂行条例》的规定，我国增值税纳税人按会计核算是否健全及经营规模大小划分为一般纳税人和小规模纳税人。凡是符合增值税一般纳税人条件的纳税人，均应向其机构所在地的主管税务机关办理一般纳税人资格登记手续。总、分支机构不在同一县（市）的，应分别向总、分支机构所在地的主管税务机关办理一般纳税人资格登记手续。

（1）确认一般纳税人的条件。

一般纳税人是指年应税销售额在规定标准之上，能按照国家统一的会计制度规定设置账簿，依合法有效的业务凭证进行会计核算，准确提供税务资料的纳税人。

【提示】这类纳税人必须进行一般纳税人资格登记，否则，按照一般纳税人税率标准计算应纳税额，不得抵扣进项税额，也不得使用增值税专用发票。

年应税销售额未达标纳税人，能够按照国家统一的会计制度规定设置账簿，根据合法、有效凭证核算，能够提供准确税务资料的，以及新开业的纳税人，可以选择进行一般纳税人登记。

非企业性单位、年应税销售额超过规定标准但不经常发生应税行为的单位和个体工商户，可选择按照小规模纳税人纳税。选择按照小规模纳税人纳税的，应向主管税务机关提交"选择按小规模纳税人纳税的情况说明"。

个体工商户以外的其他个人（自然人）年应税销售额超过规定标准的，不需要向主管税务机关提交书面说明。

【提示】年应税销售额包括纳税申报销售额、稽查查补销售额、纳税评估调整销售额、税务机关代开发票销售额和免税销售额。稽查查补销售额和纳税评估调整销售额计入查补税款申报当月的销售额，不计入税款所属期销售额。"年"指在连续不超过12个月的经营期内。

（2）一般纳税人资格登记时间。

新开业的纳税人符合一般纳税人标准的，应在取得"多证合一"营业执照后，到税务机关完成信息确认之日起30日内进行增值税一般纳税人登记。

"年应税销售额"超过一般纳税人规定标准的纳税人，应在第12个月申报期结束后20个工作日内进行增值税一般纳税人登记。

年应税销售额未达标纳税人，符合条件可选择登记为一般纳税人的，可随时到税务机关进行增值税一般纳税人登记。

除财政部、国家税务总局另有规定外，纳税人自行选择进行登记的"当月1日"或"次月1日"为增值税一般纳税人资格生效之日，自生效之日起，按照增值税一般计税方法计算应纳税额，并按照规定领用增值税专用发票。

（3）一般纳税人资格登记表格。

纳税人进行增值税一般纳税人登记主要通过填制"增值税一般纳税人资格登记表"（见表1-5）来完成。

表1-5   增值税一般纳税人资格登记表

纳税人名称			纳税人识别号		
法定代表人 （负责人、业主）		证件名称及号码		联系电话	
财务负责人		证件名称及号码		联系电话	
办税人员		证件名称及号码		联系电话	
税务登记日期					
生产经营地址					
注册地址					
纳税人类别：企业□ 非企业性单位□ 个体工商户□ 其他□					
主营业务类别：工业□ 商业□ 服务业□ 其他□					
会计核算健全：是□					
一般纳税人资格生效之日：当月1日□ 次月1日□					
纳税人（代理人）承诺： 上述各项内容真实、可靠、完整。如有虚假，愿意承担相关法律责任。 经办人： 法定代表人： 代理人： （签章） 　　　　　　　　　　　　　　　　　　　　　　　　　　　　　　年　月　日					
以下由税务机关填写					
主管税务机关受理情况	受理人： 主管税务机关（章） 　　　　年　月　日				

（4）一般纳税人登记需提供的资料。

纳税人携带"多证合一"营业执照即可进行增值税一般纳税人资格登记。

除国家税务总局另有规定外，纳税人一经认定为一般纳税人后，不得再转为小规模纳税人。

二、备案会计制度和银行账号

新办税务登记的纳税人或变更登记的纳税人应及时到税务机关进行会计制度备案。

根据《税收征管法》的规定，从事生产、经营的纳税人应当自领取"多证合一"营业执照之日起15日内，将其财务、会计制度或者财务、会计处理办法报主管税务机关备案。纳税人使用计算机记账的，应当在使用前将会计电算化系统的会计核算软件、使用说明书及有关资料报送主管税务机关备案。

从事生产、经营的纳税人应当持"多证合一"营业执照，在银行或者其他金融机构开立基本存款账户和其他存款账户。纳税人应当自开立基本存款账户或者其他存款账户之日起15日内，向主管税务机关书面报告其全部账号；账号发生变化的，应当自变化之日起15日内，向主管税务机关书面报告。

三、领购与使用发票

（一）了解发票基本知识

1.发票的种类

发票是在购销商品、提供或者接受服务以及从事其他经营活动中，开具、取得的用以记录经济业务活动并具有税源监控功能的收付款（商事）凭证。发票不仅是财务收支的法定凭证和会计核算的原始凭证，而且是税收征收管理的重要依据。

按领购使用范围不同，发票分为普通发票（含增值税普通发票）和专用发票。

（1）普通发票。

普通发票是购销双方的收付款凭证，其基本联次为两联，包括作为销售方收款凭证的记账联（第一联），作为购买方付款凭证的发票联（第二联）。

普通发票主要有增值税普通发票（见表1-6）、增值税电子普通发票（见表1-7）、门票、过路（过桥）费发票、定额发票、客运发票、二手车销售统一发票以及税务机关发放的卷式普通发票。

表1-6 　　　　　　　　　　　　　　增值税普通发票

表1-7 增值税电子普通发票

青岛增值税电子普通发票

发票代码：037021600111

发票号码：19675801

开票日期：2016年07月09日

校验码：67814498753235431452

机器编号：661565714594

购买方	名　　　称：	████				密码区	>2463+6<44+>76346272+>/750/<26+-265+*0-00+++8-0/205/*82<8>/6<07>+/45+7>744667+<>*7169*/9+-265+*0-00+++8-6404
	纳税人识别号：						
	地址、电话：						
	开户行及账号：						

货物或应税劳务、服务名称	规格型号	单位	数量	单价	金额	税率	税额
滚筒洗衣机	MQG70-B12866电	台	1	1 768.88	1 768.88	13%	229.95
合　计					￥1 768.88		￥229.95

价税合计（大写）	⊗壹仟玖佰玖拾捌元捌角叁分	￥1 998.83

销售方	名　　　称：	海尔集团电子商务有限公司	备注	
	纳税人识别号：	370212718044694		
	地址、电话：	青岛市高科技工业楼海尔工业园内 0532-55776663		
	开户行及账号：	建行海尔路支行 2125921650		

收款人：×××　　　复核：×××　　　开票人：×××　　　销售方：（章）

　　已纳入增值税发票管理系统的纳税人应按照规定使用增值税专用发票、增值税普通发票、机动车销售统一发票、增值税电子普通发票；对于确有需求但不便使用税控系统开票、小额收费等使用增值税发票管理系统的纳税人，可以向主管税务机关申请领用通用定额发票或通用手工发票。

　　从发票开具来看，增值税一般纳税人可以自行开具增值税专用发票、增值税普通发票、增值税电子普通发票。

　　除另有规定外，增值税小规模纳税人可以自行开具普通发票、增值税普通发票、增值税电子普通发票，若对方需要增值税专用发票，除可以自行开具外，也可以向税务机关申请代开。

　　其他纳税人如为自然人，只能开具普通发票，或者通过代开方式开具增值税专用发票和增值税普通发票。

　　从受票方来说，增值税专用发票只能开具给除自然人外的增值税纳税人，而普通发票（包括增值税普通发票），可以开具给所有的受票对象。

　　自2015年12月1日起，国家税务总局在全国范围内推行增值税电子普通发票。纳税人可以通过增值税电子发票系统开具增值税电子普通发票。

　　电子发票是在购销商品、提供或者接受服务以及从事其他经营活动中，开具、收取的以电子方式存储的收付款凭证。

文档

电子发票那些事儿

　　电子发票突破了传统纸质发票的概念，其系统具有信息同步、发票赋码、电子发票数据生成、电子发票版式文件生成、电子发票明细数据传送税务机关等特点。由于实现发票签名、电子盖章，电子发票具有唯一性、不可抵赖性和可防篡改性，而且通过数字媒体形式传送与保存发票内容，因此更加方便快捷。电子发票明细数据通过增值税电子发票系统实时传送至税务机关，进入发票电子底账库，对防止偷逃税款有重要意义。

与传统纸质发票相比，电子发票开具更快捷、查询更方便。电子发票主要有以下三个优点：一是方便长期、安全地保存，并随时提供查询下载，用户无须担心发票丢失或者损坏；二是当用户交易出现纠纷时，可以方便迅速地取证；三是电子发票的防伪模式也是电子化的，不用担心收到假发票，也可以登录官方网站查验。取得电子发票的购买方如果发生退货的情况，处理方法和原有退换货流程基本一样，但无须退回电子发票。

纳税人使用开票系统开具电子发票，开票系统将发票信息传送至税务机关正常报税，同时传输给对接的电子发票服务平台，平台将发票信息加盖开票方电子签章后反馈给开票方，开票方通过手机短信等方式将发票信息（主要是发票代码和发票号码等）发送给受票方，受票方即可登录服务平台查询、下载、打印已加盖电子签章的发票信息。

电子发票的开票方和受票方，可仅以电子形式对发票进行归档保存。需要纸质发票的，可以自行打印电子发票的版式文件（彩色或黑白均可），其法律效力、基本用途、基本使用规定等与税务机关监制的增值税普通发票相同。

【思考】增值税电子普通发票除方便纳税人，防止偷逃税外，对社会还有什么意义？

（2）专用发票。

专用发票包括增值税专用发票、增值税电子专用发票和机动车销售统一发票，由基本联次或基本联次附加其他联次构成，基本联次为三联：发票联、抵扣联、记账联，分别作为购买方核算采购成本、进项税额的记账凭证；购买方报送主管税务机关进行认证抵扣的凭证；销售方核算销售收入和销项税额的记账凭证。其他联次的用途由纳税人自行确定。

为全面深化税收领域"放管服"改革，加大推广使用电子发票的力度，自2020年开始，增值税专用发票电子化采取先试点后推广的方式，首先在宁波、石家庄和杭州3个地区进行前期试点，至2021年1月，已逐步推广至全国新办纳税人。

电子专票由各省税务局监制，采用电子签名代替发票专用章，属于增值税专用发票，其法律效力、基本用途、基本使用规定等与增值税纸质专用发票相同。（有关增值税专用发票的各项内容和具体规定详见项目二任务二）

2. 发票的基本内容

发票的基本内容包括：发票的名称、发票监制章、字轨号码、发票联次及用途、客户名称、商品名称及经营项目、计量单位、数量、单价、金额、开票人、开票日期、开票单位（个人）名称（章）等。

3. 发票的管理

税务机关是发票的主管机关，负责发票印制、领购、开具、取得、保管、缴销的管理和监督。国家税务总局统一负责全国发票管理工作。发票的具体管理工作由地方各级税务局按各自的权限执行。

税务机关对发票印制实行统一管理的原则。增值税专用发票由国务院税务主管部门（即国家税务总局）指定的企业印制；其他发票分别由省、自治区、直辖市税务局指定的企业印制，未经上述规定的税务机关指定，任何单位不得印制发票。

文档

国家税务总局关于在新办纳税人中实行增值税专用发票电子化有关事项的公告

视频

手把手教你查发票

发票必须套印全国统一发票监制章，其式样由国家税务总局规定。除增值税专用发票以外的普通发票监制章，由省、自治区、直辖市税务机关负责制作。发票监制章必须套印在票据名称的正中，由税务机关派专人进场监督发票监制章的套印过程。

发票式样由税务机关确定，并实行不定期换版制度。

（二）领购发票

1.发票领购对象

（1）依法办理税务登记的单位和个人，在办理"多证合一"营业执照后可以申请领购发票，属于法定的发票领购对象。

（2）依法不需要办理税务登记的单位，发生临时经营业务需要使用发票的纳税人，可以凭单位介绍信和其他有效证件，到税务机关申请代开发票。

（3）临时到本省、自治区、直辖市以外从事经营活动的单位和个人，凭所在地税务机关开具的"跨区域涉税事项报告表"，在办理纳税担保的前提下，可向经营地税务机关申请领购经营地的发票。

2.领购普通发票程序

申请领购普通发票的单位和个人应当向税务机关提出购票申请，填写"发票领购簿申请审批表"，并提供经办人身份证明、"多证合一"营业执照或其他有关证明以及发票专用章的印模。主管税务机关审核后，根据企业经营规模大小、财务制度健全与否、发票管理是否严格、发票使用量多少等核准企业领购发票的种类、数量以及购票方式，并发放"发票领购簿"。

纳税人领购发票时，须持"发票领购簿"、经办人身份证明及已用发票存根联，到税务机关缴销、领购发票，并缴纳发票工本费。有条件的地区，可以在网上验旧申领，发票由税务机关邮寄到企业。

（三）保管发票

文档

增值税普通发票防伪鉴别方法

发票保管的首要任务是保障发票的安全、发票数量的完整无缺和发票质量的完好状态。开具发票的单位和个人应按照税务机关的规定存放和保管发票，不得丢失和擅自损毁。已经开具的发票存根联和发票登记簿，应当保存5年；保存期满，报经税务机关查验后方可销毁。

如遇发票遗失、被盗，或者遇水、火等灾害后造成损毁等情况，应书面报告主管税务机关。其中遗失发票除应当于发现当日书面报告税务机关外，还须在有刊号的报纸上登报声明作废。

（四）开具发票

开具发票的单位和个人必须在发生经营业务、确认营业收入时开具发票。未发生经营业务的，一律不准开具发票。同时，在开具发票时，应注意以下要求：

1.保证开具发票的真实、完整

发票必须如实开具，开具发票时，必须做到按号码顺序填开，填写项目齐全，内容真实，字迹清楚，全部联次一次复写、打印，内容完全一致，并在发票联加盖发票专用章。

2.发票仅限于领购单位和个人在本省、自治区、直辖市范围内开具

省、自治区、直辖市税务机关可以规定本省内跨市、县开具发票的办法。任何单位和个人未经批准，不得跨规定的使用区域携带、邮寄、运输空白发票。禁止携带、邮寄或运

输空白发票出入境。

3.发票必须独立使用

用票单位和个人，只有在自身经济业务活动发生时，才能填开使用发票；任何单位和个人不得转借、转让、代开发票；未经税务机关批准，不得拆本使用发票；禁止倒买倒卖发票。

4.不得扩大使用范围和超限额填开

用票单位和个人填开发票，不得超越规定的生产经营范围，不得自行扩大发票的使用范围。发票只能在票面限额规定的范围内填开，超限额填开一律无效。

5.红字发票的开具

开具发票后，如发生需开具红字发票情况的，应视双方账务处理情况收回原发票，并注明"作废"字样，或取得对方有效证明；发生销售折让的，在收回发票并注明"作废"字样后，重新开具销售发票。

【提示】到外省（自治区、直辖市）临时从事经营活动的纳税人，应持所在地主管税务机关出具的"跨区域涉税事项报告表"，向经营地税务机关办理报验登记，提供纳税担保后领取发票；业务量小、开票频度低的，可以申请经营地税务机关代开。

【思考】纳税人临时取得超出领购发票使用范围或者超过领用发票开具限额以外的业务收入，如需开具发票，可以自行开具普通发票吗？

（五）注（缴）销发票

发票的注（缴）销主要有两种情况：一种是因粗心大意等原因开出错票，发现后所开发票应全联作废并保存，不得任意撕毁、丢弃。另一种是用票单位和个人按照规定向税务机关上缴已使用或者未使用的发票，包括以下两种情况：

1.变更、注销税务登记时发票的缴销

纳税人因办理了纳税人名称、地址、电话、开户行、账号变更，需废止原有发票或注销税务登记时，应持"变更税务登记表"或"注销税务登记表"（清税表）向主管税务机关领取并填写好"发票缴销登记表"，持"发票领购簿"、经办人员身份证明及未使用的发票向主管税务机关办理发票缴销手续。

2.残损发票、改（换）版发票及次版发票的缴销

纳税人的发票发生霉变、鼠咬、水浸、火烧等残损问题，或被通知发票将进行改版、换版，或发现有次版发票等问题时，必须按有关规定到主管税务机关领取并填报"发票缴销登记表"，连同"发票领购簿"及应缴销的改版、换版和次版发票一并交主管税务机关。

四、进行纳税申报

（一）纳税申报概念

纳税申报是指纳税人发生纳税义务后，在税法规定的期限内向主管税务机关提交书面报告的一种法定手续，也是税务机关办理征税业务、核实应纳税款、开具完税凭证的主要依据。《税收征管法》规定，纳税人必须依照法律法规确定的申报期限如实办理纳税申报，报送纳税申报表、财务会计报表以及税务机关要求报送的其他与纳税申报相关的资料。

一切负有纳税义务的单位和个人以及负有扣缴义务的单位和个人，都是办理纳税申报

的对象。具体包括：

（1）依法负有纳税义务的单位和个人。

（2）按规定享有减免税的纳税人。

（3）依法负有扣缴义务的单位和个人。

（二）纳税申报内容

纳税人、扣缴义务人在规定的申报期限内向税务机关进行纳税申报时，主要通过填制和上交纳税申报表及相关的财务资料来完成。

1.纳税申报表及代扣代缴、代收代缴税款报告表

我国各税种都有相应的纳税申报表，实行税源控制的税种还有扣缴义务人填报的代扣代缴税款报告表、代收代缴税款报告表。不同税种的计税依据、计税方法不同，纳税申报表的格式也不同，但申报的主要内容基本相同，一般包括：纳税人名称、税种、税目、应纳税项目、适用税率或者单位税额、计税依据、应纳税额、税款所属期等。

2.纳税申报的其他资料

为了全面反映纳税人一定时期内的生产、经营活动，纳税人在进行纳税申报时，除了报送纳税申报表外，还要报送财务会计报表及其他相关资料。其主要包括：

（1）纳税申报表。

（2）财务会计报表及其说明材料。

（3）与纳税有关的合同、协议书及凭证。

（4）税控装置的电子报税资料。

（5）境内或者境外公证机构出具的有关证明文件。

（6）税务机关规定应当报送的其他有关证件、资料。

（三）纳税申报方式

纳税人在申报期限内，无论有无应税收入和所得，都必须持纳税申报表、财务会计报表及其他纳税资料，向税务机关办理纳税申报。扣缴义务人在扣缴税款期限内，无论有无代扣代收税款，都必须持有代扣代缴、代收代缴税款报告表以及其他有关资料，向税务机关办理扣缴税款申报。随着技术进步，纳税申报的方式也在不断变化，目前，纳税人报经税务机关批准，可选择以下方式进行纳税申报。

1.直接申报

直接申报，也称上门申报，是指纳税人、扣缴义务人持纳税申报表等相关资料，在纳税申报期限内直接到当地主管税务机关设立的纳税服务大厅进行申报纳税。无论是在过去手工操作方式下，还是在当前计算机征管方式下，直接申报方式一直是我国最主要的纳税申报方式。

2.电子申报

电子申报也称互联网申报，是指纳税人、扣缴义务人在规定的申报期限内，通过与税务机关接受办理纳税申报、代扣代缴及代收代缴税款申报的电子系统联网的电脑终端，按照规定和系统发出的指示输入申报内容，以完成纳税申报或者代扣代缴及代收代缴税款申报的方式。电子申报具有准确、快捷、方便等特点，已越来越受到人们的重视，也是我国重点推广的纳税申报方式。

纳税人要使用互联网申报，必须有相对固定的计算机操作人员，能准确填写涉税项

目。在进行互联网申报前，应向主管税务机关受理部门提出申请，附送互联网申报操作人员的身份证复印件一份，并办理用户注册。

【提示】纳税人采取电子方式办理纳税申报的，应当按照税务机关规定的期限和要求保存有关资料，税务机关根据实际情况要求纳税人将与电子申报数据相同的纳税申报资料定期书面报送（或邮寄）至主管税务机关，或者按税务机关的要求保存，必要时按税务机关的要求出具。

3.邮寄申报

所谓邮寄申报是指纳税人经税务机关批准，在规定的纳税期限内，将填制好的纳税表格和相关申报资料通过邮寄的方式向当地税务机关进行申报纳税。邮寄申报以现有的邮政系统为依托，既能在一定程度上方便纳税人，也不需要以计算机网络为前提，在方便程度和成本上有着一定的优势。邮寄申报适用于到税务机关上门办理纳税申报有困难的纳税人或者扣缴义务人。

4.简易申报

实行定期定额缴纳税款的纳税人，经税务机关批准，可以实行简易申报等申报纳税方式，即以缴纳税款凭证代替申报或简并征期。以缴纳税款凭证代替申报是指纳税人按照税务机关核定的税额按期缴纳税款，以税务机关开具的完税凭证代替纳税申报。简并征期是指纳税人按照税务机关核定的税额和指定的期限，每几个月一次或半年、一年一次进行申报纳税。这两种方式都是简化纳税手续、降低纳税人纳税成本的方式。

（四）纳税申报期限

纳税申报期限，是法律、行政法规规定的或者税务机关依照法律、行政法规的规定确定的纳税人、扣缴义务人向税务机关申报应纳或应解缴税款的期限。

纳税申报期限是根据各个税种的特点确定的，各个税种的纳税期限因其征税对象、计税环节的不同而不尽相同，同一税种，也可以因为纳税人的经营情况不同、财务会计核算不同、应纳税额大小不等，导致申报期限不一样。纳税人的具体纳税期限，由主管税务机关按各税种的有关规定确定；不能按照固定期限申报纳税的，可以按次申报纳税。

纳税人、扣缴义务人办理纳税申报期限的最后1日是法定节假日的，以节假日期满的次日为最后1日；在期限内有连续3日以上法定节假日的，按节假日天数顺延。

（五）延期申报

延期申报是指纳税人、扣缴义务人不能按照税法规定的期限办理纳税申报或扣缴税款申报，经申请由税务机关批准可适当推延时间进行纳税申报。

造成延期申报的原因有主观原因和客观原因。一般来说，纳税人、扣缴义务人可以申请进行延期申报的，主要有两方面特殊情况：一是因不可抗力的作用，需要办理延期申报。不可抗力是指不可避免和无法抵御的自然灾害。二是因财务会计处理上的特殊情况，导致不能办理纳税申报而需要延期申报。出现这种情况一般是由于账务未处理完，不能计算应纳税款。

凡纳税人或扣缴义务人完全出于主观原因或有意拖缴税款而不按期办理纳税申报的，税务机关可视违法行为的轻重，给予处罚。

纳税人、扣缴义务人按期办理纳税申报或者报送代扣代缴、代收代缴税款报告表确有困难，需要延期申报的，应当在规定的纳税申报期限内提出书面申请，并填制"延期申报申请核准表"（见表1-8）报请税务机关批准，主管税务机关视其具体情况批准延期。

表1-8 　　　　　　　　　　　　　　延期申报申请核准表

纳税人识别号		纳税人（扣缴义务人）名称	
申请延期申报税种	税款所属时期	规定申报期限	申请延期申报的期限
申请延期申报的理由：			
经办人： 　　年　月　日	法定代表人（负责人）： 　　　　年　月　日		纳税人（签章）： 　　　　年　月　日
以下由税务机关填写			
核准延期申报期限：　　年　月　日前			
预缴税款 核定方式	□上期实际缴纳税额	□税务机关核定税额	
预缴税种	税　目	税款所属时期	上期实际 缴纳税额 　核定预缴税额
经办人： 　　年　月　日	负责人： 　　　年　月　日		税务机关（签章）： 　　　年　月　日

视频

《月历表》里
的红色税收
故事

税务机关审核批准后，告知纳税人按上期实际缴纳税额或按税务机关核定税额预缴税款。未核准的，签署意见后连同有关资料退回给纳税人，并告知其按规定要求申报缴纳。纳税人则应按税务机关的要求进行申报纳税。

五、缴纳税款

缴纳税款是指纳税人依法将应纳税款缴入国库的过程。

（一）缴纳税款的方式

目前，纳税人、扣缴义务人的缴纳税款方式主要有以下几种：

1.转账缴税

转账缴税是指纳税人、扣缴义务人通过其开户银行转账缴纳税款的方式。

2.支票缴税

支票缴税是指纳税人、扣缴义务人用支票缴纳税款的方式。支票缴税须在税务机关、银行、国库实现计算机联网后方可实施。

3.现金缴税

现金缴税是指纳税人、扣缴义务人用现金缴纳税款的一种方式。

4.信用卡缴税

信用卡缴税是指纳税人、扣缴义务人用信用卡缴纳税款的方式。

5.税银一体化缴税

税银一体化缴税是指纳税人、扣缴义务人在指定银行开设税款解缴专用账户，按期提前存入当期应纳税款，并在规定的期限内由税务机关通知银行直接划解税款，或自行到税务机关指定银行网点缴税的方式。

6.移动支付缴税

随着支付方式的进步，采用支付宝、微信、云闪付等移动支付手段缴税，也为税务机关所接纳。

（二）延期纳税

就税收基本原则来说，纳税人发生纳税义务后，均应按规定的期限缴纳税款。但是考虑到纳税人在实际履行纳税义务的过程中可能会遇到某些特殊困难，致使其不能按期纳税，为了保护纳税人的合法权益，《税收征管法》赋予了纳税人申请延期缴纳税款的权利。

1.可申请延期缴纳税款的条件

纳税人有下列情形之一的，可申请延期纳税：

（1）因不可抗力，如自然灾害、意外事故、国家政策调整等导致纳税人发生较大损失，正常生产经营活动受到较大影响的。

（2）当期货币资金在扣除应付职工工资、社会保险费后，不足以缴纳税款的。

2.申请延期缴纳税款的程序

（1）纳税人在规定期限内提出书面申请。纳税人需要延期缴纳税款的，应当在缴纳税款期限届满前提出申请，并报送下列材料：延期缴纳税款申请核准表；当期货币资金余额情况及所有银行存款账户的对账单、资产负债表；应付职工工资和社会保险费等税务机关要求提供的其他资料。

（2）税务机关审批。税务机关收到延期缴纳税款申请核准表，作出批准或者不予批准的决定：批准的，批准延期内免予加收滞纳金；不予批准的，从缴纳税款期限届满之次日起加收滞纳金。

税款的延期缴纳，必须经省、自治区、直辖市税务局批准方为有效。

（三）税款的退还

按照依法治税的原则，税款征收要依法进行，纳税人不能少缴，也不能多缴税款。但是实际上由于征纳双方的各种原因，会产生纳税人多缴税款的现象。为保护纳税人的合法权益，《税收征管法》规定，纳税人超过应纳税额缴纳的税款，税务机关发现后应立即退还；纳税人在3年内发现的，可以要求税务机关退还多缴税款，还可以要求退还多缴税款的同期银行利息。

1.多缴税款退还的范围

多缴税款的退还，适用的情形主要包括三种：一是技术性差错和结算性的退税。包括因纳税人填写申报表错误，计算错误，适用税种、税目、税率错误等失误造成的，以及由于税务机关工作疏忽，多征、误征税款的退还。二是政策性的先征后退。三是纳税人与税务机关在纳税额度方面有争议，在这种情况下，应先依法纳税，再进行税收复议或税收诉讼，如确实存在多征，可予以退税。

2.退税的具体程序

税务机关发现纳税人多缴纳税款的，应当自发现之日起10日内办理退库；纳税人发现多缴税款的，税务机关应当自接到纳税人退还申请之日起30日内查实并办理退库手续。

（四）认识税款的补缴与追征

补缴、追征税款是指在实际的税款征缴过程中，由于征纳双方的疏忽、计算错误等原因造成的纳税人、扣缴义务人未缴或者少缴税款，税务机关依法要求补缴和追征的制度。

1.补缴、追征税款的范围

（1）税务机关适用税收法律、行政法规不当或者执法行为违法造成的未缴或少缴税款。

（2）纳税人、扣缴义务人非主观故意的计算错误以及明显笔误造成的未缴或少缴税款。

（3）偷税、骗税和抗税。

2.补缴、追征税款的方式

（1）税款的补缴，是指未缴或者少缴税款是因税务机关的责任造成的，税务机关应当要求纳税人、扣缴义务人补缴税款，但是不能加收滞纳金。

（2）税款的追征，是指未缴或者少缴税款是因纳税人、扣缴义务人的原因造成的，税务机关对未缴或者少缴的税款应当追征，同时还应征收相应的滞纳金。

纳税人、扣缴义务人未缴或者少缴税款的，其补缴和追缴税款的期限，应当自纳税人、扣缴义务人应缴未缴或少缴税款之日起计算。

3.补缴、追征税款的时限

（1）因税务机关的责任，致使纳税人、扣缴义务人未缴或者少缴税款的，税务机关在3年内可以要求纳税人、扣缴义务人补缴税款。

（2）因纳税人、扣缴义务人计算错误等失误，未缴或者少缴税款的，税务机关在3年内可以追征税款、滞纳金；有特殊情况的，追征期可以延长到5年。

【提示】"特殊情况"是指纳税人或者扣缴义务人因计算错误等失误，未缴或者少缴、未扣或者少扣、未收或者少收税款，累计数额在10万元以上的。

（3）对偷税、抗税、骗税的，税务机关可以无限期追征其未缴或者少缴的税款、滞纳金和所骗取的税款。

（五）滞纳金

纳税人如果不按照纳税期限缴纳税款，就相当于无偿地占用了国家财政资金，侵犯了国家利益，因此需要进行补偿。所以税务机关在追缴税款的同时，还应加收滞纳金。因此，滞纳金是纳税人因未按时履行纳税义务而占用国家税款所缴纳的补偿金，它不是税务机关实施的行政处罚。

纳税人或扣缴义务人未按照规定期限解缴税款的，税务机关除了责令其限期缴纳以外，从税款滞纳之日起，依照税款金额按日加收 0.5‰ 的滞纳金。加收滞纳金的起止时间，从税款缴纳期限届满次日算起，至解缴税款之日止。

$$滞纳金数额 = 滞纳税额 \times 滞纳日期 \times 加收率（0.5‰）$$

【提示】在税款滞纳期间遇到节假日的，不能从滞纳天数中扣除节假日天数。

（六）税款扣缴义务

为方便征纳双方的税款征收与缴纳工作，降低税收征纳成本，我国税收法规中规定有税款扣缴义务人，税法规定的扣缴义务人必须依法履行代扣、代收税款义务。如果不履行义务，就要承担相应的法律责任。除按《税收征管法》及其实施细则的规定给予处罚外，应当责成扣缴义务人限期将应扣未扣、应收未收的税款补扣或补收。

1.扣缴义务人的主要义务

（1）依法办理扣缴登记。扣缴义务人应当自扣缴义务发生之日起 30 日内，向当地主管税务机关申请办理扣缴税款登记，并向税务机关领取扣缴税款登记证，以作为扣缴税款的合法、有效证件。对扣缴义务人自身已办理了税务登记的，可不再另行发给扣缴税款登记证。

（2）设置代扣、代收账簿。扣缴义务人应当自税收法律、行政法规规定的扣缴义务发生之日起 10 日内，按照所代扣、代收的税种，分别设置代扣代缴、代收代缴税款账簿（能够通过计算机正确、完整计算代扣代缴、代收代缴税款情况的，其计算机输出的完整的书面会计记录，可视同会计账簿）。

（3）依法全面代扣、代收税款。

（4）按时申报和解缴税款。扣缴义务人必须按照规定的申报期限、申报内容如实报送代扣代缴、代收代缴税款报告表以及税务机关根据实际需要要求扣缴义务人报送的其他有关资料。扣缴义务人对已代扣、代收的税款，必须在规定的期限内解缴。

2.未履行扣缴义务的处理

《税收征管法》规定：扣缴义务人应扣未扣、应收而不收税款的，由税务机关向纳税人追缴税款，对扣缴义务人处应扣未扣、应收未收税款百分之五十以上三倍以下的罚款。

视频

5G智慧办税，真酷！

任务四　学习纳税筹划基础知识

引导案例

小张与三位朋友准备每人出资 5 万元合开一家服装店，听说不同组织形式的企业涉及的税收支出有所不同，办理工商登记时在组织形式的选择上犯了难。在会计师事务所工作的朋友向他建议，从税收角度考虑，选择有限责任公司形式不如选择合伙企业形式。因为有限责任公司经营所得应按规定缴纳税率为 25% 的企业所得税，税后所得如要分红，投资者还需按"利息、股息、红利所得"缴纳税率为20%的个人所得税；

而合伙企业按照"先分后税"的原则，对于合伙人为自然人的只需按"个体工商户的生产经营所得"五级超额累进税率缴纳个人所得税。因此，一般而言，有限责任公司的税收负担会高于合伙企业。听了朋友的建议，小张结合今后企业的经营规模等具体情况选择了合伙企业形式，为今后企业纳税成本的降低奠定了基础。请问，您能从这个案例中得到什么启示？

引导案例解析

一、纳税筹划含义

纳税筹划是根据英文"tax planning"翻译过来的，也被称为税收筹划或税务筹划。中外学者对纳税筹划含义的界定各不相同，但大致可区分为广义与狭义两类。

广义的纳税筹划，是指纳税人在不违背税法的前提下，运用一定的技巧和手段，对自己的生产经营活动进行科学、合理和周密的安排，以达到少缴、缓缴税款目的的一种财务管理活动。这个定义强调：纳税筹划的前提是不违背税法，目的是少缴或缓缴税款。它包括采用合法手段进行的节税筹划、采用非违法手段进行的避税筹划、采用经济手段特别是价格手段进行的税负转嫁筹划。

狭义的纳税筹划，是指纳税人在税法允许的范围内，以适应政府税收政策导向为前提，采用税法所赋予的税收优惠或选择机会，对自身经营、投资和分配等财务活动进行科学、合理的事先规划与安排，以达到节税目的的一种财务管理活动。狭义的纳税筹划范围较广义上的小，它强调纳税筹划的目的是节税，但节税是在税收法律允许的范围内，以适应政府税收政策导向为前提的，不能钻政策缺陷的空子，应采用节税的手段，而不是避税等手段。本书所提的纳税筹划为狭义的纳税筹划。

【知识链接】

偷税、避税、节税的界定与比较

1.偷税

偷税属于税收欺诈行为，指负有纳税义务的纳税人，故意违反税法，通过对已发生的应税经济行为进行隐瞒、虚报等欺骗手段以逃避缴纳税款的行为。

偷税与纳税筹划有明显区别。偷税是纳税人在纳税义务发生后，采取伪造、变造、隐匿、擅自销毁账簿、记账凭证，在账簿上多列支出，或者不列、少列收入，或者进行虚假的纳税申报等手段，达到不缴或少缴税款的目的。偷税是一种违法行为，一旦被发现，偷税者必然受到惩罚。

2.避税

避税是指纳税人在充分了解现行税法的基础上，通过掌握相关会计知识，在不触犯税法的前提下，对经济活动作出巧妙的安排，这种安排手段处于合法与非法之间的灰色地带，达到规避或减轻税负的目的。避税具有非违法性，狭义的纳税筹划不包括避税筹划。

避税也是在纳税义务发生后进行的，立足于税法的漏洞和措辞上的缺陷，在形式上虽不违法，但实质上却与立法意图、立法精神相悖。

避税最常见的手法是利用"避税港"（指一些无税收负担或税负极低的特别区域）虚

拟经营机构或场所转移收入、转移利润，以及利用关联企业的交易，通过转让定价转移收入、转移利润，实现避税。

3.节税

节税是指纳税人在不违背税法立法精神的前提下，在进行多种纳税方案的选择时，充分利用税法中固有的起征点、减免税等一系列优惠政策，通过纳税人对经济活动的巧妙安排，达到少缴或不缴税的目的。节税具有合法性，狭义的纳税筹划即指节税筹划。

节税是在纳税义务尚未发生时进行的，通过对生产经营活动的事前选择、安排来实现，是税法所允许甚至鼓励的，其不但谋求纳税人自身利益的最大化，而且依法纳税，维护国家的税收利益。

偷税、避税、节税的比较见表1-9。

表1-9　　　　　　　　　　　偷税、避税、节税的比较

对比点	偷税	避税	节税
性　质	违法	非违法	合法
手　段	非法手段	利用税法漏洞	主要利用税收优惠政策等
风险程度	风险高	风险较高	风险低

二、纳税筹划目标

文档

企业税收合规现状解读

纳税人通过纳税筹划活动，其目的就是要取得"节税"的税收利益。它包含以下几层意思：

（一）减轻税收负担

直接减轻税收负担是企业纳税筹划所要实现的目标之一，这是纳税筹划的初级目标。纳税人是税收义务的承担者，企业作为市场经济的主体，在产权界定清晰的前提下，总是致力于追求自身经济利益的最大化。要实现经济利益的最大化，就要使总成本最小化。

（二）实现涉税零风险

所谓涉税零风险，是指纳税人账目清楚，纳税申报正确，缴纳税款及时、足额，不会出现任何关于税收方面的处罚，即在税收方面没有任何风险，或风险极小，甚至可以忽略不计的一种状态。实现涉税零风险是纳税筹划方案的最低目标，而实现最低目标是实现最高目标的基础。纳税人纳税：首先，要做到合法，在涉税上不出现法律风险；其次，在合法的基础上运用各种筹划方法，实现最轻税负。实现企业涉税零风险，可以避免发生不必要的经济损失和名誉损失，有利于企业进行财务管理。

（三）获取资金时间价值

纳税人通过一定的手段，将当期应该缴纳的税款延缓到以后各期缴纳，从而获得资金时间价值，这是纳税筹划目标体系的有机组成部分之一。纳税人在生产经营决策中，只有重视资金时间价值，才能使纳税筹划方案更具有科学性。

（四）提高自身经济利益

企业从事经济活动的最终目的，是使总体经济效益最大化，而不仅仅是少缴税款。经济效益的最大化应该从长远来看。企业进行纳税筹划，应服从企业的长远目标，以实现可持续发展，从而在相当长的时间里实现财富最大化目标。

（五）维护主体合法权益

维护自身合法权益是企业进行纳税筹划必不可少的一环，借以从依法纳税的角度对权力和权利的失衡进行调整，以实现税收与经济的良性互动，促进经济的长期持续发展。依法纳税，不仅要求纳税人依照税法的规定及时足额地缴纳税款，还要求税务机关依照税法的规定合理合法地征收税款。对应缴纳的税款，企业负有及时足额缴纳的义务，不能偷税、漏税和逃税；但对不应缴纳的税款，企业可以拒绝缴纳，维护自己的合法权益。

三、纳税筹划特征

纳税筹划的实质是依法合理纳税，最大程度地降低纳税风险。纳税筹划具有以下特征：

（一）合法性

合法性是指纳税筹划只能在法律许可的范围内进行，违反法律规定逃避税收负担的，应承担相应的法律责任。合法性是纳税筹划最基本的特点，是纳税筹划的前提条件。

纳税筹划运用的手段必须是合法的，与偷税、逃税、抗税、骗税有着本质的不同。纳税人为规避和减轻税负而置法律于不顾的偷逃税行为显然应该受到法律制裁，但当纳税人从事经营活动，面临两个或两个以上的纳税方案时，纳税人可以为实现最小合理纳税而进行设计和筹划，选择低税负方案。这也正是税收政策引导经济，调节纳税人经营行为的重要作用之一。

（二）超前性

超前性是指纳税人在进行经营活动前，应该将税收作为影响自身最终经营成果的一个非常重要的因素进行设计和安排。

纳税义务本身是纳税人在经济行为发生之后产生的，具有滞后性的特点，而纳税筹划是在企业的纳税义务尚未发生之前，对将可能面临的税收待遇所做的一种策划与安排。一旦经营活动已经发生，事实已经存在，纳税义务就已经形成，此时再去谋求少纳或不纳税款，则不能被认定为是纳税筹划。

（三）目的性

纳税人进行纳税筹划有明确的目的，即追求纳税人价值最大化，纳税筹划手段的选择和安排都是围绕这一目的进行的。纳税筹划的初级目的为减轻税负，同时也使各项税收风险为零，追求税后利润最大化，最终目的为追求纳税人价值最大化。如果初级目的与最终目的发生矛盾，纳税人应选择能实现纳税人价值最大化的方案。

（四）专业性

纳税筹划是一项非常专业、技术性很强的策划活动，需要纳税人及相关人员对税法了如指掌、灵活运用，筹划结果受筹划者对财税、法律、审计等知识的掌握程度的影响。

税制的日益复杂化以及税收政策的不断更新变化，对筹划人员的专业性要求越来越高。筹划人员需要时刻清楚在既定的纳税环境下如何制订筹划方案，才能达到纳税人的财务管理目标。这不仅促使纳税人开始建立从事纳税筹划的部门，而且也促进了税务代理行业的发展。

（五）时效性

随着国家经济环境的变化，税收法律也会不断修正和完善，这就要求纳税人必须具备敏锐的洞察力，预测并随时掌握会计、税务等相关政策法规的变化，因时制宜，制定或修改相应的纳税策略。否则，政策变化后的溯及力很可能使预定的纳税策略失去原有的效用，使企业的节税行为"变质"为避税甚至偷税，给企业带来纳税风险。

（六）整体性

整体性是指纳税筹划应着眼于纳税人资本总收益的长期稳定增长，而不是着眼于个别税种税负的高低或纳税人整体税负的轻重。这是因为，一种税少纳了，另一种税有可能要多缴，整体税负不一定减轻。另外，纳税支出最小化的方案不一定等于资本收益最大化的方案。进行投资、经营决策时，除了考虑税收因素外，还必须考虑其他多种因素，应综合决策，以达到总体收益最大化的目的。

（七）经济性

经济性是指纳税筹划在减轻纳税人税收负担时，必须符合成本效益原则，进而实现纳税人价值最大化。制订纳税筹划方案时，必然要求纳税人为其方案的实施付出额外的费用，因此会导致相关成本的增加，而且纳税人会损失因放弃其他方案而带来的机会成本。由此可见，纳税筹划必须遵循成本效益原则，保持与纳税人的其他管理决策一致。

（八）风险性

由于税收政策的不断调整和变化，纳税人受外部环境因素、内部员工因素以及其他因素的影响，使得纳税筹划的结果存在着不确定性。有的纳税筹划立足于长期规划，会增加更多的不确定性，蕴含更大的风险。加之纳税筹划的预期收益通常只是一个估算值，因此，进行纳税筹划具有显著的风险性。

四、纳税筹划基本原理

纳税筹划基本原理可分为绝对节税原理、相对节税原理。

（一）绝对节税原理

绝对节税是指直接使纳税绝对总额减少，即在各种可供选择的纳税方案中，选择缴纳税款最少的方案。绝对节税一般包括横向绝对节税和纵向绝对节税。横向绝对节税是指直接减少某一个纳税人的纳税总额；纵向绝对节税是指直接减少某一个纳税人在一定时期内的纳税总额。一般情况下，企业可采用减少税基、适用较低税率的方式来减少纳税总额。

（二）相对节税原理

相对节税是指一定时期的纳税总额并没有减少，但通过筹划使各个纳税期纳税额发生变化而增加了收益，使某些纳税期的纳税义务递延到以后的纳税期实现，从而起到相对节税的目的。其根源在于资金时间价值，纳税人相当于获得了一笔无息贷款。例如，企业在税法规定的固定资产折旧年限范围内缩短折旧年限。

五、纳税筹划技术

(一) 减免税技术

1. 免税技术

免税技术是指在合法和合理的情况下，使纳税人成为免税人，或使纳税人从事免税活动，或使征税对象成为免税对象而免纳税款的纳税筹划技术。

利用免税技术筹划以尽量争取更多的免税待遇和尽量延长免税期为要点。在合法、合理的情况下，尽量争取免税待遇，争取尽可能多的项目获得免税待遇。例如，国家对一般企业按普通税率征收所得税，对在 A 地的企业制定有从开始经营之日起 3 年内免税的规定，对在 B 地的企业制定有从开始经营之日起 5 年内免税的规定，那么，如果条件基本相同或利弊基本相抵，一家公司完全可以搬到 B 地去经营，以获得免税待遇，并使免税期最长化，从而在合法、合理的情况下节减更多的税负。

2. 减税技术

减税技术是指在合法和合理的情况下，使纳税人减少应纳税额而直接节税的纳税筹划技术。

利用减税技术筹划以尽量争取减税待遇并使减税最大化和使减税期最长化为要点。例如，A、B、C 三个国家，企业所得税的普通税率基本相同，其他条件基本相似或利弊基本相抵。一家企业生产的商品 90% 以上出口到世界各国，A 国对该企业所得按普通税率征税；B 国为鼓励外向型经济发展，对此类企业减征 30% 的所得税，减税期为 5 年；C 国对此类企业减征 40% 所得税，而且没有减税期的限制。打算长期经营此项业务的企业，可以考虑把公司或者子公司搬到 C 国去，从而在合法的情况下，使节减的税款最大化。

(二) 扣除技术

扣除技术是指在合法和合理的情况下，使扣除额增加而直接节税，或调整各个计税期的扣除额而相对节税的纳税筹划技术。在同样多收入的情况下，各项扣除额越大，计税基数就会越小，应纳税额也越少，所节减的税款就越多。

利用扣除技术筹划以扣除项目最多化、扣除金额最大化、扣除最早化为要点。

(三) 分劈技术

分劈技术，又称分离技术、分割技术，是指在合法和合理的情况下，使所得、财产在两个或更多个纳税人之间进行分劈而绝对节税的纳税筹划技术。

采用分劈技术节税的要点在于使分劈合理化、节税最大化。由于分劈技术经常和临界点、税率差异结合使用，常被认为是避税行为，其使用范围会受到一定的限制。因此，使用分劈技术除了要合法，还应特别注意其合理性。

【提示】由于减免税技术、扣除技术、分劈技术均以缩小计税基数的方式达到节税目的，因此它们又可称为税基筹划技术。

(四) 税率差异技术

税率差异技术是指在合法、合理的情况下，利用税率的差异而直接节减税收支出的纳税筹划技术，即纳税人使自己尽量按低税率纳税。

利用税率差异技术进行纳税筹划的要点在于尽量寻求税率最低化，以及尽量寻求税率差异的稳定性和长期性。在合法、合理的情况下，寻求适用税率的最低化就意味着节税的最大化；寻求税率差异的稳定性和长期性，又会使纳税人获得更多的税收收益。

【提示】税率差异技术以降低税率的方式达到节税目的，因此又可称为税率筹划技术。

（五）抵免技术

抵免技术是指在合法和合理的情况下，使税收抵免额增加而达到绝对节税目的的纳税筹划技术。

利用抵免技术进行纳税筹划的要点在于抵免项目最多化和抵免金额最大化。

【提示】税收抵免是指从应纳税额中扣除税收抵免额。例如，企业所得税法规定，企业购置并实际使用规定的环境保护、节能节水、安全生产等专用设备，其设备投资额的10%可以从企业当年的应纳税额中抵免；当年不足抵免的，可以在以后5个纳税年度结转抵免。

（六）退税技术

退税技术是指在合法和合理的情况下，使税务机关退还纳税人已纳税款而直接节税的纳税筹划技术。

利用退税技术进行纳税筹划的要点在于争取退税项目最多化和尽量使退税额最大化。

【提示】抵免技术和退税技术均以直接减少税额达到节税目的，因此又可称为税额筹划技术。

（七）延期纳税技术

延期纳税技术是指在合法和合理的情况下，使纳税人延期缴纳税款而相对节税的纳税筹划技术。

利用延期纳税技术进行纳税筹划的要点在于使延期纳税项目最多化和延长期最长化。例如，税法规定购买高新技术设备，可以采用直线法、双倍余额递减法计提折旧，或作为当年费用一次性扣除。那么，在其他条件基本相似或利弊基本相抵的条件下，尽管总的扣除额基本相同，但公司选择作为当年费用一次性扣除的话，在投资初期可以缴纳最少的税收，而把税收推迟到以后缴纳，相当于延期纳税。

视频

和谐税收 —场国与家的双向奔赴

【提示】延期纳税技术以推迟纳税时间，利用资金时间价值达到节税目的，因此又可称为税期筹划技术。

思考与练习

一、判断题

1.国家征税是为了满足政府部门工作人员的生活需要。　　（　　）
2.税收分配凭借的是政治权力，而非财产权力。　　（　　）
3.区别一种财政收入是税还是非税，不仅要看它的名称，还要看它是否具有强制性。　　（　　）
4.向税务机关缴纳或解缴税款的单位和个人是纳税人。　　（　　）

5.对同一征税对象，不论其数额多少，均按同一比例征税的税率称为定额税率。

（　　）

6.通过直接减少应纳税额的方式实现的减免税形式叫税基式减免。　（　　）

7.纳税人享受减税、免税待遇的，在减税、免税期间可以不办理纳税申报。（　　）

8.纳税人只要取得"五证合一，一照一码"营业执照，就不必再领取税务登记证了。

（　　）

9.纳税人只需将纳税账号向税务机关备案即可。　　　　　　　　（　　）

10.纳税人已经开具的专用发票存根联和发票登记簿应保管3年，保管期满，报经税务机关查验后，由税务机关集中销毁。　　　　　　　　　　　　（　　）

11.符合一般纳税人条件的企业，应向税务机关办理一般纳税人资格登记，否则将按照一般纳税人税率标准计算应纳税额，不得抵扣进项税额，也不得使用增值税专用发票。

（　　）

12.纳税筹划的主体是税务机关。　　　　　　　　　　　　　（　　）

13.纳税筹划是纳税人应有的权利。　　　　　　　　　　　　（　　）

14.进行纳税筹划是没有风险的。　　　　　　　　　　　　　（　　）

15.扣除技术和抵免技术均属于税额式筹划。　　　　　　　　　（　　）

二、单项选择题

1.下列各项不属于税收的特性的是（　　）。

　A.固定性　　　　B.无偿性　　　　C.灵活性　　　　D.强制性

2.下列各项关于纳税人的表述，不正确的是（　　）。

　A.纳税人是由税法直接规定的

　B.当存在税负转嫁时，纳税人和负税人不一致

　C.扣缴义务人是纳税人的一种特殊的形式

　D.纳税人可以是法人，也可以是自然人

3.税法规定的纳税人是指（　　）的单位和个人。

　A.直接负有纳税义务　　　　　　　B.最终负担税款

　C.代收代缴税款　　　　　　　　　D.承担纳税担保

4.在税制构成要素中，用以区分不同税种的是（　　）。

　A.税率　　　　　B.征税对象　　　　C.纳税人　　　　D.税目

5.税收收入不受价格水平影响，只与征税对象的实物量有关的税率是（　　）。

　A.定额税率　　　B.累进税率　　　　C.名义税率　　　D.比例税率

6.假设税法规定起征点为200元，税率为10%，甲、乙纳税人取得应税收入分别为200元和400元，则甲、乙纳税人分别纳税（　　）。

　A.0和20元　　　B.0和40元　　　　C.20元和40元　　D.以上说法都不对

7.某纳税人某月取得收入250元，税率为10%，假定起征点和免征额均为240元，则按起征点和免征额办法计算，分别应纳税（　　）。

　A.25元和1元　　B.25元和24元　　C.24元和1元　　D.1元和0

8.（　　）是按应纳税额不足100%的加征，它是税率的一种延伸。

　A.加速征收　　　B.加数征收　　　　C.加成征收　　　D.加倍征收

9."一照一码"是指在"五证合一"营业执照上，将有一个统一的（　　）。

　　A.工商营业代码　　B.社会信用代码　　　C.组织机构代码　　　D.纳税人识别码

10.纳税人应在被市场监督管理机关吊销或者被撤销登记之日起（　　）内向原税务登记机关申报办理注销税务登记。

　　　A.15日　　　　　　　B.30日　　　　　　　C.10日　　　　　　　D.60日

11.纳税人办理变更登记后中，其主要登记事项发生变化且需在市场监督管理部门办理变更登记的，应自在市场监督管理部门办理变更登记之日起（　　）内，持有关资料向主管税务机关办理税务变更登记。

　　　A.5日　　　　　　　B.10日　　　　　　　C.15日　　　　　　　D.30日

12.下列各项关于补缴、追征税款的表述，说法错误的是（　　）。

　　A.因税务机关的责任，致使纳税人、扣缴义务人未缴或者少缴税款的，税务机关可以在3年内追征税款

　　B.因纳税人计算错误等失误，未缴或者少缴税款的，税务机关可以在3年内追征税款、滞纳金

　　C.因扣缴义务人计算错误等失误，未缴或者少缴税款累计数额在10万元以上的，税务机关可以在5年内追征税款、滞纳金

　　D.对偷税、抗税、骗税的，税务机关可以无限期追征其未缴或者少缴的税款、滞纳金和所骗取的税款

13.纳税人未按规定期限缴纳税款的，税务机关除责令其限期缴纳外，还要从滞纳之日起，按日加收滞纳税款（　　）的滞纳金。

　　　A.5%　　　　　　　B.5‰　　　　　　　C.0.5%　　　　　　　D.0.3‰

14.在经济行为已经发生，纳税义务已成定局后，再实施少缴税款的措施，无论是否合法，都不能认为是纳税筹划。该观点体现了纳税筹划的（　　）特征。

　　　A.时效性　　　　　B.经济性　　　　　C.超前性　　　　　D.风险性

15.相对节税主要考虑的是（　　）。

　　　A.税率　　　　　　B.资金时间价值　　C.利润总额　　　　D.应纳税所得额

三、多项选择题

1.下列税种属于流转税类的有（　　）。

　　　A.增值税　　　　　B.消费税　　　　　C.关税　　　　　　D.房产税

2.我国现行税制中所应用的税率种类有（　　）。

　　　A.比例税率　　　　B.全额累进税率　　C.超额累进税率　　D.定额税率

3.我国现行税制中采用的累进税率有（　　）。

　　　A.全额累进税率　　B.超率累进税率　　C.超额累进税率　　D.超倍累进税率

4.降低纳税人负担的措施有（　　）。

　　　A.起征点　　　　　B.加成征收　　　　C.免征额　　　　　D.加倍征收

5.减税免税减轻了纳税人的税收负担，是构成税收优惠的主要内容。其具体可分为（　　）。

　　　A.税基式减免　　　B.税率式减免　　　C.税额式减免　　　D.税收式减免

6."五证合一"是指将工商营业执照、组织机构代码证与（　　）合并，由市场监督

管理部门核发一个统一的营业执照。

    A.企业信用证　　　B.税务登记证　　　C.社会保险登记证　D.统计登记证

7.纳税申报主要方式有（　　　）。

    A.直接申报　　　B.简易申报　　　C.邮寄申报　　　D.电子申报

8.纳税筹划的目标包括（　　　）。

    A.获取资金时间价值　　　　　B.实现涉税零风险

    C.减轻税收负担　　　　　　　D.维护合法权益

9.纳税筹划的特点包括（　　　）。

    A.整体性　　　B.合法性　　　C.目的性　　　D.非专业性

10.在常用的纳税筹划技术中，下列各项属于税基筹划技术的有（　　　）。

    A.扣除技术　　　B.分劈技术　　　C.抵免技术　　　D.减免税技术

项目二

增值税计算申报与筹划

职业能力目标	1. 掌握增值税征税范围、纳税人、税率的具体规定
	2. 了解增值税各项税收优惠政策、增值税专用发票的管理规定
	3. 掌握增值税的计算
	4. 掌握增值税及附加税费申报表的填报规定
	5. 熟悉增值税出口退税的基本内容，掌握增值税出口货物退（免）税的计算方法及适用范围
	6. 了解增值税纳税筹划方法

典型工作任务	1. 能判断企业所属的增值税纳税人类型，判断哪些项目应征增值税，适用何种税率
	2. 会计算增值税一般纳税人、小规模纳税人及进口货物应纳税额
	3. 会填制增值税一般纳税人和小规模纳税人的纳税申报表，进行增值税纳税申报
	4. 能用免、抵、退税办法计算增值税应免抵和应退的税款
	5. 会进行增值税简单纳税筹划

职业素养目标	1. 引导自觉践行社会主义核心价值观
	2. 增强依法纳税、合法节税意识
	3. 培养诚实守信、责任担当的职业精神

任务一　学习增值税基本知识

引导案例

引导案例解析

　　城达运输公司是一家以提供运输服务为主的企业，年应税销售额为1 000万元，某年1月提供运输服务取得运输收入230 000元，另外将公司两辆货车出租给速通运输公司，取得收入3 000元。请分析以上各项收入是否该缴纳增值税？如果是，该按何种身份、适用何种税率缴纳？

【素养园地】

我国增值税的前世今生

我国增值税大致经历了试点、确立、转型改革和扩围改革四个主要阶段。

一、试点阶段

1979年，引进增值税，并在部分城市选择重复征税矛盾最为突出的机器机械和农业机具两个行业进行增值税试点。

1984年，国务院颁布《中华人民共和国增值税暂行条例（草案）》。

1987年，增值税税目扩大到30个，计税方法统一为"扣税法"。

1989年，在扣税法的基础上逐步统一实行了"价税分流购进扣税法"。

二、确立阶段

1994年1月，《中华人民共和国增值税暂行条例》开始实施，扩大了增值税的征收范围。增值税税制得到进一步完善。

三、转型改革阶段

自2004年7月1日起，东北三省开展了增值税转型改革试点。增值税一般纳税人允许抵扣固定资产及相关进项税额，并采用增量抵扣的办法。

自2009年1月1日起，允许全国范围内的所有增值税一般纳税人抵扣其新购进设备所含进项税额，未抵扣完的进项税额可以结转下期继续抵扣。增值税由生产型向消费型转变。

四、扩围改革阶段

自2012年1月1日起，在上海针对交通运输业（不含铁路运输）和部分现代服务业（研发和技术服务、信息技术服务、文化创意服务、物流辅助服务、有形动产租赁服务、鉴证咨询服务）启动了"1＋6"行业的增值税扩围改革试点。

2012年8月1日至12月1日，将"1＋6"行业试点分批扩大至北京等12个省市。

2013年8月1日，将"1＋6"行业试点推广到全国，并将广播影视服务纳入进来，成为"1＋7"行业试点。

2014年1月1日，将铁路运输和邮政业纳入试点。

2014年6月1日，将电信业纳入试点，营改增试点覆盖到全国"3＋7"个行业。

2016年5月1日，全面推开营改增试点，将建筑业、房地产业、金融业和生活服务业纳入试点，实现增值税对货物、服务的全覆盖，营业税退出历史舞台。

之后进一步深化增值税改革，分步推进增值税各项减税措施，确保主要行业税负明显下降，部分行业税负有所下降，所有行业税负只增不减，给纳税人实实在在的获得感、减负感。

2017年7月1日，推行增值税税率"四档变三档"改革，原按13%征税的与居民生活、农业生产、文化宣传相关的23类货物改按11%征税，构建更加公平简洁的增值税制度。

2017年11月19日，修改《中华人民共和国增值税暂行条例》，废止《中华人民共和国营业税暂行条例》，以法规形式确定营改增试点成果。

2018年5月1日，将制造业等行业的适用税率由17%降至16%，将交通运输、建筑等行业适用税率由11%降至10%，统一小规模纳税人标准，对符合条件的先进制造业、现代服务业企业以及电网企业试行留抵退税。

2019年4月1日，进一步降低税率，将制造业等行业的适用税率由16%降至13%，将交通运输、建筑等行业适用税率由10%降至9%；扩大进项税额抵扣范围，将国内旅客运输服务纳入抵扣范围；正式建立增值税期末留抵退税制度；推出阶段性加计抵减政策，对主营业务为邮政、电信、现代服务和生活服务业的纳税人，加计抵扣进项税额；提高小规模纳税人免税标准。

2020年至2021年，结合疫情防控各阶段特点和需要，分批次密集出台多项扶持政策，并扩大部分先进制造业全额退还增量留抵税额政策范围。

2022年，进一步加大普惠性增值税优惠政策支持力度，特别是实施大规模增值税留抵退税。

增值税作为主体税种，覆盖经济活动的几乎所有领域。经过多年改革，我国基本建立了适应国际潮流、具有中国特色的现代增值税制度，在应对经济下行压力、稳定市场预期、激发市场主体活力、保持经济平稳运行中发挥了重要作用。今后将按照建立现代增值税制度的目标，进一步完善增值税制度，继续向税率三档并两档方向迈进。

增值税是对在我国境内销售货物或者加工、修理修配劳务（以下简称劳务），销售服务、无形资产、不动产以及进口货物的单位和个人，就其取得的销售额以及进口货物的金额计算税款，并实行税款抵扣制度的一种流转税。

我国现行增值税的基本法律依据是根据2017年11月19日《国务院关于废止〈中华人民共和国营业税暂行条例〉和修改〈中华人民共和国增值税暂行条例〉的决定》第二次修订通过的《中华人民共和国增值税暂行条例》和《中华人民共和国增值税暂行条例实施细则》。

从计税原理上看，增值税是以生产和流通各环节的增值额，即企业或个人在一定时期生产经营过程中新创造的那部分价值，为征税对象征收的一种税。由于在现实生产和流通中，附加于每一产品上的新增价值是一个难以准确计算的数据，因此，在增值税的实际操作上采用间接计算办法，即根据销售额按照规定的税率计算税款，从中扣除上一道环节已纳增值税税款，其余额即为纳税人应缴纳的增值税税款。这种计算方法称为税款抵扣制，它同样体现了对新增价值征税的原则。

我国现行的增值税具有如下特点：

（1）采用消费型增值税。

消费型增值税是指在计算增值税时，允许在购进时将固定资产已纳增值税进行抵扣。自2009年1月1日起，我国增值税由原采用的生产型增值税全面转型为消费型增值税。

（2）实行价外计税。

增值税实行价外计税的办法，即以不含增值税税额的价格为计税依据，增值税专用发票上要分别注明增值税税款和不含增值税的价格。把税款和价款分开，体现了增值税间接税的性质。

（3）实行规范化的购进扣税法。

实行根据增值税专用发票注明的税款进行税款抵扣的制度，即上一道环节购进货物、应税劳务或应税行为时取得的增值税专用发票上注明的税款，在计算本环节销售货物、提供应税劳务、发生应税行为应纳税款时予以扣除，以避免出现重复征税的现象。

（4）对不同经营规模的纳税人采用不同的计税方法。

现行增值税法律制度将纳税人划分为一般纳税人和小规模纳税人，分别采用不同的征收管理办法。一般纳税人采用一般计税办法计税，体现公平税负的原则；小规模纳税人则实行简易计税办法按征收率计算税额，以方便税额的计算。

一、确定增值税征税范围

我国现行增值税的征税范围为在我国境内销售和进口货物，提供加工、修理修配劳务，销售服务、无形资产、不动产。

（一）境内销售货物和进口货物

货物是指有形动产，包括电力、热力、气体在内。

境内销售货物是指所销售货物的起运地或所在地在我国境内。

（二）境内提供加工、修理修配劳务

加工是指受托加工货物，即委托方提供原料及主要材料，受托方按照委托方的要求制造货物并收取加工费的业务。修理修配是指受托方对损伤和丧失功能的货物进行修复，使其恢复原状和功能的业务。

动画

2分钟动画
读懂营改增

"境内提供应税劳务"是指所提供的应税劳务发生在我国境内。

【提示】单位或者个体工商户聘用的员工为本单位或者雇主提供加工、修理修配劳务，不属于增值税征税范围。

（三）境内销售服务、无形资产、不动产

1.销售服务

销售服务是指提供交通运输服务、邮政服务、电信服务、建筑服务、金融服务、现代服务、生活服务。其中：

（1）交通运输服务，是指使用运输工具将货物或者旅客送达目的地，使其空间位置得到转移的业务活动。其包括陆路运输服务、水路运输服务、航空运输服务和管道运输服务。

①陆路运输服务，是指通过陆路（地上或者地下）运送货物或者旅客的运输业务活动，包括铁路运输服务、公路运输服务、缆车运输服务、索道运输服务、地铁运输服务、

城市轻轨运输服务等。

【提示】出租车公司向使用本公司自有出租车的出租车司机收取的管理费用，按照陆路运输服务缴纳增值税。

②水路运输服务，是指通过江、河、湖、川等天然、人工水道或者海洋航道运送货物或者旅客的运输业务活动。

【提示】水路运输的程租、期租业务，属于水路运输服务。

③航空运输服务，是指通过空中航线运送货物或者旅客的运输业务活动。

【提示】航空运输的湿租业务，属于航空运输服务。航天运输服务，按照航空运输服务缴纳增值税。

④管道运输服务，是指通过管道设施输送气体、液体、固体物质的运输业务活动。

【知识链接】

程租业务、期租业务、湿租业务、光租业务、干租业务

程租业务，是指运输企业为租船人完成某一特定航次的运输任务并收取租赁费的业务。

期租业务，是指运输企业将配备有操作人员的船舶承租给他人使用一定期限，承租期内听候承租方调遣，不论是否经营，均按天向承租方收取租赁费，发生的固定费用均由船东负担的业务。

湿租业务，是指航空运输企业将配备有机组人员的飞机承租给他人使用一定期限，承租期内听候承租方调遣，不论是否经营，均按一定标准向承租方收取租赁费，发生的固定费用均由承租方承担的业务。

水路运输的程租业务、期租业务，航空运输的湿租业务，按交通运输服务缴纳增值税。

光租业务，是指运输企业将船舶在约定的时间内出租给他人使用，不配备操作人员，不承担运输过程中发生的各项费用，只收取固定租赁费的业务。

干租业务，是指航空运输企业将飞机在约定的时间内出租给他人使用，不配备机组人员，不承担运输过程中发生的各项费用，只收取固定租赁费的业务。

水路运输的光租业务、航空运输的干租业务，按租赁服务中的经营租赁缴纳增值税。

（2）邮政服务，是指中国邮政集团公司及其所属邮政企业提供邮件寄递、邮政汇兑、机要通信和邮政代理等邮政基本服务的业务活动。其包括邮政普遍服务、邮政特殊服务和其他邮政服务。

①邮政普遍服务，是指函件、包裹等邮件寄递，以及邮票发行、报刊发行和邮政汇兑等业务活动。

②邮政特殊服务，是指义务兵平常信函、机要通信、盲人读物和革命烈士遗物的寄递等业务活动。

③其他邮政服务，是指邮册等邮品销售、邮政代理等业务活动。

（3）电信服务，是指利用有线、无线的电磁系统或者光电系统等各种通信网络资源，提供语音通话服务，传送、发射、接收或者应用图像、短信等电子数据和信息的业务活动。其包括基础电信服务和增值电信服务。

①基础电信服务，是指利用固网、移动网、卫星、互联网，提供语音通话服务的业

务活动，以及出租或者出售带宽、波长等网络元素的业务活动。

②增值电信服务，是指利用固网、移动网、卫星、互联网、有线电视网络，提供短信和彩信服务、电子数据和信息的传输及应用服务、互联网接入服务等业务活动。

【提示】卫星电视信号落地转接服务，按照增值电信服务缴纳增值税。

（4）建筑服务，是指各类建筑物、构筑物及其附属设施的建造、修缮、装饰，线路、管道、设备、设施等的安装以及其他工程作业的业务活动。其包括工程服务、安装服务、修缮服务、装饰服务和其他建筑服务。

①工程服务，是指新建、改建各种建筑物、构筑物的工程作业。

②安装服务，是指生产设备、动力设备、起重设备、运输设备、传动设备、医疗实验设备以及其他各种设备、设施的装配、安置工程作业。

【提示】固定电话、有线电视、宽带、水、电、燃气、暖气等经营者向用户收取的安装费、初装费、开户费、扩容费以及类似收费，按照安装服务缴纳增值税。

③修缮服务，是指对建筑物、构筑物进行修补、加固、养护、改善，使之恢复原来的使用价值或者延长其使用期限的工程作业。

④装饰服务，是指对建筑物、构筑物进行修饰装修，使之美观或者具有特定用途的工程作业。

⑤其他建筑服务，是指除上列工程作业之外的各种工程作业服务。

（5）金融服务，是指经营金融保险的业务活动。其包括贷款服务、直接收费金融服务、保险服务和金融商品转让。

①贷款服务，是指将资金贷与他人使用而取得利息收入的业务活动。各种占用、拆借资金取得的收入，包括金融商品持有期间（含到期）利息（保本收益、报酬、资金占用费、补偿金等）收入、信用卡透支利息收入、买入返售金融商品利息收入、融资融券收取的利息收入，以及融资性售后回租、押汇、罚息、票据贴现、转贷等业务取得的利息及利息性质的收入，按照贷款服务缴纳增值税。

【提示】融资性售后回租，是指承租方以融资为目的，将资产出售给从事融资性售后回租业务的企业后，从事融资性售后回租业务的企业将该资产出租给承租方的业务活动。融资性售后回租按金融服务中的贷款服务征收增值税。

②直接收费金融服务，是指为货币资金融通及其他金融业务提供相关服务并且收取费用的业务活动。

③保险服务，是指投保人根据合同的约定，向保险人支付保险费，保险人对于合同约定的可能发生的事故因其发生所造成的财产损失承担赔偿保险金责任，或者当被保险人死亡、伤残、疾病或者达到合同约定的年龄、期限等条件时承担给付保险金责任的商业保险行为，包括人身保险服务和财产保险服务。

④金融商品转让，是指转让外汇、有价证券、非货物期货和其他金融商品所有权的业务活动。

（6）现代服务，是指围绕制造业、文化产业、现代物流产业等提供技术性、知识性服务的业务活动。其包括研发和技术服务、信息技术服务、文化创意服务、物流辅助服务、租赁服务、鉴证咨询服务、广播影视服务、商务辅助服务和其他现代服务。

①研发和技术服务，包括研发服务、合同能源管理服务、工程勘察勘探服务、专业技

术服务。

②信息技术服务，是指利用计算机、通信网络等技术对信息进行生产、收集、处理、加工、存储、运输、检索和利用，并提供信息服务的业务活动，包括软件服务、电路设计及测试服务、信息系统服务、业务流程管理服务和信息系统增值服务。

③文化创意服务，包括设计服务、知识产权服务、广告服务和会议展览服务。

④物流辅助服务，包括航空服务、港口码头服务、货运客运场站服务、打捞救助服务、装卸搬运服务、仓储服务和收派服务。

⑤租赁服务，包括融资租赁服务和经营租赁服务。融资租赁服务，是指具有融资性质和所有权转移特点的租赁活动，按照标的物的不同，可分为有形动产融资租赁服务和不动产融资租赁服务。经营租赁服务，是指在约定时间内将有形动产或者不动产转让他人使用且租赁物所有权不变更的业务活动，按照标的物的不同，可分为有形动产经营租赁服务和不动产经营租赁服务。

⑥鉴证咨询服务，包括认证服务、鉴证服务和咨询服务。

【提示】翻译服务和市场调查服务按照咨询服务缴纳增值税。

⑦广播影视服务，包括广播影视节目（作品）的制作服务、发行服务和播映（含放映，下同）服务。

⑧商务辅助服务，包括企业管理服务、经纪代理服务、人力资源服务、安全保护服务。

⑨其他现代服务，是指除研发和技术服务、信息技术服务、文化创意服务、物流辅助服务、租赁服务、鉴证咨询服务、广播影视服务和商务辅助服务以外的现代服务。

（7）生活服务，是指为满足城乡居民日常生活需求提供的各类服务活动。其包括文化体育服务、教育医疗服务、旅游娱乐服务、餐饮住宿服务、居民日常服务和其他生活服务。

动画

2分钟动画读懂营改增——生活服务篇

① 文化体育服务，包括文化服务和体育服务。文化服务，是指为满足社会公众文化生活需求提供的各种服务。体育服务，是指组织举办体育比赛、体育表演、体育活动，以及提供体育训练、体育指导、体育管理的业务活动。

② 教育医疗服务，包括教育服务和医疗服务。教育服务，是指提供学历教育服务、非学历教育服务、教育辅助服务的业务活动。医疗服务，是指提供医学检查、诊断、治疗、康复、预防、保健、接生、计划生育、防疫等方面的服务，以及与这些服务有关的提供药品、医用材料器具、救护车、病房住宿和伙食的业务。

③ 旅游娱乐服务，包括旅游服务和娱乐服务。旅游服务，是指根据旅游者的要求，组织安排交通、游览、住宿、餐饮、购物、文娱、商务等服务的业务活动。娱乐服务，是指为娱乐活动同时提供场所和服务的业务。

④ 餐饮住宿服务，包括餐饮服务和住宿服务。餐饮服务，是指通过同时提供饮食和饮食场所的方式为消费者提供饮食消费服务的业务活动。住宿服务，是指提供住宿场所及配套服务等的活动。

⑤ 居民日常服务，是指主要为满足居民个人及其家庭日常生活需求提供的服务，包括市容市政管理、家政、婚庆、养老、殡葬、照料和护理、救助救济、美容美发、按摩、桑拿、氧吧、足疗、沐浴、洗染、摄影扩印等服务。

⑥其他生活服务，是指除文化体育服务、教育医疗服务、旅游娱乐服务、餐饮住宿服务和居民日常服务之外的生活服务。

2.境内销售无形资产

销售无形资产，是指转让无形资产所有权或者使用权的业务活动。无形资产，是指不具有实物形态，但能带来经济利益的资产，包括技术、商标、著作权、商誉、自然资源使用权和其他权益性无形资产。

3.境内销售不动产

销售不动产，是指转让不动产所有权的业务活动。不动产，是指不能移动或者移动后会引起性质、形状改变的财产，包括建筑物、构筑物等。

【提示】转让建筑物有限产权或者永久使用权的，转让在建的建筑物或者构筑物所有权的，以及在转让建筑物或者构筑物时一并转让其所占土地的使用权的，按照销售不动产缴纳增值税。

"境内销售服务、无形资产或者不动产"，是指：

（1）服务（租赁不动产除外）或者无形资产（自然资源使用权除外）的销售方或者购买方在境内。

（2）所销售或者租赁的不动产在境内。

（3）所销售自然资源使用权的自然资源在境内。

【提示】下列情形不属于在境内销售服务或者无形资产：

（1）境外单位或者个人向境内单位或者个人销售完全在境外发生的服务，如境外单位向境内单位提供完全发生在境外的会展服务。

（2）境外单位或者个人向境内单位或者个人销售完全在境外使用的无形资产，如境外单位向境内单位销售完全在境外使用的专利和非专利技术。

（3）境外单位或者个人向境内单位或者个人出租完全在境外使用的有形动产，如境外单位向境内单位或者个人出租完全在境外使用的小汽车。

（4）境外单位或者个人为出境的函件、包裹在境外提供的邮政服务、收派服务。

（5）境外单位或者个人向境内单位或者个人提供的工程施工地点在境外的建筑服务、工程监理服务。

（6）境外单位或者个人向境内单位或者个人提供的工程、矿产资源在境外的工程勘察勘探服务。

（7）境外单位或者个人向境内单位或者个人提供的会议展览地点在境外的会议展览服务。

（8）财政部和国家税务总局规定的其他情形。

销售服务、无形资产或者不动产，是指有偿提供服务、有偿转让无形资产或者不动产，但属于下列非经营活动的情形除外：

（1）行政单位收取的同时满足相关条件的政府性基金或者行政事业性收费。

（2）单位或者个体工商户聘用的员工为本单位或者雇主提供取得工资的服务，如单位聘用的驾驶员为本单位职工开班车。

（3）单位或者个体工商户为聘用的员工提供服务，如单位提供班车接送本单位职工上下班。

（4）财政部和国家税务总局规定的其他情形。

（四）特殊行为的征税范围

除以上三大项目外，下列行为也应征收增值税。

1.视同销售行为

单位或个体工商户的下列行为，视同销售货物、服务、无形资产或者不动产：

（1）将货物交付其他单位或者个人代销。

（2）销售代销货物。

（3）设有两个以上机构并实行统一核算的纳税人，将货物从一个机构移送至其他机构用于销售，但相关机构设在同一县（市）的除外。

（4）将自产或委托加工的货物用于集体福利或个人消费。

（5）将自产、委托加工或购进的货物作为投资，提供给其他单位或个体工商户。

（6）将自产、委托加工或购进的货物分配给股东或者投资者。

（7）将自产、委托加工或购进的货物无偿赠送给其他单位或者个人。

（8）单位或个体工商户向其他单位或者个人无偿提供服务，但用于公益事业或者以社会公众为对象的除外。

（9）单位或者个人向其他单位或者个人无偿转让无形资产或者不动产，但用于公益事业或者以社会公众为对象的除外。

微课

（10）财政部和国家税务总局规定的其他情形。

【提示】在视同销售行为中，所涉及的符合规定的外购货物进项税额允许抵扣。其中，购进货物用于第（4）项的，进项税额不得扣除，已经抵扣的，应作为进项税额转出处理。

增值税视同
销售项目

【做中学2-1】某企业（增值税一般纳税人）外购原材料葡萄酒一批，取得的增值税专用发票上注明销售额为200 000元，增值税税额为26 000元。本月该企业将该批葡萄酒的20%对外捐赠；月底，企业将该批葡萄酒的10%用于发放职工福利。

请问：对该批葡萄酒的增值税应如何处理？

分析：该企业将外购葡萄酒的20%对外捐赠，应视同销售计算销项税额，该部分葡萄酒的进项税额可以抵扣。

企业将该批葡萄酒的10%用于职工福利，属于将外购货物用于集体福利项目，不是视同销售行为。由于货物的用途发生了变化，其购进过程中即使取得防伪税控系统开具的增值税专用发票，也不得抵扣进项税额。

2.混合销售

微课

一项销售行为如果既涉及货物，又涉及服务，为混合销售行为。

【提示】混合销售行为中的销售货物与提供服务存在于一项销售行为中，两者之间是紧密相连的从属关系。

增值税混合
销售和兼营
行为

对混合销售的税务处理是：从事货物的生产、批发或者零售的单位和个体工商户的混合销售行为，按照销售货物缴纳增值税；其他单位和个体工商户的混合销售行为，按照销售服务缴纳增值税。比如：生产货物的单位，在销售货物的同时附带运输，其销售货物及提供运输的行为属于混合销售行为，所收取的货物款项及运输费用应一律按销售货物计算缴纳增值税。

【提示】上述从事货物的生产、批发或者零售的单位和个体工商户，包括以从事货物的生产、批发或者零售为主，兼营销售服务的单位和个体工商户在内。

【做中学2-2】一个生产空调的厂家，在销售空调的同时提供安装服务，共向顾客收取了3 100元费用，其中包括安装费100元。

请问：该厂家取得的收入是否属于混合销售收入？其应如何纳税？

分析：该厂家在销售空调的同时提供了安装劳务，销售的空调属于增值税应税货物，提供安装劳务属于增值税应税服务，两者之间具有从属关系，因此该行为应属于混合销售行为。由于这是一家从事货物生产的企业，其发生的混合销售行为应按销售货物缴纳增值税。

3.兼营行为

兼营行为是指纳税人兼有适用不同税率或者征收率的销售货物、劳务、服务、无形资产或者不动产的行为。

【提示】兼营行为中的各项行为之间无直接联系和从属关系。

对兼营行为的税务处理是：纳税人兼营销售货物、劳务、服务、无形资产或者不动产，适用不同税率或者征收率的，应当分别核算适用不同税率或者征收率的销售额；未分别核算的，从高适用税率。具体规定如下：

（1）兼有不同税率的销售货物、加工修理修配劳务、服务、无形资产或者不动产，从高适用税率。

（2）兼有不同征收率的销售货物、加工修理修配劳务、服务、无形资产或者不动产，从高适用征收率。

（3）兼有不同税率和征收率的销售货物、加工修理修配劳务、服务、无形资产或者不动产，从高适用税率。

【做中学2-3】建材商店既销售建材，又对外承接装饰、装修业务。

请问：该商店取得的各项收入属于混合销售收入，还是兼营收入？应如何纳税？

分析：该商店销售建材和承接装饰、装修业务这两项业务并没有直接联系，属于兼营行为。如果商店将销售收入和服务收入分别核算，则销售商品收入按销售货物13%的税率缴纳增值税，装饰、装修收入按建筑服务9%的税率缴纳增值税。如未将两项收入分别核算，则全部收入按13%的税率计缴增值税。

二、界定增值税纳税人

凡在我国境内销售货物、进口货物以及提供应税劳务、发生应税行为的单位和个人，均为增值税纳税人。

单位，是指企业、行政单位、事业单位、军事单位、社会团体及其他单位。

个人，是指个体工商户和其他个人。其他个人是指除个体工商户外的自然人。

单位以承包、承租、挂靠方式经营的，承包人、承租人、挂靠人（以下统称承包人）以发包人、出租人、被挂靠人（以下统称发包人）的名义对外经营并由发包人承担相关法律责任的，以该发包人为纳税人；否则，以承包人为纳税人。

在境外的单位或者个人在境内发生应税行为，在境内未设有经营机构的，以购买方为扣缴义务人。

为了加强增值税的征收管理，简化经营规模小的纳税人的计税办法，我国将增值税纳税人按其经营规模及会计核算健全与否，划分为一般纳税人和小规模纳税人。

（一）小规模纳税人的认定及管理

小规模纳税人是指年应税销售额在规定标准以下，且会计核算不健全，不能够准确提供税务资料的增值税纳税人。所称"会计核算不健全"是指不能够按照国家统一的会计制度规定设置账簿，不能根据合法、有效凭证进行核算。

自2018年5月1日起，小规模纳税人的认定标准为年应税销售额在500万元及以下。

【提示】年应税销售额，是指纳税人在连续不超过12个月的经营期内累计应纳增值税不含税销售额，包括纳税评估销售额，稽查查补销售额，减、免税销售额，发生境外应税行为销售额以及按规定已从销售额中差额扣除的部分。

小规模纳税人实行简易征税办法，不得抵扣进项税额，除另有规定外，不能自行领购和使用增值税专用发票。但对那些能认真履行纳税义务的小规模企业，经县（市）税务局批准，可由税务机关代开增值税专用发票。

图片

营改增后登记一般纳税人年应税销售额从何时算起？

（二）一般纳税人的认定及管理

一般纳税人是指年应征增值税销售额超过小规模纳税人标准的企业和单位。

符合一般纳税人条件的纳税人应当向主管税务机关办理一般纳税人资格登记。经税务机关审核认定的一般纳税人，可按规定领购和使用增值税专用发票，按《中华人民共和国增值税暂行条例》的规定计算缴纳增值税。

年应税销售额未超过规定标准的纳税人，会计核算健全，能够提供准确税务资料的，可以向主管税务机关办理一般纳税人资格登记，成为一般纳税人。

【提示】年应税销售额超过规定标准的其他个人不属于一般纳税人。

年应税销售额超过规定标准但不经常发生应税行为的单位和个体工商户可选择按照小规模纳税人纳税。

除国家税务总局另有规定外，纳税人一经认定为一般纳税人后，不得转为小规模纳税人。

图片

年应税销售额超过规定标准是否一定要办理一般纳税人资格登记？

【提示】符合一般纳税人条件的纳税人应当向主管税务机关办理资格登记，未办理一般纳税人资格登记手续的，应按销售额依照增值税税率计算应纳税额，不得抵扣进项税额，也不得使用增值税专用发票（含税控机动车销售统一发票）。

三、确定增值税税率或征收率

增值税一般纳税人与小规模纳税人，采用不同的计税方法。一般纳税人采用一般计税方法（购进扣税法），适用增值税税率；小规模纳税人采用简易计税方法，适用增值税征收率。一般纳税人发生财政部和国家税务总局规定的特定应税行为时，可以选择适用简易计税方法计税，此时适用征收率。

（一）税率

自2019年4月1日起，一般纳税人适用的增值税税率有13%、9%、6%和零税率四种。各税率具体适用范围见表2-1。

表2-1   一般纳税人增值税税率及适用范围

税率	适用范围
13%	1.销售或进口货物（适用9%税率的货物除外） 2.提供加工、修理修配劳务 3.提供有形动产租赁服务
9%	1.销售或进口下列货物： （1）农产品（含粮食）、食用植物油、食用盐 （2）自来水、暖气、冷气、热水、煤气、石油液化气、天然气、二甲醚、沼气、居民用煤炭制品 （3）图书、报纸、杂志、音像制品、电子出版物 （4）饲料、化肥、农药、农机、农膜 （5）国务院规定的其他货物 2.提供交通运输服务 3.提供邮政服务 4.提供基础电信服务 5.提供建筑服务 6.提供不动产租赁服务 7.销售不动产 8.转让土地使用权
6%	1.提供增值电信服务 2.提供金融服务 3.提供现代服务（有形动产租赁服务、不动产租赁服务除外） 4.提供生活服务 5.销售无形资产（土地使用权除外）
零税率	1.出口货物或者劳务（国务院另有规定的除外） 2.境内单位和个人发生财政部和国家税务总局规定范围内的跨境应税行为

（二）征收率

增值税征收率为3%，适用于小规模纳税人以及一般纳税人适用简易计税方法计税的特定项目，财政部和国家税务总局另有规定的除外。

四、了解增值税税收优惠

增值税的减免等优惠政策由国务院统一规定，任何地区和部门不得擅自出台优惠政策。现行增值税税收优惠政策主要有：

（一）增值税法定免税项目

1.农业生产者销售的自产初级农产品。

2.避孕药品和用具。

3.古旧图书。

4.直接用于科学研究、科学试验和教学的进口仪器、设备。

5.外国政府、国际组织无偿援助的进口物资和设备。

6.由残疾人的组织直接进口供残疾人专用的物品。

7.销售自己使用过的物品。所谓自己使用过的物品，是指其他个人自己使用过的物品。

（二）"营改增"过渡期间免税政策

1.托儿所、幼儿园提供的保育和教育服务。

2.养老机构提供的养老服务。

3.残疾人福利机构提供的育养服务。

4.婚姻介绍服务。

5.殡葬服务。

6.残疾人员本人为社会提供的服务。

7.医疗机构提供的医疗服务。

8.从事学历教育的学校提供的教育服务。

9.学生勤工俭学提供的服务。

10.农业机耕、排灌、病虫害防治、植物保护、农牧保险以及相关技术培训业务，家禽、牲畜、水生动物的配种和疾病防治。

11.纪念馆、博物馆、文化馆、文物保护单位管理机构、美术馆、展览馆、书画院、图书馆在自己的场所提供文化体育服务取得的第一道门票收入。

12.寺院、宫观、清真寺和教堂举办文化、宗教活动的门票收入。

13.行政单位之外的其他单位收取的符合规定条件的政府性基金和行政事业性收费。

14.个人转让著作权收入。

15.个人销售自建自用住房收入。

16.2023年12月31日前，经营公租房所取得的租金收入。

17.台湾航运公司、航空公司从事海峡两岸海上直航、空中直航业务在大陆取得的运输收入。

18.纳税人提供的直接或者间接国际货物运输代理服务。

19.符合条件的利息收入。如国家助学贷款、国债、地方政府债、中国人民银行对金融机构的贷款、住房公积金管理中心用住房公积金在指定的委托银行发放的个人住房贷款等。

20.被撤销金融机构以货物、不动产、无形资产、有价证券、票据等财产清偿债务。

21.保险公司开办的一年期以上人身保险产品取得的保费收入。

22.符合条件的金融商品转让收入，如个人从事金融商品转让业务等。

23.金融同业往来利息收入。

24.符合条件的担保机构从事中小企业信用担保或者再担保业务取得的收入（不含信用评级、咨询、培训等收入），3年内免征增值税。

25.国家商品储备管理单位及其直属企业承担商品储备任务，从中央或者地方财政取得的利息补贴收入和价差补贴收入。

26.纳税人提供技术转让、技术开发和与之相关的技术咨询、技术服务收入。

27.符合条件的合同能源管理服务收入。

28.自2021年1月1日起至2023年12月31日，免征图书批发、零售环节增值税。

29.2023年12月31日前，科普单位的门票收入，以及县级及以上党政部门和科协开展科普活动的门票收入。

30.政府举办的从事学历教育的高等、中等和初等学校（不含下属单位），举办进修班、培训班取得的全部归该学校所有的收入。

31.政府举办的职业学校设立的主要为在校学生提供实习场所，并由学校出资自办、由学校负责经营管理、经营收入归学校所有的企业，从事《销售服务、无形资产或者不动产注释》中"现代服务"（不含融资租赁服务、广告服务和其他现代服务）、"生活服务"（不含文化体育服务、其他生活服务和桑拿、氧吧）业务活动取得的收入。

32.家政服务企业由员工制家政服务员提供家政服务取得的收入。

33.福利彩票、体育彩票的发行收入。

34.军队空余房产租赁收入。

35.为了配合国家住房制度改革，企业、行政事业单位按房改成本价、标准价出售住房取得的收入。

36.将土地使用权转让给农业生产者用于农业生产。

37纳税人采取转包、出租、互换、转让、入股等方式将半包地流转给农业生产者用于农业生产。

38.涉及家庭财产分割的个人无偿转让不动产、土地使用权。

39.土地所有者出让土地使用权和土地使用者将土地使用权归还给土地所有者。

40.县级以上地方人民政府或自然资源行政主管部门出让、转让或收回自然资源使用权（不含土地使用权）。

41.随军家属就业。

42.军队转业干部就业。

43.自2019年2月1日至2020年12月31日，企业集团内单位（含企业集团）之间的资金无偿借贷行为。

44.提供社区养老、抚育、家政等服务取得的收入。

45.纳税人将国有农用地出租给农业生产者用于农业生产，免征增值税。

46.自2022年1月1日至2022年12月31日，航空和铁路运输企业分支机构暂停预缴增值税。2022年2月纳税申报期至文件发布之日已预缴的增值税予以退还。

47.自2022年1月1日至2022年12月31日，纳税人提供公共交通运输服务取得的收入。

【知识链接】

不征收增值税项目

（1）根据国家指令无偿提供的铁路运输服务、航空运输服务，属于规定的用于公益事业的服务。

（2）存款利息。仅限于存储在国家规定的吸储机构所取得的存款利息。

（3）被保险人获得的保险赔付。

（4）房地产主管部门或者其指定机构、公积金管理中心、开发企业以及物业管理单位代收的住宅专项维修资金。

（5）纳税人在资产重组过程中，通过合并、分立、出售、置换等方式，将全部或者部分实物资产以及与其相关联的债权、负债和劳动力一并转让给其他单位和个人，其中涉及的货物转让行为。

（6）纳税人在资产重组过程中，通过合并、分立、出售、置换等方式，将全部或者部分实物资产以及与其相关联的债权、负债和劳动力一并转让给其他单位和个人，其中涉及的不动产、土地使用权转让行为。

（7）自 2020 年 1 月 1 日起，纳税人取得的财政补贴收入，与其销售货物、劳务、服务、无形资产、不动产的收入或者数量直接挂钩的，应按规定计算缴纳增值税；纳税人取得的其他情形的财政补贴收入，不属于增值税应税收入，不征收增值税。

纳税人兼营免税、减税项目的，应当分别核算免税、减税项目的销售额；未分别核算销售额的，不得免税、减税。

纳税人发生应税行为适用免税、减税规定的，可以放弃免税、减税，依照规定缴纳增值税。放弃免税、减税后，36 个月内不得再申请免税、减税。

纳税人提供应税服务同时适用免税和零税率规定的，优先适用零税率。

（三）税额抵减

增值税纳税人初次购买增值税税控系统专用设备所支付的费用，可凭购买增值税税控系统专用设备取得的增值税专用发票，在增值税应纳税额中全额抵减（抵减额为价税合计数），不足抵减的可结转下期继续抵减。非初次购买所支付的费用由纳税人自行负担。

【提示】增值税税控系统包括增值税防伪税控系统和机动车销售统一发票税控系统。

增值税防伪税控系统的专用设备包括金税盘、报税盘；机动车销售统一发票税控系统的专用设备包括税控盘和传输盘。

增值税纳税人缴纳的技术维护费，可凭技术维护服务单位开具的技术维护费发票，在增值税应纳税额中全额抵减，不足抵减的可结转下期继续抵减。技术维护费按照价格主管部门核定的标准执行。

小规模纳税人购置税控设备，必须取得专票才能抵减增值税吗？

【提示】增值税一般纳税人支付的两项费用在增值税应纳税额中全额抵减的，其增值税专用发票不作为增值税抵扣凭证，其进项税额不得从销项税额中抵扣。

（四）增值税起征点

个人销售货物、提供应税劳务、发生应税行为的销售额未达到增值税起征点的，免征增值税；达到起征点的，全额计算缴纳增值税。增值税起征点不适用于登记为一般纳税人的个体工商户。

增值税起征点幅度如下：

（1）按期纳税的，为月销售额 5 000～20 000 元（含本数）。

（2）按次纳税的，为每次（日）销售额 300～500 元（含本数）。

起征点的调整由财政部和国家税务总局规定。省、自治区、直辖市财政厅（局）和国家税务总局应当在规定的幅度内，根据实际情况确定本地区适用的起征点，并报财政部和国家税务总局备案。

2021 年 4 月 1 日至 2022 年 12 月 31 日期间，小规模纳税人发生增值税应税销售行为，合计月销售额未超过 15 万元（以 1 个季度为 1 个纳税期的，季度销售额未超过 45 万元）的，免征增值税。

【提示】小规模纳税人发生增值税应税销售行为，合计月销售额超过 15 万元，但扣除本期发生的销售不动产的销售额后未超过 15 万元的，其销售货物、劳务、服务、无形资产取得的销售额免征增值税。

适用增值税差额征税政策的增值税小规模纳税人，以差额后的销售额确定是否可以享受免征增值税政策。

【税收与民生】

减税降费　助力中小微企业纾困解难

中小微企业数量多、分布广，在扩大就业、改善民生、促进创新等方面具有不可替代的作用。

近年来，党中央、国务院持续加大退税减税降费力度支持中小微企业发展。先后多次提高增值税小规模纳税人起征点，分别至月销售额2万元、3万元、10万元和15万元，2022年进一步阶段性免征小规模纳税人增值税；小型微利企业减半征收所得税的年应纳税所得额上限提高到300万元并进一步加大优惠力度。

新冠肺炎疫情暴发以来，为扶持中小微企业纾困发展，国家实施了多项帮助纾困的增值税、企业所得税、"六税两费"优惠政策。比如，2020年2月25日国务院常务会议明确，自3月1日起实施小规模纳税人复工复业增值税优惠政策。从优惠政策公布到实施，只有5天时间，税务总局一方面会同财政部抓紧出台财税公告，另一方面倒排工期，统筹推进制发配套征管公告、明确政策执行口径、调整发票系统、进行政策宣传培训等，确保了政策及时落地。此外，还实施了小型微利企业和个体工商户延缓缴纳2020年所得税等定向帮扶措施，积极助力小微企业应对疫情影响、渡过难关。2022年实施新的组合式税费支持政策，小微企业也是受益主体。截至2022年7月底，各项税费支持政策为小微企业累计新增减税降费及退税缓税缓费1.26万亿元。

一系列税收优惠政策体现出连续性，且不断加码，帮助中小微企业渡过难关，是激活市场主体活力、保障中小企业可持续发展、稳定宏观经济基本面的重要举措，更是践行以人民为中心的发展思想的生动实践。

课堂能力训练

一、单项选择题

1.下列行为中，不需征收增值税的是（　　　）。

　A.将购进的货物用于集体福利

　B.将购进的货物对外投资

　C.将委托加工的货物用于集体福利

　D.将购进的货物赠送给客户

2.按照现行规定，下列各项中被认定为小规模纳税人的是（　　　）。

　A.年不含税销售额为580万元的洗衣机厂

　B.年含税销售额为600万元的电信公司

　C.年不含税销售额为510万元的从事货物零售的纳税人

　D.年含税销售额为510万元的汽车修理厂

3.下列项目中，属于"营改增"中"销售服务"范围的是（　　　）。

A.交通运输服务、邮政服务、电信服务、建筑服务、金融服务、现代服务、生活服务

B.交通运输服务、邮政服务、电信服务、建筑服务、金融服务、现代服务、修理修配

C.交通运输服务、邮政服务、电信服务、建筑服务、金融服务、生活服务、无形资产

D.交通运输服务、邮政服务、电信服务、建筑服务、金融服务、现代服务、不动产

4.下列各项中，属于混合销售行为并按销售货物计算缴纳增值税的是（　　）。

A.建材商店在销售建材的同时又为其他客户提供装饰服务

B.汽车建造公司在生产销售汽车的同时又为其他客户提供修理服务

C.塑钢门窗销售商店在销售产品的同时又为客户提供安装服务

D.电信局为客户提供电话安装服务的同时又销售所安装的电话机

二、多项选择题

1.下列项目应按9%的税率计征增值税的有（　　）。

A.城建公司提供的房屋修理　　　　B.手机店提供的手机维修

C.汽车修理厂提供的汽车修理　　　D.桥梁公司提供的桥梁维修

2.划分一般纳税人和小规模纳税人的标准有（　　）。

A.销售额达到规定标准　　　　　　B.经济效益好

C.会计核算健全　　　　　　　　　D.有上级主管部门

3.根据我国现行增值税暂行条例的规定，纳税人提供下列劳务应当缴纳增值税的有（　　）。

A.汽车的租赁　　　B.汽车的修理　　　C.房屋的修缮　　　D.受托加工白酒

4.下列业务中，应当征收增值税的有（　　）。

A.电信器材的生产销售　　　　　　B.房地产公司销售开发商品房业务

C.某报社自己发行报刊　　　　　　D.农业生产者销售自产农产品

5.根据现行政策，下列项目适用9%税率的有（　　）。

A.自来水公司销售自来水　　　　　B.音像制品商店销售录像带

C.空调生产企业销售空调　　　　　D.粮油公司批发大米

任务二　认识与管理增值税专用发票

引导案例

　　某企业为增值税小规模纳税人，按照政策规定可以享受免征增值税优惠规定，既然享受优惠政策，则不能开具增值税专用发票。但某公司（增值税一般纳税人）在购买该企业产品时提出，需要该企业提供增值税专用发票，否则会因无法抵扣进项税额而选择不购买该企业的产品。该企业的财务人员十分为难。在这种情况下，该企业应如何处理呢？

引导案例解析

　　现行增值税实行税款抵扣制度，抵扣依据主要是购入货物、劳务、服务、无形资产或

不动产所取得的增值税专用发票等抵扣凭证上注明的税款，所以增值税专用发票不仅是纳税人经济活动中的重要商业凭证，同时也是销售方销项税额的核算依据和购买方进项税额的税款抵扣凭证，对增值税的计算和管理起着决定性的作用。因此，正确使用和管理增值税专用发票十分重要。国家税务总局针对增值税专用发票的管理和使用，制定有《增值税专用发票使用规定》。

一、增值税专用发票基本内容

图片

9张图，带你读懂"专票电子化"

（一）增值税专用发票的联次

增值税专用发票由基本联次或基本联次附加其他联次构成。基本联次为三联：记账联、抵扣联、发票联。其中记账联是销售方用于核算销售收入和销项税额的记账凭证；抵扣联用于购买方认证抵扣进项税额；发票联是购买方用于核算采购成本、进项税额的记账凭证。其他联次用途由纳税人自行确定。增值税专用发票的样式见表2-2。增值税电子专用发票的样式如图2-1所示。

表2-2　　　　　　　　　　　　增值税专用发票

1100143160	北京增值税专用发票 此联不作报销、扣税凭证使用					No　　　　开票日期：		
购买方	名 称： 纳税人识别号： 地址、电话： 开户行及账号：					密码区		
货物或应税劳务、服务名称	规格型号	单位	数量	单价	金额		税率	税额
					￥			￥
合　计								
价税合计（大写）					（小写）￥			
销售方	名　　称： 纳税人识别号： 地址、电话： 开户行及账号：					备注		
收款人：　　　　复核：　　　　开票人：　　　　销售方：（章）								

（左侧竖排）税总函（2014）257号浙江印务厂

（右侧竖排）第一联：记账联　销售方记账凭证

（二）增值税专用发票的内容

微课

认识发票

增值税专用发票除具备普通发票的基本内容，如发票名称、字轨号码、发票联次及用途、商品名称及经营项目、计量单位、数量、单价、金额、开票人、开票日期、开票单位（个人）名称（章）等外，还包括以下内容：

（1）购销双方的经营地址、联系电话、纳税人识别号（统一社会信用代码）、开户银行及账号。

（2）增值税适用税率、税额、价税合计。

图2-1 增值税电子专用发票

（3）密码区。由防伪税控系统生成的防伪码，用于专用发票的防伪认证。

二、领购增值税专用发票

（一）增值税专用发票领购范围

除财政部、国家税务总局另有规定外，增值税专用发票只限于增值税一般纳税人领购使用，增值税小规模纳税人不得领购使用。

符合一般纳税人条件，但不办理一般纳税人资格登记的纳税人，也不得使用专用发票。

自2016年8月1日起，开展增值税小规模纳税人自行开具增值税专用发票试点工作。至2019年3月1日，试点纳税人从住宿业，鉴证咨询业，建筑业，工业，信息传输、软件和信息技术服务业，扩大至租赁和商务服务业，科学研究和技术服务业，居民服务、修理和其他服务业等8个行业。至2019年10月1日，试点纳税人扩大到全行业，增值税小规模纳税人（其他个人除外）发生增值税应税行为，需要开具增值税专用发票的，可以自愿使用增值税发票管理系统自行开具。选择自行开具增值税专用发票的小规模纳税人，税务机关不再为其代开增值税专用发票。

一般纳税人如有下列情形之一者，不得领购使用增值税专用发票：

（1）会计核算不健全，不能按会计制度和税务机关的要求准确核算销项税额、进项税额和应纳税额的；不能向税务机关准确提供增值税销项税额、进项税额、应纳税额数据及其他有关增值税税务资料的。

（2）有《税收征管法》规定的税收违法行为，拒不接受税务机关处理的。

（3）有下列行为之一，经税务机关责令限期改正而仍未改正的：

虚开增值税专用发票；私自印制专用发票；向税务机关以外的单位或个人买取专用发票；借用他人专用发票；未按规定的要求开具专用发票；未按规定保管专用发票和专用设备；未按规定申请办理防伪税控系统变更发行；未按规定接受税务机关检查。

【提示】有上列情形的，如已领购专用发票，主管税务机关将暂扣其结存的专用发票和报税盘。

（二）增值税专用发票领购程序

领购增值税专用发票的程序如图2-2所示。

图2-2　领购增值税专用发票程序图

1.申请使用防伪税控系统

增值税专用发票防伪税控系统是国家金税工程的主要组成部分。它是经国务院同意推行，使用专用设备和通用设备、运用数字密码和电子存储技术管理专用发票的计算机管理系统。税务部门和企业利用该系统能实现增值税专用发票开具、管理和防伪认证。

增值税防伪税控系统由税务部门使用的税务发行子系统、企业发行子系统、发票发售子系统、认证子系统、报税子系统和纳税人使用的防伪开票子系统构成。一般纳税人和自行开具增值税专用发票试点工作行业的小规模纳税人均应通过增值税防伪税控系统领购、开具、缴销、认证专用发票。

申请使用防伪税控系统的纳税人应到税务机关申请办理防伪税控系统使用核准手续。

2.领购专用设备并配置通用设备

纳税人取得防伪税控系统使用资格后，应到税务机关指定的防伪税控系统服务商购买配置防伪税控系统的专用设备，包括防伪税控金税盘、防伪税控报税盘（如图2-3所示）等，并配置相关的通用设备，如计算机、扫描仪、打印机及相关软件等，为开具使用增值税专用发票做好相应的准备。

图2-3　金税盘和报税盘

【提示】防伪税控装置是专营专修的，未经税务机关批准，任何单位和个人不得擅自改动防伪税控软硬件。

3.核定开票限额

开票限额是指单份专用发票开具的销售额的最高额度。开票限额由一般纳税人申请，纳税人应携带企业营业执照，到税务机关填报"最高开票限额申请表"（见表2-3），由税务机关进行审批。

表2-3 　　　　　　　　　　　　　最高开票限额申请表

<table>
<tr><td rowspan="7">申请事项
（由企业
填写）</td><td colspan="2">企业名称</td><td></td><td colspan="2">税务登记代码</td><td></td></tr>
<tr><td colspan="2">地　　址</td><td></td><td colspan="2">联系电话</td><td></td></tr>
<tr><td colspan="2">一般纳税人类别</td><td colspan="4"></td></tr>
<tr><td colspan="2">申请最高
开票限额</td><td colspan="4">□一亿元　　□一千万元　　□一百万元
□十万元　　□一万元　　　□一千元
（请在选择数额前的□内打"√"）</td></tr>
<tr><td rowspan="2">申请增加
分开票机</td><td rowspan="2">是否有分支
机构（分支
机构在同一
县市）</td><td colspan="4">共增加　台，其中总机构　台，分支机构　台</td></tr>
<tr><td rowspan="2">□是</td><td colspan="2">分支机构名称</td><td colspan="2">分支机构税务登记号</td></tr>
<tr><td></td><td></td><td></td></tr>
</table>

申请事项 （由企业 填写）	申请增加 分开票机	是否有分支 机构（分支 机构在同一 县市）	□是		
			□否	增加　台	
	经办人（签字）： 　　年　月　日		企业（印章）： 　　年　月　日		

区县级 税务机关 意见	批准开票最大限额	
	批准增加分开票机数量	
	经办人（签字）：　　批准人（签字）：　　税务机关（印章）： 　　年　月　日　　　　　年　月　日　　　　　年　月　日	

地市级 税务机关 意见	批准最高开票限额： 　经办人（签字）：　　批准人（签字）：　　税务机关（印章）： 　　年　月　日　　　　　年　月　日　　　　　年　月　日

省级税务 机关意见	批准最高开票限额： 　经办人（签字）：　　批准人（签字）：　　税务机关（印章）： 　　年　月　日　　　　　年　月　日　　　　　年　月　日

4.办理初始发行

一般纳税人在领购专用设备及核定开票限额后，凭经审批的"最高开票限额申请表"

"发票领购簿",携带金税盘和报税盘到主管税务机关办理初始发行。由税务机关将一般纳税人的基本信息,如企业名称、税务登记代码、开票限额、开票机数量、购票数量、购票人员信息及国家税务总局规定的其他信息,载入空白金税盘和报税盘。

纳税人的基本信息发生变化时,应主动到税务机关申请变更发行。如纳税人识别号(统一社会信用代码)变化,应向主管税务机关申请注销发行。

【提示】已经领购使用增值税专用发票的一般纳税人,如发生向个人或税务机关以外的单位买取专用发票、借用他人专用发票、向他人提供专用发票、未按规定开具专用发票、未按规定保管专用发票、未按规定申报专用发票的购用存情况、未按规定接受税务机关检查等违章行为,经税务机关责令限期改正而仍未改正者,税务机关将收缴向其供应的增值税专用发票。

5.领购专用发票

一般纳税人在办理好上述手续后,可按规定领购使用增值税专用发票。增值税专用发票的领购程序除与普通发票一致之外,纳税人还应携带报税盘,税务机关在发售纸质增值税专用发票的同时,还要将相应发票的信息,如发票版本、起止号码及份数、开票限额等写入报税盘,只有经过写盘处理的专用发票才能在开票系统中填用。

自2015年5月起,纳税人可以在网上购买增值税专用发票,纳税人通过网络下载发票领购信息,并成功写入税控专用设备后,就可以正常开具发票了,所需纸质发票可以由税务机关邮寄到企业。

【思考】网上购买增值税专用发票,会给纳税人带来哪些方便?

三、保管增值税专用发票

除与普通发票的保管要求一致之外,纳税人还应按以下规定保管增值税专用发票和专用设备。

(1)设专人保管专用发票和专用设备。

(2)按税务机关的要求存放专用发票和专用设备。

(3)将按期认证相符的专用发票抵扣联、"认证结果通知书"和"认证结果清单"装订成册。

(4)未经税务机关查验,不得擅自销毁专用发票基本联次。

四、开具增值税专用发票

(一)增值税专用发票的开具范围

1.应当开具专用发票的规定

除规定不得开具专用发票的情形外,一般纳税人销售货物、提供应税劳务或发生应税行为,应向购买方开具专用发票。

2.不得开具专用发票的规定

下列情形不得开具专用发票:

(1)向消费者提供应税服务,或销售应税项目、无形资产或者不动产。

(2)销售适用免征增值税规定的应税行为(法律、法规及国家税务总局另有规定的除外）。

（3）实行增值税退（免）税办法的增值税零税率应税服务。

（4）不征收增值税项目。

（5）用于集体福利或个人消费的货物与劳务、服务。

（6）纳税人销售自己使用过的固定资产，适用简易办法依3%的征收率减按2%征收增值税的。

（7）纳税人销售旧货。

（8）商业企业一般纳税人零售的烟、酒、食品、服装、鞋帽（不包括劳保专用部分）、高档化妆品等消费品。

（9）金融商品转让。

（10）经纪代理服务，向委托方收取的政府性基金或者行政事业性收费。

（11）提供有形动产融资性售后回租服务，向承租方收取的有形动产价款本金。

（12）选择差额计税办法计算销售额的纳税人，向旅游服务购买方收取的支付给其他单位或者个人的住宿费、餐饮费、交通费、签证费、门票费和支付给其他接团旅游企业的旅游费用。

（13）提供劳务派遣服务选择差额纳税的纳税人，向用工单位收取用于支付给劳务派遣员工的工资、福利和为其办理社会保险及住房公积金的费用。

（14）纳税人提供人力资源外包服务，向委托方收取并代为发放的工资和代理缴纳的社会保险、住房公积金。

（15）纳税人向其他个人出租不动产，不得开具或申请代开增值税专用发票。

【思考】增值税一般纳税人购买用于职工宿舍的水、电是否能够要求开具增值税专用发票？

（二）开具增值税专用发票

1.开票前的准备工作

企业领购防伪税控增值税专用发票后，应将发票信息读入开票系统内，并与领购的纸质防伪税控增值税专用发票的号码及类别等进行核对，如有错误，应立即退回税务机关，并重新录入正确的号码与类别。

2.开具发票的规范要求

专用发票应按下列要求开具：

（1）项目齐全，与实际交易相符。

（2）字迹清楚，不得压线、错格。

（3）发票联和抵扣联加盖发票专用章。

（4）按照增值税纳税义务的发生时间开具。

（5）纳税人应按照国家税务总局发布的《商品和服务税收分类编码表》中相应的编码开具专用发票。

对不符合上列要求的专用发票，购买方有权拒收。

3.作废专用发票的处理要求

（1）一般纳税人在开具专用发票时发现有误的，可即时作废。作废专用发票须在防伪

图片

持预付卡消费
不能开发票

图片

自2016年8
月1日起红字
增值税发票
开具有新规

税控系统中将相应的数据电文按"作废"处理，在纸质专用发票（含未打印的专用发票）各联次上注明"作废"字样，全联次留存。

（2）开出发票符合作废条件的，可按作废处理。一般纳税人在开具专用发票当月，发生销货退回、开票有误等情形，收到退回的发票联、抵扣联符合作废条件的，按作废处理。作废条件为同时具有下列情形的：①收到退回的发票联、抵扣联时间未超过销售方开票当月；②销售方未抄税并且未记账；③购买方未认证或者认证结果为"纳税人识别号认证不符""专用发票代码、号码认证不符"。

4. 开具红字发票的规范要求

一般纳税人开具增值税专用发票后，发生开票有误、销货退回、销售折让、应税服务中止以及开出发票不符合作废条件的，应开具红字专用发票。

开具红字专用发票程序如下：

（1）购买方或销售方填开并上传"开具红字增值税专用发票信息表"。

购买方取得专用发票已用于申报抵扣的，由购买方在增值税发票管理系统中填开并上传"开具红字增值税专用发票信息表"（以下简称"信息表"见表2-4），在填开"信息表"时，不填写相对应的蓝字专用发票信息，应暂依"信息表"所列增值税税额从当期进项税额中转出，待取得销售方开具的红字专用发票后，与"信息表"一并作为记账凭证。

购买方取得专用发票未用于申报抵扣，但发票联或抵扣联无法退回的，购买方填开"信息表"时应填写相对应的蓝字专用发票信息。

销售方开具专用发票尚未交付购买方，以及购买方未用于申报抵扣并将发票联及抵扣联退回的，由销售方在系统中填开并上传"信息表"。销售方填开"信息表"时应填写相对应的蓝字专用发票信息。

（2）接收校验通过信息。

主管税务机关通过网络接收纳税人上传的"信息表"，系统自动校验通过后，生成带有"红字发票信息表编号"的"信息表"，并将信息同步至纳税人端系统中。

纳税人也可凭"信息表"电子信息或纸质资料到税务机关对"信息表"内容进行系统校验。纳税人开具红字专用发票前"信息表"必须取得税务机关校验通过，否则其红字专用发票一律无效。

（3）销售方开具红字专用发票。

销售方凭税务机关系统校验通过的"信息表"，在系统中以销项负数开具红字专用发票。红字专用发票应与"信息表"一一对应。

纳税人需要开具红字增值税普通发票的，可以在所对应的蓝字发票金额范围内开具多份红字发票。红字机动车销售统一发票需与原蓝字机动车销售统一发票一一对应。

税务机关为小规模纳税人代开专用发票，需要开具红字专用发票的，按照一般纳税人开具红字专用发票的方法处理。

【思考】如果已填开的红字发票信息表金额大于实际需要开具红字发票的金额，是否需要重新填开"信息表"（见表2-4）？

表2-4　　　　　　　　　　　**开具红字增值税专用发票信息表**

填开日期：　　年　月　日

销售方	名　　称		购买方	名　　称		
	纳税人识别号			纳税人识别号		

开具红字专用发票内容	货物（劳务服务）名称	数量	单价	金额	税率	税额
	合计	—	—		—	

说明	一、购买方□ 对应蓝字专用发票抵扣增值税销项税额情况： 1.已抵扣□ 2.未抵扣□ 对应蓝字专用发票的代码：_____　号码：_____ 二、销售方□ 对应蓝字专用发票的代码：_____　号码：_____
红字专用发票信息表编号	

【知识链接】

纳税信用等级

税务机关根据纳税人信用历史信息、税务内部信息、外部信息对纳税人进行纳税信用评级。纳税信用级别设为A、B、M、C、D五级。A级纳税信用为年度评价指标得分90分以上的；B级纳税信用为年度评价指标得分70分以上不满90分的；C级纳税信用为年度评价指标得分40分以上不满70分的；D级纳税信用为年度评价指标得分不满40分或者直接判级确定的。M级纳税信用适用未发生《信用管理办法》第二十条失信行为（直接判为D级的失信行为）的新设企业和评价年度内无生产经营业务收入且年度评价指标得分70分以上的企业。对纳税信用评价为M级的企业，税务机关进行税收政策和管理规定的辅导。

动画

3分钟带你了解纳税信用

五、办理增值税专用发票的汇总上传与确认

（一）开具方信息汇总上传

纳税人在开具增值税专用发票后，应定期对所开具发票的信息、发票领用存信息、明细汇总数据等进行确认并汇总，通过增值税开票系统上传至税务机关。

（二）取得方信息确认

纳税人取得增值税专用发票（包括增值税专用发票、机动车销售统一发票、旅客运输电子普通发票等），必须通过增值税发票综合服务平台，查询、选择用于申报抵扣或者出口退税的增值税开票信息，并进行确认，经确认后的发票可进行进项税额申报抵扣。

纳税人取得增值税专用发票，通过增值税发票综合服务平台未查询到对应发票信息的，可将发票信息扫描后传送到税务系统进行比对认证。

同一张增值税专用发票，只可确认或认证一次。

已经确认的发票应作为购买方的记账凭证，不得退还销售方。

没有进行查询确认或认证未通过的增值税专用发票，不得作为抵扣凭证。

六、缴销增值税专用发票

一般纳税人注销税务登记时，应将专用设备和结存未用的纸质专用发票送交税务机关。主管税务机关缴销其发票，并按有关安全管理要求处理专用设备。

七、处理增值税专用发票被盗或丢失

纳税人必须严格按"增值税专用发票使用规定"保管、使用专用发票，纳税人丢失、被盗专用发票后，应当于发现丢失、被盗当日书面向当地主管税务机关、公安机关报失，接受处罚，并在有刊号的报纸上刊登声明作废。

（一）纳税人丢失已开具专用发票的发票联和抵扣联

如果丢失前已认证相符的，购买方凭销售方提供的相应专用发票记账联复印件及销售方所在地主管税务机关出具的"丢失增值税专用发票已报税证明单"（见表2-5），经购买方主管税务机关审核同意后，可作为增值税进项税额的抵扣凭证。

表2-5　　　　　　　　　　丢失增值税专用发票已报税证明单

销售方	名称		购买方	名称			
	税务登记代码			税务登记代码			
丢失增值税专用发票	发票代码	发票号码	货物（劳务）名称	单价	数量	金额	税额
报税及纳税申报情况	报税时间： 纳税申报时间： 经办人：　　　　　　　负责人： 　　　　　　　　　　　　主管税务机关名称（印章）： 　　　　　　　　　　　　　　　　　年　月　日						
备注							

如果丢失前未认证的，购买方凭销售方提供的相应专用发票记账联复印件到主管税务机关进行认证，认证相符的凭该专用发票记账联复印件及销售方所在地主管税务机关出具的"丢失增值税专用发票已报税证明单"，经购买方主管税务机关审核同意后，可作为增值税进项税额的抵扣凭证。

（二）纳税人丢失已开具专用发票的抵扣联

如果丢失前已认证相符的，可使用专用发票的发票联复印件留存备查；如果丢失前未认证的，可使用专用发票的发票联到主管税务机关认证，专用发票的发票联复印件留存备查。

（三）纳税人丢失已开具专用发票的发票联

可将专用发票抵扣联作为记账凭证，专用发票抵扣联复印件留存备查。

八、税务机关代开增值税专用发票

除可自行开具增值税专用发票的小规模纳税人外，其他小规模纳税人若确需开具增值税专用发票，可申请由税务机关代为开具。增值税纳税人应在代开专用发票备注栏上，加盖本单位的发票专用章。

税务机关为小规模纳税人代开专用发票，需要开具红字专用发票的，比照一般纳税人开具红字专用发票的处理办法。

【知识链接】

税务机关代开的增值税发票要加盖发票专用章吗？

纳税人向税务局申请代开发票是否需要加盖发票专用章，首先需要判断代开的发票是增值税专用发票还是增值税普通发票，同时需要确认代开的对象，是否符合为其他个人代开的特殊情况，方可确认是否需要再加盖发票专用章。

根据《增值税发票开具指南》（2020年3月版）的规定，增值税纳税人应在代开增值税专用发票的"备注"栏上，加盖本单位的发票专用章（为其他个人代开的特殊情况除外）。税务机关在代开增值税普通发票以及为其他个人代开增值税专用发票的"备注"栏上，加盖税务机关代开发票专用章。

任务三　计算增值税

引导案例

城达运输公司（一般纳税人）某日为甲公司提供运输服务取得收入12 000元，开具增值税专用发票一张；为乙公司提供运输服务取得收入3 850元，开具普通发票一张。请分析两项收入是否均应按发票上所载销售额直接计算增值税销项税额？

引导案例解析

增值税计算方法包括一般计税方法和简易计税方法。其中一般计税方法适用于一般纳税人；简易计税方法既适用于小规模纳税人，又适用于一般纳税人按该计税方法计税的特定应税行为。

一、计算一般计税方法下增值税应纳税额

一般计税方法，即购进扣税法，适用于一般纳税人。其计算公式为：

$$应纳税额 = 当期销项税额 - 当期进项税额$$

微课

增值税销项
税额（一）

（一）计算销项税额

销项税额是指纳税人销售货物、提供应税劳务或发生应税行为，按照销售额以及规定的税率计算并向购买方收取的增值税税额。其计算公式为：

$$销项税额 = 销售额 \times 税率$$

1.确定一般销售方式下的销售额

销售额是指纳税人销售货物、提供应税劳务或发生应税行为向购买方收取的全部价款和价外费用，但是不包括收取的销项税额（价外税）。

其中，价外费用，是指价外收取的各种性质的收费，但不包括以下项目：

（1）向购买方收取的销项税额。

（2）同时符合下列条件代为收取的政府性基金或者行政事业性收费：①由国务院或者财政部批准设立的政府性基金，由国务院或者省级人民政府及其财政、价格主管部门批准设立的行政事业性收费；②收取时开具省级以上（含省级）财政部门监（印）制的财政票据；③所收款项全额上缴财政。

（3）以委托方名义开具发票代委托方收取的款项。

【提示】凡价外费用，无论其会计制度如何核算，均应按适用税率还原成不含税价格后并入销售额计算应纳税额。

在销项税额的计算过程中，销售额如果为含税销售额的，需要还原成不含税销售额计算销项税额。其计算公式为：

$$不含增值税销售额 = 含税销售额 \div (1 + 税率)$$

【提示】常见的确认为含税销售额的情形有：①商品流通企业零售价为含税销售额；②未开具发票时的销售额为含税销售额；③价外费用为含税销售额；④包装物押金收入为含税销售额。

【做中学2-4】某木器加工厂（增值税一般纳税人）某月销售组合家具100套，增值税专用发票上注明销售额为200万元。同时，该企业还一次性向购买方收取包装费3.39万元。

要求：计算此业务的销项税额。

销项税额 = $200 \times 13\% + 3.39 \div (1 + 13\%) \times 13\% = 26.39$（万元）

2.确定特殊销售方式下的销售额

微课

增值税销项
税额（二）

（1）采取折扣销售方式销售。折扣销售是指销售方在销售货物、提供应税劳务或发生应税行为时，因购买方购货数量较大等原因而给予购买方的价格优惠，即采用商业折扣方式销售。采取折扣销售方式销售货物、服务、无形资产或者不动产，如果价款和折扣额在同一张发票上注明，以折扣后的价款为销售额；未在同一张发票上分别注明的，以价款为销售额，不得扣减折扣额。

【做中学2-5】某书店（增值税一般纳税人）批发图书一批，每册标价30元，共计1 000册，由于购买方购买数量多，按七折优惠价格成交，并将折扣部分与销售额开在同一张普通发票上。

要求：计算此业务的计税销售额和销项税额。

此项业务属于折扣销售。由于销售额和折扣额在同一张发票上分别注明，应按折扣后的余额作为销售额。

计税销售额 = 30 × 1 000 × 70% ÷ (1 + 9%) = 19 266.06（元）

销项税额 = 19 266.06 × 9% = 1 733.94（元）（尾数有调整）

（2）采取销售折扣方式销售。销售折扣是指销售方在销售货物、提供应税劳务或发生应税行为后，为了鼓励购买方及早付款而协议许诺给购买方的一种折扣优待，即采用现金折扣方式销售。由于销售折扣发生在销货之后，属于一种融资行为，因此折扣额不得从计税销售额中减除。

【做中学2-6】甲企业（增值税一般纳税人）本月销售给某商店A商品一批，由于货款回笼及时，根据合同的规定，给予该商店5%的折扣，甲企业实际取得不含税销售额250万元。

要求：计算此业务的计税销售额和销项税额。

计税销售额 = 250 ÷ 95% = 263.1579（万元）

销项税额 = 263.1579 × 13% = 34.2105（万元）

（3）采取以旧换新方式销售。采取以旧换新方式销售货物，应按新货物同期售价确定，不能扣除旧货物的回收价格。考虑到金银首饰以旧换新业务的特殊情况，对金银首饰以旧换新业务，可以按销售方实际收取的不含增值税的全部价款征收增值税，即可扣除旧金银首饰的回收价格。

【做中学2-7】乙企业（增值税一般纳税人）采用以旧换新方式共销售某电机产品500台，每台旧电机产品作价300元，扣除旧货收购价后实际取得不含税销售收入810 000元。

要求：计算此业务的销项税额。

销项税额 = (810 000 + 500 × 300) × 13% = 124 800（元）

【做中学2-8】某金银首饰商店（增值税一般纳税人）销售了10条金项链，每条新项链的零售价格为6 000元。

要求：计算此业务的销项税额。

销项税额 = 6 000 × 10 ÷ (1 + 13%) × 13% = 6 902.65（元）

此题假设顾客拿来一条旧的项链，要打成和新的一样，以旧换新抵后实收4 000元，则：

销项税额 = 4 000 ÷ (1 + 13%) × 13% = 460.18（元）

（4）采取以物易物方式销售。采取以物易物方式销售货物，双方都应各自作购销处理，以各自发出的货物核算销售额并计算销项税额，以各自收到的货物按规定核算购货额并计算进项税额。

【做中学2-9】丙酒厂（增值税一般纳税人）销售白酒300箱给各专卖店，取得不含税销售收入600万元；另用白酒10箱换回小轿车一辆。

要求：计算此业务的销项税额。

换回小轿车的白酒单价应按同类产品平均售价确定。

销项税额 $= (600 + 600 \div 300 \times 10) \times 13\% = 80.6$（万元）

（5）出租、出借包装物收取的押金。为销售货物而出租、出借包装物收取的押金，单独记账核算的，不并入销售额计税。但对逾期（一年）未收回的包装物不再退还的押金，应先换算成不含税收入，按所包装的货物适用的税率计算增值税。另外，从1995年6月1日起，对销售除啤酒、黄酒外的其他酒类产品收取的包装物押金，无论是否返还以及会计上如何核算，均应并入销售额计税。

【做中学2-10】丙酒厂（增值税一般纳税人）本月向一小规模纳税人销售白酒，开具的普通发票上注明金额90 400元；同时收取单独核算的包装物押金2 000元。

要求：计算此业务的销项税额。

销项税额 $= [90\,400 \div (1 + 13\%) + 2\,000 \div (1 + 13\%)] \times 13\% = 10\,630.09$（元）

（6）销售使用过的固定资产。一般纳税人销售自己使用过的固定资产，应区分不同情形征收增值税，其税务处理见表2-6。

表2-6　　　　　　　　　　　销售使用过的固定资产的税务处理

具体项目	税务处理	计税公式
销售2008年12月31日以前购进或自制的使用过的固定资产（未抵扣进项税额）	按简易计税办法：按照3%的征收率减按2%征收增值税	增值税应纳税额 = 售价 ÷ (1 + 3%) × 2%
销售2009年1月1日以后购进或自制，不得抵扣且未抵扣进项税额的使用过的固定资产		
销售2009年1月1日以后购进或自制，已抵扣进项税额的使用过的固定资产	按适用税率征收增值税	增值税销项税额 = 售价 ÷ (1 + 适用税率) × 税率

【提示】按简易计税办法计税时计算的是增值税"应纳税额"，而非"销项税额"。

【做中学2-11】某生产企业（增值税一般纳税人）2023年5月把资产盘点过程中不需用的部分资产进行处理：销售一台2008年3月购入的机器设备，取得收入9 200元；销售一台2015年1月购入的生产用机器设备，取得收入33 900元。增值税税率为13%。

要求：计算此业务应缴纳的增值税。

2008年3月购入的设备购进时未抵扣进项税额，销售时应按3%征收率减按2%征收增值税；2015年1月购入的生产用设备购入时已抵扣进项税额，销售时应按适用税率征收增值税。

微课

增值税销项税额（三）

增值税应纳税额 $= 9\,200 \div (1 + 3\%) \times 2\% = 178.64$（元）

增值税销项税额 $= 33\,900 \div (1 + 13\%) \times 13\% = 3\,900$（元）

（7）营改增试点一般计税方法差额计税项目。

①金融商品转让。金融商品转让，是指转让外汇、有价证券、非货物期货和其他金融商品所有权（包括基金、信托、理财产品等各类资产管理产品和各种金融衍生品）的业务活动。金融商品转让，按照卖出价扣除买入价后的余额为销售额。

金融商品转让，不得开具增值税专用发票。

【提示】金融商品的买入价，可以选择按照加权平均法或者移动加权平均法进行核算，选择后36个月内不得变更。

转让金融商品出现的正负差，按盈亏相抵后的余额为销售额。若相抵后出现负差，可结转下一纳税期与下期转让金融商品销售额相抵，但年末时仍出现负差的，不得转入下一个会计年度。

②经纪代理服务。经纪代理服务，是指各类经纪、中介、代理服务。其包括金融代理、知识产权代理、货物运输代理、代理报关、法律代理、房地产中介、职业中介、婚姻中介、代理记账、拍卖等。经纪代理服务，以取得的全部价款和价外费用，扣除向委托方收取并代为支付的政府性基金或者行政事业性收费后的余额为销售额。

向委托方收取的政府性基金或者行政事业性收费，不得开具增值税专用发票。

③融资租赁和融资性售后回租服务。融资租赁服务，是指具有融资性质和所有权转移特点的租赁活动，即出租人根据承租人所要求的规格、型号、性能等条件购入有形动产或者不动产租赁给承租人，在合同期内租赁物所有权属于出租人，承租人只拥有使用权，合同期满付清租金后，承租人有权按照残值购入租赁物，以拥有其所有权。不论出租人是否将租赁物销售给承租人，其均属于融资租赁。

按照标的物的不同，融资租赁服务可分为有形动产融资租赁服务和不动产融资租赁服务。

经中国人民银行、银保监会、商务部批准从事融资租赁业务的试点纳税人，提供融资租赁服务，以取得的全部价款和价外费用，扣除支付的借款利息（包括外汇借款和人民币借款利息）、发行债券利息和车辆购置税后的余额为销售额。

融资性售后回租服务，是指承租方以融资为目的，将资产出售给从事融资性售后回租业务的企业后，从事融资性售后回租业务的企业将该资产出租给承租方的业务活动。

经中国人民银行、银保监会、商务部批准从事融资租赁业务的试点纳税人，提供融资性售后回租服务，以取得的全部价款和价外费用（不含本金），扣除对外支付的借款利息（包括外汇借款和人民币借款利息）、发行债券利息后的余额作为销售额。

融资性售后回租服务属于贷款服务，不得开具增值税专用发票。

④航空运输服务。航空运输企业的销售额，不包括代收的机场建设费和代售其他航空运输企业客票而代收转付的价款。

⑤客运场站服务。一般纳税人提供客运场站服务，以其取得的全部价款和价外费用，扣除支付给承运方运费后的余额为销售额，不得抵扣从承运方取得的增值税专用发票注明的增值税。

⑥旅游服务。纳税人提供旅游服务，可以选择以取得的全部价款和价外费用，扣除向旅游服务购买方收取并支付给其他单位或者个人的住宿费、餐饮费、交通费、签证费、门票费和支付给其他接团旅游企业的旅游费用后的余额为销售额。

选择按上述办法计算销售额的试点纳税人，向旅游服务购买方收取并支付的上述费用，不得开具增值税专用发票，可以开具普通发票。

【做中学2-12】某旅游公司（增值税一般纳税人）某月份在境内组织旅游，取得含税收入125 000元，其中包括代旅游者支付给其他单位的房费、餐费、交通费、门票费等费用72 000元（含税）；在境内组团出境旅游，到境外后由外国旅游公司接团，共取得含税收入189 000元，其中支付签证费9 000元（含税），支付给境外旅游公司100 000元（含税）。该旅游公司选择差额计税方法。

要求：计算该公司当月增值税计税销售额。

计税销售额 =（125 000 - 72 000 + 189 000 - 9 000 - 100 000）÷（1 + 6%）

　　　　　 = 125 471.70（元）

⑦销售自行开发的房地产项目。房地产开发企业中的增值税一般纳税人销售其自行开发的房地产项目（选择简易计税方法的房地产老项目除外），以取得的全部价款和价外费用，扣除受让土地时向政府部门支付的土地价款后的余额为销售额。

$$计税销售额 = 全部价款和价外费用 - 当期允许扣除的土地价款$$

$$当期允许扣除的土地价款 = \left(\frac{当期销售房地产项目建筑面积}{房地产项目可供销售建筑面积} \right) \times 支付的土地价款$$

【提示】增值税一般纳税人销售自行开发的房地产老项目适用简易计税方法计税的，以取得的全部价款和价外费用为销售额，不得扣除对应的土地价款。

【做中学2-13】某房地产开发公司（增值税一般纳税人）通过"招拍挂"方式取得150亩净地用于房地产开发，支付土地价款49 950万元（含税），可售建筑面积计18万平方米，其中第一期项目开盘即售罄（可售面积6万平方米），取得含税销售收入13.32亿元（含税）。

要求：计算该房地产开发公司第一期项目增值税计税销售额。

第一期项目应分摊的土地出让金 = 49 950 × 60 000 ÷ 180 000 = 16 650（万元）

第一期项目增值税计税销售额 =（133 200 - 16 650）÷（1 + 9%）= 106 926.61（万元）

【提示】试点纳税人按照上述规定从全部价款和价外费用中扣除的价款，应当取得符合法律、行政法规和国家税务总局规定的有效凭证；否则，不得扣除。合法有效凭证是指：

（1）支付给境内单位或者个人的款项，以发票为合法有效凭证。

（2）支付给境外单位或者个人的款项，以该单位或者个人的签收单据为合法有效凭证，税务机关对签收单据有疑议的，可以要求其提供境外公证机构的确认证明。

（3）缴纳的税款，以完税凭证为合法有效凭证。

（4）扣除的政府性基金、行政事业性收费或者向政府支付的土地价款，以省级以上（含省级）财政部门监（印）制的财政票据为合法有效凭证。

（5）国家税务总局规定的其他凭证。

纳税人取得的上述凭证属于增值税扣税凭证的，其进项税额不得从销项税额中抵扣（不得一票两用，属于抵扣额项目的凭证不得用于进项税额抵扣）。

（8）税务机关核定销售额。纳税人销售货物、提供应税劳务或发生应税行为价格明显偏低或者偏高且不具有合理商业目的的，或者发生视同销售、视同提供应税劳务或应税服务而无销售额的，主管税务机关有权按照下列顺序确定销售额：

①按照纳税人最近时期销售同类货物、服务、无形资产或者不动产的平均价格确定。

②按照其他纳税人最近时期销售同类货物、服务、无形资产或者不动产的平均价格确定。

③按照组成计税价格确定。组成计税价格的公式为：

$$组成计税价格 = 成本 \times (1 + 成本利润率)$$

属于应征收消费税的货物，其组成计税价格中应加计消费税，则：

组成计税价格 = 成本 × (1 + 成本利润率) + 消费税

　　　　　　 = 成本 × (1 + 成本利润率) ÷ (1 - 消费税比例税率)

或　　　　　= 成本 × (1 + 成本利润率) + 课税数量 × 消费税定额税率

或　　　　　= [成本 × (1 + 成本利润率) + 课税数量 × 消费税定额税率] ÷ (1 - 消费税比例税率)

【提示】销售货物的成本利润率由国家税务总局确定为10%，但属于应征收消费税的货物，其组成计税价格中的成本利润率为《消费税若干具体问题的规定》中规定的成本利润率。销售服务、无形资产、不动产的成本利润率由国家税务总局确定。

不具有合理商业目的，是指以牟取税收利益为主要目的，通过人为安排，减少、免除、推迟缴纳增值税税款，或者增加退还增值税税款。

【做中学2-14】某车床厂（增值税一般纳税人）将自制的一台车床向某企业投资，该车床无同类产品销售价格，生产成本为10 500元，成本利润率为10%。

要求：计算此业务应缴纳的增值税。

销项税额 = 10 500 × (1 + 10%) × 13% = 1 501.5（元）

（二）计算进项税额

进项税额是指纳税人购进货物、加工修理修配劳务、服务、无形资产或者不动产，支付或者负担的增值税税额，它与销售方取得的销项税额相对应。

【提示】销项税额计算的重点在于确认销售额的多少，进项税额计算的重点则首先在于确定该笔进项税额能否抵扣，其次才是能抵扣多少。

1.准予从销项税额中抵扣的进项税额

根据税法的规定，准予从销项税额中抵扣的进项税额可以分为两类：一类是以票抵税，即取得法定扣税凭证，并符合税法的规定允许抵扣的进项税额；另一类是计算抵税，即没有取得法定扣税凭证，但符合税法抵扣政策，准予计算抵扣的进项税额。

（1）以票抵税。纳税人每抵扣一笔进项税额，就要有一份记录该进项税额的法定扣税凭证与之相对应。法定扣税凭证包括：

①从销售方取得的增值税专用发票（含税控机动车销售统一发票，下同）上注明的增值税税额。

②从海关取得的海关进口增值税专用缴款书上注明的增值税税额。

③从境外单位或者个人购进劳务、服务、无形资产或者不动产，自税务机关或者扣缴义务人取得的解缴税款的完税凭证上注明的增值税税额。

【提示】纳税人凭税收缴款凭证抵扣进项税额的，应当具备书面合同、付款证明和境外单位的对账单或者发票。资料不全的，其进项税额不得从销项税额中抵扣。

【做中学2-15】某制药厂（增值税一般纳税人）购进制药原料一批，货款为400 000元，取得的增值税专用发票上注明税款为52 000元；为购进该批制药原料支付某运输公司运费800元，取得的增值税专用发票上注明税款为72元。另购进制药原料一批，货款为60 000元，取得增值税普通发票一张。

要求：计算可抵扣的进项税额。

可抵扣的进项税额 = 52 000 + 72 = 52 072（元）

（2）计算抵税。

①购进农产品

税法规定，购进农产品，除取得增值税专用发票或者海关进口增值税专用缴款书外，按照农产品收购发票或者销售发票上注明的农产品买价乘以扣除率计算进项税额抵扣。其计算公式为：

$$进项税额 = 买价 × 扣除率$$

【提示】收购农产品的买价，包括纳税人购进农产品在农产品收购发票或者销售发票上注明的价款和按规定缴纳的烟叶税。

扣除率根据纳税人购进农产品后生产销售的产品适用税率确定，生产适用9%税率的初级农副产品的，扣除率为9%；生产适用13%税率的应税商品的，扣除率为10%。

自行计算抵扣进项税额，是按规定的发票、凭证上的规定项目所列金额直接乘以扣除率计算出来的，计算抵扣时的计税基础不必进行价税分离。

【做中学2-16】某增值税一般纳税人向某农民购买自产香菇，农产品收购发票上注明价款为60 000元。

要求：计算可以抵扣的进项税额。

进项税额 = 60 000 × 9% = 5 400（元）

【知识链接】

一般纳税人购进农产品进项税额抵扣具体情形

一般纳税人购进农产品抵扣进项税额存在如下5种情况：

（1）从一般纳税人购进农产品，按照取得的增值税专用发票上注明的增值税税额抵扣进项税额。

（2）进口农产品，按照取得的海关进口增值税专用缴款书上注明的增值税税额抵扣进项税额。

（3）从小规模纳税人购进农产品，按照取得的增值税专用发票上注明的农产品买价和扣除率计算抵扣进项税额。

（4）向农业生产者购进自产农产品（不含享受批发零售环节免税政策的鲜活肉蛋产品和蔬菜），按照取得（开具）的农产品销售发票或农产品收购发票上注明的农产品买价和扣除率计算抵扣进项税额。

（5）按照《财政部 国家税务总局关于在部分行业试行农产品增值税进项税额核定扣除办法的通知》的规定，以购进农产品为原料生产销售液体乳及乳制品、酒及酒精、植物油等实行核定扣除。

②购进国内旅客运输服务

自2019年4月1日起，纳税人购进国内旅客运输服务，其进项税额允许从销项税额中抵扣。未取得增值税专用发票的，按照以下规定确定进项税额：

a.取得增值税电子普通发票的，为发票上注明的税额；

b.取得注明旅客身份信息的航空运输电子客票行程单的，按照下列公式计算进项税额：

$$航空旅客运输进项税额 = （票价 + 燃油附加费） \div （1 + 9\%） \times 9\%$$

c.取得注明旅客身份信息的铁路车票的，按照下列公式计算进项税额：

$$铁路旅客运输进项税额 = 票面金额 \div （1 + 9\%） \times 9\%$$

d.取得注明旅客身份信息的公路、水路等其他客票的，按照下列公式计算进项税额：

$$公路、水路等其他旅客运输进项税额 = 票面金额 \div （1 + 3\%） \times 3\%$$

③自用的应征消费税的摩托车、汽车、游艇，2013年8月1日（含）以后购入的，其进项税额准予从销项税额中抵扣。

2.不得从销项税额中抵扣的进项税额

（1）纳税人取得的增值税扣税凭证不符合法律、行政法规或者国家税务总局有关规定的，其进项税额不得从销项税额中抵扣。

（2）下列项目即使取得合法的增值税扣税凭证，其进项税额仍不得从销项税额中抵扣：

①用于简易计税方法计税项目、免征增值税项目、集体福利或者个人消费的购进货物、加工修理修配劳务、服务、无形资产和不动产。

【提示】纳税人的交际应酬消费属于个人消费（业务招待活动中所耗用的各类礼品，包括烟、酒、服装等），不得抵扣进项税额。

对纳税人涉及的固定资产、无形资产（不包括其他权益性无形资产）、不动产项目的进项税额，凡发生专用于简易计税方法计税项目、免征增值税项目、集体福利或者个人消费项目的，该进项税额不得抵扣；发生兼用于增值税应税项目和上述项目情况的，该进项税额准予全部抵扣。

纳税人购进的其他权益性无形资产无论是专用于简易计税方法计税项目、免征增值税项目、集体福利或者个人消费，还是兼用于上述项目，均可以抵扣进项税额。

上述固定资产，是指使用期限超过12个月的机器、机械、运输工具以及其他与生产经营有关的设备、工具、器具等有形动产。和会计准则相比，其不包括不动产及不动产在建工程。

上述不得抵扣且未抵扣进项税额的固定资产、无形资产、不动产，如发生用途改变，用于允许抵扣进项税额的应税项目，可在用途改变的次月，按照下列公式计算可以抵扣的进项税额：

$$可以抵扣的进项税额 = 固定资产、无形资产、不动产净值 \div （1 + 适用税率） \times 适用税率$$

②非正常损失的购进货物及相关的加工修理修配劳务或者交通运输服务。

③非正常损失的在产品、产成品所耗用的购进货物（不包括固定资产）、加工修理修配劳务或者交通运输服务。

④非正常损失的不动产，以及该不动产所耗用的购进货物、设计服务和建筑服务。

⑤非正常损失的不动产在建工程所耗用的购进货物、设计服务和建筑服务。纳税人新建、改建、扩建、修缮、装饰不动产，均属于不动产在建工程。

【提示】非正常损失，是指因管理不善造成货物被盗、丢失、霉烂变质，以及因违反法律法规造成货物或者不动产被依法没收、销毁、拆除的情形。这些非正常损失是由纳税人自身原因造成的，导致征税对象实体的灭失，其损失应由纳税人自行承担。

⑥购进的贷款服务、餐饮服务、居民日常服务和娱乐服务。

【提示】餐饮服务、居民日常服务和娱乐服务的主要接受对象是个人。对于一般纳税人购买的餐饮服务、居民日常服务和娱乐服务，难以准确地界定接受服务的对象是企业还是个人，因此，一般纳税人购进的餐饮服务、居民日常服务和娱乐服务的进项税额不得从销项税额中抵扣。

纳税人购买住宿服务取得的进项税额允许按规定抵扣。

⑦财政部和国家税务总局规定的其他情形。

适用一般计税方法的纳税人，兼营简易计税方法计税项目、免征增值税项目而无法划分不得抵扣的进项税额，按照下列公式计算不得抵扣的进项税额：

$$\text{不得抵扣的进项税额} = \text{当期无法划分的全部进项税额} \times \left(\frac{\text{当期简易计税方法计税项目销售额} + \text{免征增值税项目销售额}}{\text{当期全部销售额}} \right)$$

【做中学2-17】某厂外购一批材料用于应税和免税货物的生产，取得增值税专用发票，价款为20 000元，增值税税款为2 600元，当月应税货物销售额为50 000元，免税货物销售额为70 000元。

要求：计算当月不可抵扣的进项税额。

当月不得抵扣的进项税额 = 2 600 × [70 000 ÷ (50 000 + 70 000)] = 1 516.67（元）

【做中学2-18】某制药厂（增值税一般纳税人）某月发生以下几笔业务：

（1）购进制药原料一批，货款为50 000元，增值税专用发票上注明税款为6 500元，该原料用于生产免税药品。

（2）购进白酒4吨，每吨4 500元，计18 000元，增值税专用发票上注明税款为2 340元。白酒中有0.5吨用于春节职工福利，3.5吨用于生产药酒。

（3）支付水电费各20 000元，取得增值税专用发票，电费价外支付税额2 600元，水费价外支付税额1 800元，水电费中10%为职工宿舍耗用。

要求：计算当期可抵扣的进项税额。

分析：购进制药原料生产免税药品、购进白酒用于职工福利、职工宿舍耗用水电费的进项税额均不得抵扣，则：

本期可抵扣的进项税额 = 2 340 ÷ 4 × 3.5 + (2 600 + 1 800) × (1 - 10%) = 6 007.5（元）

3.进项税额转出

（1）已抵扣进项税额的购进货物（不含固定资产）、劳务、服务，发生上述不得抵扣进项税额的情形（简易计税方法计税项目、免征增值税项目除外）的，应当将该进项税额从当期发生的进项税额中扣减；无法确定该进项税额的，按照当期实际成本计算应扣减的进项税额。

【提示】所称的"从当期发生的进项税额中扣减"是指已抵扣进项税额的购进货物、劳务或服务是在哪一个时期改变用途的，就从纳税人该期进项税额中扣减，而无须追溯到这些购进货物、劳务或服务抵扣进项税额的那个时期。

【做中学2-19】某商业企业月初购进一批饮料，取得的增值税专用发票上注明的价款为80 000元，税款为10 400元，货款已支付；另支付运输企业运费1 000元，取得的增值税专用发票上注明的税款为90元。月末将其中的5%作为福利发放给职工。

要求：计算当月可以抵扣的进项税额。

进项税额转出额 = （10 400 + 90）× 5% = 524.5（元）

可抵扣的进项税额 = 10 400 + 90 − 524.5 = 9 965.5（元）

（2）已抵扣进项税额的固定资产、无形资产或者不动产，发生上述不得抵扣进项税额的情形（简易计税方法计税项目、免征增值税项目除外）的，按照下列公式计算不得抵扣的进项税额：

不得抵扣的进项税额 = 固定资产、无形资产或者不动产净值 × 适用税率

固定资产、无形资产或者不动产净值，是指纳税人根据财务会计制度计提折旧或摊销后的余额。

【做中学2-20】某房地产企业于2021年5月购进一辆汽车自用，不含税价为30万元，机动车销售统一发票上注明的增值税税款为3.9万元，购进当期企业已认证并抵扣了进项税额。汽车采用直线法计提折旧，折旧期限为5年。2022年6月该汽车被盗。

要求：计算该房地产企业当月应转出的进项税额。

进项税额转出额 = 3.9 ÷ 5 × 4 = 3.12（万元）

（三）计算应纳税额

应纳税额的计算公式为：

应纳税额 = 当期销项税额 − 当期进项税额

1.计算应纳税额的时间限定

（1）计算销项税额的时限。销项税额的确认时限即增值税纳税义务发生时间，具体规定如下：

①纳税人销售货物、提供应税劳务或应税行为的纳税义务发生时间，为收讫销售款项或者取得索取销售款项凭据的当天；先开具发票的，为开具发票的当天。按结算方式不同分别规定如下：

a.采取直接收款方式销售货物的，不论货物是否发出，均为收到销售款项或者取得索取销售款项凭据的当天。

【提示】取得索取销售款项凭据的当天，是指书面合同确定的付款日期；未签订书面合同或者书面合同未确定付款日期的，为销售货物、劳务完成、服务完成、无形资产转让完成的当天或者不动产权属变更的当天。

b.采取托收承付和委托银行收款方式销售货物的，为发出货物并办妥托收手续的当天。

c.采取赊销和分期收款方式销售货物的，为书面合同约定的收款日期的当天；无书面合同的或者书面合同没有约定收款日期的，为货物发出的当天。

　　d.采取预收货款方式销售货物的，为货物发出的当天；但生产销售生产工期超过12个月的大型机械设备、船舶、飞机等货物，为收到预收款或者书面合同约定的收款日期的当天。

　　e.委托其他纳税人代销货物的，为收到代销单位的代销清单或者收到全部或者部分货款的当天。未收到代销清单及货款的，为发出代销货物满180天的当天。

　　②纳税人提供租赁服务采取预收款方式的，其纳税义务发生时间为收到预收款的当天。

　　③纳税人从事金融商品转让的，为金融商品所有权转移的当天。

　　④纳税人发生视同销售货物行为的，为货物移送的当天，或劳务、服务、无形资产转让完成的当天，或者不动产权属变更的当天。

　　⑤进口货物的，为报关进口的当天。

　　⑥增值税扣缴义务发生时间为纳税人增值税纳税义务发生的当天。

　　⑦纳税人提供建筑服务，被工程发包方从应支付的工程款中扣押的质押金、保证金，未开具发票的，为纳税人实际收到质押金、保证金的当天。

　　（2）抵扣进项税额的时限。自2020年3月1日起，增值税一般纳税人取得2017年1月1日及以后开具的增值税专用发票、海关进口增值税专用缴款书、机动车销售统一发票、收费公路通行费增值税电子普通发票，取消认证确认、稽核比对、申报抵扣的期限。纳税人在进行增值税纳税申报时，应当通过本省（自治区、直辖市和计划单列市）增值税发票综合服务平台对上述扣税凭证信息进行用途确认。

　　自2020年1月1日起，增值税一般纳税人取得2016年12月31日及以前开具的增值税专用发票、海关进口增值税专用缴款书、机动车销售统一发票，超过认证确认、稽核比对、申报抵扣期限，但符合规定条件的，仍可按照《国家税务总局关于逾期增值税扣税凭证抵扣问题的公告》（2011年第50号，国家税务总局公告2017年第36号、2018年第31号修改）、《国家税务总局关于未按期申报抵扣增值税扣税凭证有关问题的公告》（2011年第78号，国家税务总局公告2018年第31号修改）的规定，继续抵扣进项税额。

2.计算应纳税额时，进项税额不足抵扣的处理

　　当出现当期销项税额小于当期进项税额时，当期进项税额不足抵扣部分可结转下期继续抵扣。

　　【提示】有下列情形之一者，应当按照销售额和增值税税率计算应纳税额，不得抵扣进项税额，也不得使用增值税专用发票：

　　（1）一般纳税人会计核算不健全，或者不能够提供准确税务资料的；

　　（2）应当办理一般纳税人资格登记而未办理的。

　　【做中学2-21】某工业企业（增值税一般纳税人）某月购销业务情况如下（假定本月取得的相关发票均在本月认证并抵扣，A、B产品均适用13%的税率）：

　　（1）购进生产用设备一批，取得的增值税专用发票上注明的价款为230 000元，增值税税额为29 900元；支付运费5 000元，取得的增值税专用发票上注明的增值税税额为450元。

　　（2）购进钢材20吨，取得的增值税专用发票上注明的价款为80 000元，增值税税额为10 400元；支付运费1 000元，取得增值税普通发票。

（3）直接向农民收购用于生产加工的农产品一批，经税务机关批准的收购凭证上注明的价款为200 000元。

（4）销售A产品一批，货已发出并办妥银行托收手续，但货款未到，向买方开具的增值税专用发票上注明的销售额为420 000元。

（5）将自产B产品赠送给某单位使用，该批产品生产成本为20 000元，成本利润率为10%，未开具发票。

（6）月末将本月外购的20吨钢材及库存的同价钢材20吨移送本企业用于修建职工宿舍工程。

（7）期初留抵进项税额为5 000元。

要求：计算该企业当期应纳增值税税额。

当期销项税额 = 420 000 × 13% + 20 000 × （1 + 10%） × 13% = 57 460（元）

当期进项税额 = 29 900 + 450 + 10 400 + 200 000 × 9% − 10 400 × 2 = 37 950（元）

应纳税额 = 当期销项税额 − 当期进项税额 − 期初留抵税额

　　　　 = 57 460 − 37 950 − 5 000 = 14 510（元）

二、计算简易计税方法下增值税应纳税额

简易计税方法的应纳税额，是指按照销售额和征收率计算的增值税税额，不得抵扣进项税额。其计算公式为：

$$应纳税额 = 销售额 × 征收率$$

【提示】上述公式中的销售额为不含税销售额。

（一）计算小规模纳税人简易计税方法应纳税额

小规模纳税人在销售货物、提供应税劳务、发生应税行为时，一般只能开具增值税普通发票，此时取得的销售收入均为含税销售额（除由税务机关代开增值税专用发票和准予自行开具增值税专用发票的小规模纳税人开具增值税专用发票外），应先换算成不含税销售额才能计算应纳税额。其换算公式为：

$$不含税销售额 = 含税销售额 ÷ （1 + 征收率）$$

【做中学2-22】某商店为增值税小规模纳税人，某季度购进货物150 000元，该季度取得零售收入120 000元。

要求：计算该商店该季度应缴纳的增值税税额。

应纳税额 = 120 000 ÷ （1 + 3%） × 3% = 3 495.15（元）

（二）计算一般纳税人简易计税方法应纳税额

一般纳税人按简易计税方法计税时不得抵扣进项税额。

（1）一般纳税人发生下列应税行为可以选择适用简易计税方法计税：

① 公共交通运输服务。包括轮客渡、公交客运、地铁、城市轻轨、出租车、长途客运、班车。

② 经认定的动漫企业为开发动漫产品提供的动漫脚本编撰、形象设计、背景设计、动画设计、分镜、动画制作、摄制、描线、上色、画面合成、配音、配乐、音效合成、剪辑、字幕制作、压缩转码（面向网络动漫、手机动漫格式适配）服务，以及在境内转让动漫版权（包括动漫品牌、形象或者内容的授权及再授权）。

③电影放映服务、仓储服务、装卸搬运服务、收派服务和文化体育服务。

④以纳入营改增试点之日前取得的有形动产为标的物提供的经营租赁服务。

⑤在纳入营改增试点之日前签订的尚未执行完毕的有形动产租赁合同。

（2）其余可以选择适用简易计税方法计税的项目可参见建筑服务计税方法、销售不动产计税方法、不动产经营租赁服务计税方法。

【提示】一般纳税人提供财政部和国家税务总局规定的特定应税行为，可以选择适用简易计税方法计税，但一经选择，36个月内不得变更。

【知识链接】

建筑服务计税方法

①一般纳税人以清包工方式提供建筑服务，可以选择适用简易计税方法计税。

以清包工方式提供建筑服务，是指施工方不采购建筑工程所需的材料或只采购辅助材料，并收取人工费、管理费或者其他费用的建筑服务。

②一般纳税人为甲供工程提供的建筑服务，可以选择适用简易计税方法计税。

甲供工程，是指全部或部分设备、材料、动力由工程发包方自行采购的建筑工程。

（3）一般纳税人为建筑工程老项目提供的建筑服务，可以选择适用简易计税方法计税。

建筑工程老项目，是指：《建筑工程施工许可证》注明的合同开工日期在2016年4月30日前的建筑工程项目；未取得《建筑工程施工许可证》的，建筑工程承包合同注明的开工日期在2016年4月30日前的建筑工程项目。

（4）一般纳税人跨县（市）提供建筑服务，适用一般计税方法计税的，应以取得的全部价款和价外费用为销售额计算应纳税额。纳税人应以取得的全部价款和价外费用扣除支付的分包款后的余额，按照2%的预征率在建筑服务发生地预缴税款后，向机构所在地主管税务机关进行纳税申报。

（5）一般纳税人跨县（市）提供建筑服务，选择适用简易计税方法计税的，应以取得的全部价款和价外费用扣除支付的分包款后的余额为销售额，按照3%的征收率计算应纳税额。纳税人应按照上述计税方法在建筑服务发生地预缴税款后，向机构所在地主管税务机关进行纳税申报。

（6）试点纳税人中的小规模纳税人（以下称小规模纳税人）跨县（市）提供建筑服务，应以取得的全部价款和价外费用扣除支付的分包款后的余额为销售额，按照3%的征收率计算应纳税额。纳税人应按照上述计税方法在建筑服务发生地预缴税款后，向机构所在地主管税务机关进行纳税申报。

【做中学2-23】深圳市福田区A建筑企业，小规模纳税人，2018年第二季度在深圳市罗湖区提供建筑服务，取得含税销售收入20.6万元，开具增值税普通发票。同时支付分包款3.09万元，取得增值税普通发票。要求：计算该建筑企业二季度应预缴的增值税税额。

分析：小规模纳税人跨地级行政区提供建筑服务，以取得的全部价款和价外费用扣除支付的分包款后的余额，按照3%的预征率计算应纳税额，在建筑服务发生地预缴税款后，向机构所在地主管税务机关进行纳税申报。

预缴税款金额 = （206 000 - 30 900） ÷ （1 + 3%） × 3% = 5 100（元）

【做中学2-24】A市某建筑公司为一般纳税人，机构所在地在A市。在B市提供一笔建筑服务，该工程总价1 000 000元，合同注明开工日期为2022年5月20日。该公司将工程的一部分分包给B公司（分包价200 000元，取得的增值税专用发票上注明的销售金额为183 486.24元，税率为9%，税额为16 513.76元）。该项目购进建筑材料300 000元，取得的增值税专用发票上注明的销售金额为265 486.73元，税率为13%，税额为34 513.27元。支付设计费用50 000元，取得的增值税专用发票上注明的销售金额为47 169.81元，税率为6%，税额为2 830.19元。

要求：计算该项目应预缴的增值税税额及应纳的增值税税额。

分析：一般纳税人跨县（市）提供建筑服务，不符合建筑工程老项目条件的，适用一般计税方法计税，应以取得的全部价款和价外费用为销售额计算应纳税额。纳税人应以取得的全部价款和价外费用扣除支付的分包款后的余额，按照2%的预征率在建筑服务发生地预缴税款后，向机构所在地主管税务机关进行纳税申报。因此：

向B市税务机关预缴税额＝（1 000 000－200 000）÷（1＋9%）×2%＝14 678.90（元）

销项税额＝1 000 000÷（1＋9%）×9%＝82 568.81（元）

进项税额＝16 513.76＋34 513.27＋2 830.19＝53 857.22（元）

向A市税务机关申报税额＝82 568.81－53 857.22＝28 711.59（元）

应补缴增值税税额＝28 711.59－14 678.90＝14 032.69（元）

【知识链接】

销售不动产计税方法

1.一般纳税人转让其取得的不动产，按照以下规定缴纳增值税：

（1）一般纳税人转让其2016年4月30日前取得（不含自建）的不动产，可以选择适用简易计税方法计税，以取得的全部价款和价外费用扣除不动产购置原价或者取得不动产时的作价后的余额为销售额，按照5%的征收率计算应纳税额。纳税人应按照上述计税方法向不动产所在地主管税务机关预缴税款，向机构所在地主管税务机关申报纳税。

（2）一般纳税人转让其2016年4月30日前自建的不动产，可以选择适用简易计税方法计税，以取得的全部价款和价外费用为销售额，按照5%的征收率计算应纳税额。纳税人应按照上述计税方法向不动产所在地主管税务机关预缴税款，向机构所在地主管税务机关申报纳税。

（3）一般纳税人转让其2016年4月30日前取得（不含自建）的不动产，选择适用一般计税方法计税的，以取得的全部价款和价外费用为销售额计算应纳税额。纳税人应以取得的全部价款和价外费用扣除不动产购置原价或者取得不动产时的作价后的余额，按照5%的预征率向不动产所在地主管税务机关预缴税款，向机构所在地主管税务机关申报纳税。

（4）一般纳税人转让其2016年4月30日前自建的不动产，选择适用一般计税方法计税的，以取得的全部价款和价外费用为销售额计算应纳税额。纳税人应以取得的全部价款和价外费用，按照5%的预征率向不动产所在地主管税务机关预缴税款，向机构所在地主管税务机关申报纳税。

（5）一般纳税人转让其2016年5月1日后取得（不含自建）的不动产，适用一般计税方法，以取得的全部价款和价外费用为销售额计算应纳税额。纳税人应以取得的全部价款和价外费用扣除不动产购置原价或者取得不动产时的作价后的余额，按照5%的预征率向不动产所在地主管税务机关预缴税款，向机构所在地主管税务机关申报纳税。

（6）一般纳税人转让其2016年5月1日后自建的不动产，适用一般计税方法，以取得的全部价款和价外费用为销售额计算应纳税额。纳税人应以取得的全部价款和价外费用，按照5%的预征率向不动产所在地主管税务机关预缴税款，向机构所在地主管税务机关申报纳税。

2.小规模纳税人转让其取得的不动产，按照以下规定缴纳增值税：

（1）小规模纳税人转让其取得（不含自建）的不动产，以取得的全部价款和价外费用扣除不动产购置原价或者取得不动产时的作价后的余额为销售额，按照5%的征收率计算应纳税额。

（2）小规模纳税人转让其自建的不动产，以取得的全部价款和价外费用为销售额，按照5%的征收率计算应纳税额。

除其他个人之外的小规模纳税人，应按上述计税方法向不动产所在地主管地税机关预缴税款，向机构所在地主管税务机关申报纳税；其他个人按照上述计税方法向不动产所在地主管税务机关申报纳税。

3.个人转让其购买的住房，按照以下规定缴纳增值税：

（1）个人转让其购买的住房，按照有关规定全额缴纳增值税的，以取得的全部价款和价外费用为销售额，按照5%的征收率计算应纳税额。

（2）个人转让其购买的住房，按照有关规定差额缴纳增值税的，以取得的全部价款和价外费用扣除购买住房价款后的余额为销售额，按照5%的征收率计算应纳税额。

个体工商户应按照以上计税方法向住房所在地主管税务机关预缴税款，向机构所在地主管税务机关申报纳税；其他个人应按照以上计税方法向住房所在地主管税务机关申报纳税。

4.房地产开发企业销售房地产，按照以下规定缴纳增值税：

（1）房地产开发企业中的一般纳税人，销售自行开发的房地产老项目，可以选择适用简易计税方法按照5%的征收率计税。

房地产开发企业中的一般纳税人销售房地产老项目，以及一般纳税人出租其2016年4月30日前取得的不动产，适用一般计税方法计税的，应以取得的全部价款和价外费用，按照3%的预征率在不动产所在地预缴税款后，向机构所在地主管税务机关进行纳税申报。

（2）房地产开发企业中的小规模纳税人，销售自行开发的房地产项目，按照5%的征收率计税。

（3）房地产开发企业采取预收款方式销售所开发的房地产项目，在收到预收款时按照3%的预征率预缴增值税。

【知识链接】

不动产经营租赁服务计税方法

1.一般纳税人出租不动产，按照以下规定缴纳增值税：

（1）一般纳税人出租其2016年4月30日前取得的不动产，可以选择适用简易计税方法，按照5%的征收率计算应纳税额。

不动产所在地与机构所在地不在同一县（市、区）的，纳税人应按照上述计税方法向不动产所在地主管税务机关预缴税款，向机构所在地主管税务机关申报纳税。

不动产所在地与机构所在地在同一县（市、区）的，纳税人向机构所在地主管税务机关申报纳税。

（2）一般纳税人出租其2016年5月1日后取得的不动产，适用一般计税方法计税。

不动产所在地与机构所在地不在同一县（市、区）的，纳税人应按照3%的预征率向不动产所在地主管税务机关预缴税款，向机构所在地主管税务机关申报纳税。

不动产所在地与机构所在地在同一县（市、区）的，纳税人应向机构所在地主管税务机关申报纳税。

一般纳税人出租其2016年4月30日前取得的不动产适用一般计税方法计税，按照上述规定执行。

2.小规模纳税人出租不动产，按照以下规定缴纳增值税：

（1）单位和个体工商户出租不动产（不含个体工商户出租住房），按照5%的征收率计算应纳税额。个体工商户出租住房，按照5%的征收率减按1.5%计算应纳税额。

不动产所在地与机构所在地不在同一县（市、区）的，纳税人应按照上述计税方法向不动产所在地主管税务机关预缴税款，向机构所在地主管税务机关申报纳税。

不动产所在地与机构所在地在同一县（市、区）的，纳税人应向机构所在地主管税务机关申报纳税。

（2）其他个人出租不动产（不含住房），按照5%的征收率计算应纳税额，向不动产所在地主管税务机关申报纳税。

（3）其他个人出租住房，按照5%的征收率减按1.5%计算应纳税额，向不动产所在地主管税务机关申报纳税。

三、计算进口货物应纳税额

凡是增值税征税范围内的进口货物，不分产地，不分用途，不分是否付款，除特殊规定外，都需要缴纳增值税。

无论是一般纳税人还是小规模纳税人，申报进口货物一律按组成计税价格计算增值税税额。其计算公式为：

$$组成计税价格 = 关税完税价格 + 关税$$

如果征收增值税的货物同时又征收消费税的，那么：

$$组成计税价格 = 关税完税价格 + 关税 + 消费税$$

$$= （关税完税价格 + 关税）÷（1 - 消费税比例税率）$$

$$或 = 关税完税价格 + 关税 + 海关核定的应税消费品的进口数量 × 消费税定额税率$$

$$或 = （关税完税价格 + 关税 + 海关核定的应税消费品的进口数量 × 消费税定额税率）÷（1 - 消费税定额税率）$$

$$应纳税额 = 组成计税价格 × 税率$$

【提示】一般纳税人进口货物时从海关取得的海关进口增值税专用缴款书上注明的增值税税额可以作为进项税额抵扣。

【做中学2-25】某贸易公司从德国进口彩色电视机100台，海关审定的关税完税价格为每台2 000元，关税税率为50%，增值税税率为13%。

要求：计算该贸易公司进口该批电视机应缴纳的增值税税额。

组成计税价格 = 100 × 2 000 × (1 + 50%) = 300 000（元）

应纳税额 = 300 000 × 13% = 39 000（元）

课堂能力训练

1.某企业为增值税小规模纳税人，某年3月取得销售收入95 400元，购进原材料支付价款36 400元，已知小规模纳税人适用的增值税征收率为3%。计算该企业3月应缴纳的增值税税额。

2.东方家具公司为增值税一般纳税人。某年2月，该公司发生以下经济业务：

（1）外购用于生产家具的木材一批，全部价款已付并验收入库。对方开具的增值税专用发票注明的货款为40万元，运输单位开具的增值税专用发票注明的运费金额为1万元。

（2）为职工餐厅外购一批餐桌椅，取得的对方开具的增值税专用发票上注明的增值税税额为9万元，已办理验收入库手续。

（3）进口生产家具用的辅助材料一批，关税完税价格8万元，已纳关税1万元。

（4）销售家具一批，取得含税销售额96.05万元。

假设取得的增值税专用发票均已认证并申报抵扣，要求：

（1）计算该公司进口辅助材料应纳增值税税额，并列出计算过程。

（2）分别计算该公司2月份增值税销项税额、进项税额和应纳税额，并列出计算过程。

3.海东汽车制造公司为增值税一般纳税人。某年3月，该公司发生以下经济业务：

（1）2日，外购用于生产W牌小汽车的钢材一批，全部价款已付并验收入库。从供货方取得的增值税专用发票上注明的增值税税额为18.7万元，当月已认证并申报抵扣。

（2）10日，外购一批职工阅览室图书，全部价款已付并验收入库。从供货方取得的增值税专用发票上注明的增值税税额为3万元。

（3）19日，采取直接收款方式向H汽车销售公司销售W牌小汽车一批，已收到含税车价款734.5万元，开具增值税专用发票，并于当日将"提车单"交给购车方自行提货。3月31日购车方尚未将该批车提走。

（4）23日，采取托收承付方式向M汽车销售公司销售W牌小汽车一批，不含税车价款为300万元。海东公司已将该批汽车发出并向银行办妥托收手续。3月31日海东公司尚未收到该批车价款。

海东汽车制造公司计算的3月份应纳增值税税额如下：

应纳增值税税额 = 734.5 ÷ (1 + 13%) × 13% − (18.7 + 3) = 62.8（万元）

要求：

（1）指出海东汽车制造公司3月份应纳增值税税额计算的错误之处。

（2）计算海东汽车制造公司3月份应纳增值税税额。

4.杭远贸易公司（增值税一般纳税人）主要从事货物的批发和零售，兼营餐饮住宿服务，纳税人识别号为110100234521023654。2023年1月初"应交税费——应交增值税"账户借方余额为4 000元。1月份发生如下涉税业务：

（1）1—10日，销售货物5批，开具5张增值税专用发票，注明的价款合计为12.8万元，增值税税额合计为1.664万元，对方均用转账支票支付。

（2）4日，向海华公司采购一批货物，支付价款160万元、增值税税额20.8万元，购入时取得对方开具的增值税专用发票6张，已认证并申报抵扣。

（3）11日，向达发公司销售货物一批，开具增值税普通发票，发票上注明含税销售额90.4万元，价格条件为"3/10、1/20、n/30"，双方约定在10日内付款。

（4）15日，杭远贸易公司汽车损坏，委托腾飞汽车修理厂进行修理，支付修理费1.808万元，取得对方开具的增值税专用发票1张，注明价款为1.6万元，增值税税额为0.208万元，已认证并申报抵扣。

（5）20日，将上月购进的一批货物转用于本企业职工福利，购进当月已申报抵扣进项税额。该批货物进价为5.2万元，售价为6万元。

（6）20日，与京华公司联营兴办一超市，按照协议，公司将外购货物一批作为投资提供给超市，该批商品的进价为45万元，按照公司同类货物不含税销售价格计算，其销售额应为60万元，未开具发票。

（7）20日，收到达发公司用于支付货款的转账支票一张，金额为88万元。

（8）22日，向外地力达公司销售货物一批，合同规定由杭远贸易公司支付运费0.6万元，取得增值税专用发票1张，发票上注明的增值税税额为0.054万元，已认证并申报抵扣。

（9）25日，由于仓库倒塌损毁货物一批，进价为6万元，进项税额为0.78万元（该批货物系以前月份购进，已申报抵扣进项税额）。

（10）26日，向外地双峰公司发出货物一批，开具的增值税专用发票上注明的价款为18万元，增值税税额为2.34万元，用转账支票代对方支付运费0.4万元，合同规定采取托收承付方式进行结算，27日办妥托收手续。

（11）1月，公司所属杭远大酒店营业收入22.472万元，其中开具增值税专用发票10张，注明的价款合计为8万元，增值税税额合计为0.48万元；开具增值税普通发票35张，注明的金额合计为13.992万元。当月发生餐饮成本、住宿成本取得增值税专用发票5张，注明的价款合计为3.5万元，增值税税额合计为0.367万元（其中适用13%税率的价款合计为1.6万元，增值税税额为0.208万元，适用9%税率的价款合计为1.5万元，增值税税额为0.135万元，适用6%税率的生活服务价款合计0.4万元，增值税税额为0.024万元）；取得农产品收购发票15张，注明的买价合计3.8万元。

要求：根据以上资料，计算杭远贸易公司2023年1月份的增值税销项税额、进项税额、应纳税额。

任务四 申报增值税

引导案例

城达运输公司位于杭州市江干区，被税务机关认定为增值税一般纳税人，那么其当年1月份应纳的增值税应在何时何地缴纳呢？

引导案例解析

一、确定纳税期限

增值税的纳税期限分别为1日、3日、5日、10日、15日、1个月或者1个季度。纳税人的具体纳税期限，由主管税务机关根据纳税人应纳税额的大小分别核定。以1个季度为纳税期限的规定适用于小规模纳税人、银行、财务公司、信托投资公司、信用社，以及财政部和国家税务总局规定的其他纳税人。不能按固定期限纳税的，可以按次纳税。

纳税人以1个月或1个季度为1个纳税期的，自期满之日起15日内纳税申报；以1日、3日、5日、10日或15日为一个纳税期的，自期满之日起5日内预缴税款，于次月1日起15日内申报纳税并结清上月应纳税款。

扣缴义务人解缴税款的期限，依照纳税人相关规定执行。

微课

纳税人进口货物，应当自海关填发海关进口增值税专用缴款书之日起15日内缴纳税款。

增值税的征收管理

【提示】遇纳税期限最后一日为法定节假日的，以休假日期满的次日为最后一日；在每月1日至15日内有连续3日以上法定休假日的，按休假日天数顺延。

二、确定纳税地点

（一）固定业户应当向其机构所在地或居住地主管税务机关申报纳税。总机构和分支机构不在同一县（市）的，应当分别向各自所在地主管税务机关申报纳税；经财政部和国家税务总局或其授权的财政和税务机关批准，也可由总机构汇总向总机构所在地主管税务机关申报纳税。

（二）非固定业户应当向销售地、应税劳务发生地、应税行为发生地主管税务机关申报纳税。未向销售地、应税劳务发生地、应税行为发生地主管税务机关申报纳税的，由其机构所在地或者居住地主管税务机关补征税款。

（三）其他个人提供建筑服务，销售或者租赁不动产，转让自然资源使用权，应向建筑服务发生地、不动产所在地、自然资源所在地主管税务机关申报纳税。

（四）进口货物，应当向报关地海关申报纳税。

（五）扣缴义务人应当向其机构所在地或者居住地主管税务机关申报缴纳其扣缴的税款。

【提示】营业税改征的增值税，由国家税务总局负责征收，纳税人销售取得的不动产和其他个人出租不动产的增值税，国家税务总局暂委托地方税务机关代为征收。

三、填制纳税申报表

（一）填制增值税一般纳税人纳税申报表

1.纳税申报前准备工作

增值税一般纳税人可以开具增值税专用发票，也可以将其从销售方取得的增值税专用发票做进项税额抵扣，在纳税申报前应办理增值税专用发票的汇总上传与确认。

2.填制一般纳税人纳税申报表

动画

自2003年7月1日起，增值税一般纳税人进行纳税申报必须实行电子信息采集。使用防伪税控系统开具增值税专用发票的纳税人必须在发票信息汇总上传后，方可进行纳税申报。

3分钟了解增值税、消费税分别与附加税费申报表整合

（1）增值税一般纳税人纳税申报表及其附列资料

自2021年8月1日起，增值税与城市维护建设税、教育费附加和地方教育附加申报表整合。增值税一般纳税人纳税申报表及其附列资料包括：

①增值税及附加税费申报表（一般纳税人适用）（见表2-7）。

②增值税及附加税费申报表附列资料（一）（本期销售情况明细）（见表2-8）。

③增值税及附加税费申报表附列资料（二）（本期进项税额明细）（见表2-9）。

④增值税及附加税费申报表附列资料（三）（服务、不动产和无形资产扣除项目明细）（见表2-10）。

一般纳税人销售服务、不动产和无形资产，在确定服务、不动产和无形资产销售额时，按照有关规定可以从取得的全部价款和价外费用中扣除价款的，需填报增值税及附加税费申报表附列资料（三）。其他情况不填写该附列资料。

⑤增值税及附加税费申报表附列资料（四）（税额抵减情况表）（见表2-11）。

⑥增值税及附加税费申报表附列资料（五）（附加税费情况表）（见表2-12）。

⑦增值税减免税申报明细表（见表2-13）。

（2）纳税申报其他资料

①已开具的税控机动车销售统一发票和普通发票的存根联。

②符合抵扣条件且在本期申报抵扣的增值税专用发票（含税控机动车销售统一发票）的抵扣联。

③符合抵扣条件且在本期申报抵扣的海关进口增值税专用缴款书、购进农产品取得的普通发票的复印件。

④符合抵扣条件且在本期申报抵扣的税收完税凭证及其清单、书面合同、付款证明和境外单位的对账单或者发票。

⑤已开具的农产品收购凭证的存根联或报查联。

⑥纳税人销售服务、不动产和无形资产，在确定服务、不动产和无形资产销售额时，

按照有关规定从取得的全部价款和价外费用中扣除价款的合法凭证及其清单。

⑦ 主管税务机关规定的其他资料。

在以上各项纳税申报资料中，纳税申报表及其附列资料为必报资料。纳税申报其他资料的报备要求由各省、自治区、直辖市和计划单列市税务机关确定。

（二）填制增值税小规模纳税人纳税申报表

自2021年8月1日起，增值税小规模纳税人纳税申报表及其附列资料包括：

（1）增值税及附加税费申报表（小规模纳税人适用）（见表2-14）。

（2）增值税及附加税费申报表（小规模纳税人适用）附列资料（一）（服务、不动产和无形资产扣除项目明细）（见表2-15）。

小规模纳税人提供服务，在确定服务销售额时，按照有关规定可以从取得的全部价款和价外费用中扣除价款的，须填报增值税及附加税费申报表（小规模纳税人适用）附列资料（一）。其他情况不填写该附列资料。

（3）增值税及附加税费申报表（小规模纳税人适用）附列资料（二）（附加税费情况表）（见表2-16）。

（三）缴纳增值税税款

纳税人申报纳税后，由主管税务机关开具税收通用缴款书（见表2-17），纳税人应于规定期限内送交纳税人开户银行办理税款入库手续。纳税人进口货物，应当自海关填发海关进口增值税专用缴款书之日起15日内解缴入库。

【工作任务实例2-1】

某市乐菲制衣有限公司为增值税一般纳税人，主要经营范围为服装的生产与销售，纳税人识别号为110100234521011110。2023年1月，公司主要涉及如下业务：

（1）销售甲产品给某大商场，取得不含税销售额800 000元，开具增值税专用发票1张；同时，取得销售甲产品的送货运费收入54 500元，开具增值税普通发票1张，款项尚未收取。

（2）销售乙产品一批，取得含税销售额282 500元，开具增值税专用发票1张，已收到对方开具的银行承兑汇票。

（3）将试制的一批新产品发给职工作为福利，该批产品成本为200 000元，成本利润率为10%，该新产品无同类产品市场销售价格，开具增值税普通发票1张。

（4）接受A服装公司委托加工一批服装，收取加工费10 000元，收到转账支票，并开具增值税专用发票一张。

（5）销售2009年1月份购进作为固定资产使用的进口货车5辆，取得含税销售额56 500元，开具增值税普通发票1张；该货车原值45 000元，累计已计提折旧9 000元。

（6）将闲置的制衣设备出租给某公司，取得租金收入6 780元，开具增值税普通发票1张。

（7）购进货物取得增值税专用发票5张，发票上注明支付的货款为600 000元；另外支付购货运输费用40 000元，取得增值税专用发票5张。

（8）向农业生产者购进免税农产品一批，支付价款300 000元，取得农产品收购发票1张；支付给运输单位运费10 000元，取得增值税专用发票1张。本月下旬将购进农产品的20%用于本企业职工福利。

假定以上取得的各类增值税专用发票均已申报抵扣，该公司适用的城市维护建设税税率为7%，教育费附加征收率为3%，地方教育附加征收率为2%。

要求：计算该公司当月应纳增值税税额并填制增值税及附加税费申报表。（本题暂不考虑具有时效性的税收优惠政策）

【工作流程】

第一步：分析经济业务类型，区分进项税额、销项税额及其计税依据。

（1）销售商品按13%的税率计算销项税额；提供运输劳务单独开具增值税专用发票应按9%的税率计算销项税额，全额为含税价。

（2）正常销售业务计算销项税额，税率为13%。

（3）本企业自产产品用于职工福利，属于增值税视同销售业务计算销项税额，税率为13%。

（4）受托加工属于提供增值税应税劳务，收取的加工费应按13%的税率计算销项税额。

（5）销售使用过的固定资产，购入时已抵扣进项税额，销售时按13%的税率计算销项税额。

（6）出租制衣设备属于有形动产租赁，按13%的税率计算销项税额。

（7）购进货物计算进项税额，取得增值税专用发票，进项税额予以抵扣。

（8）购进免税农产品，取得农产品收购发票，按9%的抵扣率计算进项税额予以抵扣；支付运费取得增值税专用发票，按9%的税率计算进项税额予以抵扣。用于职工福利的农产品进项税额不得抵扣，应做进项税额转出。

第二步：计算各项业务增值税税额。

（1）销项税额 = 800 000 × 13% + 54 500 ÷（1 + 9%）× 9% = 108 500（元）

（2）销项税额 = 282 500 ÷（1 + 13%）× 13% = 32 500（元）

（3）销项税额 = 200 000 ×（1 + 10%）× 13% = 28 600（元）

（4）销项税额 = 10 000 × 13% = 1 300（元）

（5）销项税额 = 56 500 ÷（1 + 13%）× 13% = 6 500（元）

（6）销项税额 = 6 780 ÷（1 + 13%）× 13% = 780（元）

（7）进项税额 = 600 000 × 13% + 40 000 × 9% = 81 600（元）

（8）进项税额 = 300 000 × 9% + 10 000 × 9% = 27 900（元）

进项税额转出 = 27 900 × 20% = 5 580（元）

第三步：计算本月销项税额、进项税额和增值税应纳税额。

本月销项税额合计 = 108 500 + 32 500 + 28 600 + 1 300 + 6 500 + 780 = 178 180（元）

本月可抵扣进项税额合计 = 81 600 + 27 900 − 5 580 = 103 920（元）

本月应纳增值税税额 = 178 180 − 103 920 = 74 260（元）

第四步：计算城市维护建设税、教育费附加、地方教育附加应纳税（费）额。

本月应纳城市维护建设税 = 74 260 × 7% = 5 198.2（元）

本月应纳教育费附加 = 74 260 × 3% = 2 227.8（元）

本月应纳地方教育附加 = 74 260 × 2% = 1 485.2（元）

第五步：填制增值税一般纳税人纳税申报表。

具体填制内容见表2-7至表2-13。

表2-7

增值税及附加税费申报表

(一般纳税人适用)

根据国家税收法律法规及增值税相关规定制定本表。纳税人不论有无销售额,均应按税务机关核定的纳税期限填写本表,并向当地税务机关申报。

税款所属时间:自2023年1月1日至2023年1月31日　　填表日期:2023年2月8日　　金额单位:元(列至角分)

纳税人识别号(统一社会信用代码):110100234521011110　　　　　　　　　　　　　　　所属行业:生产销售

纳税人名称:乐菲制衣有限公司		法定代表人姓名		注册地址		生产经营地址	
开户银行及账号			登记注册类型			电话号码	

项　目		栏次	一般项目		即征即退项目	
			本月数	本年累计	本月数	本年累计
销售额	(一)按适用税率计税销售额	1	1 386 000			
	其中:应税货物销售额	2	1 320 000			
	应税劳务销售额	3	10 000			
	纳税检查调整的销售额	4				
	(二)按简易办法计税销售额	5				
	其中:纳税检查调整的销售额	6				
	(三)免、抵、退办法出口销售额	7			—	—
	(四)免税销售额	8			—	—
	其中:免税货物销售额	9			—	—
	免税劳务销售额	10			—	—
税款计算	销项税额	11	178 180			
	进项税额	12	109 500			
	上期留抵税额	13		—		—
	进项税额转出	14	5 580			
	免、抵、退应退税额	15				
	按适用税率计算的纳税检查应补缴税额	16				
	应抵扣税额合计	17=12+13-14-15+16	103 920	—		
	实际抵扣税额	18(如17<11,则为17,否则为11)	103 920			
	应纳税额	19=11-18	74 260			
	期末留抵税额	20=17-18		—		—
	简易计税办法计算的应纳税额	21				

续表

项　目		栏次	一般项目		即征即退项目	
			本月数	本年累计	本月数	本年累计
税款计算	按简易计税办法计算的纳税检查应补缴税额	22			—	—
	应纳税额减征额	23				
	应纳税额合计	24=19+21-23	74 260			
税款缴纳	期初未缴税额（多缴为负数）	25				
	实收出口开具专用缴款书退税额	26			—	—
	本期已缴税额	27=28+29+30+31				
	①分次预缴税额	28		—		—
	②出口开具专用缴款书预缴税额	29		—		—
	③本期缴纳上期应纳税额	30				
	④本期缴纳欠缴税额	31				
	期末未缴税额（多缴为负数）	32=24+25+26-27				
	其中：欠缴税额（≥0）	33=25+26-27		—		—
	本期应补（退）税额	34=24-28-29	74 260			
	即征即退实际退税额	35	—			
	期初未缴查补税额	36			—	—
	本期入库查补税额	37			—	—
	期末未缴查补税额	38=16+22+36-37			—	—
附加税费	城市维护建设税本期应补（退）税额	39	5 198.2		—	—
	教育费附加本期应补（退）费额	40	2 227.8		—	—
	地方教育附加本期应补（退）费额	41	1 485.2		—	—

声明：此表是根据国家税收法律法规及相关规定填写的，本人（单位）对填报内容（及附带资料）的真实性、可靠性、完整性负责。

纳税人（签章）：　　　　　　　年　　月　　日

经办人： 经办人身份证号： 代理机构签章： 代理机构统一社会信用代码：	受理人： 受理税务机关（章）：　受理日期：　年　　日

表2-8

纳税人名称：乐菲制衣有限公司

增值税及附加税费申报表附列资料（一）

（本期销售情况明细）

税款所属期间：2023-01-01 至 2023-01-31　　　　　　　金额单位：元（列至角分）

		开具增值税专用发票		开具其他发票		未开具发票		纳税检查调整		合计		价税合计	服务、不动产和无形资产扣除项目本期实际扣除金额	含税（免税）销售额	扣除后
项目及栏次		销售额	销项（应纳）税额	销售额	销项（应纳）税额	销售额	销项（应纳）税额	销售额	销项（应纳）税额	销售额	销项（应纳）税额				销项（应纳）税额
		1	2	3	4	5	6	7	8	$9=1+3+5+7$	$10=2+4+6+8$	$11=9+10$	12	$13=11-12$	$14=13\div(100\%+$税率或征收率$)\times$税率或征收率
一、一般计税方法计税　全部征税项目	13%税率的货物及加工修理修配劳务	1	810 000	105 300	520 000	67 600	—	—	—	—	1 330 000	172 900	—	—	—	—
	13%税率的服务、不动产和无形资产	2			6 000	780	—	—	—	—	6 000	780	6 780	—	6 780	780
	9%税率的货物及加工修理修配劳务	3	—	—			—	—	—	—			—	—	—	—
	9%税率的服务、不动产和无形资产	4			50 000	4 500	—	—	—	—	50 000	4 500	54 500	—	54 500	4 500
	6%税率	5					—	—	—	—				—		
其中：即征即退项目	即征即退货物及加工修理修配劳务	6	—	—	—	—	—	—	—	—				—		
	即征即退服务、不动产和无形资产	7	—	—	—	—	—	—	—	—				—		
二、简易计税方法计税　全部征税项目	6%征收率	8					—	—						—		
	5%征收率的货物及加工修理修配劳务	9a					—	—						—		
	5%征收率的服务、不动产和无形资产	9b					—	—						—		
	4%征收率	10					—	—						—		
其中：即征即退项目	即征即退货物及加工修理修配劳务	11	—	—	—	—	—	—						—		
	即征即退服务、不动产和无形资产	12	—	—	—	—	—	—						—		
	预征率　%	13a	—	—	—	—	—	—						—		
	预征率　%	13b	—	—	—	—	—	—						—		
	预征率　%	13c	—	—	—	—	—	—						—		
三、减按征税	即征即退货物及加工修理修配劳务	14												—		
	即征即退服务、不动产和无形资产	15												—		
三、免抵退税	货物及加工修理修配劳务	16	—	—	—	—	—	—	—	—				—		
	服务、不动产和无形资产	17	—	—	—	—	—	—	—	—				—		
四、免税	货物及加工修理修配劳务	18	—	—	—	—	—	—	—	—				—		
	服务、不动产和无形资产	19	—	—	—	—	—	—	—	—				—		

表2-9 增值税及附加税费申报表附列资料（二）

（本期进项税额明细）

纳税人名称：乐菲制衣有限公司　　所属期间：2023-01-01至2023-01-31　金额单位：元（列至角分）

一、申报抵扣的进项税额

项目	栏次	份数	金额	税额
（一）认证相符的增值税专用发票	1 = 2 + 3	11	650 000	82 500
其中：本期认证相符且本期申报抵扣	2	11	650 000	82 500
前期认证相符且本期申报抵扣	3			
（二）其他扣税凭证	4 = 5 + 6 + 7 + 8a + 8b	1	300 000	27 000
其中：海关进口增值税专用缴款书	5			
农产品收购发票或者销售发票	6	1	300 000	27 000
代扣代缴税收缴款凭证	7		—	
加计扣除农产品进项税额	8a			
其他	8b			
（三）本期用于购建不动产的扣税凭证	9			
（四）本期用于抵扣的旅客运输服务扣税凭证	10			
（五）外贸企业进项税额抵扣证明	11	—	—	
当期申报抵扣进项税额合计	12 = 1 + 4 + 11	12	950 000	109 500

二、进项税额转出额

项目	栏次	税额
本期进项税额转出额	13 = 14 至 23 之和	5 580
其中：免税项目用	14	
集体福利、个人消费	15	5 580
非正常损失	16	
简易计税方法征税项目用	17	

续表

项目	栏次	税额
免抵退税办法不得抵扣的进项税额	18	
纳税检查调减进项税额	19	
红字专用发票信息表注明的进项税额	20	
上期留抵税额抵减欠税	21	
上期留抵税额退税	22	
异常凭证转出进项税额	23a	
其他应作进项税额转出的情形	23b	

三、待抵扣进项税额

项目	栏次	份数	金额	税额
（一）认证相符的增值税专用发票	24	—	—	—
期初已认证相符但未申报抵扣	25			
本期认证相符且本期未申报抵扣	26			
期末已认证相符但未申报抵扣	27			
其中：按照税法的规定不允许抵扣	28			
（二）其他扣税凭证	29＝30至33之和			
其中：海关进口增值税专用缴款书	30			
农产品收购发票或者销售发票	31			
代扣代缴税收缴款凭证	32		—	
其他	33			
	34			

四、其他

项目	栏次	份数	金额	税额
本期认证相符的增值税专用发票	35	11	650 000	82 500
代扣代缴税额	36	—	—	

表2-10

增值税及附加税费申报表附列资料（三）

（服务、不动产和无形资产扣除项目明细）

纳税人名称（公章）：　　　税款所属时间：　年 月 日至 年 月 日　　　金额单位：元（列至角分）

项目及栏次		本期服务、不动产和无形资产价税合计额（免税销售额）	服务、不动产和无形资产扣除项目				
			期初余额	本期发生额	本期应扣除金额	本期实际扣除金额	期末余额
		1	2	3	4=2+3	5（5≤1且5≤4）	6=4-5
13%税率的项目	1						
9%税率的项目	2						
6%税率的项目（不含金融商品转让）	3						
6%税率的金融商品转让项目	4						
5%征收率的项目	5						
3%征收率的项目	6						
免抵退税的项目	7						
免税的项目	8						

表2-11

增值税及附加税费申报表附列资料（四）

（税额抵减情况表）

纳税人名称（公章）：　　　税款所属时间：　年 月 日至 年 月 日　　　金额单位：元（列至角分）

一、税额抵减情况						
序号	抵减项目	期初余额	本期发生额	本期应抵减税额	本期实际抵减税额	期末余额
		1	2	3=1+2	4≤3	5=3-4
1	增值税税控系统专用设备费及技术维护费					
2	分支机构预征缴纳税款					
3	建筑服务预征缴纳税款					
4	销售不动产预征缴纳税款					
5	出租不动产预征缴纳税款					
二、加计抵减情况						
加计抵减项目		期初余额	本期发生额	本期调减额	本期可抵减额	本期实际抵减额	期末余额
		1	2	3	4=1+2-3	5	6=4-5
6	一般项目加计抵减额计算						
7	即征即退项目加计抵减额计算						
8	合计						

表2-12   **增值税及附加税费申报表附列资料（五）**

（附加税费情况表）

税（费）款所属时间：2023年1月1日至2023年1月31日

纳税人名称：（公章）乐菲制衣有限公司   金额单位：元（列至角分）

税（费）种		计税（费）依据			税(费)率(%)	本期应纳税(费)额	本期减免税(费)额		小微企业"六税两费"减免政策		试点建设培育产教融合型企业		本期已缴税(费)额	本期应补(退)税(费)额
		增值税税额	增值税免抵税额	留抵退税本期扣除额			减免性质代码	减免税(费)额	减征比例	减征额	减免性质代码	本期抵免金额		
		1	2	3	4	5=(1+2-3)×4	6	7	8	9=(5-7)×8	10	11	12	13=5-7-9-11-12
城市维护建设税	1	74 260			7%	5 198.2					—	—		5 198.2
教育费附加	2	74 260			3%	2 227.8								2 227.8
地方教育附加	3	74 260			2%	1 485.2								1 485.2
合计	4	—	—	—	—		—		—		—			

本期是否适用试点建设培育产教融合型企业抵免政策 □是 ☑否	当期新增投资额	5
	上期留抵可抵免金额	6
	结转下期可抵免金额	7
可用于扣除的增值税留抵退税额使用情况	当期新增可用于扣除的留抵退税额	8
	上期结存可用于扣除的留抵退税额	9
	结转下期可用于扣除的留抵退税额	10

表2-13   **增值税减免税申报明细表**

纳税人名称（公章）：   税款所属时间： 年 月 日至 年 月 日   金额单位：元（列至角分）

一、减税项目						
减税性质代码及名称	栏次	期初余额	本期发生额	本期应抵减税额	本期实际抵减税额	期末余额
		1	2	3 = 1 + 2	4≤3	5 = 3 - 4
合计	1					
	2					
	3					
	4					
	5					
	6					
合　计	7					

续表

免税性质代码及名称	栏次	免征增值税项目销售额	免税销售额扣除项目本期实际扣除金额	扣除后免税销售额	免税销售额对应的进项税额	免税额
二、免税项目						
		1	2	3 = 1 - 2	4	5
出口免税	8		—	—		—
其中：跨境服务	9		—	—		—
	10					
	11					
	12					
	13					
	14					—
	15					
	16					

【工作任务实例 2-2】

某市晨光文具公司为小规模纳税人，纳税人识别号为330100157811012546，主要从事办公用品批发业务，兼营货物运输业务。2023年一季度发生如下经济业务：

（1）购进办公用品 1 000 000 元。

（2）零售办公用品 1 287 500 元，未开具发票。

（3）销售办公用品不含税价格为 10 000 元，开具增值税专用发票一份。

（4）提供运输服务取得运费收入 72 100 元，开具增值税普通发票。

该公司适用的城市维护建设税税率为7%，教育费附加征收率为3%，地方教育附加征收率为2%。

要求：计算该公司一季度应缴纳的增值税，并填制纳税申报表。（本题暂不考虑具有时效性的税收优惠政策）

【工作流程】

第一步：分析经济业务类型，确认计税依据。

（1）小规模纳税人采用简易计税办法，不得抵扣进项税额。

（2）零售办公用品未开具发票，须按3%的税率计算增值税，销售额为含税销售额。

（3）销售办公用品开具增值税专用发票，须按3%的税率计算增值税，销售额为不含税销售额。

（4）提供运输劳务开具增值税普通发票，须按3%的税率计算增值税，销售额为含税销售额。

第二步：计算各项业务增值税税额及当月应纳税额合计数。

（1）业务（2）应纳税额 = 1 287 500 ÷ (1 + 3%) × 3% = 37 500（元）

（2）业务（3）应纳税额 = 10 000 × 3% = 300（元）

（3）业务（4）应纳税额 = 72 100 ÷ (1 + 3%) × 3% = 2 100（元）

应纳税额 = 37 500 + 300 + 2 100 = 39 900（元）

第三步：计算城市维护建设税、教育费附加、地方教育附加应纳税（费）额。

本月应纳城市维护建设税 = 39 900 × 7% = 2 793（元）

本月应纳教育费附加 = 39 900 × 3% = 1 197（元）

本月应纳地方教育附加 = 39 900 × 2% = 798（元）

第四步：填制增值税及附加税费申报表（小规模纳税人适用）及其附列资料（见表2-14 至表2-16）。

表2-14　　　　　　　　　　　**增值税及附加税费申报表**

（小规模纳税人适用）

纳税人识别号(统一社会信用代码)：330100157811012546

纳税人名称：晨光文具公司　　　　　　　　　　　　　　　　　金额单位：元（列至角分）

税款所属期：2023 年 1 月 1 日至 2023 年 3 月 31 日　　　　　　　填表日期：2023 年 4 月 8 日

	项　目	栏次	本期数		本年累计	
			货物及劳务	服务、不动产和无形资产	货物及劳务	服务、不动产和无形资产
一、计税依据	（一）应征增值税不含税销售额（3%征收率）	1	1 260 000	70 000		
	增值税专用发票不含税销售额	2	1 250 000			
	其他增值税发票不含税销售额	3	10 000			
	（二）应征增值税不含税销售额（5%征收率）	4	—	—		
	增值税专用发票不含税销售额	5	—	—		
	其他增值税发票不含税销售额	6	—	—		
	（三）销售使用过的固定资产不含税销售额	7（7≥8）			—	—
	其中：其他增值税发票不含税销售额	8			—	—
	（四）免税销售额	9=10+11+12				
	其中：小微企业免税销售额	10				
	未达起征点销售额	11				
	其他免税销售额	12				
	（五）出口免税销售额	13（13≥14）				
	其中：其他增值税发票不含税销售额	14				
二、税款计算	本期应纳税额	15	37 800	2 100		
	本期应纳税额减征额	16				
	本期免税额	17				
	其中：小微企业免税额	18				
	未达起征点免税额	19				
	应纳税额合计	20=15-16	37 800	2 100		
	本期预缴税额	21				
	本期应补（退）税额	22=20-21			—	—
三、附加税费	城市维护建设税本期应补（退）税额	23		2 793		
	教育费附加本期应补（退）费额	24		1 197		
	地方教育附加本期应补（退）费额	25		798		

声明：此表是根据国家税收法律法规及相关规定填写的，本人（单位）对填报内容（及附带资料）的真实性、可靠性、完整性负责。

　　　　　　　　　　　　　　　　　　　　纳税人（签章）：　　　　　年　月　日

经办人： 经办人身份证号： 代理机构签章： 代理机构统一社会信用代码：	受理人： 受理税务机关（章）： 　　　　受理日期：　　年　月　日

表2-15　　　　增值税及附加税费申报表（小规模纳税人适用）附列资料（一）

（服务、不动产和无形资产扣除项目明细）

税款所属期：　　年　月　日至　　年　月　日　　　填表日期：　　年　月　日

纳税人名称（公章）：　　　　　　　　　　　　　　　　　金额单位：元（列至角分）

应税行为（3%征收率）扣除额计算			
期初余额	本期发生额	本期扣除额	期末余额
1	2	3（3≤1＋2，且3≤5）	4＝1＋2－3
应税行为（3%征收率）计税销售额计算			
全部含税收入 （适用3%征收率）	本期扣除额	含税销售额	不含税销售额
5	6＝3	7＝5－6	8＝7÷1.03
应税行为（5%征收率）扣除额计算			
期初余额	本期发生额	本期扣除额	期末余额
9	10	11（11≤9＋10，且11≤13）	12＝9＋10－11
应税行为（5%征收率）计税销售额计算			
全部含税收入 （适用5%征收率）	本期扣除额	含税销售额	不含税销售额
13	14＝11	15＝13－14	16＝15÷1.05

表2-16　　　　增值税及附加税费申报表（小规模纳税人适用）附列资料（二）

（附加税费情况表）

税（费）款所属时间：2023年1月1日至2023年3月31日

纳税人名称：（公章）晨光文具公司　　　　　　　　　　　　金额单位：元（列至角分）

税（费）种	计税（费）依据	税（费）率（%）	本期应纳税（费）额	本期减免税（费）额		增值税小规模纳税人"六税两费"减征政策		本期已缴税（费）额	本期应补（退）税（费）额
	增值税税额			减免性质代码	减免税（费）额	减征比例（%）	减征额		
	1	2	3＝1×2	4	5	6	7＝（3－5）×6	8	9＝3－5－7－8
城市维护建设税	39 900	7%	2 793						2 793
教育费附加	39 900	3%	1 197						1 197
地方教育附加	39 900	2%	798						798
合计	—	—	4 788	—		—			4 788

表2-17

税收通用缴款书

中华人民共和国
税收通用缴款书

（2006）京地税缴

		隶属关系：					电：		NO：	
		注册类型：		填发日期：　年　月　日				征收机关：		

缴款单位（人）	代　码		预算科目	编码	
	全　称			名称	
	开户银行			级次	
	账　号		收款国库		

税款所属时期：　年　月		税款限缴日期：　年　月　日			
品目名称	课税数量	计税金额或销售收入	税率或单位税额	已缴或扣除额	实缴金额

金额合计	（大写）			
缴款单位（人）（盖章）经办人（章）		上列款项已收妥并划转收款单位账户　国库（银行）盖章：　　　　　年　月　日		备注

逾期不缴按税法规定加收滞纳金

（左侧竖排） 无银行收讫章无效

（右侧竖排） 第一联（收据）国库（银行）收款盖章后退缴款单位（人）作完税凭证

🔶🔶🔶 **课堂能力训练** 🔶🔶🔶

　　根据项目三课堂能力训练4，请填写杭远贸易公司2023年1月增值税及附加税费申报表（一般纳税人适用）及其附列资料。

任务五　出口退（免）增值税

引导案例

　　乐菲制衣有限公司是一家具有出口经营权的生产企业，为增值税一般纳税人，某月向美国出口服装300 000美元。请分析该公司增值税出口退税适用何种政策，应采用哪种增值税退税方法。

引导案例解析

一、学习出口货物退（免）增值税基本规定

出口货物退（免）税是指在国际贸易业务中，对报关出口的货物退还其在国内各生产环节和流转环节按税法的规定已缴纳的增值税和消费税，或免征应缴纳的增值税和消费税。它是国际贸易中通常采用并为世界各国普遍接受的、目的在于鼓励各国出口货物公平竞争的一种税收措施。出口货物退（免）税的税种仅限于增值税和消费税。

世界各国为了鼓励本国货物出口，在遵循WTO基本规则的前提下，一般都采取优惠的税收政策。有的国家采取对该货物出口前所包含的税金在出口后予以退还的政策（出口退税），有的国家采取对出口的货物在出口前即予以免税的政策（出口免税）。我国则根据本国实际，采取出口退税与免税相结合的政策。我国增值税对出口产品实行零税率，不但出口环节不必纳税（免税），而且还可以退还以前环节已纳的税款（退税）。

（一）确定出口货物税收政策形式

根据出口货物和出口企业的不同，我国的出口货物税收政策分为以下三种形式。

1.出口免税并退税

出口免税是指对货物在出口销售环节不征增值税、消费税；出口退税是指对货物在出口前实际承担的税收负担，按规定的退税率计算后予以退还。

适用出口免税并退税政策的有：

（1）生产企业自营出口或委托外贸企业代理出口的自产货物。

（2）有出口经营权的外贸企业收购后直接出口或委托其他外贸企业代理出口的货物。

（3）一些特定货物的出口。

2.出口免税不退税

出口免税与上述含义相同。出口不退税是指适用这个政策的出口货物因在前一道生产、销售环节或进口环节是免税的，因此，出口时该货物的价格本身就不含税，也无须退税。

下列企业出口的货物，除另有规定外，给予免税，但不予退税：

（1）属于生产企业的小规模纳税人自营出口或委托外贸企业代理出口的自产货物。

（2）外贸企业从小规模纳税人购进并持普通发票的货物出口（除特准退税的抽纱、工艺品等12类出口货物外）。

（3）外贸企业直接购进国家规定的免税货物（包括免税农产品）出口。

下列出口货物，免税但不予退税：

（1）来料加工复出口的货物，即原材料进口免税，加工自制的货物出口不退税。

（2）避孕药品和用具、古旧图书，内销免税，出口也免税。

（3）出口卷烟：有出口卷烟权的企业出口国家出口卷烟计划内的卷烟，在生产环节免征增值税、消费税，出口环节不办理退税。其他非计划内出口的卷烟照章征收增值税和消费税，出口一律不退税。

（4）军品以及军队系统企业出口军需工厂生产或军需部门调拨的货物免税。

（5）国家规定的其他免税货物，如农业生产者销售自产农业产品、饲料、农膜等。

3.出口不免税也不退税

出口不免税是指对国家限制或禁止出口的某些货物的出口环节视同内销环节，照常征税；出口不退税是指对这些货物出口不退还出口前其所负担的税款。适用这个政策的货物主要有：国家计划外出口的原油、援外出口货物、国家禁止出口货物（包括如天然牛黄、麝香、白银等）。另外，对没有进出口经营权的商贸企业，从事出口贸易不免税也不退税。

（二）确定出口货物的退税率

出口货物的退税率，是出口货物的实际退税额与退税计税依据的比例。它是出口退税的中心环节，它体现着国家在一定时期的财政、价格和对外贸易政策，体现着出口货物的实际征收水平和在国际市场上的竞争能力。退税率的高低，影响和刺激对外贸易，影响和刺激国民经济的发展速度，也关系到国家、出口企业的经济利益，甚至关系到进口商的经济利益。

我国现行货物的增值税退税率每年都在调整，目前有15%、11%、8%、6%、5%等几档。

【提示】不同退税率的货物应分开核算，凡未分开核算而划分不清适用税率的，一律从低适用税率计算退税。

二、计算出口货物退（免）增值税税额

我国《出口货物劳务增值税和消费税管理办法》规定了两种增值税退（免）税计算办法：一是免、抵、退税办法，主要适用于自营和委托出口自产货物的生产企业；二是"先征后退"办法，目前主要适用于收购货物出口的外（工）贸企业。

（一）计算生产企业出口退（免）增值税税额

生产企业自营或委托外贸企业代理出口的自产货物和视同自产货物，除另有规定外，增值税一律实行免、抵、退税办法。生产企业是指独立核算，经主管税务机关认定为增值税一般纳税人，并且具有实际生产能力的企业和企业集团。增值税小规模纳税人出口自产货物实行免征增值税的办法。

免、抵、退税办法的"免"税，是指对生产企业出口的自产货物和视同自产货物，免征本企业生产销售环节增值税；"抵"税，是指生产企业出口自产货物和视同自产货物所耗用的原材料、零部件、燃料、动力等所含应予退还的进项税额，抵顶内销货物的应纳税额；"退"税，是指生产企业出口的自产货物和视同自产货物，在当月内应抵顶的进项税额大于内销货物的应纳税额时，对未抵顶完的税额部分按规定予以退税。

1.计算免、抵、退税不得免征和抵扣税额

$$免、抵、退税不得免征和抵扣税额 = 当期出口货物离岸价格 \times 外汇人民币牌价 \times (出口货物征税率 - 出口货物退税率) - 免、抵、退税不得免征和抵扣税额抵减额$$

$$其中：免、抵、退税不得免征和抵扣税额抵减额 = 免税购进原材料价格 \times (出口货物征税率 - 出口货物退税率)$$

2.计算当期应纳税额

$$当期应纳税额 = 当期内销货物销项税额 - (当期进项税额 - 当期免、抵、退税不得免征和抵扣税额) - 上期留抵税额$$

【提示】当计算结果为正数时，说明企业从内销货物销项税额中抵扣有余，应该缴纳增值税，则本期应退税额为零；反之，则应退税。

3.计算免、抵、退税额

$$免、抵、退税额 = \frac{当期出口货物}{离岸价格} \times \frac{外汇}{人民币牌价} \times \frac{出口货物}{退税率} - 免、抵、退税额抵减额$$

其中：免、抵、退税额抵减额 = 免税购进原材料价格 × 出口货物退税率

4.计算当期应退税额和当期免、抵税额

（1）当期期末留抵税额<当期免、抵、退税额：

$$当期应退税额 = 当期期末留抵税额$$

$$当期免、抵税额 = 当期免、抵、退税额 - 当期应退税额$$

（2）当期期末留抵税额>当期免、抵、退税额：

$$当期应退税额 = 当期免、抵、退税额$$

$$当期免、抵税额 = 0$$

【提示】上式中，期末留抵税额为当期"增值税及附加税费申报表"的期末留抵税额。它是计算确定当期应退税额及当期免、抵税额的重要依据。

【做中学2-26】某一有出口经营权的生产企业为增值税一般纳税人，1月份出口398.4万元，内销收入为440万元，增值税税率为13%，退税率为8%，1月份共取得增值税进项税额70万元。该企业没有免税购进原材料，期初没有留抵税额。

要求：计算该企业1月份免、抵、退税额。

（1）当期免、抵、退税不得免征和抵扣税额 = 3 984 000 × （13% - 8%）= 199 200（元）

（2）当期应纳税额 = 4 400 000 × 13% - （700 000 - 199 200）= 71 200（元）

（3）出口货物免、抵、退税额 = 3 984 000 × 8% = 318 720（元）

（4）当期期末留抵税额 = 0，小于当期免、抵、退税额318 720元，当期应退税额 = 0

（5）当期免、抵税额 = 当期免、抵、退税额 - 当期应退税额 = 318 720 - 0

$$= 318\ 720（元）$$

（6）1月份应缴纳增值税71 200元。

【做中学2-27】承【做中学2-26】，假定该企业2月份出口268.8万元，内销收入为400万元，2月份共取得增值税进项税额85万元，当期没有免税购进原材料。

要求：计算该企业2月份免、抵、退税额。

（1）当期免、抵、退税不得免征和抵扣税额 = 2 688 000 × （13% - 8%）= 134 400（元）

（2）当期应纳税额 = 4 000 000 × 13% - （850 000 - 134 400）= - 195 600（元）

（3）出口货物免、抵、退税额 = 2 688 000 × 8% = 215 040（元）

（4）当期期末留抵税额195 600元<当期免、抵、退税额215 040元

当期应退税额 = 195 600元

（5）当期免、抵税额 = 当期免、抵、退税额 - 当期应退税额 = 215 040 - 195 600

$$= 19\ 440（元）$$

（6）退税后，2月末留抵税额为零。

【做中学2-28】承【做中学2-27】，假设该企业3月份出口464.8万元，内销收入为140万元，3月份共取得增值税进项税额116万元，当期没有免税购进原材料。

要求：计算该企业3月份免、抵、退税额。

（1）当期免、抵、退税不得免征和抵扣税额 = 4 648 000 ×（13% − 8%）= 232 400（元）

（2）当期应纳税额 = 1 400 000 × 13% −（1 160 000 − 232 400）= −745 600（元）

（3）出口货物免、抵、退税额 = 4 648 000 × 8% = 371 840（元）

（4）当期期末留抵税额745 600元 > 当期免、抵、退税额371 840元

当期应退税额 = 371 840元

（5）当期免、抵税额 = 当期免、抵、退税额 − 当期应退税额 = 371 840 − 371 840 = 0

（6）3月末留抵税额 = 745 600 − 371 840 = 373 760（元）

【做中学2-29】 某自营出口生产企业，本月外购原材料、动力等支付价款600万元，支付进项税额78万元，本月海关核销免税进口料件价格为100万元，本月内销货物销售额为500万元，自营进料加工复出口货物折合人民币的金额为600万元，该企业内、外销货物适用的增值税税率为13%（非消费税应税产品），复出口货物的退税率为8%。假设上期无留抵税款，本月未发生其他进项税额。

要求：按免、抵、退税办法计算该企业当期应纳（退）的增值税税额。

（1）当期免、抵、退税不得免征和抵扣税额 = 600 ×（13% − 8%）− 100 ×（13% − 8%）
$$= 25（万元）$$

（2）当期应纳税额 = 500 × 13% −（78 − 25）= 12（万元）

（3）出口货物免、抵、退税额 = 600 × 8% − 100 × 8% = 40（万元）

（4）当期期末留抵税额 = 0，小于当期免、抵、退税额40万元，当期应退税额 = 0

（5）当期免、抵税额 = 40 − 0 = 40（万元）

（6）本月应纳税额为12万元。

（二）计算外贸企业出口退（免）增值税税额

1. 外贸企业收购一般纳税人出口货物增值税的退税规定

外贸企业以及实行外贸企业财务制度的工贸企业向一般纳税人收购货物出口，其出口销售环节的增值税免征；因外贸企业在支付收购货款的同时，也支付了生产经营该类商品的企业已纳的增值税税款，因此，在货物出口后，按收购成本与退税率计算退税额退还给外贸企业，征、退税之差计入成本。

外贸企业出口货物增值税退税的计算，应依据购进出口货物增值税专用发票上所注明的购进价款和退税率计算。其计算公式为：

$$应退税额 = 外贸收购不含增值税购进金额 × 退税率$$

2. 外贸企业收购小规模纳税人出口货物增值税的退税规定

外贸企业从小规模纳税人购进并持有普通发票的货物出口，免税但不予退税。

外贸企业从小规模纳税人购进税务机关代开增值税专用发票的出口货物，按以下公式计算退税额：

$$应退税额 = 增值税专用发票注明的金额 × 3\%$$

【做中学2-30】 某进出口公司4月从某小规模纳税人处购进西服500套全部出口，取得税务机关代开的增值税专用发票，发票注明的金额为5 000元，退税率为3%。

要求：计算该企业的应退增值税税额。

应退税额 = 5 000 × 3% = 150（元）

3.外贸企业委托生产企业加工出口货物的退税规定

外贸企业委托生产企业加工收回后报关出口的货物，按购进国内原辅材料的增值税专用发票上注明的购进金额，依原辅材料的退税率计算原辅材料应退税额。支付的加工费，凭受托方开具的货物的税率为退税率，计算加工费的应退税额。

【做中学2-31】某进出口公司6月购进牛仔布委托加工成服装出口，购进牛仔布取得增值税专用发票一张，注明计税金额10 000元（退税率为8%）；支付服装加工费取得增值税专用发票一张，注明计税金额2 000元（退税率为11%）。

要求：计算该企业的应退增值税税额。

应退税额 = 10 000 × 8% + 2 000 × 11% = 1 020（元）

三、学习营改增出口服务和无形资产退（免）税政策

（一）确定出口服务和无形资产退（免）税基本政策

出口服务和无形资产退（免）税分为出口免税并退税（适用增值税零税率）和出口免税（适用增值税免税政策）两种。

1.出口免税并退税（适用增值税零税率）

境内的单位和个人销售的下列服务和无形资产，适用增值税零税率：

（1）国际运输服务。国际运输服务，是指：①在境内载运旅客或者货物出境；②在境外载运旅客或者货物入境；③在境外载运旅客或者货物。

（2）航天运输服务。

（3）向境外单位提供的完全在境外消费的下列服务：①研发服务；②合同能源管理服务；③设计服务；④广播影视节目（作品）的制作和发行服务；⑤软件服务；⑥电路设计及测试服务；⑦信息系统服务；⑧业务流程管理服务；⑨离岸服务外包业务；⑩转让技术。

（4）财政部和国家税务总局规定的其他服务。

2.出口免税（适用增值税免税政策）

境内的单位和个人销售的下列服务和无形资产免征增值税，但财政部和国家税务总局规定适用增值税零税率的除外：

（1）下列服务：①工程项目在境外的建筑服务；②工程项目在境外的工程监理服务；③工程、矿产资源在境外的工程勘察勘探服务；④会议展览地点在境外的会议展览服务；⑤存储地点在境外的仓储服务；⑥标的物在境外使用的有形动产租赁服务；⑦在境外提供的广播影视节目（作品）的播映服务；⑧在境外提供的文化体育服务、教育医疗服务、旅游服务。

（2）为出口货物提供的邮政服务、收派服务、保险服务（包括出口货物保险和出口信用保险）。

（3）向境外单位提供的完全在境外消费的下列服务和无形资产：①电信服务；②知识产权服务；③物流辅助服务（仓储服务、收派服务除外）；④鉴证咨询服务；⑤专业技术服务；⑥商务辅助服务；⑦广告投放地在境外的广告服务；⑧无形资产。

（4）以无运输工具承运方式提供的国际运输服务。

（5）为境外单位之间的货币资金融通及其他金融业务提供的直接收费金融服务，且该

服务与境内的货物、无形资产和不动产无关。

（6）财政部和国家税务总局规定的其他服务。

【提示】境内的单位和个人销售适用增值税零税率的服务或无形资产的，可以放弃适用增值税零税率，选择免税或按规定缴纳增值税。放弃适用增值税零税率后，36个月内不得再申请适用增值税零税率。

（二）确定零税率出口服务和无形资产退税率

服务和无形资产的退税率为其销售服务和无形资产时适用的增值税税率，即6%、9%和13%三档。

（三）计算出口服务和无形资产退（免）增值税税额

境内的单位和个人提供适用增值税零税率的服务或者无形资产，如果属于适用简易计税方法的，实行免征增值税办法。如果属于适用增值税一般计税方法的，生产企业实行免、抵、退税办法，外贸企业外购服务或者无形资产出口实行免、退税办法，外贸企业直接将服务或自行研发的无形资产出口，视同生产企业连同其出口货物统一实行免、抵、退税办法。

实行退（免）税办法的服务和无形资产，如果主管税务机关认定出口价格偏高的，有权按照核定的出口价格计算退（免）税，核定的出口价格低于外贸企业购进价格的，低于部分对应的进项税额不予退税，转入成本。

课堂能力训练

某自营出口的生产企业为增值税一般纳税人，出口货物征税率为13%，退税率为8%。某年6月有关经营业务为：购进原材料一批，取得的增值税专用发票上注明的价款为400万元，外购货物准予抵扣的进项税额68万元，上期末留抵税款5万元。本月内销售货物不含税销售额为100万元，出口货物的销售额折合人民币200万元。

要求：计算该企业当期的免、抵、退税额。

任务六　筹划增值税

一、纳税人身份选择的纳税筹划

为严格增值税的征收管理和对某些经营规模小的纳税人简化计税办法，我国现行增值税将纳税人按其经营规模及会计核算健全程度划分为一般纳税人和小规模纳税人。对一般纳税人实行凭增值税专用发票等抵扣税款的制度，对纳税人的会计核算水平要求较高，管理也较为严格；对小规模纳税人实行简易征收办法，对纳税人的管理要求相对较低，但由于其适用的征收率低于一般纳税人适用的税率，容易增加产品购买方的税收负担，因此产品销售也可能因此而受到影响。对一般纳税人和小规模纳税人的这些差别待遇，为增值税纳税人通过身份认定进行纳税筹划提供了可能。

（一）增值率是纳税人身份选择的重要指标

1.计算增值率

由于增值税是对商品生产和流通中各环节的新增价值或商品附加值进行征税的，所以产品增值率是影响企业增值税负担的最根本因素。增值率可用如下公式进行定义（其中销售收入和购进额均为不含税价值）：

$$增值率 =（销售收入 - 购进额）÷ 销售收入$$

一般来说，增值率越高，一般纳税人税负会越重，小规模纳税人身份较为有利；反之，一般纳税人身份较为有利。增值率在某一水平时，两类纳税人税负会相等，这个增值率就是税负无差别平衡点，我们可以利用税负无差别平衡点来判断选择纳税人身份。

在销售收入和购进额均不含税的情况下，假定一般纳税人销售及购进均适用13%的税率，小规模纳税人征收率为3%，则：

$$一般纳税人应纳增值税税额 = 销售收入 × 13\% - 购进额 × 13\%$$
$$=（销售收入 - 购进额）× 13\%$$
$$= 销售收入 × 增值率 × 13\%$$
$$小规模纳税人应纳增值税税额 = 销售收入 × 3\%$$

因此，当一般纳税人应纳增值税税额 = 小规模纳税人应纳增值税税额时：

$$销售收入 × 增值率 × 13\% = 销售收入 × 3\%$$

此时，增值率 = 23.08%

这一结果表明，当一般纳税人的增值率等于23.08%时，企业按一般纳税人身份计算的应纳税额与按小规模纳税人身份计算的应纳税额相等。当增值率小于23.08%时，一般纳税人的税负要小于小规模纳税人，企业选择成为增值税一般纳税人可以节税；当增值率大于23.08%时，一般纳税人的税负要大于小规模纳税人，企业选择成为小规模纳税人可以减轻税负。

由于现行一般纳税人适用的税率有13%、9%、6%，小规模纳税人适用的征收率为3%，用以上方法可以计算出不同税率和征收率情况下不含税销售额的税负无差别平衡点，此处不再一一计算。

2.计算不含税的购进额占销售收入的比例

由于实践中企业的购进项目往往十分庞杂，其价值不易被准确衡量，而且在企业的购进项目中，有些并不允许抵扣相应的增值税进项税额，因此上述根据产品增值率对增值税纳税人身份进行的选择虽然有充分的理论依据，但很难进行准确应用。实践中，我们可以直接将企业的全部应税销售收入与企业被允许抵扣进项税额的购进项目金额进行比较。由于企业的应税销售收入与允许抵扣项目金额比较容易取得，因此，这一方法更具有可操作性。

在销售收入和购进额均不含税的情况下，假定一般纳税人销售及购进均适用13%的税率，小规模纳税人征收率为3%，则：

$$一般纳税人应纳增值税税额 = 销售收入 × 13\% - 购进额 × 13\%$$
$$小规模纳税人应纳增值税税额 = 销售收入 × 3\%$$

因此，当一般纳税人应纳增值税税额 = 小规模纳税人应纳增值税税额时，

$$销售收入 × 13\% - 购进额 × 13\% = 销售收入 × 3\%$$

此时：不含税的购进额占销售收入的比例为76.92%。

这一结果表明，当企业不含税的购进额占销售收入的比例为76.92%时，企业作为一般纳税人与小规模纳税人的增值税税负相等。与增值率指标不同的是，这一比例越高，企业作为一般纳税人的税收负担越轻。

（二）采购种类及采购途径也是决定企业纳税人身份的重要因素

在上述分析中，我们有一个重要的假设，就是当企业作为一般纳税人时，其全部购进项目金额或可抵扣项目金额都可以按照13%的比例计算进项税额，但实际上这几乎是不可能的。比如，企业从小规模纳税人处购入的原材料，即使能够取得增值税专用发票，也只能按照不含税价格的3%计算进项税额。类似的情况还有：企业购买的农产品按照9%或10%计算进项税额，购入的自来水、天然气、粮食、食用植物油等多种商品也只能按9%计算进项税额，购入的交通运输、邮政、基础电信、建筑、不动产租赁等应税服务只能按9%计算进项税额，购入的生活服务、现代服务只能按6%计算进项税额等。同时，如果购进时不能取得合法扣税凭证，则相应的进项税额不得抵扣。因此，采购种类及采购途径也是决定企业纳税人身份的重要因素，企业需结合自身实际进项取得情况进行估算，才能确定按何种身份纳税更合算。

（三）其他需考虑的因素

企业应综合考虑各种因素，以企业整体的收益最大化为目标进行增值税纳税人身份选择的纳税筹划，不能简单地以税负轻重为标准。因此，在选择纳税人类别时，除了要比较税收负担之外，还需要考虑以下因素：

1.经营规模和信誉度

一般纳税人的经营规模往往比小规模纳税人大，信誉要好；而且从一般纳税人那里购进的可抵扣税额要高于小规模纳税人，会使一般纳税人赢得更多的客户。

2.成本收益比较

一般纳税人要有健全的会计核算制度，要建立、健全账簿，培养或聘用会计人员，这些都会增加成本；一般纳税人的增值税征收管理制度复杂，需要投入的物力、财力和精力也多，也会增加纳税成本。因此如果小规模纳税人由于税负减轻而带来的收益尚不足以抵消这些成本的支出时，则宁可保留小规模纳税人的身份。

（四）创造条件改变纳税人身份

一旦企业基本确定自己在增值税一般纳税人与小规模纳税人之间的选择，随之而来的问题是如何改变纳税人身份。

1.小规模纳税人向一般纳税人身份转化

我国现行增值税法律制度规定，年应税销售额未超过规定标准的纳税人，会计核算健全，能够提供准确税务资料的，可以向主管税务机关办理一般纳税人资格登记，成为一般纳税人。对于会计核算不健全的企业，可以通过增设会计账簿、聘请会计人员等方式达到条件，同时将成为一般纳税人所带来的节税收益与健全会计核算等所增加的成本进行比较，积极办理一般纳税人资格登记。

2.一般纳税人向小规模纳税人身份转化

我国现行增值税法律制度规定，除国家税务总局另有规定外，纳税人一经认定为一般纳税人，不得再转化为小规模纳税人。因此，企业只能通过注销原企业、设立新企业或通过分立等方式使年应税销售额下降，以达到小规模纳税人的标准，从而享受小规模纳税人的税收待遇，降低增值税税负。

【做中学2-32】A公司是一家年应税销售额在80万元左右（不含税）的生产企业，公司每年购进的可按13%的税率进行抵扣的物品价值在40万元左右（不含税），可按9%的税率抵扣的服务价值在5万元左右（不含税），可按6%的税率抵扣的服务价值在8万元左右（不含税）。如果是一般纳税人，公司产品适用的增值税税率为13%；如果是小规模纳税人，则适用3%的征收率。若该公司有条件进行一般纳税人资格登记，请判断A公司适宜成为哪种纳税人。

分析：A企业作为一般纳税人身份纳税时：

增值税应纳税额 $= 80 \times 13\% - 40 \times 13\% - 5 \times 9\% - 8 \times 6\% = 4.27$（万元）

A企业作为小规模纳税人身份纳税时：

增值税应纳税额 $= 80 \times 3\% = 2.4$（万元）

根据以上计算可知，A企业作为小规模纳税人税负较轻，相比一般纳税人身份可节税1.87万元（4.27 – 2.4）。因此，建议A企业维持小规模纳税人身份更合适。

二、增值税销项税额的纳税筹划

销项税额为销售额与适用税率的乘积，要减少销项税额可从缩小销售额和降低税率两方面进行。前者可以通过对不同销售方式、结算方式等的选择来实现，后者由于增值税税率档次比较固定，因此筹划的余地不大。

对于销项税额，可以考虑从以下几个方面进行筹划：

（一）分解销售额

增值税计税销售额包括纳税人因销售货物、提供应税劳务、发生应税行为向购买方收取的全部价款和价外费用。其中，价外费用是指价外向购买方收取的各项收费，除税法规定的项目外，均应视为含税价格并入销售额计税。

分解销售额的筹划思路是将收取的价外费用在销售合同中单列，使其适用较低税率或者不征收增值税。比如税法规定，包装物随同产品销售时，应按适用税率计算销项税额，而如果是出借包装物，则收取的押金只在逾期被没收的情况下才需要缴纳增值税。因此，在带包装物销售的情况下，尽量不要让包装物作价随同货物一起销售，而应采取收取包装物押金的方式，且押金应单独核算。

（二）选择适当的销售方式

为维持或扩大市场份额，企业销售产品时可采取多样的销售方式以达到促销的目的，不同的销售方式适用的税收政策是不同的，企业可以根据不同的销售方式进行纳税筹划。不同销售方式的计税规定见表2-18。

（三）选择适当的结算方式

销售结算方式通常有直接收款、委托收款、托收承付、赊销或分期收款、预收款销售、委托代销等。不同的销售方式，其纳税义务发生的时间是不同的。筹划思路就是在税法允许的范围内，尽量推迟纳税时间，达到延期缴纳税款的目的。基本原则如下：

（1）收款与发票开具同步进行，即在征得采购方理解的基础上，未收到货款不开发票。

表2-18　　　　　　　　　　　　　　　不同销售方式的计税规定

销售方式	计税规定
折扣销售（商业折扣）	在同一张发票上注明折扣额和销售额：按折扣后余额计税 不在同一张发票上注明折扣额和销售额：按全额计税
实物折扣（买一送一）	主货物和赠品不开发票的：按实际收到的货款计税 主货物与赠品开一张发票或者分别开具发票的：按发票合计金额计税
销售折扣（现金折扣）	不得扣除折扣额，按全额计税
销售折让	按扣除折让后的余额计税
以旧换新	不得扣除旧货价，按新货同期价格全额计税（金银首饰除外）
以物易物	各自按购销处理

（2）对于可能发生拒付的销售业务，尽量避免采用托收承付与委托收款的结算方式，以防止垫付税款。

（3）对于不能钱货两清的销售业务，采用赊销或分期收款的结算方式，避免垫付税款。

【做中学2-33】A企业与B企业在3月6日签订了一份买卖合同，A企业向B企业销售某种型号的推土机，总价值2 000万元，双方合同约定采取委托银行收款方式结算价税款。A企业于当日向B企业发货，并到当地某银行办理了托收手续。4月15日，B企业收到A企业的全部推土机，对其进行技术检测后，认为不符合合同的要求，拒绝付款，并将全部推土机退回。

要求：从纳税筹划角度分析采用委托银行收款结算方式是否合适？

分析：依据税法的规定，采取托收承付和委托银行收款方式销售货物的，其销售额的确认时间为发出货物并办妥托收手续的当天。因此，A企业3月6日在未收到货款的情况下，应当确认并垫付销项税额260万元（2 000×13%）。虽然这笔税款可以在退货发生的当期销项税额中抵扣，但这种抵扣与以前的垫付是有一定时间间隔的，相当于企业占用了一部分资金用于无回报的投资，而且还要承担资本成本。假设银行贷款利率为5.58%，该企业因垫付税款而承担的资本成本为1.612万元（260×5.58%÷360×40），这对于资金比较紧张的企业而言，无疑是一种损失。因此，在销售结算时应当慎重选择托收承付或委托收款结算方式。

三、增值税进项税额的纳税筹划

进项税额是一般纳税人购进货物、接受应税劳务或应税服务时所支付或负担的增值税税额，是应交增值税的抵减项目。因此，进项税额的筹划思路是获得合法的抵扣凭证，尽可能扩大允许抵扣的范围，同时尽早得以抵扣，以获得节税利益。

（一）选择合适的购货来源

企业在购买货物、劳务或服务时，可以选择不同的供应商，购货来源不同，其税收负担也会不同。对于一般纳税人身份的购货单位，如果从一般纳税人处购入，可以取得增值税专用发票，按所购货物、劳务或服务的适用税率抵扣进项税额；如果从小规模纳税人处购入，即使能取得增值税专用发票，也只能按不含税销售额的3%抵扣进项税额。因此，在所购货物、劳务或服务价格和品质既定的前提下，应尽可能选择从一般纳税人处购入。但是如果小规模纳税人的价格低于一般纳税人的价格，则可通过计算购货后的净利润（或现金净流量）进行比较，选择能给购买方带来净利润（或现金净流量）的供货方作为货物、劳务或服务来源方。

（二）充分利用"低纳高抵"

"低纳高抵"是指用较低税率的纳税额抵减较高税率的纳税额，或用上一环节的低税负抵减下一个环节的高税负，从而达到企业整体减轻税负的目的。现行增值税税率的多样化为利用"低纳高抵"方式降低税负提供了条件。

由于增值税进项税额抵扣是不管税率，只管税额的，所以只要企业为一般纳税人，收到真实合法的增值税专用发票，不管企业增值税应税服务或产品适用的税率是13%还是6%，都可以抵扣进项税额。比如会计师事务所应按"现代服务"缴纳6%的增值税，但其购买设备等支出可以取得13%的进项税额予以抵扣，其购买的运输服务可以取得9%的进项税额予以抵扣，这就属于"低纳高抵"现象或行为。对于适用较低税率纳税的企业，如能多取得适用较高税率的购进项目，就能有效降低应纳税额。

【做中学2-34】某牛奶公司的主要生产流程如下：饲养奶牛生产牛奶，将新鲜牛奶加工成乳制品，再将乳制品销售给各大商场，或直接通过销售网络转销给居民。由于乳制品的增值税适用13%的税率，进项税额主要有两块：一是向农民个人收购的草料部分，可以抵扣9%的进项税额；二是公司水费、电费和修理用配件等，按规定可以抵扣进项税额。与销项税额相比，这两部分进项税额微不足道，公司的增值税负担很重。

围绕进项税额，公司采取了以下筹划方案：公司将整个生产流程分成饲养场和牛乳制品加工两部分，饲养场和乳制品加工厂均实行独立核算。分开后，饲养场属于农产品生产单位，其销售牛奶按规定可以免征增值税，乳制品加工厂从饲养场购入的牛奶可以抵扣9%的进项税额。

假定筹划前牛奶公司从农民生产者手中购入的草料金额为100万元，允许抵扣的进项税额为9万元，其他水电费、修理用配件等进项税额为8万元，全年乳制品销售收入为500万元；筹划后其他条件不变，饲养场销售给牛乳制品加工厂的鲜奶售价为350万元。

要求：分析筹划前后公司增值税税收负担以及筹划时需注意的事项。

分析：筹划前：

销项税额 $= 500 \times 13\% = 65$（万元）

进项税额 $= 9 + 8 = 17$（万元）

应纳增值税税额 $= 65 - 17 = 48$（万元）

税负率 $= 48 \div 500 \times 100\% = 9.6\%$

筹划后：

饲养场销售牛奶属于农业生产者销售自产农产品，免征增值税。

乳制品加工厂增值税税负分析如下：

销项税额 $= 500 \times 13\% = 65$（万元）

进项税额 = 350 × 9% + 8 = 39.5（万元）

应纳增值税税额 = 65 − 39.5 = 25.5（万元）

税负率 = 25.5 ÷ 500 × 100% = 5.1%

方案实施后比实施前节省增值税税额 = 48 − 25.5 = 22.5（万元）

需要注意的是，由于饲养场与乳制品加工厂存在关联方关系，饲养场必须依照税法按独立企业之间正常售价销售鲜奶给加工厂，而不能一味地为增加加工厂的进项税额擅自抬高售价，否则，税务机关将依法调整加工厂的原材料购进价格和进项税额。

四、增值税的其他筹划

（一）混合销售行为的纳税筹划

混合销售行为是指同一项销售行为既涉及货物又涉及服务，且两者之间是紧密相连的从属关系。税法对混合销售行为的税务处理是：从事货物的生产、批发或者零售的单位和个体工商户的混合销售行为，按照销售货物缴纳增值税；其他单位和个体工商户的混合销售行为，按照销售服务缴纳增值税。

税法规定，销售货物适用税率为13%或9%，提供加工、修理修配劳务适用税率为13%，提供应税服务适用税率分别为13%（有形动产租赁服务）、9%（交通运输服务、邮政服务、基础电信服务、建筑服务、不动产租赁服务）、6%（增值电信服务、金融服务、现代服务、生活服务）。因此，当发生混合销售行为时，如按混合销售处理能使销售总额适用较低税率的，应按混合销售处理。比如从事娱乐服务的企业取得提供娱乐服务收入的同时销售了烟酒、饮料等货物，该项混合销售计税时全部销售额应按生活服务6%的税率计算增值税。如按混合销售处理会使销售总额适用较高税率的，应尽量改变其销售方式。比如，生产货物的单位在销售货物的同时附带运输货物，其销售货物及提供运输服务的行为属于混合销售行为，所收取的货物款项及运输费用应一并按销售货物计征增值税。此时，该单位可考虑将运输队从单位独立出去，设立一家独立核算的运输公司，单位向运输队购买运输服务。这样单位销售货物应按货物适用税率13%或9%计税，运输公司提供运输服务则按交通运输服务9%的税率计税，而且单位从运输队购买的服务如取得增值税专用发票还可以抵扣进项税额，因此可达到节税目的。

（二）兼营行为的纳税筹划

兼营行为是指企业除主营业务外，还从事其他各项业务。具体包括两种情况：一是兼营不同税率的应税货物、劳务或服务；二是兼营增值税的减免税项目。

税法规定，纳税人兼营不同税率的货物、应税劳务或应税服务时，应当分别核算不同税率货物、劳务或服务的销售额；未分别核算的，从高适用税率或征收率。因此，增值税纳税人兼有不同税率业务时，应分别核算兼营的业务，否则会统一适用高税率。

纳税人兼营增值税减免税项目的，应当分别核算免税、减税项目的销售额；未分别核算销售额的，不得减免税。因此，纳税人兼营增值税减免税项目的，必须分开核算以达到节税目的。

【做中学2-35】某铝合金门窗销售公司是增值税一般纳税人，该公司既销售各种装潢材料，也对外提供安装劳务。某月该公司商品销售收入为85 000元，提供装潢劳务取得收入102 500元，可抵扣的进项税额共计19 500元。

请问：对此兼营行为，该公司应选择分开核算还是合并核算？

分析：分开核算应纳增值税税额 = 85 000 × 13% + 102 500 × 9% – 19 500 = 775（元）

合并核算应纳增值税税额 =（85 000 + 102 500）× 13% – 19 500 = 4 875（元）

因此，该公司选择分开核算可少缴增值税4 100元（4 875 – 775）。

思考与练习

一、判断题

1.我国现行增值税属于消费型增值税，实行一次课征制。 （　）

2.小规模纳税人实行简易征税办法，不得抵扣进项税额。 （　）

3.一般纳税人在开具专用发票时发现有误的，可即时作废，并且只需将电子信息作废即可。 （　）

4.不经常发生应税行为的企业必须按小规模纳税人纳税。 （　）

5.增值税一般纳税人将自产的货物无偿赠送他人，不征收增值税。 （　）

6.境外单位或者个人向境内单位或者个人销售完全在境外发生的服务，不属于在境内销售服务或者无形资产。 （　）

7.单位或者个体工商户聘用的员工为本单位或者雇主提供加工、修理修配劳务，属于增值税征税范围。 （　）

8.一般纳税人发生财政部和国家税务总局规定的特定应税行为，可以选择适用简易计税方法计税，但一经选择，2年内不得变更。 （　）

9.增值税应纳税额等于当期销项税额减当期进项税额，因此，所有的进项税额都可以抵扣，不足部分可以结转下期继续抵扣。 （　）

10.纳税人兼营销售货物、加工修理修配劳务、服务、无形资产或者不动产，没有分别核算销售额的，应从高适用税率或征收率计算缴纳增值税。 （　）

11.单位或个人向其他单位或者个人无偿提供服务应视同销售征收增值税，但用于公益事业或者以社会公众为对象的除外。 （　）

12.符合一般纳税人条件的纳税人应当向主管税务机关申请资格登记，未办理一般纳税人资格登记手续的，可适用简易计税方法计税。 （　）

13.简易计税方法只适用于小规模纳税人。 （　）

14.融资性售后回租应按"租赁服务"征收增值税。 （　）

15.以委托方名义开具发票代委托方收取的款项可以不计入销售额计算增值税。 （　）

16.金融商品转让，应采用差额计税法，按照卖出价扣除买入价后的余额为销售额。 （　）

17.购进免税农产品准予抵扣的进项税额是农产品收购发票或销售发票上注明的买价按7%的抵扣率计算出来的。 （　）

18.发生非正常损失的购进货物及相关的加工修理修配劳务或者交通运输服务的进项税额不得从销项税额中抵扣。 （　）

19.纳税人接受贷款服务、餐饮服务、居民日常服务和娱乐服务不得抵扣进项税额。

（   ）

20.出口货物增值税退税率是出口货物的实际增值税征税额与退税计税依据的比率。

（   ）

二、单项选择题

1.下列各项中，既是增值税法定税率，又是增值税进项税额扣除率的是（   ）。

A.6%   B.10%   C.9%   D.13%

2.按照现行规定，下列各项中应被认定为小规模纳税人的是（   ）。

A.年不含税销售额为600万元的从事货物生产的纳税人

B.年不含税销售额为550万元的提供应税服务的纳税人

C.年含税销售额为600万元的从事货物零售的纳税人

D.年含税销售额为550万元的服装加工厂

3.下列各项中，应被认定为一般纳税人的是（   ）。

A.个人（个体工商户除外）   B.不经常发生增值税应税行为的企业

C.非企业性单位   D.年应税销售额为510万元的百货商店

4.下列各项中，不属于营改增中所称应税服务项目的是（   ）。

A.交通运输服务   B.邮政服务   C.租赁服务   D.修理修配服务

5.下列各项中，不属于金融服务项目的是（   ）。

A.贷款服务   B.融资租赁   C.金融商品转让   D.保险服务

6.下列各项不属于在境内销售服务、无形资产或者不动产的是（   ）。

A.境外企业在巴基斯坦为我国境内单位提供工程勘察勘探服务

B.英国会展单位在我国境内为境内某单位提供会议展览服务

C.我国境内单位转让在德国境内的不动产

D.新西兰汽车租赁公司向我国境内企业出租汽车，供其在新西兰考察中使用

7.下列各项中，不属于建筑服务项目的是（   ）。

A.安装服务   B.工程设计   C.装饰服务   D.修缮服务

8.下列各项中，属于混合销售行为应按销售货物征收增值税的是（   ）。

A.饭店在提供餐饮服务的同时销售酒水

B.汽车建造公司在生产销售汽车的同时又为其他客户提供修理服务

C.防盗门商店在销售产品的同时又为客户提供安装服务

D.卡拉OK厅提供娱乐服务的同时又销售烟、酒、饮料、食品

9.根据增值税法律制度的规定，纳税人发生下列行为，应当视同销售缴纳增值税的是（   ）。

A.外购货物用于职工福利   B.外购货物用于交际应酬

C.外购货物用于无偿赠送   D.外购货物用于生产免税产品

10.营改增一般纳税人对外既提供运输服务又提供咨询服务，未分别核算销售额的，应按（   ）征税。

A.3%   B.6%   C.9%   D.13%

11.下列关于纳税人出租出借包装物收取押金的税务处理，正确的是（   ）。

A.出租出借包装物收取的押金，凡单独记账核算又未逾期的，一律不征收增值税

B.销售除啤酒、黄酒以外的其他酒类产品收取的包装物押金，一律应在收取押金当期计征增值税

C.销售酒类产品收取的包装物押金，一律应在收取押金当期计征增值税

D.收取押金与收取租金税务处理相同，一律按价外收费计征增值税

12.某皮革厂将自产的皮鞋作为福利发给本厂职工，该批产品制造成本共计8万元，利润率为10%，销售额按当月同类产品平均销售价格计算为10万元。则该笔业务计征增值税的销售额应为（   ）万元。

A.8.8   B.10   C.8   D.9

13.某企业本月份将自产的一批生产成本为20万元（耗用上月外购材料15万元）的食品发给职工，下列说法正确的是（   ）。

A.应反映销项税额2.86万元   B.应反映销项税额2.6万元

C.应反映应纳税额2.6万元   D.应转出进项税额1.95万元

14.某百货商城（增值税一般纳税人）采用以旧换新方式销售一批金银首饰，向消费者收取现金88 700元，旧首饰折价23 300元，该笔业务的销项税额为（   ）元。

A.10 204.42   B.9 855.56   C.12 884.96   D.16 274.50

15.下列行为中，涉及的进项税额不得从销项税额中抵扣的是（   ）。

A.将一批专门购进货物用于本单位集体福利

B.将外购的货物用于对外投资

C.将上年委托加工收回的材料用于在建工程

D.将外购货物用于雪灾灾区捐赠

16.某单位的业务中，按现行增值税法律制度的有关规定，可以作为进项税额抵扣的是（   ）。

A.外购的低值易耗品   B.外购的货物被盗

C.将外购的货物用于免税产品生产   D.将外购的货物分给职工

17.关于进项税额的下列处理方法，错误的是（   ）。

A.购入货物用于职工福利，其增值税进项税额不得抵扣

B.进项税额已抵扣的外购货物改作个人消费的，其已抵扣的进项税额必须转出

C.一般纳税人兼营增值税应税项目与免税项目而又无法划分其进项税额的，进项税额一律不得抵扣

D.一般纳税人兼营增值税应税项目与免税项目而又无法划分其进项税额的，进项税额可以按应税项目与免税项目的销售额比例分摊扣除

18.商贸企业进口机器一台，关税完税价格为200万元，假设进口关税税率为20%，支付国内运输企业的运输费用0.2万元，取得增值税专用发票；本月将机器售出，取得不含税销售额350万元，则本月应纳增值税税额为（   ）万元。

A.28.5   B.40.8   C.14.282   D.18.7

19.以1个月为1期的增值税纳税人，应于期满后（   ）日申报纳税。

A.1   B.5   C.10   D.15

20.进口货物的增值税由（   ）征收。

A.进口地税务机关   B.海关

C.交货地税务机关   D.进口方所在地税务机关

三、多项选择题

1.下列业务按规定应征收增值税的有（   ）。

A.电器修理   B.房屋装修   C.有形动产租赁   D.交通运输

2.现行增值税的适用税率有（   ）。

A.9%   B.10%   C.13%   D.6%

3.下列各项中，应按"现代服务"征收增值税的有（   ）。

A.研发和技术服务   B.信息技术服务

C.教育医疗服务   D.物流辅助服务

4.下列各项中，应按"租赁服务"征收增值税的是（   ）。

A.航空运输的干租服务   B.远洋运输的光租服务

C.融资性售后回租   D.远洋运输的程租服务

5.下列各项行为应按"生活服务"税目计征增值税的有（   ）。

A.歌厅在提供唱歌服务的同时销售啤酒

B.商店销售空调并负责安装

C.快餐店在销售饭菜的同时销售饮料

D.汽车修理厂修理汽车并销售汽车零部件

6.单位或个体经营者的下列行为，应视同销售计征增值税的有（   ）。

A.饭店将购入的啤酒用于餐饮服务   B.食品厂将购入的原料赠送他人

C.商场将库存商品发给职工作福利   D.个体商店代销鲜奶

7.一般纳税人向购买方收取的（   ）须计入销售额计算销项税额。

A.包装物押金   B.手续费   C.包装物租金   D.销项税额

8.按照增值税法律制度的规定，下列行为应征收增值税的有（   ）。

A.将自产的产品用于职工福利

B.将自产的新产品用于市场推广而免费向消费者发放

C.将抵债所得的货物用于交换生产用原材料

D.将自产的货物对外投资

9.根据增值税法律制度的规定，下列各项业务的处理方法中，不正确的有（   ）。

A.纳税人销售货物或提供应税劳务，采用价税合并定价并合并收取的，以不含增值税的销售额为计税销售额

B.纳税人以价格折扣方式销售货物，不论折扣额是否在同一张发票上注明，均以扣除折扣额以后的销售额为计税销售额

C.纳税人采取以旧换新方式销售货物，以扣除旧货物折价款以后的销售额为计税销售额

D.纳税人采取以物易物方式销售货物，购销双方均应作购销处理，以各自发出的货物核算计税销售额并计算销项税额，以各自收到的货物核算购货额并计算进项税额

10.下列各项增值税视同销售行为计税销售额的确定方法，说法正确的有（   ）。

A.按纳税人最近时期销售同类货物、服务、无形资产或者不动产的平均销售价格确定

B.按其他纳税人最近时期销售同类货物、服务、无形资产或者不动产的平均销售价格确定

C.按组成计税价格确定

D.组成计税价格＝成本×（1＋成本利润率）

11.下列属于营改增试点一般纳税人差额计税项目的有（　　　）。

A.经纪代理服务 　　　　　　　　　B.旅游服务

C.金融商品转让 　　　　　　　　　D.融资租赁服务

12.根据增值税法律制度的规定，下列可以作为增值税抵税凭证的有（　　　）。

A.增值税专用发票 　　　　　　　　B.农产品收购发票

C.农产品销售发票 　　　　　　　　D.机动车销售统一发票

13.下列项目中的进项税额不得抵扣的有（　　　）。

A.企业为职工购买的服装 　　　　　B.购进的国内旅客运输服务

C.生产用的水、电 　　　　　　　　D.因管理不善霉烂变质的货物

14.一般纳税人将原购的已按13%的税率抵扣进项税额的货物用于下列各项时，应作进项税额转出处理的有（　　　）。

A.免税项目

B.用于9%税率产品的生产

C.个人消费

D.用于生产专门销售给小规模纳税人的货物

15.按照增值税的纳税义务发生时间的规定，下列说法错误的有（　　　）。

A.采取委托银行收款结算方式的，为发出货物并办妥托收手续的当天

B.采取直接收款方式销售货物的，不论货物是否发出，均为收到销售额或取得索取销售额的凭据，并将提货单交给买方的当天

C.采取赊销和分期收款结算方式，且无书面合同的，为发出货物的当天

D.将货物交付给他人代销的，为收到受托人送交货款的当天

16.下列关于增值税纳税义务发生时间的认定，正确的有（　　　）。

A.纳税人提供租赁服务采取预收款方式的，为货物发出的当天

B.纳税人从事金融商品转让的，为金融商品所有权转移的当天

C.将委托加工货物无偿赠与他人的，为货物移送的当天

D.进口货物，为报关进口的当天

17.根据增值税法律制度的规定，下列关于增值税纳税地点的说法正确的有（　　　）。

A.固定业户应当向其机构所在地或居住地主管税务机关申报纳税

B.非固定业户销售货物或提供应税劳务、发生应税行为的，应当向销售地、应税劳务发生地、应税行为发生地主管税务机关申报纳税

C.进口货物应纳的增值税，应当向纳税人所在地海关申报缴纳

D.扣缴义务人应当向其机构所在地或者居住地的主管税务机关申报缴纳其扣缴的税款

18.增值税专用发票作废条件为同时具有以下情形中的（　　　）。

A.收到退回的发票联、抵扣联时间未超过销售方开票当月

B.销售方未抄税并且未记账

C.购买方未认证或认证结果为"重复认证"

D.购买方未认证或者认证结果为"纳税人识别号认证不符""专用发票代码、号码认证不符"

四、业务题

1.某服装厂（增值税一般纳税人）位于市区，某年6月发生下列业务：

（1）购进A种面料取得的增值税专用发票上注明的价款为40 000元，税额为5 200元，支付采购运费价税合计545元。

（2）进口一批面料，关税完税价格36 000元，关税税率为5%，取得海关进口增值税专用缴款书。

（3）领用面料生产300件连衣裙，单位成本每件40元；将200件委托某商厦代销，当月月末收到商厦代销清单，注明售出100件，商厦与该厂结算的含税金额为15 255元，尚未开出增值税专用发票。

（4）生产600件西服，单位成本每件100元，成本中外购比例60%（假设成本中不含运费），将其中100件发给本厂职工作为福利，将其中400件以每件180元的不含税出厂价销售给某商业企业，30件因保管不善丢失。

假设当月取得的相关票据符合税法的规定，并在当月通过认证和抵扣。

要求：

（1）计算当月销项税额。

（2）计算当月可抵扣进项税额。

（3）计算当月应纳增值税税额。

2.某运输公司为增值税一般纳税人，某年10月份发生如下经济业务：

（1）取得客运收入109万元，开具增值税普通发票；取得货运收入200万元，开具增值税专用发票。

（2）为某单位开展职工活动无偿提供运输服务，同类运输服务市场价为2.18万元。

（3）当月外购汽油30万元，取得的增值税专用发票上注明的增值税税额为3.9万元。

（4）购入运输车辆20万元，取得的机动车销售统一发票上注明的增值税税额为2.6万元。

（5）发生联运支出50万元，取得的增值税专用发票上注明的增值税税额为4.5万元。

（6）购入作为劳保用品的职工工作服一批，取得的增值税专用发票上注明的价款为1万元，增值税税额为0.13万元。

假设取得的增值税专用发票均已认证并申报抵扣。

要求：

（1）计算当月销项税额。

（2）计算当月可抵扣进项税额。

（3）计算当月应纳增值税税额。

3.某电子企业为增值税一般纳税人，某年2月份发生下列经济业务：

（1）销售A产品50台，不含税单价8 000元。货款收到后，向购买方开具了增值税专用发票，并将提货单交给了购买方。截至月底，购买方尚未提货。

（2）将20台新试制的B产品分配给投资者，单位成本为6 000元。该产品尚未投放市场。

（3）单位职工宿舍改造领用甲材料1 000千克，每千克单位成本为50元。

（4）改、扩建单位幼儿园领用甲材料200千克，每千克单位成本为50元，同时领用A产品5台。

（5）当月丢失库存乙材料800千克，每千克单位成本为20元，作待处理财产损溢处理。

（6）当月发生购进货物的全部进项税额为70 000元。

其他相关资料：上月进项税额已全部抵扣完毕，本月取得的进项税额抵扣凭证均已申报抵扣。购销货物适用的增值税税率均为13%，税务机关核定的B产品成本利润率为10%。

要求：

（1）计算当月销项税额。

（2）计算当月可抵扣进项税额。

（3）计算当月应纳增值税税额。

4.某商业企业是增值税一般纳税人，某年4月初留抵税额2 000元，4月发生下列业务：

（1）购入商品一批，取得增值税专用发票，价款为10 000元，税款为1 300元。

（2）3个月前从农民手中收购的一批粮食因保管不善导致毁损，账面成本为5 400元。

（3）从农民手中收购大豆1吨，税务机关规定的收购凭证上注明的收购款为1 500元。

（4）从小规模纳税人处购买商品一批，取得税务机关代开的增值税专用发票，价款为30 000元，税款为900元，款已付，货物未入库，发票已认证。

（5）购买建材一批用于修缮职工食堂，价款为20 000元，税款为2 600元。

（6）零售日用商品，取得含税收入150 000元。

（7）将2个月前购入的一批布料捐赠给受灾地区，账面成本为20 000元，同类不含税销售价格为30 000元。

（8）外购电脑20台，取得增值税专用发票，不含税单价为6 000元，购入后5台办公使用，5台捐赠给希望小学，另10台全部零售，零售价为每台8 000元。

假定相关可抵扣进项税额的发票均经过认证并申报抵扣。

要求：

（1）计算当期全部可从销项税额中抵扣的增值税进项税额合计数（考虑转出的进项税额）。

（2）计算当期增值税销项税额。

（3）计算当期应纳增值税税额。

5.某生产企业为增值税一般纳税人，某年6月外购原材料取得防伪税控系统开具的增值税专用发票，注明进项税额为137.7万元并通过主管税务机关认证。当月内销货物取得不含税销售额150万元，外销货物取得收入920万元，该企业适用的增值税税率为13%，出口退税率为9%。

要求：计算该企业6月免、抵、退税额。

五、项目实训

江南贸易有限公司为增值税一般纳税人，纳税人识别号为330101001143390011，主营货物批发零售，兼营国际货运代理和运输服务。2023年3月应交未交增值税10万元。2023年4月发生下列经济业务：

（1）10日，上缴上月增值税10万元。

（2）12日，国内采购货物一批，取得增值税专用发票1张，注明金额为20万元，税额为2.6万元。

（3）13日，进口货物一批，取得海关进口增值税专用缴款书1张，注明金额为10万元，税额为1.3万元。

（4）15日，销售货物一批，开具增值税专用发票1张，注明金额为150万元，税额为19.5万元，款已收讫。

（5）20日，将购进的25万元（买价）货物发放职工福利，该批货物进项税额3.25万元已于上月抵扣。

（6）21日，提供联运运输服务，开具增值税专用发票1张，注明金额为100万元，税额为9万元；同时支付给联运方运费价税合计54.5万元，取得增值税专用发票1张。

（7）24日，提供国际货运代理服务，取得应税服务收入价税合计190.8万元，开具增值税专用发票1张。为取得该收入，支付给一般纳税人代理公司代理费用价税合计63.6万元，取得增值税专用发票1张；支付给小规模纳税人代理公司代理费用价税合计30.9万元，取得税务机关代开的增值税专用发票1张；支付给小规模纳税人货物运输公司运费10万元，取得增值税普通发票1张。

（8）27日，购进销售货物的设备4台，取得增值税专用发票1张，注明金额为30万元，税额为3.9万元。

要求：

（1）根据上述资料计算当期应交增值税税额。

（2）填制2023年4月的增值税及附加税费申报表（一般纳税人适用）及附表。

项目三
消费税计算申报与筹划

职业能力目标	1. 掌握消费税纳税人、征税范围、税目税率的具体规定
	2. 掌握消费税的计税依据和计算方法
	3. 掌握消费税纳税申报的填报规定
	4. 了解出口货物退（免）消费税的适用范围、适用办法及计算方法
	5. 了解消费税纳税筹划方法

典型工作任务	1. 能判断哪些项目应征消费税，适用何种税率
	2. 会计算消费税应纳税额
	3. 会申报消费税
	4. 会进行消费税简单纳税筹划

职业素养目标	1. 引导自觉践行社会主义核心价值观
	2. 弘扬勤俭节约的社会美德，树立正确的消费观
	3. 增强生态环保理念
	4. 培养诚实守信、责任担当的职业精神

任务一　学习消费税基本知识

引导案例

　　醉春风酒业有限公司，是一家以生产、销售各类酒产品为主的企业，为增值税一般纳税人。某年1月销售白酒400千克，销售额为72 000元；销售黄酒6 000千克，销售额为240 000元。请问以上销售业务是否需要缴纳消费税？如果需要缴纳，分别适用何种税率？

引导案例解析

　　消费税是对在我国境内从事生产、委托加工和进口应税消费品的单位和个人，就其应税消费品的销售额或销售量征收的一种流转税。

　　消费税是一种选择性商品税，是与增值税相配套的税种。它是在对商品和非商品的流转额普遍征收增值税的基础上，根据国家政策的需要，有选择地对部分消费品征收的一种税。也就是说，对属于消费税列举税目的消费品，既要征收消费税，同时又要征收增值税。这样，可以充分发挥税收对生产和消费的调节作用，限制某些高能耗消费品的生产，引导正确的消费方向，也有利于保证国家财政收入。

　　我国现行消费税的基本法律依据是2008年修订的《中华人民共和国消费税暂行条例》与2008年颁布的《中华人民共和国消费税暂行条例实施细则》，修订的条例与颁布的细则均自2009年1月1日起施行。

一、界定消费税纳税人

　　消费税的纳税人，是在中华人民共和国境内生产、委托加工和进口应税消费品的单位和个人，以及国务院确定的销售应税消费品的其他单位和个人。

　　"在中华人民共和国境内"，是指生产、委托加工和进口应税消费品的起运地或所在地在中国境内。

　　"单位"是指企业、行政单位、事业单位、军事单位、社会团体及其他单位。"个人"是指个体工商户及其他个人。

　　【提示】自1995年1月1日起，金银首饰、铂金首饰、钻石及钻石饰品消费税改在零售环节征收；自2009年5月1日起，对卷烟在批发环节加征一道消费税；自2016年12月1日起，对超豪华小汽车在零售环节加征一道消费税；自2022年11月1日起，对生产（进口）、批发电子烟征收消费税。因此，从事金银首饰零售业务，从事卷烟、电子烟批发，从事超豪华小汽车零售的单位和个人，也是消费税的纳税人。

　　【提示】税法规定，在委托加工应税消费品行为中，除受托方是个体经营者外，消费税应由受托方代收代缴。

　　【做中学3-1】（单选题）甲烟草公司提供烟叶委托乙公司（非个体经营者）加工一批烟丝。加工完成后，甲烟草公司将收回烟丝中的一部分用于生产卷烟，另一部分烟丝直接出售给丙公司。在这项委托加工烟丝业务和出售业务中，消费税的纳税义务人是（　　）。

　　A.甲烟草公司　　　　　B.乙公司　　　C.丙公司　　　D.甲烟草公司和丙公司

　　分析：应选择A。委托加工应税消费品的委托方是甲烟草公司，因此甲烟草公司是纳税人，税法规定该消费税应由乙公司代收代缴，因此乙公司是扣缴义务人。另外，甲烟草公司将收回的一部分烟丝出售给丙公司时，甲烟草公司是纳税人。由于该烟丝在委托加工中已由乙公司代收代缴消费税，在出售时如价格不高于乙公司计税价格，则不需再缴纳消费税，高于乙公司计税价格的，应按规定计算缴纳消费税，但可扣除乙公司已代收代缴的消费税。

二、确定消费税征税范围

　　作为选择性和调节性的税种，消费税征税范围的选择是有针对性的。一般来说，国家会根据以下原则选择几类消费品征收消费税。

　　第一类：过度消费会对人身健康、社会秩序、生态环境等方面造成危害的特殊消费品，如烟、酒、鞭炮焰火等。

　　第二类：以少数高收入群体为消费主体的奢侈类消费品，如贵重首饰及珠宝玉石、高尔夫球及球具、高档手表、游艇等。

　　第三类：破坏生态环境和消耗自然资源的消费品，如小汽车、摩托车、成品油、木制一次性筷子、实木地板、电池、涂料等。

　　第四类：税基宽广、消费普遍、征税后不影响居民基本生活并具有一定财政意义的消费品，如高档化妆品等。

　　根据以上原则，目前我国消费税的征税范围包括烟、酒、高档化妆品、贵重首饰及珠宝玉石、鞭炮焰火、成品油、摩托车、小汽车、高尔夫球及球具、高档手表、游艇、木制一次性筷子、实木地板、电池、涂料等15个税目，有的税目还进一步划分为若干子目。具体范围划分如下：

　　1.烟

　　本税目的征税范围是以烟叶为原料加工生产的产品。下设卷烟、雪茄烟、烟丝、电子烟4个子目。其中，对卷烟和电子烟既在生产环节征税，也在批发环节征税，雪茄烟和烟丝只在生产环节征税。

　　2.酒

　　本税目的征税范围是酒精度在1度以上的各种酒类饮料。下设白酒、黄酒、啤酒、其他酒4个子目。

　　3.高档化妆品

　　本税目的征税范围包括高档美容、修饰类化妆品，高档护肤类化妆品和成套化妆品。高档美容、修饰类化妆品和高档护肤类化妆品是指生产（进口）环节销售（完税）价格（不含增值税）在10元/毫升（克）或15元/片（张）及以上的美容、修饰类化妆品和护肤类化妆品。

　　4.贵重首饰及珠宝玉石

　　本税目的征税范围包括各种金银珠宝首饰和经采掘、打磨、加工的各种珠宝玉石。

5. 鞭炮、焰火

本税目的征税范围包括喷花类、旋转类、组合烟花类等各种鞭炮、焰火。

【提示】体育上用的发令枪，鞭炮药引线，不属于本税目征税范围。

6. 成品油

本税目下设汽油、柴油、石脑油、溶剂油、航空煤油、润滑油、燃料油7个子目。

【提示】对成品油生产企业在生产成品油过程中作为燃料、动力及原料消耗掉的自产成品油，免征消费税。

航空煤油暂缓征收消费税。

7. 摩托车

本税目的征税范围包括轻便摩托车和摩托车，税率按排量分档设置。

【提示】气缸容量在250毫升（不含）以下的小排量摩托车自2014年12月1日起不再征收消费税。

8. 小汽车

本税目下设乘用车、中轻型商用客车、超豪华小汽车三个子目，税率按气缸容量（即排气量）的大小分档设置。其中，超豪华小汽车征税范围为每辆零售价格130万元（不含增值税）及以上的乘用车和中轻型商用客车。

【提示】车身长度大于7米（含），并且座位在10～23座（含）以下的商用客车，不属于中轻型商用客车，不征收消费税。

电动汽车、沙滩车、雪地车、卡丁车、高尔夫车，不征收消费税。

企业生产销售达到低污染排放值标准（相当于欧洲Ⅱ号标准）的小轿车、越野车和小客车，可减征30%的消费税。

9. 高尔夫球及球具

本税目的征税范围包括高尔夫球、高尔夫球杆、高尔夫球包（袋）。

10. 高档手表

本税目的征税范围为销售价格（不含增值税）每只在10 000元（含）以上的各类手表。

11. 游艇

本税目的征税范围包括艇身长度大于8米（含）小于90米（含），主要用于水上运动和休闲娱乐等非牟利活动的各类机动艇。

12. 木制一次性筷子

本税目的征税范围包括各种规格的木制一次性筷子。

13. 实木地板

本税目的征税范围包括各类规格的实木地板、实木指接地板、实木复合地板及用于装饰墙壁、天棚的侧端面为榫、槽的实木装饰板。

14. 电池

本税目的征税范围包括原电池、蓄电池、燃料电池、太阳能电池和其他电池。

【提示】对无汞原电池、金属氢化物镍蓄电池、锂原电池、锂离子蓄电池、太阳能电池、燃料电池和全钒液流电池免征消费税。

15.涂料

本税目的征税范围包括涂于物体表面能形成具有保护、装饰或特殊性能的固态涂膜的各类液体或固体材料。

【提示】对施工状态下挥发性有机物（Volatile Organic Compounds，VOC）含量低于420克/升（含）的涂料免征消费税。

【思考】增值税与消费税的征税范围有何联系与区别？

三、确定消费税税率

消费税实行比例税率、定额税率和从量定额与从价定率相结合的复合计税三种形式。大多数消费品采用比例税率；对黄酒、啤酒、成品油实行定额税率；对卷烟、白酒实行从量定额与从价定率相结合计算应纳税额的复合计税办法。

现行消费税税目税率（税额）见表3-1。

微课

消费税征税
范围和税率

表3-1　　　　　应税消费品名称、税率和计量单位对照表

应税消费品名称	比例税率	定额税率	计量单位
一、烟			
1.卷烟			
（1）工业			
①甲类卷烟（调拨价70元（不含增值税）/条以上（含70元））	56%	30元/万支	万支
②乙类卷烟（调拨价70元（不含增值税）/条以下）	36%	30元/万支	
（2）商业批发	11%	50元/万支	
2.雪茄烟	36%	—	支
3.烟丝	30%	—	千克
4.电子烟			
（1）工业	36%	—	盒
（2）商业批发	11%	—	盒
二、酒			
1.白酒	20%	0.5元/500克（毫升）	500克（毫升）
2.黄酒	—	240元/吨	吨
3.啤酒			
（1）甲类啤酒（出厂价格3 000元（不含增值税）/吨以上（含3 000元））	—	250元/吨	吨
（2）乙类啤酒（出厂价格3000元（不含增值税）/吨以下）	—	220元/吨	

续表

应税消费品名称	比例税率	定额税率	计量单位
4.其他酒	10%	—	吨
三、高档化妆品	15%	—	实际使用计量单位
四、贵重首饰及珠宝玉石			
1.金银首饰、铂金首饰和钻石及钻石饰品	5%	—	实际使用计量单位
2.其他贵重首饰和珠宝玉石	10%	—	
五、鞭炮、焰火	15%	—	实际使用计量单位
六、成品油			
1.汽油	—	1.52元/升	升
2.柴油	—	1.20元/升	
3.航空煤油	—	1.20元/升	
4.石脑油	—	1.52元/升	
5.溶剂油	—	1.52元/升	
6.润滑油	—	1.52元/升	
7.燃料油	—	1.20元/升	
七、摩托车			
1.气缸容量（排气量，下同）=250毫升	3%	—	辆
2.气缸容量＞250毫升	10%	—	
八、小汽车			
1.乘用车			
（1）气缸容量（排气量，下同）≤1.0升	1%	—	辆
（2）1.0升＜气缸容量≤1.5升	3%	—	
（3）1.5升＜气缸容量≤2.0升	5%	—	
（4）2.0升＜气缸容量≤2.5升	9%	—	
（5）2.5升＜气缸容量≤3.0升	12%	—	
（6）3.0升＜气缸容量≤4.0升	25%	—	
（7）气缸容量＞4.0升	40%	—	
2.中轻型商用客车	5%	—	
3.超豪华小汽车	10%	—	

续表

应税消费品名称	比例税率	定额税率	计量单位
九、高尔夫球及球具	10%	—	实际使用计量单位
十、高档手表	20%	—	只
十一、游艇	10%	—	艘
十二、木制一次性筷子	5%	—	万双
十三、实木地板	5%	—	平方米
十四、电池	4%	—	只
十五、涂料	4%	—	吨

【提示】纳税人兼营不同税率应税消费品的，应当分别核算其销售额或销售数量。未分别核算销售额或销售数量的，或者将不同税率的应税消费品组成成套消费品销售的，从高适用税率。

【知识链接】

消费税纳税环节

消费税是一次课征的税种，一般在应税消费品流通环节中只征一次税（卷烟、电子烟、超豪华小汽车除外）。

（1）纳税人生产的应税消费品，于销售时纳税（第一次对外销售）。

（2）纳税人自产自用的应税消费品，用于连续生产应税消费品的，不纳税；用于其他方面的，于移送使用时纳税。

（3）委托加工的应税消费品，由受托方在向委托方交货时代收代缴税款；但委托个体经营者加工的，一律于委托方收回后，在委托方所在地纳税。

（4）进口的应税消费品，于报关进口时纳税。

（5）金银首饰（含镶嵌饰品）、钻石及钻石饰品，于零售环节纳税。

【提示】卷烟、电子烟在批发环节加征一道消费税，超豪华小汽车在零售环节加征一道消费税。

【思考】在"啤酒厂 → 啤酒批发商 → 啤酒零售商 → 消费者"这3个环节中，哪个环节应缴纳消费税？

【素养园地】

我国消费税的发展历程

消费税，实际上是限制、引导和干预消费行为的一种税收，它通过征税以抑制对某种商品的消费需求和消费行为，相当于古代所说的"寓禁于征"。比如，国家对奢侈品或烟酒等非生活必需品且过度消费又不利于健康的产品征收消费税，而不对生活必需品征收消费税，这样就可以利用昂贵的价格抑制奢侈品或不利于健康的非生活必需品的购买行为，引导群众理性对待奢侈品，合理消费。消费税不但体现国家对人们消费行为的态度，更为重要的是，国家还可以通过消费税实现宏观调控和重新分配社会财富的政策目标。

由于消费税具有调节产业结构和消费结构的重要作用，其征税范围、税率等会随着经济发展、产业政策、行业发展和居民消费水平的变化而不断进行调整。调整的原则，就看它是否有利于民生，是否有利于环境友好型和资源节约型社会建设，是否有利于形成健康的消费方式和习惯，是否有利于缩小社会悬殊的贫富差距，以及是否已经丧失奢侈、高耗能、高污染的特性，是否成为生活的必需品，是否能够减轻人民群众的生活成本。

我国消费税自1994年开征以来，经历了几次重大调整，包括调整优化征税范围、税率和环节，引导合理消费，促进调结构、转方式。

1993年12月，国务院颁布了《中华人民共和国消费税暂行条例》，规定自1994年1月1日起，选择烟、酒、化妆品、护肤护发品、贵重首饰及珠宝玉石、鞭炮焰火、汽油、柴油、汽车轮胎、摩托车、小汽车等消费品开征消费税。

2006年，为了促进环境保护和资源节约，牢固树立绿水青山就是金山银山的理念，消费税新增高尔夫球及球具、高档手表、游艇、木制一次性筷子、实木地板税目；增列成品油税目，将汽油、柴油改为成品油税目下的子目，另外新增石脑油、溶剂油、润滑油、燃料油、航空煤油5个子目；取消护肤护发品税目，将原属于护肤护发品征税范围的高档护肤类化妆品列入化妆品税目。

2008年11月，国务院对《中华人民共和国消费税暂行条例》进行了修订，并于2009年1月1日起实施。

2014年，按照党的十八届三中全会提出的"把高耗能、高污染产品及部分高档消费品纳入消费税征收范围"的要求，启动了新一轮消费税改革。自2014年12月1日起，取消酒精、气缸容量250毫升（不含）以下的小排量摩托车消费税，取消汽车轮胎税目。自2015年5月10日起，将卷烟批发环节从价税税率由5%提高至11%，并按0.005元/支加征从量税。自2015年2月1日起，对电池、涂料产品征收消费税，同时，对无汞原电池、锂原电池、镍氢蓄电池、太阳能电池等符合国家产业政策的环保型产品免征消费税。自2016年10月1日起，取消对普通美容、修饰类化妆品征收消费税，将"化妆品"税目名称更名为"高档化妆品"，税率调整为15%。自2016年12月1日起，对超豪华小汽车在零售环节加征消费税，税率为10%。自2022年11月1日起，对生产（进口）、批发电子烟征收消费税。这些改革措施适应了社会经济发展和消费水平变化，既满足了人民群众对消费升级的需求，又凸显了对高消费的精准调节，助推了树立现代消费理念，在转方式、调结构、促发展，以及增加财政收入等方面起到了积极作用。

经过逐步改革和完善，2019年12月3日财政部、国家税务总局联合发布《中华人民共和国消费税法（征求意见稿）》，有利于完善消费税法律制度，增强其科学性、稳定性和权威性，有利于深化改革开放和推进国家治理体系和治理能力现代化。

课堂能力训练

1.A卷烟厂提供烟叶委托B烟厂加工一批烟丝。A卷烟厂将已收回烟丝中的一部分用于生产卷烟，另一部分烟丝卖给C公司。在这项委托加工烟丝业务中，消费税的纳税义务人是谁？代收代缴义务人是谁？A厂收回用于生产卷烟的那部分烟丝是否还需要缴纳消费税？A厂收回后卖给C公司的那部分烟丝是否还需要缴纳消费税？

2.请分析下列各项中，属于消费税征税范围的消费品有哪些？税率是多少？

高档手表；高档西服；实木地板；网球及球具；高档化妆品；护肤护发品；汽油；柴油；食品油；电池；白酒；酒精；卷烟；烟丝。

3.某啤酒厂销售A型啤酒20吨给副食品公司，开具税控增值税专用发票，收取价款58 000元，收取包装物押金3 000元；销售B型啤酒10吨给宾馆，开具增值税普通发票，收取价款31 640元，收取包装物押金1 500元。判断以上业务应按何种税目征税？适用税率是多少？

4.某化妆品厂将高档化妆品和化妆工具等组成成套消费品销售，每套消费品售价为1 200元。每套消费品由一瓶精华液350元，一盒日霜200元，一盒晚霜250元，一瓶眼霜320元，一面镜子50元和包装盒30元组成。请问：属于消费税征税范围的消费品有哪些？税率是多少（假定精华液、日霜、晚霜、眼霜达到了高档化妆品的标准）？

任务二　计算消费税

引导案例

醉春风酒业有限公司某月将白酒、红葡萄酒组成套装礼品盒销售，每盒销售价格180元，共销售350盒，其中每盒白酒、红葡萄酒各1瓶（均为500克装）；又将委托其他企业加工收回的白葡萄酒100千克按回收价格直接销售，销售额为8 000元，该批白葡萄酒收回时，已由加工企业代收代缴消费税。请问以上业务是否需要缴纳消费税？如果需要缴纳，分别应如何计税？

引导案例解析

消费税采用从价定率计征、从量定额计征和从价从量复合计征三种方法，分别对不同的应税消费品计算应纳消费税（见表3-2）。其中，对价格变动较大且便于按价格计税的税目，实行从价定率征税；对价格变动较小、品种、规格比较单一的税目，实行从量定额征税；对卷烟、白酒，实行从价从量复合征税。

表3-2　　　　　　　　　消费税计税方法一览表

计税方法	计算公式	适用范围
从价定率办法	应纳税额＝销售额×比例税率	表3-1中实行比例税率的应税消费品
从量定额办法	应纳税额＝销售数量×定额税率	表3-1中实行定额税率的应税消费品（黄酒、啤酒、成品油）
复合计税办法	应纳税额＝销售额×比例税率＋销售数量×定额税率	表3-1中实行复合税率的应税消费品（卷烟、白酒）

一、计算自产应税消费品外销应纳税额

（一）计算从价定率办法下的应纳税额

按从价定率办法计算应纳税额的基本计算公式为：

$$应纳税额 = 计税销售额 \times 比例税率$$

1.确定一般情况下的计税销售额

销售应税消费品的计税依据是计税销售额，计税销售额为纳税人销售应税消费品向购买方收取的全部价款和价外费用。由于消费税和增值税实行交叉征收，而消费税是价内税，增值税是价外税，因此实行从价定率征收消费税的消费品，其消费税计税依据和增值税计税依据基本上是一致的，即都是含消费税而不含增值税的销售额。因此，前面有关增值税确认销售额的规定同样适用于消费税。

【做中学3-2】B化妆品厂销售高档化妆品一批，开具的增值税专用发票上注明的不含税价款为10 000元，货款已收到，高档化妆品适用的消费税税率为15%。

要求：计算此项业务应缴纳的消费税。

应纳消费税税额 = 10 000 × 15% = 1 500（元）

2.确定特殊情况下的计税销售额

（1）包装物押金的计税销售额。应税消费品连同包装物销售的，无论包装物如何计价，也无论在会计上如何核算，均应并入应税消费品的销售额中征收消费税。如果包装物只收取押金，不作价随同产品销售，则其押金不并入应税消费品的销售额中征税。但对因逾期未收回的包装物不再退还的押金和已收取一年以上的押金，应按所包装的应税消费品的适用税率征收消费税。对既作价随同应税消费品销售，又另外收取押金的包装物押金，凡纳税人在规定的期限内不予退还的，也应并入应税销售额，按应税消费品的适用税率征收消费税。

【提示】酒类产品生产企业销售除啤酒、黄酒外的其他酒类产品收取的包装物押金，无论押金是否返还及会计上如何核算，均于收到押金时并入酒类产品销售额中，依酒类产品的适用税率征收消费税。但以上规定不适用于实行从量定额征收消费税的啤酒和黄酒。

（2）纳税人用于换取生产资料和消费资料、投资入股和抵偿债务等方面的应税消费品，应当以纳税人同类应税消费品的最高销售价格作为计税依据计算消费税。

【做中学3-3】某葡萄酒生产企业本月销售葡萄酒1 000 000元，另拿200吨葡萄酒换取生产资料。该葡萄酒最高售价为每吨200元，最低售价为每吨180元，平均售价为每吨190元。

要求：计算此项业务应缴纳的消费税和增值税。

应纳消费税税额 = 1 000 000 × 10% + 200 × 200 × 10% = 104 000（元）

应纳增值税税额 = 1 000 000 × 13% + 200 × 190 × 13% = 134 940（元）

（3）纳税人通过自设的非独立核算门市部销售的自产应税消费品，应当按照门市部实际对外销售额征收消费税。

（4）白酒生产企业销售给销售单位的白酒，生产企业消费税计税价格低于销售单位对外销售价格（不含增值税）70%以下的，税务机关应核定消费税最低计税价格；生产企业消费税计税价格高于销售单位对外销售价格70%（含）以上的，税务机关暂不核定消费税最低计税价格。

已核定最低计税价格的白酒，生产企业实际销售价格高于消费税最低计税价格的，按实

际销售价格申报纳税；实际销售价格低于消费税最低计税价格的，按最低计税价格申报纳税。

　　已核定最低计税价格的白酒，销售单位对外销售价格持续上涨或下降时间达到3个月以上、累计上涨或下降幅度在20%（含20%）以上的，税务机关重新核定最低计税价格。

　　上述销售单位是指销售公司、购销公司以及委托境内其他单位或个人包销本企业生产白酒的商业机构。其中销售公司、购销公司是指专门购进并销售白酒生产企业生产的白酒，并与该白酒生产企业存在关联方性质的公司。

　　【做中学3-4】 某木制品公司生产实木地板和一次性筷子。某年5月销售给A公司实木地板，开具增值税专用发票一张，注明不含税价款50 000元，增值税税率13%，另外收取包装费791元；销售给B公司一次性筷子一批，售价3 390元，代垫运费150元，开具增值税普通发票一张，连同代垫运费单据等一并向银行办妥托收手续；因C公司逾期未还以前购买实木地板时所借包装物，没收其押金226元。

　　要求：计算该木制品公司5月应缴纳的消费税。

　　销售实木地板应纳消费税税额＝[50 000＋791÷（1＋13%）]×5%＝2 535（元）

　　销售一次性筷子应纳消费税税额＝3 390÷（1＋13%）×5%＝150（元）

　　没收押金应纳消费税税额＝226÷（1＋13%）×5%＝10（元）

　　该木制品公司5月应纳消费税税额＝2 535＋150＋10＝2 695（元）

（二）计算从量定额办法下的应纳税额

　　按从量定额办法计算应纳税额的计算公式为：

$$应纳税额＝销售数量×定额税率$$

1.确定应税消费品的数量

　　①销售应税消费品的，为应税消费品的销售数量。

　　②自产自用应税消费品的，为应税消费品的移送使用数量。

　　③委托加工应税消费品的，为纳税人收回的应税消费品数量。

　　④进口应税消费品的，为海关核定的应税消费品进口征税数量。

2.换算相关的计量单位

　　从量定额计征的应税消费品计算应纳消费税税额时，必须依消费税税率表中的计量单位来计算，相关计量单位的换算见表3-3。

表3-3　销售数量计量单位换算标准表

黄酒1吨	＝962升
啤酒1吨	＝988升
汽油1吨	＝1 388升
柴油1吨	＝1 176升
航空煤油1吨	＝1 246升
石脑油1吨	＝1 385升
溶剂油1吨	＝1 282升
润滑油1吨	＝1 126升
燃料油1吨	＝1 015升

【做中学3-5】某酒厂销售啤酒2 964升，不含税销售额为10 000元。

要求：计算本项业务应缴纳的消费税。

计量单位换算：啤酒1吨 = 988升，2 964 ÷ 988 = 3（吨），每吨售价为10 000 ÷ 3 = 3 333.33（元），适用的单位税额为250元/吨。

应纳消费税税额 = 3 × 250 = 750（元）

（三）计算复合计税办法下的应纳税额

复合计税办法是两种方法的结合，应纳税额的计算公式为：

$$应纳税额 = 销售额 × 比例税率 + 销售数量 × 定额税率$$

【做中学3-6】某卷烟厂生产甲、乙两种品牌卷烟，其中甲卷烟每箱25 000元（不含税），乙卷烟每箱15 000元（不含税）。某月销售给某商场甲种卷烟20箱，乙种卷烟10箱。

请问：该卷烟厂当月应纳多少消费税？

甲卷烟每箱25 000元，1标准条 = 25 000 ÷ 250 = 100（元），适用56%的比例税率。

乙卷烟每箱15 000元，1标准条 = 15 000 ÷ 250 = 60（元），适用36%的比例税率。

应纳消费税税额 = （20 × 25 000 × 56% + 20 × 150） + （10 × 15 000 × 36% + 10 × 150）

= 283 000 + 55 500 = 338 500（元）

【提示】自2015年5月10日起，在我国境内从事卷烟批发业务的所有单位和个人，应就其批发销售的所有牌号、规格的卷烟，按11%的税率计征从价税，并按0.005元/支加征从量税。计算批发环节卷烟消费税应注意以下几点：

（1）纳税人销售给纳税人以外的单位和个人的卷烟于销售时纳税，纳税人之间销售的卷烟不缴纳消费税。

（2）应将卷烟销售额与其他商品销售额分开核算，未分开核算的，一并征收消费税。

（3）卷烟消费税在生产和批发两个环节征收后，批发企业在计算纳税时不得扣除已含的生产环节的消费税税款。

【做中学3-7】某烟草公司为增值税一般纳税人，持有烟草批发许可证，某月收回委托加工的卷烟200箱。烟草公司将其中50箱销售给烟草批发商甲公司，取得含税销售额135.6万元；150箱销售给烟草零售商乙专卖店，取得含税销售额440.7万元。

要求：计算该烟草公司应纳消费税税额。

甲公司为烟草批发商，批发商之间销售卷烟不征收消费税；乙专卖店为烟草零售商，批发商销售给零售商卷烟应征收消费税。

应纳消费税税额 = 440.7 ÷ （1 + 13%） × 11% + 150 × 0.025 = 46.65（万元）

（四）计算已纳消费税的扣除

为避免重复征税，用外购的已税消费品连续生产应税消费品的，准予从应纳消费税税额中按当期生产领用数量计算扣除外购已税消费品已纳消费税税额。

1.确定准予扣除的范围

准予扣除外购已税消费品已纳税额的应税消费品，包括：

（1）外购已税烟丝生产的卷烟。

（2）外购已税高档化妆品生产的高档化妆品。

（3）外购已税珠宝玉石生产的贵重首饰及珠宝玉石（金银首饰消费税改变纳税环节后，用已税珠宝玉石连续生产镶嵌首饰的，在计税时一律不得扣除已纳的消费税税款）。

（4）外购已税鞭炮、焰火生产的鞭炮、焰火。

（5）外购已税杆头、杆身和握把生产的高尔夫球杆。

（6）外购已税木制一次性筷子生产的木制一次性筷子。

（7）外购已税实木地板生产的实木地板。

（8）外购已税汽油、柴油、石脑油、燃料油、润滑油用于连续生产应税成品油。

（9）外购已税电池连续生产应税电池。

外购已税消费品连续生产应税消费品的纳税人从增值税一般纳税人处购进已税消费品的，外购已税消费品的抵扣凭证为增值税专用发票（含销货清单）。纳税人未提供增值税专用发票和销货清单的不予扣除外购已税消费品已纳消费税。

从增值税小规模纳税人处购进已税消费品的，外购已税消费品的抵扣凭证为主管税务机关代开的增值税专用发票。

微课

自产应税消费品外销消费税的计算

2.计算外购已税消费品连续生产应税消费品可抵扣消费税的已纳税款

（1）计算从价定率法下允许抵扣的已纳税额。

$$当期准予扣除的外购应税消费品已纳税款 = 当期准予扣除的外购应税消费品买价 × 外购应税消费品适用税率$$

$$当期准予扣除的外购应税消费品买价 = 期初库存的外购应税消费品买价 + 当期购进的应税消费品买价 - 期末库存的外购应税消费品买价$$

外购已税消费品买价为纳税人取得的发票（含销货清单）注明的应税消费品的销售额。

（2）计算从量定额法下允许抵扣的已纳税额。

$$当期准予扣除的外购应税消费品已纳税款 = 当期准予扣除的外购应税消费品数量 × 外购应税消费品单位税额$$

$$当期准予扣除的外购应税消费品数量 = 期初库存的外购应税消费品数量 + 当期购进的应税消费品数量 - 期末库存的外购应税消费品数量$$

外购已税消费品数量为发票（含销货清单）注明的应税消费品的销售数量。

【做中学3-8】某化妆品厂某月外购高档化妆品甲一批，取得增值税专用发票，注明价款20 000元，用于生产高档化妆品乙。当月销售高档化妆品乙50 000元。已知该厂月初库存的外购高档化妆品甲买价为5 000元，月末库存的外购高档化妆品甲买价为1 000元。

要求：计算该厂当月应纳消费税税额（以上均为不含税价）。

允许扣除的外购高档化妆品买价 = 5 000 + 20 000 - 1 000 = 24 000（元）

应纳消费税税额 = 50 000 × 15% - 24 000 × 15% = 3 900（元）

二、计算自产自用应税消费品应纳税额

（一）自产自用的概念及应税规定

自产自用，是指纳税人生产应税消费品后，不是用于直接对外销售，而是用于自己连续生产应税消费品，或用于其他方面。

1.用于连续生产的应税消费品不纳消费税

用于连续生产的应税消费品，是指作为生产最终应税消费品的直接材料，并构成最终产品实体的应税消费品，如卷烟厂生产的烟丝用于本厂连续生产卷烟等。用于连续生产应

税消费品的，不纳消费税。

2.用于其他方面的应税消费品应纳消费税

用于其他方面的应税消费品，是指用于生产非应税消费品、在建工程、管理部门、非生产机构、提供劳务、馈赠、赞助、集资、广告、样品、职工福利、奖励等方面的应税消费品。用于其他方面的，应于移送时缴纳消费税。

【提示】对自产自用的应税消费品，用于连续生产应税消费品的不征税，是为了避免重复征税。自产应税消费品用于其他方面属于税法所规定范围的都要视同销售，依法缴纳消费税。

（二）自产自用的应税消费品用于其他方面消费税应纳税额的计算

自产自用的应税消费品用于其他方面消费税应纳税额的计算，也有从价定率、从量定额和复合计税三种情形。

1.计算从价定率法下的应纳税额

纳税人自产自用的应税消费品，按照纳税人同类消费品销售价格计算纳税；没有同类消费品销售价格的，按照组成计税价格计算纳税。即：

（1）有同类消费品销售价格时，计算公式为：

$$应纳消费税税额 = 同类消费品销售价格 \times 销售数量 \times 比例税率$$

（2）没有同类消费品销售价格时，按组成计税价格计税，计算公式为：

$$组成计税价格 = （成本 + 利润） \div （1 - 比例税率）$$
$$= 成本 \times （1 + 成本利润率） \div （1 - 比例税率）$$
$$应纳消费税税额 = 组成计税价格 \times 比例税率$$

上述公式中的"成本"，是指应税消费品的生产成本。"利润"，是指根据应税消费品的全国平均成本利润率计算的利润。应税消费品全国平均成本利润率由国家税务总局确定，具体见表3-4。

表3-4　　　　　　　　　　　　　应税消费品全国平均成本利润率表

序号	种类	成本利润率	序号	种类	成本利润率
1	甲类卷烟	10%	12	摩托车	6%
2	乙类卷烟	5%	13	乘用车	8%
3	雪茄烟	5%	14	中轻型商用客车	5%
4	电子烟	10%	15	高尔夫球及球具	10%
5	烟丝	5%	16	高档手表	20%
6	粮食白酒	10%	17	游艇	10%
7	薯类白酒	5%	18	木制一次性筷子	5%
8	其他酒	5%	19	实木地板	5%
9	高档化妆品	5%	20	电池	4%
10	鞭炮、焰火	5%	21	涂料	7%
11	贵重首饰及珠宝玉石	6%			

【思考】自产自用应税消费品的组成计税价格与增值税视同销售货物组成计税价格的计算公式一样吗？

【做中学3-9】某化妆品厂以自产的一批高档化妆品丙作为福利发放给本厂职工，该批化妆品无同类产品销售价格，生产成本为5 800元。

要求：计算本项业务所涉及的消费税。

组成计税价格＝［5 800×（1＋5%）］÷（1－15%）＝7 164.71（元）

应纳消费税税额＝7 164.71×15%＝1 074.71（元）

微课

自产自用应税消费品消费税的计算

2.计算从量定额法下的应纳税额

自产自用应税消费品实行从量定额计征消费税的，其计税依据为应税消费品的移送使用数量。

$$应纳消费税税额＝移送使用数量×定额税率$$

3.计算复合计税法下的应纳税额

实行复合计税办法计算消费税的应税消费品的组成计税价格计算公式为：

组成计税价格＝（成本＋利润＋自产自用数量×定额税率）÷（1－比例税率）

＝［成本×（1＋成本利润率）＋自产自用数量×定额税率］÷（1－比例税率）

应纳消费税税额＝组成计税价格×比例税率＋自产自用数量×定额税率

【做中学3-10】某酒厂将特制粮食白酒2吨作为福利分给本厂职工，该粮食白酒无同类产品销售价格，生产成本为每吨50 000元。

要求：计算本项业务所涉及的消费税。

组成计税价格＝［50 000×2×（1＋10%）＋2×2 000×0.5］÷（1－20%）＝140 000（元）

应纳消费税税额＝140 000×20%＋2×2 000×0.5＝30 000（元）

三、计算委托加工应税消费品应纳税额

委托加工应税消费品，是指由委托方提供原料和主要材料，受托方只收取加工费和代垫部分辅助材料加工的应税消费品。

微课

委托加工应税消费品消费税的计算

【提示】对于由受托方提供原材料生产的应税消费品，或者受托方先将原材料卖给委托方，然后再接受加工的应税消费品，以及由受托方以委托方名义购进原材料生产的应税消费品，无论纳税人在财务上是否作销售处理，都不得作为委托加工应税消费品，而应当按照销售自制应税消费品缴纳消费税。

委托加工应税消费品，应由受托方在向委托方交货时代收代缴消费税，向受托方机构所在地的主管税务机关解缴消费税税款。但是，如果纳税人委托个体经营者加工应税消费品的，则由委托方收回后在委托方所在地缴纳消费税。

委托加工环节代收代缴消费税应纳税额的计算，也有从价定率、从量定额和复合计税三种情形。

（一）计算从价定率法下的应纳税额

委托加工应税消费品，按受托方同类消费品销售价格计算纳税。受托方没有同类消费品销售价格的，按照组成计税价格计算纳税，即：

1.受托方有同类消费品销售价格时

其计算公式为：

应纳消费税税额 = 受托方同类消费品的销售价格 × 委托加工数量 × 比例税率

2.受托方没有同类消费品销售价格时

按组成计税价格计税，计算公式为：

组成计税价格 = （材料成本 + 加工费）÷ （1 - 比例税率）

应纳消费税税额 = 组成计税价格 × 比例税率

【提示】公式中的"材料成本"，是指委托方所提供加工材料的实际成本。公式中的"加工费"，是指受托方加工应税消费品向委托方收取的全部费用（包括代垫辅助材料的实际成本，不包括增值税税额）。

【做中学3-11】甲化妆品厂委托乙化妆品厂加工一批高档化妆品，提供的原料成本为90 000元，乙化妆品厂收取加工费10 000元，无同类产品销售价格。

要求：计算此项委托加工业务由乙化妆品厂代收代缴的消费税税额。

组成计税价格 = （90 000 + 10 000）÷ （1 - 15%） = 117 647.06（元）

乙化妆品厂应代收代缴消费税税额 = 117 647.06 × 15% = 17 647.06（元）

【思考】乙化妆品厂应支付的增值税税额是多少？甲化妆品厂收回的高档化妆品，在出售时还需计算缴纳消费税吗？

（二）计算从量定额法下的应纳税额

委托加工应税消费品从量定额计征消费税的，其计税依据为纳税人收回的应税消费品数量。其计算公式为：

应纳消费税税额 = 收回的应税消费品数量 × 定额税率

【做中学3-12】某啤酒厂委托A啤酒厂加工瓶装啤酒一批，拨出散装啤酒26吨，每吨成本2 000元，共支付加工费52 000元，当月加工完毕收回500箱，每箱49.4升，该瓶装啤酒出厂价格为每吨3 333.5元（含增值税）。

要求：计算当月A啤酒厂应代收代缴的消费税。

收回的应税消费品数量 = 500 × 49.4 ÷ 988 = 25（吨）

每吨出厂价格（不含增值税） = 3 333.5 ÷ （1 + 13%） = 2 950（元）< 3 000（元）

因此，适用的税额为220元/吨。

A啤酒厂应代收代缴的消费税税额 = 220 × 25 = 5 500（元）

（三）计算复合计税法下的应纳税额

实行复合计税办法计算纳税的应税消费品的组成计税价格计算公式为：

组成计税价格 = （材料成本 + 加工费 + 收回数量 × 定额税率）÷ （1 - 比例税率）

应纳消费税税额 = 组成计税价格 × 比例税率 + 收回数量 × 定额税率

【做中学3-13】某酒厂提供粮食一批，委托A酒厂加工粮食白酒4吨，该批粮食的成本为80 000元，共支付加工费20 000元，且该粮食白酒无同类产品销售价格。

要求：计算此项委托加工业务由A酒厂代收代缴的消费税税额。

组成计税价格 = （80 000 + 20 000 + 4 × 2 000 × 0.5）÷ （1 - 20%） = 130 000（元）

A酒厂代收代缴的消费税税额 = 130 000 × 20% + 4 × 2 000 × 0.5 = 30 000（元）

（四）委托加工应税消费品收回后的处理

1.委托加工应税消费品收回后用于销售的计税方法

委托加工的应税消费品，如受托方在交货时已代收代缴消费税，委托方收回后直接销售（销售价格不高于受托方计税价格），不再征收消费税。由受托方代收的消费税，随同支付的加工费一并计入委托加工应税消费品的成本。委托方将委托加工收回的应税消费品，以高于受托方的计税价格出售的，应按照规定缴纳消费税，符合税法规定的扣除范围的，允许扣除加工环节已纳的消费税。

【提示】直接销售，是指委托方将收回的应税消费品，以不高于受托方的计税价格出售。

【做中学3-14】某化妆品厂发出原材料一批，委托某化工厂加工成高档化妆品A，收回后用于销售，该化工厂无同类产品。已知发出材料10 000元，加工费3 000元。产品已收回，所有款项支付完毕。本月将高档化妆品A出售，不含税售价为18 571元。

要求：计算本项业务所涉及的消费税。

委托加工高档化妆品A组成计税价格＝（10 000 ＋ 3 000）÷（1 － 15%）＝ 15 294.12（元）

化工厂应代收代缴的消费税税额＝ 15 294.12 × 15%＝ 2 294.12（元）

由于销售高档化妆品A时不含税售价18 571>15 294.12，销售高档化妆品A应纳消费税税额＝ 18 571 × 15%＝ 2 785.65（元）。

允许扣除委托加工环节已纳的消费税税额＝ 2 294.12元

2.委托加工应税消费品收回后用于连续生产应税消费品的计税方法

与用外购已税消费品连续生产应税消费品相似，委托加工的应税消费品，受托方在交货时已代收代缴消费税，委托方收回后用于连续生产应税消费品的，其已纳税款准予按当期生产领用数量从连续生产的应税消费品应纳消费税税额中抵扣。

按照国家税务总局的规定，其准予抵扣的范围与外购已税消费品准予抵扣的范围一致。包括：

（1）用委托加工收回的已税烟丝生产的卷烟。

（2）用委托加工收回的已税高档化妆品生产的高档化妆品。

（3）用委托加工收回的已税珠宝玉石生产的贵重首饰及珠宝玉石（金银首饰消费税改变纳税环节后，用已税珠宝玉石连续生产镶嵌首饰的，在计税时一律不得扣除已纳的消费税税款）。

（4）用委托加工收回的已税鞭炮、焰火生产的鞭炮、焰火。

（5）用委托加工收回的已税杆头、杆身和握把生产的高尔夫球杆。

（6）用委托加工收回的已税木制一次性筷子生产的木制一次性筷子。

（7）用委托加工收回的已税实木地板生产的实木地板。

（8）用委托加工收回的已税汽油、柴油、石脑油、燃料油、润滑油用于连续生产应税成品油。

（9）用委托加工收回的已税电池连续生产应税电池。

计算委托加工收回应税消费品连续生产应税消费品可抵扣消费税的已纳税款的公式为：

$$当期准予扣除的　　期初库存的　　当期收回的委托　　期末库存的$$
$$委托加工应税　=　委托加工应税　+　加工应税消费品　-　委托加工应税$$
$$消费品已纳税款　　消费品已纳税款　　已纳税款　　　消费品已纳税款$$

委托加工应税消费品已纳税款为代扣代收税款凭证注明的受托方代收代缴的消费税。

【做中学3-15】某化妆品厂发出原材料一批，委托某化工厂加工成高档化妆品B，收回后用于连续加工另一种高档化妆品C。已知发出原材料成本20 000元，加工费及代垫辅料费共3 000元。产品已收回，并于当月全部领用。以上业务所有款项支付完毕，本月出售高档化妆品C一批，不含税售价为45 000元，本企业高档化妆品B月初月末均无库存。

要求：计算本项业务所涉及的消费税。

收回委托加工高档化妆品
B化工厂代扣代缴消费税税额 $= \left[(20\,000 + 3\,000) \div (1 - 15\%)\right] \times 15\% = 4\,058.82（元）$

因当月全部领用，允许抵扣的高档化妆品B已纳税额=4 058.82元。

出售高档化妆品C应纳消费税税额 $= 45\,000 \times 15\% - 4\,058.82 = 2\,691.18（元）$

四、计算进口应税消费品应纳税额

进口应税消费品于报关时缴纳消费税，并由海关代征。进口应税消费品应纳税额的计算，也有从价定率、从量定额和复合计税三种情形。

（一）计算从价定率法下进口应税消费品的应纳税额

进口的应税消费品若属于从价定率计征税目，应按组成计税价格和适用税率计算应纳消费税。

$$组成计税价格 = （关税完税价格 + 关税） \div （1 - 比例税率）$$
$$= 关税完税价格 \times （1 + 关税税率） \div （1 - 比例税率）$$
$$应纳消费税税额 = 组成计税价格 \times 比例税率$$

【提示】"关税完税价格"，是指海关核定的关税计税价格。关税=关税完税价格×关税税率。

【做中学3-16】某贸易公司进口韩国高档化妆品一批，经海关核定的关税完税价格为300 000元，已纳进口关税50 000元。

要求：计算本项业务所涉及的消费税。

组成计税价格 $= （300\,000 + 50\,000） \div （1 - 15\%） = 411\,764.71（元）$

应纳消费税税额 $= 411\,764.71 \times 15\% = 61\,764.71（元）$

（二）计算从量定额法下进口应税消费品的应纳税额

进口的应税消费品从量定额计征的，其计税依据为海关核定的应税消费品进口数量。

$$应纳消费税税额 = 海关核定的进口数量 \times 定额税率$$

（三）计算复合计税法下进口应税消费品的应纳税额

实行复合计税办法计算纳税的应税消费品的组成计税价格计算公式为：

$$组成计税价格 = （关税完税价格 + 关税 + 进口数量 \times 定额税率） \div （1 - 比例税率）$$
$$应纳消费税税额 = 组成计税价格 \times 比例税率 + 海关核定的进口数量 \times 定额税率$$

【做中学3-17】某烟草公司从国外进口卷烟25大箱，每标准条进口卷烟价格为134.53

元，关税完税价格为467 850元，进口卷烟的关税税率为25%。

要求：计算本项业务所涉及的消费税。

每标准条进口卷烟价格大于70元，因此适用的比例税率为56%。

组成计税价格＝（467 850＋467 850×25%＋25×150）÷（1－56%）＝1 337 642.05（元）

应纳消费税税额＝1 337 642.05×56%＋25×150＝752 829.55（元）

【总结】

以上所述的消费税应税消费品自产外销、自产自用、外购已税消费品直接销售、外购已税消费品继续加工后销售、委托加工应税消费品收回后直接销售和收回后继续加工再销售等几种情况，消费税的计算和纳税环节各有不同，见表3-5。

表3-5　　　　　　　　　　　不同情形消费税纳税环节

方式	目标		产品性质	移送环节	销售环节
加工生产	直接销售		应税消费品		纳税
	自用	其他方面	应税消费品	纳税	
		连续生产	应税消费品	不纳税	纳税
			非应税消费品	纳税	不纳税
委托加工收回已税消费品	直接销售				不纳税
	连续生产		非应税消费品	不纳税	不纳税
			应税消费品	不纳税	纳税，可抵扣已纳税额
外购已税消费品	直接销售				不纳税
	连续生产		非应税消费品		不纳税
			应税消费品		纳税，可抵扣已纳税额

课堂能力训练

1.某鞭炮厂以自产的烟花100箱换取原料一批，价值40 000元。该厂生产的同一规格的烟花销售价格分别为350元/箱、380元/箱和420元/箱。计算该批烟花的应纳消费税（上述价格均不含增值税）。

2.某化妆品有限公司本月销售自产高档化妆品50 000元（不含增值税）；用于连续生产高档化妆品的自产高档化妆品100 000元（不含增值税）；另有成本为6 000元的自产高档化妆品用于职工福利。计算该企业应缴纳消费税税额。

3.某珠宝行委托A首饰厂加工玉石一批，原材料价值300 000元，支付加工费50 000元。试计算委托加工该批玉石业务由A首饰厂代收代缴的消费税。

4.某酒业有限公司进口粮食白酒20吨，到岸价折合400 000元人民币。关税税率40%，计算该公司应纳消费税税额。

任务三　申报消费税

引导案例

醉春风酒业有限公司某年1月委托其他企业加工白葡萄酒一批。请分析其应纳的消费税应在何时何地如何缴纳？该笔消费税如何在纳税申报表中反映？

引导案例解析

一、确定纳税义务发生时间

消费税纳税义务发生时间以货物结算方式或行为发生时间确定。

（1）纳税人销售应税消费品的纳税义务发生时间为：

① 采取赊销和分期收款结算方式的，为书面合同约定的收款日期的当天，书面合同没有约定收款日期或者无书面合同的，为发出应税消费品的当天；

② 采取预收款结算方式的，为发出应税消费品的当天；

③ 采取托收承付和委托银行收款方式销售的，为发出应税销售品并办妥托收手续的当天；

④ 采取其他结算方式的，为收讫销售款或者取得索取销售款凭据的当天。

（2）纳税人自产自用应税消费品，为移送使用的当天。

（3）纳税人委托加工应税消费品，为纳税人提货的当天。

（4）纳税人进口应税消费品，为报关进口的当天。

二、确定纳税期限

消费税的纳税期限分别为1日、3日、5日、10日、15日、1个月或者1个季度。纳税人的具体纳税期限，由主管税务机关根据纳税人应纳税额的大小分别核定；不能按照固定期限纳税的，可以按次纳税。

纳税人以1个月或者1个季度为1个纳税期的，自期满之日起15日内申报纳税；以1日、3日、5日、10日或者15日为1个纳税期的，自期满之日起5日内预缴税款，于次月1日起15日内申报纳税并结清上月应纳税款。

纳税人进口应税消费品，应当自海关填发海关进口消费税专用缴款书之日起15日内缴纳税款。

【思考】消费税纳税义务发生时间和纳税期限的确定与增值税一致吗？

三、确定纳税地点

消费税的纳税地点原则上采取属地征收的方法，即纳税人机构所在地或者居住地的主管税务机关。具体规定如下：

（1）纳税人销售的应税消费品，以及自产自用的应税消费品，除国务院财政、税务主管部门另有规定外，应当向纳税人机构所在地或者居住地的主管税务机关申报纳税。

（2）委托加工的应税消费品，除受托方为个人外，由受托方向机构所在地或居住地的主管税务机关解缴消费税税款。委托个人加工的应税消费品，由委托方向其机构所在地或者居住地主管税务机关申报纳税。

（3）进口的应税消费品，由进口人或者其代理人向报关地海关申报纳税。

（4）纳税人到外县（市）销售或者委托外县（市）代销自产应税消费品的，于应税消费品销售后，向机构所在地或者居住地主管税务机关申报纳税。

（5）纳税人的总机构与分支机构不在同一县（市）的，应当分别向各自机构所在地的主管税务机关申报纳税；经财政部、国家税务总局或者其授权的财政、税务机关批准，可以由总机构汇总向总机构所在地的主管税务机关申报纳税。

四、填制纳税申报表

自2021年8月1日起，消费税与城市维护建设税、教育费附加、地方教育附加申报表整合。消费税及附加税费申报表及其附表包括：

1.《消费税及附加税费申报表》（见表3-6）

2.附表1-1《本期准予扣除税额计算表》（见表3-7）

3.附表1-2《本期准予扣除税额计算表》（成品油消费税纳税人适用）（见表3-8）

4.附表2《本期减（免）税额明细表》（见表3-9）

5.附表3《本期委托加工收回情况报告表》（见表3-10）

6.附表4《卷烟批发企业月份销售明细清单》（卷烟批发环节消费税纳税人适用）（见表3-11）

7.附表5《卷烟生产企业合作生产卷烟消费税情况报告表》（卷烟生产环节消费税纳税人适用）（见表3-12）

8.附表6《消费税附加税费计算表》（见表3-13）

【工作任务实例3-1】

嘉华日用化工有限公司是增值税一般纳税人，纳税人识别号为330100213584125460。2023年1月生产经营情况如下：

（1）1月2日，购买原料A一批，取得增值税专用发票，注明不含税价款50 000元。

（2）1月3日，将购买的原料A全部发往美源化妆品厂（纳税人识别号为330100135178111005），委托加工成高档化妆品B一批。

（3）1月18日，收回美源化妆品厂加工的高档化妆品B，收到的增值税专用发票上注明不含税加工费10 000元；全部款项及对方代收消费税均已付清。

（4）1月20日，将收回的高档化妆品B一半用于直接对外销售，取得不含税销售收入42 850元，另一半本月全部领用继续生产高档化妆品C。高档化妆品B期初、期末库存余额均为零。

（5）1月26日，销售高档化妆品C一批，开具的增值税专用发票上注明不含税价款100 000元，款已收到。

（6）1月27日，将研制生产的新高档化妆品E500件赠送老顾客免费试用，该高档化妆品无市场销售价格，成本为8 000元。

（7）1月28日，销售自产高档化妆品D一批，开出的增值税专用发票上注明价款50 000元，货已发出，款已收到。

以上款项均以银行存款收付结清，所有发票通过认证。

该公司适用的城市维护建设税税率为7%，教育费附加征收率为3%，地方教育附加征收率为2%。

要求：计算嘉华日用化工有限公司当月应纳消费税税额，并填制消费税及附加税费申报表及其附表。（本题暂不考虑具有时效性的税收优惠政策）

【工作流程】

第一步：分析经济业务类型并确定计税方法和计税依据。

（1）购进材料，不涉及缴纳消费税问题。

（2）（3）属委托加工业务，对方按组成计税价格代收代缴消费税。

（4）委托加工产品收回后一半用于销售，售价高于对方计税价格，应按规定缴纳消费税，并扣除加工环节已纳的消费税；另一半本月全部领用继续生产高档化妆品C，涉及已纳税款抵扣问题。

（5）销售高档化妆品C一批，属于用委托加工收回已税消费品连续加工为应税消费品后出售，应缴纳消费税。

（6）将新产品赠送老顾客免费试用，属于自产自用，无同类产品销售价格，应按组成计税价格计税。

（7）销售自产高档化妆品D一批，属于自产应税消费品直接对外销售，按销售额计算应纳消费税。

第二步：计算各项业务应纳消费税税额。

（1）购入原料，无消费税应纳税额。

（2）（3）两项业务的计算如下：

高档化妆品B组成计税价格＝（50 000＋10 000）÷（1－15%）＝70 588.24（元）

美源化妆品厂代收代缴消费税税额＝70 588.24×15%＝10 588.24（元）

（4）销售委托加工收回已税高档化妆品B一批，由于销售价格高于由受托方代收代缴消费税时的计税价格，应计算缴纳消费税，并抵扣已纳消费税。

销售委托加工收回高档化妆品B应纳消费税税额＝42 850×15%＝6 427.5（元）

可抵扣的已纳消费税税额＝10 588.24÷2＝5 294.12（元）

当期领用委托加工收回已税高档化妆品B一批继续生产：

当期可抵扣已纳消费税税额＝10 588.24÷2＝5 294.12（元）

（5）销售高档化妆品C应纳消费税税额＝100 000×15%＝15 000（元）

（6）高档化妆品E组成计税价格＝8 000×（1＋5%）÷（1－15%）＝9 882.35（元）

应纳消费税税额＝9 882.35×15%＝1 482.35（元）

（7）计税销售额＝50 000元

应纳消费税税额＝50 000×15%＝7 500（元）

第三步：计算本月应纳消费税总额。

本期销售高档化妆品应纳消费税＝6 427.5＋15 000＋1 482.35＋7 500＝30 409.85（元）

本期允许抵扣的委托加工收回消费品已纳税额 = 5 294.12 + 5 294.12 = 10 588.24（元）

本期应纳消费税税额 = 30 409.85 - 10 588.24 = 19 821.61（元）

本期美源化妆品厂代收代缴消费税税额 = 10 588.24元

第四步：计算城市维护建设税、教育费附加、地方教育附加应纳税（费）额。

本月应纳城市维护建设税 = 19 821.61 × 7% = 1 387.51（元）

本月应纳教育费附加 = 19 821.61 × 3% = 594.65（元）

本月应纳地方教育附加 = 19 821.61 × 2% = 396.43（元）

第五步：填制消费税及附加税费申报表。

具体填制内容见表3-6、表3-7、表3-10、表3-13。

表3-6　　　　　　　　　　　　消费税及附加税费申报表

税款所属期：自 2023 年 1 月 1 日至 2023 年 1 月 31 日

纳税人识别号（统一社会信用代码）：330100213584125460

纳税人名称：嘉华日用化工有限公司　　　　　　　　金额单位：人民币元（列至角分）

项目 应税消费品名称	适用税率		计量单位	本期销售数量	本期销售额	本期应纳税额
	定额税率	比例税率				
	1	2	3	4	5	6=1×4+2×5
高档化妆品B		15%			42 850.00	6 427.50
高档化妆品C		15%			100 000.00	15 000.00
高档化妆品D		15%			50 000.00	7 500.00
高档化妆品E		15%			9 882.35	1 482.35
合计	—	—	—	—	—	30 409.85

	栏次	本期税费额
本期减（免）税额	7	
期初留抵税额	8	
本期准予扣除税额	9	10 588.24
本期应扣除税额	10=8+9	10 588.24
本期实际扣除税额	11 [10<（6-7），则为10，否则为6-7]	10 588.24
期末留抵税额	12=10-11	
本期预缴税额	13	
本期应补（退）税额	14=6-7-11-13	19 821.61
城市维护建设税本期应补（退）税额	15	1 387.51
教育费附加本期应补（退）费额	16	594.65
地方教育附加本期应补（退）费额	17	396.43

声明：此表是根据国家税收法律法规及相关规定填写的，本人（单位）对填报内容（及附带资料）的真实性、可靠性、完整性负责。

　　　　　　　　　　　　　　　　　　　　纳税人（签章）：　　　年　　月　　日

经办人： 经办人身份证号： 代理机构签章： 代理机构统一社会信用代码：	受理人： 受理税务机关（章）： 受理日期：　　　年　　月　　日

表3-7　　　　　　　　　　　　　**本期准予扣除税额计算表**　　　　　　金额单位：元（列至角分）

准予扣除项目		应税消费品名称	高档化妆品B	合计
一、本期准予扣除的委托加工应税消费品已纳税款计算	期初库存委托加工应税消费品已纳税款	1	0	0
	本期收回委托加工应税消费品已纳税款	2	10 588.24	10 588.24
	期末库存委托加工应税消费品已纳税款	3	0	0
	本期领用不准予扣除委托加工应税消费品已纳税款	4	0	0
	本期准予扣除委托加工应税消费品已纳税款	5=1+2-3-4	10 588.24	10 588.24
二、本期准予扣除的外购应税消费品已纳税款计算	（一）从价计税	期初库存外购应税消费品买价	6		
		本期购进应税消费品买价	7		
		期末库存外购应税消费品买价	8		
		本期领用不准予扣除外购应税消费品买价	9		
		适用税率	10		
		本期准予扣除外购应税消费品已纳税款	11=（6+7-8-9）×10		
	（二）从量计税	期初库存外购应税消费品数量	12		
		本期外购应税消费品数量	13		
		期末库存外购应税消费品数量	14		
		本期领用不准予扣除外购应税消费品数量	15		
		适用税率	16		
		计量单位	17		
		本期准予扣除的外购应税消费品已纳税款	18=（12+13-14-15）×16		
三、本期准予扣除税款合计		19=5+11+18	10 588.24	10 588.24

表3-8　　　　　　　　　　　　　**本期准予扣除税额计算表**

（成品油消费税纳税人适用）

金额单位：元（列至角分）

一、扣除税额及库存计算

扣除油品类别	上期库存数量	本期外购入库数量	委托加工收回连续生产数量	本期准予扣除数量	本期准予扣除税额	本期领用未用于连续生产不准予扣除数量	期末库存数量
1	2	3	4	5=3+4	6	7	8=2+3+4-5-7
汽油							
柴油							
石脑油							
润滑油							
燃料油							
合计							

续表

二、润滑油基础油（废矿物油）和变性燃料乙醇领用存

产品名称	上期库存数量	本期入库数量	本期生产领用数量	期末库存数量
1	2	3	4	5=2+3-4
润滑油基础油（废矿物油）				
变性燃料乙醇				

表3-9　　　　　　**本期减（免）税额明细表**　　　金额单位：元（列至角分）

项目 应税 消费品名称	减（免）性质代码	减（免）项目名称	减（免）税销售额	适用税率（从价定率）	减（免）税销售数量	适用税率（从量定额）	减（免）税额
1	2	3	4	5	6	7	8=4×5+6×7
出口免税	—	—	—		—		
合　计	—	—	—		—		

表3-10　　　　　　**本期委托加工收回情况报告表**

一、委托加工收回应税消费品代收代缴税款情况　　　金额单位：元（列至角分）

应税消费品名称	商品和服务税收分类编码	委托加工收回应税消费品数量	委托加工收回应税消费品计税价格	适用税率		受托方已代收代缴的税款	受托方（扣缴义务人）名称	受托方（扣缴义务人）识别号	税收缴款书（代扣代收专用）号码	税收缴款书（代扣代收专用）开具日期
				定额税率	比例税率					
1	2	3	4	5	6	7=3×5+4×6	8	9	10	11
化妆品B	（略）	（略）	70 588.24		15%	10 588.24	美源化妆品厂	330100135178111005	（略）	（略）

二、委托加工收回应税消费品领用存情况

应税消费品名称	商品和服务税收分类编码	上期库存数量	本期委托加工收回入库数量	本期委托加工收回直接销售数量	本期委托加工收回用于连续生产数量	本期结存数量
1	2	3	4	5	6	7=3+4-5-6
化妆品B	（略）	（略）	（略）	（略）	（略）	（略）

表3-11　　　　　　　　　　卷烟批发企业月份销售明细清单

（卷烟批发环节消费税纳税人适用）

卷烟条包装商品条码	卷烟牌号规格	卷烟类别	卷烟类型	销售价格	销售数量	销售额	备注
1	2	3	4	5	6	7	8

表3-12　　　　　　　　卷烟生产企业合作生产卷烟消费税情况报告表

（卷烟生产环节消费税纳税人适用）

品牌输出方		品牌输入方		卷烟条包装商品条码	卷烟牌号规格	销量	销售价格	销售额	品牌输入方已缴纳税款
企业名称	统一社会信用代码	企业名称	统一社会信用代码						
1	2	3	4	5	6	7	8	9	10
合计							—		

表3-13 消费税附加税费计算表 金额单位：元（列至角分）

税（费）种	计税（费）依据		税（费）率（%）	本期应纳税（费）额	本期减免税（费）额		本期是否适用增值税小规模纳税人"六税两费"减征政策 □是 □否		本期已缴税（费）额	本期应补（退）税（费）额
	消费税税额				减免性质代码	减免税（费）额	减征比例（%）	减征额		
	1		2	3 = 1 × 2	4	5	6	7 = (3-5) × 6	8	9 = 3 - 5 - 7 - 8
城市维护建设税	19 821.61		7%	1 387.51						1 387.51
教育费附加	19 821.61		3%	594.65						594.65
地方教育附加	19 821.61		2%	396.43						396.43
合计	—		—	2 378.59	—		—			2 378.59

课堂能力训练

西溪卷烟厂为增值税一般纳税人，纳税人识别号为310106547876549332，从事卷烟、烟丝、雪茄烟的生产销售，该厂2023年3月份发生如下经济业务：

（1）2月份应纳消费税税款234 186元，于3月14日缴入国库。

（2）月初库存外购烟丝金额为267 568元；3月21日购入烟丝一批，不含税金额为167 868元，取得增值税专用发票；月末库存烟丝金额为316 789元。领用的烟丝当月全部投入生产加工卷烟。

（3）本月生产西溪牌卷烟1 500标准箱，销售1 200标准箱，不含增值税的售价为40元/标准条，价款为12 000 000元，增值税税额为1 560 000元，款项已全部收到。

（4）本月销售A类雪茄烟10 000支，不含增值税金额为48 000元，增值税税额为6 240元，款已收到。

（5）本月生产西湖牌卷烟1 100标准箱，销售750标准箱，不含增值税的售价为80元/标准条，价款为15 000 000元，增值税税额为1 950 000元，款项已全部收到。

（6）接受甲公司委托，生产B类雪茄烟30 000支，合同约定：甲公司提供价值32 000元的烟叶，支付加工费28 000元（不含增值税）。雪茄烟已在本月生产完成并交给甲公司，加工费已经收讫。

要求：

（1）根据以上资料，计算本月应纳消费税税额及代收代缴消费税税额。

（2）填制消费税及附加税费申报表及其附表。

任务四　出口货物退（免）消费税

引导案例

醉春风酒业有限公司，是一家以生产、销售各类酒产品为主的企业，为增值税一般纳税人。某年1月销售白酒400千克，不含增值税销售额为72 000元；销售黄酒6 000千克，不含增值税销售额为240 000元。请问以上销售业务是否需要缴纳消费税？如果需要缴纳，分别适用何种税率？

引导案例解析

出口货物退（免）消费税，是指对报关出口的应税消费品退还或免征其在国内生产环节或委托加工环节按税法的规定已缴纳的消费税。

一、学习出口货物退（免）消费税基本规定

（一）确定出口货物的税收政策形式

1.免税并退税

免税并退税政策适用于有出口经营权的外贸企业购进应税消费品直接出口，以及外贸企业受其他外贸企业委托代理出口应税消费品。符合条件的纳税人在报关出口时，退还其在生产环节或委托加工环节已征收的消费税税款。

2.免税不退税

免税不退税政策适用于有出口经营权的生产性企业自营出口或生产性企业委托外贸企业代理出口自产的应税消费品，依据实际出口数量免征消费税，不予办理退还消费税。免征消费税，是指对生产性企业按实际出口数量免征生产环节的消费税。不予办理退还消费税，是指因已免征生产环节的消费税，该应税消费品出口时已不含消费税，所以也就无须再退还消费税。

3.不免税也不退税

对生产企业、外贸企业以外的其他企业（具体指一般商贸企业）委托外贸企业代理出口应税消费品，一律不予退（免）税。

（二）消费税退税率

出口应税消费品的消费税退税率（或单位税额）与其征税率相同，即按该应税消费品所适用的消费税税率确定。

【提示】办理出口退税的企业应将不同税率的出口应税消费品分开核算和申报，凡未分开核算而划分不清适用税率的，一律从低适用税率计算退、免税额。

二、计算出口货物退（免）消费税税额

出口货物退（免）消费税的计算，仅针对外贸企业从生产企业购进货物直接出口或受其他外贸企业委托代理出口应税消费品而言。

外贸企业从生产企业购进货物直接出口或受其他外贸企业委托代理出口应税消费品的应退消费税税款，分以下情况分别处理：

（一）从价定率计征消费税的应税消费品

属于从价定率计征消费税的应税消费品，应按照外贸企业从工厂购进货物时征收消费税的价格计算。其计算公式为：

$$应退消费税税额 = 出口货物的出厂销售额 × 比例税率$$

【提示】"出口货物的出厂销售额"不含增值税，如含增值税应换算为不含增值税的销售额。

（二）从量定额计征消费税的应税消费品

属于从量定额计征消费税的应税消费品，应按货物报关出口的数量计算。其计算公式为：

$$应退消费税税额 = 出口数量 × 定额税率$$

（三）复合计税的应税消费品

属于复合计税的应税消费品，将上述公式合一：

$$应退消费税税额 = 出口货物的出厂销售额 × 比例税率 + 出口数量 × 定额税率$$

【做中学3-18】某外贸企业从某化工厂购进高档化妆品出口，购进时增值税专用发票和消费税专用缴款书列明的购进单价为55元，数量为2 800支，进项税额、消费税税额分别是20 020元、23 100元。本期出口购入的该批高档化妆品2 000支。

要求：计算该外贸企业应退消费税税额。

应退消费税税额 = 出口销售数量 × 购进单价 × 比例税率 = 2 000 × 55 × 15% = 16 500（元）

课堂能力训练

某外贸企业从某化妆品厂购入高档化妆品一批，取得的增值税专用发票上注明价款30万元，增值税3.9万元。外贸企业将该批高档化妆品销往国外，离岸价为7万美元（当日外汇牌价1∶6.5），并按规定申报办理增值税、消费税退税。高档化妆品适用的消费税税率为15%，增值税退税率为11%，要求计算该外贸企业应退的增值税和消费税税额。

任务五　筹划消费税

由于消费税选择征税的消费品具有其特殊性，为了充分发挥消费税调节社会特殊消费的作用，税法明确规定对应税消费品除出口的实行免税外，一律不得减税、免税。虽然由于一些特定目的，目前部分产品还存在一定的减免税政策（如为保护生态环境，促进低污染排放汽车的生产和消费，从2000年1月1日起，对生产销售达到低污染排放限值的小汽车、越野车和小客车减征30%的消费税等），但是优惠政策并不多，因此利用税收优惠政策进行筹划并非消费税纳税筹划的主要方向。

一、消费税纳税人的纳税筹划

消费税的征税范围比较窄，目前仅仅局限于烟、酒、高档化妆品、贵重首饰及珠宝玉石、鞭炮焰火、成品油、摩托车、小汽车、高尔夫球及球具、高档手表、游艇、木制一次性筷子、实木地板、电池、涂料等15个税目商品。如果企业希望从源头上节税，不妨在投资决策时就避开上述消费品，而选择其他符合国家产业政策、在税收上有优惠措施的产品进行投资。由于消费税的征税范围会随着国家经济发展、消费水平和消费结构等变化情况作适当调整，因此企业在选择投资方向时还应考虑国家对消费税的改革方向和发展趋势。

由于消费税是针对特定的纳税人，即仅仅是对生产者、委托加工者和进口者征税（卷烟、电子烟、超豪华小汽车、金银首饰除外），因此如果企业已经是消费税纳税人，可以尝试通过企业的合并、分立来递延纳税时间，甚至减少纳税。

（一）合并消费税纳税人

《消费税暂行条例》规定，纳税人自产自用的应税消费品，用于连续生产应税消费品的，不纳税。

如果两个合并企业之间存在着原材料供应关系，在合并前，这笔原材料的购销应按正常购销价格缴纳消费税，而在合并后，企业间的原材料供应转变为企业内部的原材料继续加工，因此，原材料生产领用环节不用缴纳消费税，而是递延到销售环节再缴纳，递延了纳税时间，获得资金时间价值。如果企业合并后把适用高税率的产品转向适用低税率的产品，则企业在合并后因适用了较低税率而减轻税负。

【做中学3-19】某地区有甲、乙两家大型酒厂，都是独立核算的法人企业。甲酒厂主要经营粮食类白酒，以当地生产的大米和玉米为原料进行酿造。白酒适用20%的比例税率和0.5元/500克的定额税率。乙酒厂以甲酒厂生产的粮食白酒为原料，生产系列药酒，适用10%的税率。甲酒厂每年要向乙酒厂提供价值2 000万元，计750万千克的粮食白酒；乙酒厂药酒年销售额为3 000万元。经营过程中，乙酒厂由于缺少资金和人才，无法经营下去，准备破产。此时乙酒厂共欠甲酒厂5 000万元货款；经评估，乙酒厂的资产恰好也为5 000万元。

请问：甲乙酒厂合并能否减轻税收负担？

分析：（1）合并前甲乙各应缴纳消费税税额：

甲酒厂应纳消费税税额 = 2 000 × 20% + 750 × 2 × 0.5 = 1 150（万元）

乙酒厂应纳消费税税额 = 3 000 × 10% = 300（万元）

（2）甲酒厂领导班子经过研究，决定对乙酒厂实行收购，其决策的主要依据如下：

①这次收购支出费用不大。由于合并前，乙酒厂的资产和负债均为5 000万元，净资产为零。因此，按照现行税法的规定，该并购行为属于以承担被兼并企业全部债务的方式实现吸收合并，不视为被兼并企业按公允价值转让、处置全部资产，不计算资产转让所得，不用缴纳企业所得税。其他各项开支又比较小，因此甲酒厂的支出不会太大。

②并购可以递延部分税款。合并前，甲酒厂向乙酒厂提供的粮食白酒每年应缴纳消费税1 150万元，合并后，甲、乙两个酒厂变成一个企业，两个企业的交易活动变成内部两个部门的半成品传递活动，自产应税消费品用于连续生产应税消费品，不需缴纳消费税，只对最终生产销售的药酒征收消费税，因此可获得递延纳税的好处。

③乙酒厂生产的药酒市场前景很好，也符合百姓注重健康的主流。甲酒厂合并乙酒厂后，可以将经营的主要方向转向药酒生产，由于药酒的消费税税率低于白酒，企业应缴纳的消费税将减少。以每年药酒销售额为3 000万元计算，则合并后甲酒厂应缴纳的消费税为3 000×10%＝300（万元），少缴消费税1 150万元。

（二）分设独立核算的经营部或销售公司

消费税征税环节为生产、委托加工和进口环节，而在以后的商品流通环节（包括批发、零售环节）是不征消费税的（不包括卷烟、超豪华小汽车和金银首饰）。因此纳税人可以采取通过成立独立核算的经营部或者销售公司，生产企业以较低但不违反公平交易的销售价格将应税消费品销售给经营部或者销售公司，然后经营部或销售公司再对外进行销售，这样就可以降低消费税的计税依据，以达到少缴消费税的目的。而独立核算的销售部门，在销售环节只缴纳增值税，不缴纳消费税，可使集团的整体消费税税负下降。

【做中学3-20】某酒厂主要生产白酒，产品主要销售给全国各地的批发商，不含税批发价350元。同时本市的一些商业零售户、酒店、消费者每年到工厂零星购买的白酒大约10 000箱（每箱12瓶，每瓶500克），不含税零售价480元。白酒的比例税率为20%，定额税率为0.5元/500克。

请问：酒厂应如何筹划以降低消费税税负？

分析：酒厂可在本市设立一家独立核算的白酒经销公司，并按照销售给其他批发商的产品价格每箱350元与经销公司核算，经销公司再以每箱480元的价格对外销售，以缩小本市销售白酒的计税依据，达到减少消费税的目的。

若直接销售，本市销售白酒应纳消费税税额为：

应纳消费税税额＝10 000×480×20%＋10 000×12×0.5＝1 020 000（元）

若通过独立核算销售公司售出，本市销售白酒应纳消费税税额为：

应纳消费税税额＝10 000×350×20%＋10 000×12×0.5＝760 000（元）

因此，企业在设立独立核算的销售公司后，可少缴消费税260 000元（1 020 000－760 000）。

进行此类纳税筹划应注意的是：税法规定，自2009年8月1日起，白酒生产企业消费税计税价格低于销售单位对外销售价格70%以下的，消费税最低计税价格由税务机关根据生产规模、白酒品牌、利润水平等情况在销售单位对外销售价格50%至70%的范围内自行核定。其中生产规模较大，利润水平较高的企业生产的需要核定消费税最低计税价格的白酒，税务机关核价幅度原则上应选择在销售单位对外销售价格60%至70%的范围内。因此酒厂销售给销售公司的价格不应低于零售价的70%，如果销售价格"明显偏低"，主管税务机关将会对价格重新进行调整。

二、兼营行为中的消费税纳税筹划

消费税有从价计征、从量计征和复合计征三种方式，并且具有一物一税的特点，各种应税消费品适用的税率各不相同。税法规定，纳税人兼营不同税率的应税消费品，应当分别核算不同税率应税消费品的销售额、销售数量；未分别核算销售额、销售数量，或将不同税率的应税消费品组成成套消费品销售的，从高适用税率。

在企业的生产经营中，往往会发生同一企业生产销售不同税率应税消费品的情况。此时，企业应严格将不同税率产品的销售额和销售数量分别核算，没有必要成套销售的，最好单独销售，否则将面临对全部产品统一适用高税率的可能。要做到"分别核算"，要求企业在合同文本设计、存货管理、财务核算等过程中，都应做到严格管理。首先，应加强对销售人员的业务培训，使其了解分别核算对企业的意义，同时设计出标准的合同范本，分别列示所销售不同产品的数量和金额，要求销售人员遵照执行；其次，应加强存货管理，尤其是对各类产品的出库数量应有准确、清晰的记录，并以此作为企业分别核算"主营业务成本"的依据；最后，应加强对"主营业务收入""主营业务成本""税金及附加"等账户下二级甚至三级账户的核算，按产品的种类核算以上账户。做好以上三点，可以最终实现税法中对"分别核算"的基本要求。

由于消费税采取单环节课征，除金银首饰在零售环节征收，卷烟、电子烟在批发环节、超豪华小汽车在零售环节另征收一道消费税外，其余均只在生产、委托加工或进口环节征税。因此，在出厂之后再将不同税率产品组成成套消费品，就不必再按照较高税率缴纳消费税。因此，如果纳税人需要将不同税率的应税消费品组成套装销售的，应当尽量采取"先销售后包装"的方式。

【做中学3-21】 某日用化妆品厂，将生产的高档化妆品、小工艺品等组成成套化妆品销售。每套化妆品定价900元，由下列产品组成：一瓶香水（200元）、一瓶精华液（290元）、一支口红（300元），化妆工具及小工艺品（100元）、塑料包装盒（10元）。上述价格均不含税，共销售给商场1万套，高档化妆品适用的消费税税率为15%。

请问：化妆品厂这种将产品成套销售的方法从税收角度考虑合适吗？你有何纳税筹划的建议（假定香水、精华液、口红均达到高档化妆品标准)？

分析：由于一套产品中既有消费税应税消费品（香水、精华液、口红），也有非应税消费品（化妆工具及小工艺品、塑料包装盒），如果成套销售，则900元全部按高档化妆品15%的税率缴纳消费税，这种销售方式从税收角度考虑肯定不合适。

纳税筹划建议：可以先销售后包装，即将以上产品分别销售给商场，由商场对其进行组合包装。

筹划前税收负担：应纳消费税税额 =（200 + 290 + 300 + 100 + 10）× 1 × 15% = 135（万元）

筹划后税收负担：应纳消费税税额 =（200 + 290 + 300）× 1 × 15% = 118.5（万元）

筹划后节省消费税税额 = 135 - 118.5 = 16.5（万元）

【思考】 除了以上所述筹划方法外，消费税还可以从哪些方面进行纳税筹划呢？

思考与练习

一、判断题

1.某卷烟厂通过自设独立核算门市部销售自产卷烟，应当按照门市部对外销售额或销售数量计算征收消费税。　　　　　　　　　　　　　　　　　　　　　　（　　）

2.应税消费品在计征消费税时，其销售额不包括增值税税额；在计征增值税时，则应包括消费税税额。　　　　　　　　　　　　　　　　　　　　　　　　　（　　）

3.纳税人将不同税率的应税消费品组成成套消费品销售的，应按不同税率分别计算不

同消费品应纳的消费税。　　　　　　　　　　　　　　　　　　　　（　）

4.对销售除啤酒、黄酒外的其他酒类产品而收取的包装物押金，无论是否返还以及会计上如何核算，均应并入当期销售额计征增值税。　　　　　　　　　　（　）

5.消费税纳税人生产两种以上不同税率的应税消费品，对没有分别计算销售额、销售数量的消费品，应从高适用税率计算纳税。　　　　　　　　　　　　　（　）

6.消费税应税消费品的计税依据一律为纳税人取得的销售收入。　　　　（　）

7.纳税人自产自用应税消费品，均应视同销售，在移送使用时缴纳消费税。　（　）

8.纳税人委托个体经营者加工应税消费品，一律于委托方收回后在委托方所在地缴纳消费税。　　　　　　　　　　　　　　　　　　　　　　　　　（　）

9.委托加工应税消费品收回后直接销售的，应按销售额和规定税率计征消费税。
　　　　　　　　　　　　　　　　　　　　　　　　　　　　　　　　（　）

10.受托方以委托方名义购买原材料生产应税消费品的，可作为委托加工的应税消费品，由受托方向委托方交货时代收代缴消费税。　　　　　　　　　　　（　）

二、单项选择题

1.下列应税消费品在零售环节征收消费税的是（　　）。

　　A.高档化妆品　　B.摩托车　　　　C.金银首饰　　　　D.汽油

2.根据消费税法律制度的规定，下列消费品中，不属于消费税征税范围的是（　　）。

　　A.汽车轮胎　　　B.高尔夫球及球具　C.电池　　　　　D.实木地板

3.下列应税消费品中，适用复合计税方法计征消费税的是（　　）。

　　A.白酒　　　　　B.涂料　　　　　C.成品油　　　　D.摩托车

4.根据《消费税暂行条例》的规定，纳税人自产的用于下列用途的应税消费品中，不需要缴纳消费税的是（　　）。

　　A.用于赞助的消费品　　　　　　　B.用于职工福利的消费品

　　C.用于广告的消费品　　　　　　　D.用于连续生产应税消费品的消费品

5.纳税人用委托加工收回的应税消费品连续生产应税消费品，在计算纳税时，其委托加工应税消费品已纳消费税税款应按（　　）办法处理。

　　A.该已纳税款不得扣除

　　B.该已纳税款当期可全部扣除

　　C.该已纳税款当期可扣除50%

　　D.可对收回的委托加工应税消费品当期领用部分的已纳税款予以扣除

6.某外贸进出口公司进口100辆小轿车，每辆车关税完税价格为人民币14.3万元，缴纳关税4.1万元。已知小轿车适用的消费税税率为8%。该批进口小轿车应缴纳的消费税税额为（　　）万元。

　　A.76　　　　　　B.87　　　　　　C.123　　　　　D.160

7.某酒厂（增值税一般纳税人）销售粮食白酒2吨，取得销售收入13 560元（含增值税）。已知白酒消费税定额税率为0.5元/500克，比例税率为20%。该酒厂应缴纳的消费税税额为（　　）元。

　　A.4 808　　　　B.4 400　　　　C.2 400　　　　D.2 000

8.纳税人自产的应税消费品用于换取生产资料的，消费税的计税依据为（　　）。

A.纳税人同类应税消费品的最高销售价格

B.纳税人同类应税消费品的最低销售价格

C.纳税人同类应税消费品的平均销售价格

D.纳税人同类应税消费品的加权平均销售价格

9.某卷烟厂将一批特制的烟丝作为福利分给本厂职工，已知这批烟丝的生产成本为10 000元，其应纳消费税为（   ）元。

A.4 200   B.4 500   C.3 000   D.4 285

10.纳税人采取预收货款结算方式销售应税消费品，其纳税义务发生时间为（   ）。

A.发出应税消费品的当天   B.销售合同约定的收款日期的当天

C.收到预收款的当天   D.办妥托收手续的当天

三、多项选择题

1.消费税是对我国境内从事生产、委托加工、进口应税消费品的单位和个人，就其（   ）在特定环节征收的一种税。

A.销售额   B.所得额   C.生产额   D.销售数量

2.根据消费税法律制度的规定，下列各项属于消费税征税范围的消费品有（   ）。

A.高档手表   B.木制一次性筷子   C.实木地板   D.高档西服

3.根据消费税法律制度的规定，纳税人用于（   ）的应税消费品，应当以纳税人同类应税消费品的最高销售价格作为计税依据计算征收消费税。

A.换取生产资料   B.换取消费资料   C.投资入股   D.抵偿债务

4.根据消费税法律制度的规定，下列各项应当缴纳消费税的有（   ）。

A.销售白酒而取得的包装物作价收入   B.销售白酒而取得的包装物押金收入

C.将自产白酒作为福利发给本厂职工   D.使用自产白酒生产白酒

5.下列各项中，符合应税消费品销售数量规定的有（   ）。

A.生产销售应税消费品的，为应税消费品的销售数量

B.自产自用应税消费品的，为应税消费品的生产数量

C.委托加工应税消费品的，为纳税人收回的应税消费品数量

D.进口应税消费品的，为海关核定的应税消费品进口征税数量

6.下列情况应征收消费税的有（   ）。

A.委托加工的应税消费品（受托方已代收代缴消费税），委托方收回后直接销售的

B.进口应税消费品

C.自制应税消费品用于连续生产应税消费品

D.自制应税消费品用于连续生产非应税消费品

7.下列应税消费品销售时，可以扣除外购已税消费品已纳税额的有（   ）。

A.外购已税烟丝生产的卷烟   B.外购已税汽车轮胎生产的小汽车

C.外购已税白酒生产的白酒   D.外购已税高档化妆品生产的高档化妆品

8.下列纳税人自产自用应税消费品需要缴纳消费税的有（   ）。

A.炼油厂用于本企业基建部门车辆的自产汽油

B.汽车厂用于管理部门的自产汽车

C.日化厂用于交易会样品的自产高档化妆品

  D.卷烟厂用于生产卷烟的自制烟丝

  9.关于纳税人委托个体经营者加工应税消费品，下列说法错误的有（ ）。

    A.消费税由受托方代收代缴

    B.由委托方在受托方所在地缴纳

    C.由委托方收回后在委托方所在地缴纳

    D.由委托方收回后在委托或受托方所在地缴纳

  10.下列各项中，不符合消费税纳税义务发生时间的有（ ）。

    A.进口的应税消费品，为取得进口货物的当天

    B.自产自用的应税消费品，为移送使用的当天

    C.委托加工的应税消费品，为支付加工费的当天

    D.采取预收货款结算方式的，为收到预收款的当天

四、业务题

  1.甲化妆品公司为增值税一般纳税人，主要从事高档化妆品的生产、进口和销售业务，某年3月发生以下经济业务：

  （1）从国外进口一批高档化妆品，海关核定的关税完税价格为112万元，公司按规定向海关缴纳了关税、消费税和进口环节增值税，并取得了相关完税凭证。

  （2）为庆祝"三八妇女节"，特别生产套装化妆品，全公司600名职工每人发一套。此套化妆品没有供应市场，每套生产成本100元。

  （3）委托乙公司加工一批高档化妆品，提供的材料成本为86万元，支付乙公司加工费5万元，当月收回该批委托加工的高档化妆品准备用于出售。乙公司没有同类消费品销售价格。

  已知：高档化妆品适用的消费税税率为15%，关税税率为25%。

  要求：

  （1）计算该公司当月进口环节应纳的增值税和消费税税额。

  （2）计算该公司当月作为职工福利发放的高档化妆品应纳的增值税和消费税税额。

  （3）计算乙公司受托加工的高档化妆品在交货时应纳的增值税及代收代缴的消费税税额。

  2.某酒厂特制白酒5吨赠送有关客户。该批白酒无同类产品销售价格，已知该批白酒的生产成本为80 000元，成本利润率为10%，消费税比例税率为20%，定额税率为每斤0.5元。

  要求：计算酒厂赠送该批白酒应纳的增值税与消费税税额。

  3.某酒厂为增值税一般纳税人，某年6月份发生以下经济业务：

  （1）向商品流通企业购进粮食160 000元，支付增值税14 400元，取得增值税专用发票。

  （2）向农业生产者收购粮食20 000元，取得农产品收购发票。

  （3）外购水、电各50 000元，取得增值税专用发票，其中10%用于职工福利，85%用于生产车间，5%用于管理部门。

  （4）支付运费20 000元，取得增值税专用发票。

  （5）销售粮食白酒50吨，不含税单价3 200元。

  （6）销售黄酒80吨，不含税单价2 500元，收取包装物租金11 300元（含税）。

  假设取得的增值税扣税凭证均已认证申报抵扣进项税额。

  要求：计算该厂当月应纳的消费税和增值税税额。

4.A卷烟厂某年8月份发生如下经济业务：

（1）8月5日，购买一批烟叶，取得增值税专用发票，注明价款为10万元，增值税为1.3万元。

（2）8月15日，将8月5日购进的烟叶发往B烟厂，委托B烟厂加工烟丝，收到的专用发票上注明的加工费为4万元，税款为5 200元。

（3）A卷烟厂收回烟丝后领用一半用于卷烟生产，另一半对外销售，取得价款18万元，增值税23 400元。

（4）8月25日，A卷烟厂销售卷烟100箱，每箱不含税售价为5 000元。

（5）B烟厂无同类烟丝销售价格。

要求：计算该厂当期应纳的消费税税额。

5.某外贸企业从某化妆品厂购入高档化妆品一批，增值税专用发票注明的价款为250万元，增值税32.5万元。外贸企业将该批高档化妆品销往国外，离岸价为272万元，并按规定申报办理增值税、消费税退税。高档化妆品适用的消费税税率为15%，增值税退税率为11%。上述款项均已结算。

要求：计算该外贸企业应退的增值税和消费税税额。

五、项目实训

金醇酒业有限公司是一家主营白酒和啤酒生产、销售的企业，主要生产"金酿"牌粮食白酒和"纯生"牌啤酒，纳税人识别号为110100023411225002。2023年1月，金醇酒业有限公司主要发生如下涉税业务：

（1）1月初，应纳消费税税额为128 000元，于1月2日缴入国库。

（2）销售啤酒10吨，取得销售收入50 000元（不含增值税），该啤酒出厂价为3 100元/吨（含包装物200元/吨），货款已收到。

（3）委托外地某酒厂加工粮食白酒。发出粮食60 000元，加工完毕收回白酒8吨，取得该酒厂开具的增值税专用发票，发票上注明加工费25 000元，代垫辅助材料15 000元。加工的白酒无同类产品市场价格，提货时由受托方代收代缴消费税。当月金醇酒业有限公司将收回的白酒出售7吨，取得不含税销售额112 000元，货款已收到。

（4）销售自产"金酿"牌粮食白酒20吨，取得不含税销售额400 000元，货款尚未收到。

（5）以自产"金酿"牌粮食白酒5吨抵偿华海农场债务。

（6）将自产某粮食白酒2吨发放给职工作为春节福利，该白酒无同类产品价格，生产成本为18 000元/吨。

（7）为新兴酒厂加工啤酒10吨，同类产品不含税销售价格为2 800元/吨，产品已交付新兴酒厂，已收取加工费15 000元及代收代缴消费税。

要求：

（1）根据以上资料，计算本月应纳消费税税额及代收代缴消费税税额。

（2）填制消费税及附加税费申报表及其附表。

项目四

关税计算申报与筹划

职业能力目标	1.了解关税的特点
	2.掌握关税征税范围、纳税人和税率的分类
	3.掌握关税的基本计算方法
	4.了解关税缴纳方法
	5.了解关税纳税筹划方法

典型工作任务	1.会计算进出口货物关税应纳税额
	2.会进行关税简单纳税筹划

职业素养目标	1.具备维护国家民族产业大局观,深化国家主权意识,增强爱国主义情怀
	2.引导自觉践行社会主义核心价值观

任务一　学习关税基本知识

引导案例

引导案例解析

据新华网消息，2013年6月初，欧委会宣布，欧盟从6月6日起对产自中国的光伏产品征收11.8%的临时反倾销税，如果欧中双方未能在8月6日前达成妥协方案，届时反倾销税率将升至47.6%。

30多家欧洲光伏企业2013年7月17日在欧盟委员会举行的一个专门听证会上恳求欧委会尽早"醒悟"，停止对中国光伏产品征收惩罚性关税，以避免对欧洲光伏产业更大的伤害。此次听证会是应代表欧洲740余家光伏企业和6.5万个就业机会的欧盟平价光伏联盟的请求而举行的。而就在听证会举行8天前，欧洲成立时间最早的光伏企业之一格尔利歇尔太阳能公司申请破产。欧洲业界普遍认为，导致这家德国企业破产的直接原因是"欧委会对中国太阳能电池板征收临时反倾销税导致欧洲光伏市场情况急剧恶化"。为什么一项惩罚性关税会引起如此轩然大波呢？

　　关税是海关依法对进出关境的货物、物品征收的一种税。

　　我国现行关税的基本规范是《中华人民共和国海关法》（于2017年进行了修正）、《中华人民共和国进出口关税条例》（于2017年进行了第四次修订），以及作为条例组成部分的《中华人民共和国进出口税则》、《中华人民共和国海关关于入境旅客行李物品和个人邮递物品征收进口税办法》、《关于2016年关税实施方案的公告》。

【知识链接】

关境、国境及关税分类

一、关境、国境

关境又称"海关境域"或"关税领域"，是指一国海关法规可以全面实施的领域。

国境是一个主权国家的领土范围，包括领土、领海和领空。

一般情况下，一个国家的国境与关境是一致的，但当一个国家在国境设立自由贸易港、自由贸易区、保税区、保税仓库时，关境就小于国境；当几个国家结成关税同盟，成员国之间相互取消关税，对外实行共同的关税税则时，就其成员国而言，关境就大于国境。

二、关税分类

1.按货物和物品的流向分类

（1）进口关税。进口关税是指海关对进口货物或物品征收的关税。通常是在货物或物品进入关境时征收。当今世界各国的关税主要是进口关税，其目的在于保护本国市场和增加财政收入。

（2）出口关税。出口关税是指海关对出口货物或物品征收的关税。为降低出口货物的成本，提高其在国际市场的竞争力，目前世界各国一般很少征收出口关税。但为限制本国某些产品或自然资源的输出，或为保护本国生产和市场供应、增加财政收入以及某些特定需要，有些国家对部分商品会征收出口关税。

2.按计税标准分类

（1）从价税。从价税是指以进出口货物的完税价格为计税标准计征的关税。

（2）从量税。从量税是指以进出口货物的数量、重量、容量等计量单位为计税标准计征的关税。

（3）复合税。复合税是对同一进出口货物同时采用从价和从量标准计征的关税。

（4）滑准税。滑准税也叫滑动税，是指关税税率随进口商品价格的变动而反方向变动的一种税率形式，即价格越高，税率越低。

3.按对进口货物输出国的差别待遇分类

（1）普通关税。普通关税是对与本国没有签署贸易或经济互惠等友好协定的国家原产的货物征收的非优惠性关税。

（2）优惠关税。优惠关税是对来自特定受惠国的进口货物征收的低于普通税率的优惠税率关税。优惠关税一般是互惠的，即通过国际的贸易或关税协定，协定双方相互给予优惠关税待遇；但也有单方面的，给惠国给予受惠国单向的优惠关税待遇，不要求反向优惠关税。优惠关税一般可分为特惠关税、普惠关税和最惠国待遇。

（3）加重关税。加重关税也叫歧视关税，是指对某些输出国、生产国的进口货物，因某种原因（如歧视、报复、保护和经济方面的需要等），使用比正常税率高的税率所征收的关税。在歧视关税中，使用较多的是反倾销税和反补贴税。

一、确定关税征税对象

关税的征税对象是进出关境的货物和物品。货物，是指贸易性商品；物品，包括入境旅客随身携带的行李物品、个人邮递物品、各种运输工具上的服务人员所携带进口的自用物品、馈赠物品以及其他方式进境的个人物品。

关税征税对象的具体品目由《中华人民共和国进出口税则》的商品分类目录规定。

二、界定关税纳税人

贸易性商品关税的纳税人是进口货物的收货人、出口货物的发货人。

进出境物品关税的纳税人是进出境物品的所有人和推定所有人，即入境旅客随身携带的行李物品的持有人、各种运输工具上服务人员携带自用物品的持有人、馈赠物品以及其他方式入境个人物品的所有人和进口个人邮件的收件人。

三、确定关税税率

（一）进口关税税率

进口关税税率主要有：最惠国税率、协定税率、特惠税率、普通税率、配额税率等，对进口货物在一定期限内还可以实行暂定税率。

1.最惠国税率

最惠国税率适用原产于与我国共同适用最惠国待遇条款的 WTO 成员或地区的进口货物，或原产于与我国签订有相互给予最惠国待遇条款的双边贸易协定的国家或地区进口的货物，以及原产于我国境内的进口货物。

2.协定税率

协定税率适用原产于我国参加的含有关税优惠条款的区域性贸易协定有关缔约方的进口货物。

3.特惠税率

特惠税率适用原产于与我国签订有特殊优惠关税协定的国家或地区的进口货物。

4.普通税率

普通税率适用原产于上述国家或地区以外的其他国家或地区的进口货物。

5.配额税率

配额内关税是对一部分实行关税配额的货物，按低于配额外税率的进口税率征收的关税。按照国家的规定实行关税配额管理的进口货物，如对部分进口农产品和化肥产品实行关税配额制度，关税配额内的，适用较低的关税配额税率；关税配额外的，其税率按上述税率形式的规定执行，适用较高的配额外税率。

6.暂定税率

暂定税率是对某些税则中的部分货物在适用最惠国税率的前提下，通过法律程序暂时实施的进口税率，具有非全税目的特点，低于最惠国税率。

【提示】不同税率的运用是以进口货物的原产地为标准的。确定进境货物原产地的主要原因之一，是便于正确运用进口税则的各栏税率，对产自不同国家或地区的进口货物适用不同的关税税率。

我国对进口货物的税率结构主要体现为产品加工程度越深，关税税率越高，即在不可再生性资源、一般资源性产品及原材料、半成品、产成品中，不可再生性资源税率较低，产成品税率较高。

（二）出口关税税率

出口关税税率没有普通税率和优惠税率之分，主要采用比例税率形式。为达到鼓励国内企业出口创汇，控制一些商品的盲目出口的目的，我国对绝大部分出口货物不征收出口关税，只对少数资源性产品和易于竞相杀价、需要规范出口秩序的半制成品征收出口关税。

【知识链接】

特别关税

特别关税包括报复性关税、反倾销税与反补贴税、保障性关税等。征收特别关税的货物、适用国别、税率、期限和征收办法，由国务院关税税则委员会决定，海关总署负责实施。

（1）报复性关税，是指为报复他国对本国出口货物的关税歧视，而对相关国家的进口货物征收的一种进口附加税。任何国家或地区对其进口的原产于我国的货物征收歧视性关税或给予其他歧视性待遇的，我国对原产于该国或地区的进口货物征收报复性关税。

（2）反倾销税与反补贴税，是指进口国海关对外国的倾销货物，在征收关税的同时附加征收的一种特别关税，其目的在于抵消他国补贴，提高他国的货物在本国的销售价格，保护本国产品。

（3）保障性关税，是指当某类货物进口量剧增，给我国相关产业带来巨大威胁或损害时，按照WTO有关规则，采取的一般保障措施，主要采取提高关税的形式。

四、了解关税税收优惠

关税减免分为法定减免、特定减免和临时减免。

（一）法定减免

法定减免是税法中明确列出的减税或免税。符合法定减免税的进出口货物，纳税人无须提出申请，海关可按规定直接予以减免。海关对法定减免税货物一般不进行后续管理。我国《中华人民共和国海关法》和《中华人民共和国货物进出口管理条例》明确规定了12种情形的进口货物、物品予以减免关税。

（1）起征点以下的货物，包括：关税税额在人民币50元以下的一票货物；边民通过互市贸易进口的每人每天3000元以下的货物；海关总署规定数额以内的个人自用进境物品。

（2）无商业价值的广告品和货样。

（3）外国政府、国际组织无偿赠送的物资。

（4）进出境运输工具装载的途中必需的燃料、物料和饮食用品。

（5）经海关批准暂时进境或者暂时出境，并在6个月内复运出境或者复运进境的货样、展览品、施工机械、工程车辆、工程船舶、供安装设备时使用的仪器和工具、电视或者电影摄制器械、盛装货物的容器以及剧团服装道具，在货物收发货人向海关缴纳相当于税款的保证金或者提供担保后，可予暂时免税。

（6）为境外厂商加工、装配成品和为制造外销产品而进口的原材料、辅料、零件、部件、配套件和包装物料，海关按照实际加工出口的成品数量免征进口关税；或者对进口料、件先征进口关税，再按照实际加工出口的成品数量予以退税。

（7）因故退还的中国出口货物，经海关审查属实，可予免征进口关税，但已征收的出口关税不予退还。

（8）因故退还的境外进口货物，经海关审查属实，可予免征出口关税，但已征收的进口关税不予退还。

（9）进口货物如有以下情形，经海关查明属实，可酌情减免进口关税：①在境外运输途中或者在起卸时，遭受损坏或者损失的；②起卸后海关放行前，因不可抗力遭受损坏或者损失的；③海关查验时已经破漏、损坏或者腐烂，经证明不是保管不慎造成的。

（10）无代价抵偿货物，即进口货物在征税放行后，发现货物残损、短少或品质不良，而由国外承运人、发货人或保险公司免费补偿或者更换的同类货物，可以免税。但有残损或质量问题的原进口货物如未退运国外，其进口的无代价抵偿货物应照章征税。

（11）我国缔结或者参加的国际条约规定减征、免征关税的货物、物品，按照规定予以减免关税。

（12）法律规定减征、免征的其他货物。

（二）特定减免

特定减免也称政策性减免税，是指在法定减免税之外，国家按照国际通行规则和我国实际情况，制定发布的有关货物减免关税的政策。特定减免税货物一般有地区、企业和用途的限制，海关需要进行后续管理，也需要进行减免税统计。

（三）临时减免

临时减免是指以上法定和特定减免税以外的其他减免税，即由国务院根据《中华人民共和国海关法》对某个单位、某类商品、某个项目或某批进出口货物的特殊情况，给予特别照顾，一案一批，专文下达的减免税。

【素养园地】

中美贸易摩擦与关税

关税是一种对国际贸易有较大影响的税种。从自由贸易的角度看，关税造成了贸易壁垒，在一定程度上阻碍了货物的自由流动，但是，从保护民族企业的角度去看，绝大多数的国家均会设置关税。关税税则的制定、税率的高低都直接影响到国际贸易的开展。

伴随着全球经济一体化进程加快，各国之间的经济竞争日益加剧，贸易摩擦层出不穷，贸易摩擦会导致市场混乱无序，国际贸易萎缩，威胁世界经贸体系和全球经济增长。而关税如同一把利剑，在贸易战中发挥着重要作用，从19世纪70年代德俄关税大战到20世纪80年代美日关税大战，税收竞争犹如没有硝烟的战争。

中美贸易摩擦由来已久，从20世纪80年代的微观贸易摩擦，到90年代贸易摩擦的政治化，再到21世纪的宏观贸易摩擦，特别是2018年3月美国主动挑起的贸易摩擦格外引人注目，直接通过关税的调整展现了出来。美国政府多次通过加征中方出口产品关税、无端出台实体负面清单等手段压制我国经济发展，阻碍中国产业结构升级和技术赶超。而我国向来支持自由贸易，并且正在通过推动"一带一路"倡议，大力发展区域间的协调与合作。面对美国挑起的贸易摩擦，我国一方面通过加征从美国进口的部分商品的关税、出台实体负面清单等对等反制裁措施，另一方面主动扩大进口，放宽市场准入，加强自主创新和自主研发，推动我国经济结构调整和产业转型升级，不仅体现了中国维护国际经济秩序的诚意，从而让中国在与美国的贸易摩擦中取得话语主动权，同时也是中国对其他国家的一种让利举措，体现了中国的大国担当。可以看到，中国在此次中美贸易摩擦中并不争一时之得失，而是立足长远，着眼未来，为中国经济的长远发展夯实基础，并与世界各国共同维护全球自由贸易体系和多边体制、构建开放型世界经济体系，为共建国际新秩序付出努力。

任务二　计算关税

引导案例

引导案例解析

某市大型商贸公司为增值税一般纳税人，某年10月进口一批化妆品，支付国外买价200万元、国外的采购代理人佣金3万元；支付运抵我国海关地前的运输费用20万元、装卸费用和保险费11万元；支付海关地再运往商贸公司的运输费8万元、装卸费用和保险费3万元。这些相关费用中，哪些应计入关税完税价格？

一、计算进口货物关税

（一）确定一般进口货物关税完税价格

关税完税价格是海关计征关税所使用的计税价格，是海关以进出口货物的实际成交价格为基础审定的价格。实际成交价格是一般贸易项下进口或出口货物的买方为购买该项货物向卖方实际支付或应当支付的价格。纳税人向海关申报的价格不一定等于完税价格，只有经海关审核并接受的申报价格才能作为完税价格。

1.以成交价为基础的完税价格

一般进口货物的完税价格为以海关审定的进口应税货物的成交价格为基础的到岸价格（CIF）。货物成交价格，是指卖方向中国境内销售该货物时，买方为进口货物向卖方实付、应付的价款总额。到岸价格包括进口应税货物的成交价格以及该货物运抵我国境内输入地点起卸前的运输及相关费用、保险费。

（1）下列费用应包括在进口货物的完税价格中：

① 由买方负担的除购货佣金以外的佣金和经纪费。购货佣金指买方为购买进口货物向自己的采购代理人支付的劳务费用；经纪费指买方为购买进口货物向代表买卖双方利益的经纪人支付的劳务费用。

② 由买方负担的与该货物视为一体的容器的费用。

③ 由买方负担的包装材料和包装劳务费用。

④ 与该货物的生产和向我国境内销售有关的，由买方以免费或者以低于成本的方式提供并可以按适当比例分摊的料件、工具、模具、消耗材料及类似货物的价款，以及在境外开发、设计等相关服务的费用。

⑤ 作为卖方向我国境内销售该货物的一项条件，应当由买方直接或间接支付的、与该货物有关的特许权使用费。

⑥ 卖方直接或间接从买方获得的该货物进口后转售、处置或者使用的收益。

（2）下列费用、税收，如进口时在货物的价款中列明，不计入该货物的完税价格：

① 厂房、机械、设备等货物进口后进行建设、安装、装配、维修和技术服务的费用。

② 进口货物运抵境内输入地点起卸后的运输及其相关费用、保险费。

③ 进口关税及其他国内税收。

2.海关估定的完税价格

进口货物的价格不符合成交价格条件或者成交价格不能确定的，海关应当依次以相同货物成交价格方法、类似货物成交价格方法、倒扣价格方法、计算价格方法及其他合理方法确定的价格为基础，估定完税价格。

（二）确定特殊进口货物的完税价格

1.运往境外加工的货物的完税价格。出境时已向海关报明，并在海关规定的期限内复运进境的，应当以境外加工费和料件费，以及复运进境的运输费、保险费及其相关费用审查确定完税价格。

2.运往境外修理的机械器具、运输工具或者其他货物的完税价格。出境时已向海关报明，并在海关规定的期限内复运进境的，应以境外修理费和料件费审查确定完税价格。

3.租赁方式进口货物的完税价格。租赁方式进境的货物，以海关审查确定的该货物租金作为完税价格；留购的租赁物，以海关审定的留购价格作为完税价格。

4.对于国内单位留购的进口货样、展览品和广告陈列品，以海关审定的留购价格作为完税价格。但对于留购货样、展览品和广告陈列品的买方，除按留购价格付款外，又直接或间接给卖方一定利益的，海关可以另行确定上述货物的完税价格。

5.以易货贸易、寄售、捐赠、赠送等其他方式进口的货物，应当按照一般进口货物估价办法的规定，估定完税价格。

【知识链接】

进口货物完税价格中的运输及相关费用、保险费的计算规定

陆运、海运和空运进口货物的运费和保险费，应当按照实际支付的费用计算。如果进口货物的运费无法确定或未实际发生，海关应当按照该货物进口同期运输行业公布的运费率（额）计算运费，按照"货价加运费"两者总额的3‰计算保险费。

（三）计算进口货物关税应纳税额

1.从价税应纳税额的计算

$$关税应纳税额 = 关税完税价格 × 进口关税比例税率$$

进口货物的成交价格，因不同的成交条件而有不同的价格形式，常用的价格条款有CIF（到岸价格）、CFR（离岸价＋运费）、FOB（离岸价）。

（1）以CIF成交的，其成交价格即为完税价格。应纳关税计算公式为：

$$应纳税额 = CIF × 进口关税比例税率$$

【做中学4-1】某进出口公司从美国进口摩托车，进口申报价格为CIF大连USD200 000，已知当时外汇牌价为USD100＝¥685，摩托车进口关税税率为45%。

要求：计算其应纳进口关税。

关税完税价格 = 200 000 × 6.85 = 1 370 000（元）

应纳进口关税 = 1 370 000 × 45% = 616 500（元）

（2）以CFR成交的，应另加保险费作为完税价格。应纳关税计算公式为：

$$应纳税额 =（CFR ＋ 保险费）× 进口关税比例税率$$
$$= CFR ÷（1 － 保险费率）× 进口关税比例税率$$

【做中学4-2】某进出口公司从日本进口一批电子设备，该设备的总成交价格为CFR上海港JPY9 000 000，保险费率为3‰，设备进口关税税率为10%，当日外汇牌价为JPY100＝¥7.65。

要求：计算其应纳进口关税。

关税完税价格 = 9 000 000 ÷（1 － 3‰）× 0.0765 = 690 571.72（元）

应纳进口关税 = 690 571.72 × 10% = 69 057.17（元）

（3）以FOB成交的，应另加从发货口岸或国外交货口岸运到我国口岸以前的运费和保险费作为完税价格。应纳关税的计算公式为：

$$应纳税额 =（FOB ＋ 运费 ＋ 保险费）× 进口关税比例税率$$
$$=（FOB ＋ 运费）÷（1 － 保险费率）× 进口关税比例税率$$

【做中学4-3】某进出口公司从美国进口汽车，进口申报价为FOB波士顿USD300 000，运抵我国口岸支付运费USD5 000，保险费率为3‰，该汽车进口关税税率为25%，当时的外汇牌价为USD100＝¥680。

要求：计算该汽车应纳进口关税。

关税完税价格 = （300 000 + 5 000）÷（1 - 3‰）× 6.80 = 2 080 240.72（元）

应纳进口关税 = 2 080 240.72 × 25% = 520 060.18（元）

2. 从量税应纳税额的计算

$$关税应纳税额 = 应税进口货物数量 × 定额税率$$

【做中学4-4】某进出口公司从日本进口富士彩色胶卷8 000卷，成交价格为CIF上海JPY200/卷，当日外汇牌价为JPY100 = ￥7.60，以上规格胶卷0.05平方米/卷，进口关税单位税额为30元人民币/平方米。

要求：计算该批胶卷应纳进口关税。

应纳进口关税 = 8 000 × 0.05 × 30 = 12 000（元）

3. 复合税应纳税额的计算

关税应纳税额 = 关税完税价格 × 进口关税比例税率 + 应税进口货物数量 × 定额税率

二、计算出口货物关税

（一）确定出口货物关税完税价格

出口货物的完税价格，由海关以出口货物的成交价格以及该货物运至中国境内输出地点装载前的运输及其相关费用、保险费为基础审查确定。出口货物完税价格不包括离境口岸至境外口岸之间的运输费、保险费和出口关税。

出口货物的成交价格，是指该货物出口时卖方为出口该货物应当向买方直接收取和间接收取的价款总额。出口货物的成交价格中含有支付给国外的佣金的，如果单独列明应当扣除。出口货物的成交价格不能确定时，完税价格由海关依次使用下列方法估定：

1. 同时或大约同时向同一国家或地区销售出口的相同货物的成交价格。

2. 同时或大约同时向同一国家或地区销售出口的类似货物的成交价格。

3. 根据境内生产相同或类似货物的成本、利润和境内发生的运输及其他杂费、保险费计算所得的价格。

4. 按照其他合理方法估定的价格。

（二）计算出口货物关税应纳税额

1. 以FOB成交的，以成交价格扣除出口关税后为完税价格。应纳关税的计算公式为：

$$应纳税额 = FOB ÷ （1 + 出口关税税率）× 出口关税税率$$

【做中学4-5】某进出口公司出口产品一批到美国，成交价格为FOB大连USD100 000，其中含支付的国外佣金2%，当日外汇牌价为USD100 = ￥680，出口关税税率为10%。

要求：计算该批产品应缴纳的出口关税。

FOB内包含的支付国外的佣金应从完税价格中扣除。

关税完税价格 = 100 000 ÷ （1 + 2%）÷ （1 + 10%）× 6.80 = 606 060.61（元）

应纳出口关税 = 606 060.61 × 10% = 60 606.06（元）

2. 以CIF成交的，以成交价格扣除离开我国口岸后的保险费、运费后，再扣除出口关税为完税价格。应纳关税的计算公式为：

$$应纳税额 = （CIF - 保险费 - 运费）÷ （1 + 出口关税税率）× 出口关税税率$$

【做中学4-6】某进出口公司出口一批钨砂矿，成交价格为CIF新加坡USD20 000，其中运费 USD1 000，保险费 USD200，当日外汇牌价为 USD100 = ￥680，出口关税税率为 20%。

要求：计算该批钨砂矿应缴纳的出口关税。

关税完税价格 = （20 000 - 1 000 - 200）÷（1 + 20%）× 6.80 = 106 533.33（元）

应纳出口关税 = 106 533.33 × 20% = 21 306.67（元）

3. 以 CFR 成交的，以成交价格扣除离开我国口岸后的运费后，再扣除出口关税为完税价格。应纳关税的计算公式为：

$$应纳税额 = （CFR - 运费）÷（1 + 出口关税税率）× 出口关税税率$$

课堂能力训练

1. 某公司进口一批货物，该货物的进口关税税率为 30%，买卖双方成交价格为 FOB 巴塞罗那 USD20 000，运费为 USD1 500，保险费率为 3‰，当日外汇牌价为 USD100 = ￥685。

要求：计算该批货物的进口关税税额。

2. 某公司出口一批货物，出口关税税率为 15%，双方成交价格为 CIF 纽约 USD1 000，当日外汇牌价为 USD100 = ￥680，已知运费折合为 1 500 元人民币，保险费为 50 元人民币。

要求：计算该批货物的出口关税税额。

任务三   申报关税

引导案例

某进出口公司进口一批货物应缴纳关税 50 000 元，海关开具进出口关税专用缴款书的时间为 2019 年 3 月 1 日，该公司于 3 月 30 日缴纳税款。

请问：该进出口公司应该缴纳关税滞纳金吗？

引导案例解析

一、确定关税纳税期限

进口货物自运输工具申报进境之日起 14 日内，向货物的进境地海关申报，如实填写海关进口货物报关单，并提交进口货物的发票、装箱清单、进口货物提货单或运单、关税免税或免予查验的证明文件等。出口货物在货物运抵海关监管区后装货的 24 小时以前，填报出口货物报关单。

海关根据税则归类和完税价格计算应缴纳的关税和进口环节代征税，并填发海关进

（出）口关税专用缴款书（见表4-1）。纳税义务人应当自海关填发税收缴款书之日起15日内，向指定银行缴纳税款。如关税缴纳期限的最后1日是周末或法定节假日，则关税缴纳期限顺延至周末或法定节假日过后的第1个工作日。

关税纳税人因不可抗力或在国家税收政策调整的情形下，不能按期缴纳税款的，经海关总署批准，可以延期缴纳税款，但最长不得超过6个月。

表4-1　　　　　　　　　　海关进口关税专用缴款书

收入系统：　　　　　填发日期：　　年　　月　　日　　　号码

收款单位	收入机关				缴款单位（人）	名　称	
	科　目		预算级次			账　号	
	收款国库					开户银行	
税号	货物名称		数量	单位	完税价格（¥）	税率（%）	税款金额（¥）
金额人民币（大写）					合计（¥）		
申请单位编号		报关单编号			填制单位		
合同（批文）号		运输工具（号）				收款国库（银行）	
缴款期限		提/装货单号					
备注					制单人 复核人		

第一联（收据）国库收款签章后交缴款单位或缴款人

自填发缴款书之日起15日内缴纳税款（期末遇星期六、星期日或法定节假日顺延），逾期缴纳按日加收税款总额万分之五的滞纳金。

二、确定关税纳税地点

根据纳税人的申请及进出口货物的具体情况，关税可以在关境地缴纳，也可在主管地缴纳。关境地缴纳是指进出口货物在哪里通关，纳税人即在哪里缴纳关税，这是最常见的做法。主管地缴纳是指纳税人住址所在地海关监管其通关并征收关税，它只适用于集装箱运载的货物。

三、计算关税滞纳金

纳税人未按期缴纳税款的，从关税缴纳期限届满滞纳之日起，至纳税人缴纳关税之日止，按滞纳税款万分之五的比例按日征收滞纳金，周末或法定节假日不扣除。计算公式为：

关税滞纳金金额 = 滞纳关税税额 × 滞纳金征收比率0.5‰ × 滞纳天数

【做中学4-7】某公司进口货物应缴纳关税30 000元、增值税10 000元，海关于某年10月12日（星期三）开出税收缴款书，该公司于10月31日（星期一）缴纳税款。

要求：计算海关应该征收的税收滞纳金。

海关填发"税款缴纳通知书"之日为10月12日（星期三），公司应当最迟于10月26

日（星期三）缴纳税款，10月26日之后为滞纳天数，至10月31日共滞纳5天。

税收滞纳金金额 = （30 000 + 10 000）× 0.5‰ × 5 = 100（元）

四、了解关税强制执行

纳税义务人、担保人超过三个月仍未缴纳税款的，经直属海关关长或者其授权的隶属海关关长批准，海关可以采取下列强制措施：

（1）书面通知其开户银行或者其他金融机构从其存款中扣缴税款；

（2）将应税货物依法变卖，以变卖所得抵缴税款；

（3）扣留并依法变卖其价值相当于应纳税款的货物或者其他财产，以变卖所得抵缴税款。

五、了解关税退还

关税退还是关税纳税人按海关核定的税额缴纳关税后，因某种原因的出现，海关将多征的税款退还给原纳税人的行为。

有下列情形之一的，进出口货物纳税人可以自缴纳税款之日起1年内向海关申请退税并加计银行同期存款利息，逾期不予受理：

（一）因海关误征，多纳税款的。

（二）海关核准免验进口的货物，在完税后发现有短卸情形，经海关审查认可的。

（三）已征出口关税的货物，因故未装运出口，申报退关，经海关查明属实的。

（四）已征进口关税的进口货物和已征出口关税的出口货物，因货物品质或者规格原因（非其他原因）原状复运出境或进境，经海关查验属实的，应退还已征的关税。

海关应自受理退税申请之日30日内做出书面答复并通知退税申请人。

六、了解关税补征和追征

关税补征和追征是海关在关税纳税人按海关核定的税额缴纳关税后，发现实际征收的税额少于应当征收的税额时，责令纳税人补缴所差税款的一种行政行为。

非因纳税人违反海关规定造成少征关税的称为补征。海关应当自缴纳税款或者货物放行之日起1年内，向纳税人补征税款。

由于纳税人违反海关规定造成少征或漏征关税的称为追征。海关可以自缴纳税款之日起3年内追征税款，并从滞纳税款之日起按日加收少征或漏征税款万分之五的滞纳金。

【工作任务实例4-1】

浙江宁波新光公司为增值税一般纳税人，并具有进出口经营权，2022年3月发生相关经营业务如下：

（1）3月1日，从美国进口小轿车一辆，支付买价USD40 000、相关费用USD3 000，支付到达我国海关起卸点前的运输费用USD4 000、保险费用USD2 000。

（2）3月10日，将生产中使用的价值500 000元的设备运往美国修理，出境时已向海关报明，支付给境外的修理费为50 000元、料件费为100 000元，并在海关规定的期限内收回了该设备。

（3）3月25日，从美国进口卷烟80 000条（每条200支），支付买价USD200 000、运费 USD12 000、保险费用 USD8 000。

要求：根据上述资料，计算进口小轿车、修理设备和进口卷烟应缴纳的关税（注：进口关税税率均为 20%，3 月 1 日和 3 月 25 日当日外汇牌价为 USD100 = ￥650）。

【工作流程】

第一步：分析经济业务类型并确定计税方法和计税依据

（1）进口小轿车需要缴纳关税，按照完税价格加上运输费、保险费等作为计税依据。

（2）运往境外修理的设备需要缴纳关税。出境时已向海关报明，并在海关规定的期限内复运进境的，应以境外修理费和料件费审查作为计税依据。

（3）进口卷烟需要缴纳关税，以买价加运费、保险费作为完税价格。

第二步：计算各项业务应纳关税税额

（1）进口小轿车应缴纳的关税 =（40 000 + 3 000 + 4 000 + 2 000）× 6.5 × 20%
$$= 63\ 700（元）$$

（2）修理设备应缴纳的关税 =（50 000 + 100 000）× 20% = 30 000（元）

（3）进口卷烟应缴纳的关税 =（200 000 + 12 000 + 8 000）× 6.5 × 20% = 286 000（元）

第三步：计算该企业 3 月份应纳的关税合计

进口小轿车、修理设备和进口卷烟应缴纳的关税 = 63 700 + 30 000 + 286 000
$$= 379\ 700（元）$$

第四步：缴纳关税

课堂能力训练

某公司进口货物应缴纳关税 50 000 元，海关于某年 1 月 6 日（星期五）开出专用缴款书，该公司于 1 月 30 日（星期一）缴纳税款。

要求：计算该公司应该缴纳多少关税滞纳金？

任务四　筹划关税

我国关税税目规定明确，税率的适用对象具体，税基、减免优惠等方面的规定相当详尽，因此，关税纳税筹划不像其他税种那样有较大的弹性空间，但也可以通过合理控制完税价格、选择进口货物原产国以适用较低税率等途径进行纳税筹划。

一、利用完税价格进行筹划

关税完税价格，是由海关以该货物的成交价格为基础审查确定的，成交价格不能确定的，由海关依法估定。对于适用从价定率计征的货物，完税价格就是它的计税依据。在税率相同的情况下，完税价格高，则税负重，完税价格低，则税负轻，因此完税价格的确定是关税筹划应重点关注的内容。

进口货物以海关审定的成交价格为基础的到岸价格作为完税价格。到岸价格包括货价、货物运抵我国关境内输入地点起卸前的包装费、运费、保险费和其他劳务费等费用，还包括买方向卖方另行支付的佣金。筹划时，应选择同类产品中完税价格比较低、运输等杂项费用相对少的货物进口，这样报关时就能降低完税价格，达到节税的目的。

【做中学4-8】国内一家企业准备进口1 000吨特种原材料，现有两家国外供应商可供选择：一是新加坡甲公司，二是美国乙公司。甲公司的原材料价格为500美元/吨，运费5万美元；乙公司的原材料价格为480美元/吨，但运杂费用高达20万美元，该特种原材料进口关税税率为25%，暂不考虑其他条件。

请问：该企业应该选择从哪一个国家进口呢？

分析：新加坡甲公司完税价格 = 500 × 1 000 + 50 000 = 550 000（美元）

应纳进口关税税额 = 550 000 × 25% = 137 500（美元）

美国乙公司完税价格 = 480 × 1 000 + 200 000 = 680 000（美元）

应纳进口关税税额 = 680 000 × 25% = 170 000（美元）

根据计算结果，该公司选择从新加坡甲公司进口特种原材料可以节税32 500美元（170 000 - 137 500）。

当进口货物的价格不符合成交价格条件或成交价格不能确定时，海关可以按照进口货物的海关估价方法估定完税价格。这时利用完税价格进行筹划的关键在于怎样充分利用海关估定完税价格的有关规定。

一般而言，海关应按以下方法依次估定完税价格：相同货物成交价格法、类似货物成交价格法、国际市场价格法、国内市场价格倒扣法、由海关按其他合理方法估定的价格。按规定，进出口货物的收发货人或代理人在向海关递交进出口货物的报关单证时，应交验载明货物真实价格、运费、保险费和其他费用的发票、包装清单和其他有关单证。未交验各项单证的，应按海关估定完税价格完税，事后补交单证的，税款不予调整。因此，进口商可以将所有单证全部交给海关查验，按到岸价格计税；也可以少报或不报部分单证，由海关估定的完税价格计税。例如，某公司从国外进口一种最新技术设备，进口价格为400万美元，类似产品的市场价格仅为320万美元，公司向海关申报进口时就可以不完整的单证进行申报。由于单证不齐全，海关会对该进口设备的完税价格进行估价，以该设备的同一出口国或地区购进的类似货物的成交价格作为确定被估进口设备完税价格的依据，即按类似货物成交价格法予以确认。这样该项进口设备的海关估价最多只有320万美元，剩下的80万美元便是纳税筹划空间。但是以上筹划方法仅限于目前市场上还没有或很少出现的产品，这些产品没有确定的进口市场价格，预期市场价格通常远远高于市场类似产品的价格，这为进口完税价格的筹划留下了很大的空间。对于可比性较大的产品来说，这种方法则缺乏可操作性。

二、利用关税优惠税率进行筹划

关税条例规定，进口税率分为普通税率和优惠税率两种。对于原产地是未与中华人民共和国订有关税互惠协定的国家或地区的进口货物，按普通税率征税；对于原产地是与中华人民共和国订有关税互惠协定的国家或地区的进口货物，按优惠税率征税。在进口产品时，同等条件下应选择与中华人民共和国签有关税互惠协定的国家和地区进行。

关于原产地的确认，海关总署设定了两种标准：一是全部产地标准，即对于完全在一个国家内生产或制造的进口货物，其生产或制造国就是该货物的原产国；二是实质性加工标准，指经过几个国家加工、制造的进口货物，以最后一个对货物进行经济上可以视为实质性加工的国家作为有关货物的原产国。这里所说的实质性加工是指产品经过加工后，在《中华人民共和国进出口税则》中已不按原有的税目税率征税，而应归入另外的税目征税，或者其加工增值部分所占新产品总值的比重已经超过30%。两个条件具备一项，即可视为实质性加工。

此外需指明的是，对机器、仪器或车辆所用零件、部件、配件、备件以及工具，如与主件同时进口而且数量合理，其原产地按全件的原产地予以确定；如果分别进口的，应按其各自的原产地确定。石油产品以购自国为原产国。

【做中学4-9】某汽车公司是一家从事跨国经营的汽车生产厂商，在韩国、新加坡、马来西亚、菲律宾、越南分别设有零部件供应企业。其中，韩国的子公司生产汽车仪表，新加坡的子公司生产汽车轴承和发动机，马来西亚的子公司生产阀门，菲律宾的子公司生产轮胎，越南的子公司供应玻璃。假设该汽车公司准备将自己的产品打进中国市场。

请问：公司应该如何筹划才能将关税降到最低。

分析：本例中，汽车总装配厂的选择成为纳税筹划的重点。根据关税有关规定，应首先了解一下这些国家、地区是否与中国签有关税互惠协定；接着仔细比较一下，在那些与中国签订关税互惠协定的国家和地区中，哪一个更优惠，哪一个在经济成本上更为有利可图，从而作出选择。当然，这其中还要考虑到该国家或地区是否施行外汇管制和出口配额控制、政治经济形势是否稳定以及其他影响因素。同时，要使总装配厂的加工增值部分在技术和价值含量上达到30%的标准，这样可以通过转让定价的方法，降低其他地区的零部件生产价格，从而加大总装配厂增值部分占全部新产品的比重，达到或超过30%，成为实质性加工，这样产品可享受到税率的优惠。

【思考】除了以上所述筹划方法外，关税还可以从哪些方面进行纳税筹划呢？

思考与练习

一、判断题

1.我国关税属于流转税。　　　　　　　　　　　　　　　　　　　　（　　）

2.关税是由海关对进出国境的货物征收的一种税。　　　　　　　　　（　　）

3.贸易性货物的纳税人是经营进出口货物的收发货人。　　　　　　　（　　）

4.出口关税税率分为普通税率和优惠税率。　　　　　　　　　　　　（　　）

5.进口货物以海关审定的成交价格为基础的到岸价格作为完税价格，到岸价格就是货价。　　　　　　　　　　　　　　　　　　　　　　　　　　　　　（　　）

6.确定进口货物完税价格时，如在成交价格之外发生应由买方负担的购货佣金以外的佣金和经纪费，应一并计入完税价格计算关税。　　　　　　　　　　　（　　）

7.确定出口货物完税价格时，在成交价格中含有支付给国外的佣金的，如果单独列明应当扣除。　　　　　　　　　　　　　　　　　　　　　　　　　　　（　　）

8.关税纳税人应在海关填发税收缴款书之日起15日内，向指定银行缴纳税款。（　　）

9.因海关误征而多纳的税款，纳税人可自缴纳税款之日起3年内向海关申请退税，逾期不予受理。   （   ）

10.进出口货物完税后，如发现少征或者漏征关税税款，海关应当自缴纳税款或者货物放行之日起1年内，向纳税人补征。   （   ）

二、单项选择题

1.我国关税由（   ）征收。

    A.财政部门　　　　　　　　　　　　B.海关

    C.市场监督管理部门　　　　　　　　D.税务机关

2.下列各项中，不属于关税纳税义务人的是（   ）。

    A.进口货物的收货人　　　　　　　　B.进出口货物的代理人

    C.出口货物的发货人　　　　　　　　D.进出境物品的所有人

3.进口货物以海关审定的成交价格为基础的（   ）为完税价格。

    A.FOB　　　　　　B.CIF　　　　　　C.CFR　　　　　　D.C&F

4.出口货物完税价格应当是（   ）。

    A.出口离岸价格　　　　　　　　　　B.出口离岸价格／（1＋出口关税税率）

    C.出口离岸价格／（1＋6%）　　　　D.出口离岸价格／（1－出口关税税率）

5.进口货物完税价格中不应包括（   ）。

    A.机器设备进口后的安装费用

    B.运抵我国境内起卸前的保险费

    C.卖方从买方对该货物进口后转售所得中获得的收益

    D.买方支付的特许权使用费

6.下列项目中属于法定减免的是（   ）。

    A.关税税额在人民币5元以下的一票货物

    B.关税税额在人民币10元以下的一票货物

    C.关税税额在人民币50元以下的一票货物

    D.关税税额在人民币500元以下的一票货物

7.关税纳税义务人因不可抗力或者在国家税收政策调整的情形下，不能按期缴纳税款的，经海关总署批准，可以延期缴纳税款，但最多不得超过（   ）。

    A.3个月　　　　B.9个月　　　　C.6个月　　　　D.12个月

8.海关对逾期未交的关税，按日加收（   ）的滞纳金。

    A.2‰　　　　　　B.1‰　　　　　　C.0.2‰　　　　　D.0.5‰

9.关税滞纳金自（   ）起，至纳税义务人缴纳关税之日止，按滞纳税款万分之五的比例按日征收，周末或法定节假日不予扣除。

    A.商品报关之日　　　　　　　　　　B.商品进出关境之日

    C.关税缴纳期限届满滞纳之日　　　　D.自海关填发税收缴款书之日

10.纳税人多缴纳的关税税款，经海关查验属实的，可以从缴纳税款之日起的（   ）年内书面声明理由，申请退税。

    A.6　　　　　　　　B.3　　　　　　　　C.1　　　　　　　　D.2

三、多项选择题

1.下列各项属于关税征税对象的有（　　）。

　A.贸易性商品

　B.运输工具上服务人员携带进口的自用物品

　C.个人邮寄物品

　D.入境旅客随身携带的行李和物品

2.贸易性商品的关税纳税人是经营进出口货物的（　　）。

　A.收货人　　　　　B.发货人　　　　　C.代理人　　　　　D.中间人

3.下列进口货物，海关可以酌情减免关税的有（　　）。

　A.在境外运输途中或者起卸时遭受损坏或者损失的货物

　B.起卸后海关放行前因不可抗力遭受损坏或者损失的货物

　C.非保管不慎原因在海关查验时已经破漏、损坏或者腐烂的货物

　D.因不可抗力缴税确有困难的纳税人进口的货物

4.进口关税税率形式包括（　　）。

　A.从价税　　　　　B.从量税　　　　　C.复合税　　　　　D.滑准税

5.进口关税的计税方法包括（　　）。

　A.从价定率　　　　B.从量定额　　　　C.超额累进计税　　D.复合计税

6.进口货物以海关审定的成交价格为基础的到岸价格作为完税价格。到岸价格包括货价，加上货物运抵中国关境内输入地点起卸前的（　　）等费用。

　A.包装费　　　　　B.装卸费　　　　　C.保险费　　　　　D.运输费

7.下列各项关于进口货物关税完税价格的表述，正确的有（　　）。

　A.进口货物以海关审定的成交价格为基础的到岸价格作为完税价格

　B.以FOB成交的，应再加上保险费

　C.以FOB成交的，应再加上保险费和运输费

　D.以CFR成交的，应再加上保险费

8.下列未包含在进口货物成交价格中的项目，应计入关税完税价格的有（　　）。

　A.由买方负担的包装材料费和包装劳务费

　B.由买方负担的购货佣金

　C.由买方负担的经纪费用

　D.由买方负担的与该货物视为一体的容器费用

9.下列货物，经海关审查无讹，可以免税的有（　　）。

　A.关税税额在人民币100元以下的一票货物

　B.无商业价值的广告品和货样

　C.外国政府无偿赠送的物资

　D.进出境工具装载的途中必备的燃料

10.下列各项中，经海关确定可申请退税的有（　　）。

　A.因海关误征，多缴纳税款的

　B.已征收出口关税的货物，因故发生退货的

　C.已征收出口关税的货物，因故未装运出口的

D.海关核准免验进口的货物，在完税后发现有短卸的

四、业务题

1.某进出口公司从英国进口货物一批，货物以离岸价格成交，成交价折合人民币1 300万元（不包括因使用该货物而向境外支付的软件费50万元、向卖方支付的佣金15万元），另支付货物运抵我国上海港的运费、保险费等30万元。假设该货物适用的关税税率为20%。

要求：计算该公司应缴纳的关税税额。

2.某进出口公司从日本进口货物一批，成交价折合人民币8 120万元（包括单独计价并经海关审查属实的货物进口后装配调试费用50万元，买方负担的经纪费20万元）。另支付运费18万元，保险费80万元。假设该货物适用的关税税率为20%。

要求：计算该公司应缴纳的关税税额。

3.某公司进口货物一批，成交价格为人民币500万元，含单独计价并经海关审查属实的货物进口后装配调试费用20万元，该货物进口关税税率为10%。

要求：计算其应缴纳的关税税额。

项目五
企业所得税计算申报与筹划

职业能力目标	1. 掌握企业所得税的纳税人、征税对象、税率的具体规定
	2. 理解并掌握企业所得税应纳税所得额和应纳税额的计算方法
	3. 掌握企业所得税不同征收方式的适用条件
	4. 掌握企业所得税纳税申报表的填报规定
	5. 了解企业所得税纳税筹划方法

典型工作任务	1. 能判断哪些企业应征收企业所得税，能够区分居民企业和非居民企业，会判断其所适用的税率
	2. 会计算居民企业和非居民企业企业所得税应纳税所得额和应纳税额
	3. 会申报企业所得税，办理年终汇算清缴工作
	4. 会进行企业所得税简单纳税筹划

职业素养目标	1. 引导自觉践行社会主义核心价值观
	2. 提高社会责任意识
	3. 培养诚实守信、责任担当的职业精神

任务一 学习企业所得税基本知识

引导案例

引导案例解析

某日本企业（实际管理机构不在中国境内）在中国境内设立分支机构，某年该机构在中国境内取得咨询收入500万元，在中国境内培训技术人员，取得日方支付的培训收入200万元；在中国取得与该分支机构无实际联系的所得80万元。另一家美国企业在中国无任何分支机构，但某年有来源于中国境内的所得50万元，来源于美国的所得60万元。

请问：这两家企业是不是我国企业所得税的纳税人？各项收入是否要纳税？适用的税率是多少？

企业所得税是对在我国境内的企业和其他取得收入的组织（包括居民企业和非居民企业）就其生产经营所得和其他所得依法征收的一种税。在我国现行税制中，企业所得税是仅次于增值税的第二大税种，它是国家参与企业利润分配的重要手段，也是目前财政收入的主要来源之一，具有征收范围广、税负公平、税基（应纳税所得额）约束力强、纳税人与负税人一致等特点。我国现行的企业所得税法律规范，是2007年3月16日第十届全国人民代表大会通过的《中华人民共和国企业所得税法》和2007年11月28日国务院常务会议通过的《中华人民共和国企业所得税法实施条例》。

一、确定企业所得税纳税人和扣缴义务人

（一）确定企业所得税纳税人

微课

企业所得税基本税制要素

企业所得税的纳税人，是指在中华人民共和国境内的企业和其他取得收入的组织。具体包括公司、企业、事业单位、社会团体以及取得收入的其他组织。在我国，个人独资企业、合伙企业不征收企业所得税，而征收个人所得税。为了更好地保障我国税收管辖权的有效行使，按照国际惯例将企业所得税的纳税人分为居民企业和非居民企业，这是确定纳税人是否负有全面纳税义务的基础。

【提示】个人独资企业和合伙企业，由于出资人对外承担的是无限连带责任，因此对其征收个人所得税而非企业所得税。

1.居民企业

居民企业是指依法在中国境内成立的，或者依照外国（地区）法律成立但实际管理机构在中国境内的企业。两个标准符合其中之一就是居民企业。

实际管理机构，是指对企业的生产经营、人员、账务、财产等实施实质性全面管理和控制的机构。一般来说，要同时符合以下三个方面的条件才能被认定为实际管理机构：一是对企业有实质性管理和控制的机构；二是对企业实行全面管理和控制的机构；三是管理

和控制的内容是企业的生产经营、人员、账务、财产等。例如，在我国注册成立的一汽大众汽车有限公司、戴尔计算机（中国）有限公司，因其注册地在我国境内，属于我国的居民企业；在开曼群岛、英国等国家注册成立，但实际管理机构在我国境内的企业，也是我国的居民企业。

2.非居民企业

非居民企业是指依照外国（地区）法律成立且实际管理机构不在中国境内，但在中国境内设立机构、场所的企业，或在中国境内未设立机构、场所，但有来源于中国境内所得的企业。

【提示】居民企业和非居民企业的划分标准为：注册地或实际管理机构所在地。

（二）确定扣缴义务人

非居民企业在中国境内未设立机构、场所的，或者虽设立机构、场所但取得的所得与其所设机构、场所没有实际联系的，其来源于中国境内的各项所得应纳的企业所得税实行源泉扣缴，以支付人为扣缴义务人。

二、确定企业所得税征税对象

企业所得税的征税对象是指企业或其他取得收入的组织的收益，包括纳税人的生产经营所得和其他所得。

生产经营所得，是指从事物质生产、交通运输、商品流通、劳务服务，以及经国务院财政、税务部门确认的其他营利事业取得的境内外所得；其他所得包括纳税人有偿转让各类财产取得的财产转让所得，购买各种有价证券取得的利息以及因外单位欠款取得的利息所得，出租固定资产、包装物等取得的租金所得，转让专利权、非专利技术、商标权、著作权等取得的特许权使用费所得，对外投资入股取得的股息、红利所得以及固定资产盘盈，因债权人原因确实无法支付的应付款项，物资及现金溢余等取得的其他所得。

（一）居民企业的征税对象

凡属我国的居民企业，对我国承担无限纳税义务，应当就其来源于中国境内、境外的全部所得缴纳企业所得税。

（二）非居民企业的征税对象

非居民企业，对我国承担有限纳税义务。

非居民企业在中国境内设立机构、场所的，应当就其所设机构、场所取得的来源于中国境内的所得，以及发生在中国境外但与其在我国境内所设机构、场所有实际联系的所得，向我国缴纳企业所得税。

非居民企业在中国境内未设立机构、场所的，或者虽设立机构、场所但取得的所得与其所设机构、场所没有实际联系的，应当就其来源于中国境内的所得缴纳企业所得税。

"实际联系"，是指非居民企业在中国境内设立的机构、场所拥有的据以取得所得的股权、债权，以及拥有、管理、控制的据以取得所得的财产。

【提示】在中国境内注册并生产经营的企业，不论其产品是否用于出口，均属于中国居民企业；而在外国注册经营，实际管理机构不在中国境内的企业，不论其投资者是否为中国人，都不属于中国居民企业。

【知识链接】

所得来源地确定标准

1.销售货物所得，按照交易活动发生地确定。

2.提供劳务所得，按照劳务发生地确定。

3.转让财产所得，不动产转让所得按照不动产所在地确定，动产转让所得按照转让动产的企业或者机构、场所所在地确定，权益性投资资产转让所得按照被投资企业所在地确定。

4.股息、红利等权益性投资所得，按照分配所得的企业所在地确定。

5.利息所得、租金所得、特许权使用费所得，按照负担、支付所得的企业或者机构、场所所在地确定，或者按照负担、支付所得的个人的住所地确定。

6.其他所得，由国务院财政、税务主管部门确定。

三、确定企业所得税税率

我国企业所得税实行的是比例税率，现行税率主要有：

（一）法定税率

居民企业适用的企业所得税法定税率为25%。

在中国境内设立机构、场所的非居民企业，应当就其所设机构、场所取得的来源于中国境内的所得或发生在中国境外但与其所设机构、场所有实际联系的所得缴纳企业所得税，税率为25%。

（二）优惠税率

优惠税率是指按低于25%的法定税率，对一部分特殊纳税人征税的特别税率。企业所得税针对不同情况规定了三种优惠税率，具体规定如下：

1.预提所得税税率

非居民企业在中国境内未设立机构、场所的，或虽设立机构、场所但取得的所得与其所设机构、场所没有实际联系的，其在中国境内取得的所得，适用20%的预提所得税税率。由于享受税收优惠，其实际执行税率为10%，以支付人为扣缴义务人。

2.小型微利企业所得税税率

小型微利企业减按20%的税率征收企业所得税。

自2022年1月1日起至2024年12月31日止，小型微利企业按照"从事国家非限制和禁止行业，且同时符合年度应纳税所得额不超过300万元，从业人数不超过300人，资产总额不超过5 000万元等三个条件的企业"标准判断。

非居民企业不适用上述规定。

3.高新技术企业所得税税率

国家需要重点扶持的高新技术企业减按15%的税率征收企业所得税。

【知识链接】

高新技术企业认定条件

国家需要重点扶持的高新技术企业，是指拥有核心自主知识产权，并同时符合下列条件的企业：

（1）产品服务属于国家重点支持的高新技术领域规定的范围。

（2）研究开发费用占销售收入的比例不低于规定比例。

（3）高新技术产品服务收入占企业总收入的比例不低于规定比例。

（4）科技人员占企业职工总数的比例不低于规定比例。

（5）高新技术企业认定管理办法规定的其他条件。

4.技术先进型服务企业所得税税率

自2017年1月1日起，对经认定的技术先进型服务企业，减按15%的税率征收企业所得税。

【总结】

企业所得税纳税人判定标准及征税对象、适用税率小结见表5-1。

表5-1　　　　企业所得税纳税人判定标准及征税对象、适用税率一览表

纳税人	判定标准	征税对象	税率
居民企业	1.依照中国法律在中国境内成立的企业 2.依照外国（地区）法律成立但实际管理机构在中国境内的企业	来源于中国境内、境外的全部生产经营所得和其他所得	25%
非居民企业	依照外国（地区）法律成立且实际管理机构不在中国境内，但在中国境内设立机构、场所的企业	该机构、场所取得的生产经营所得和其他所得，以及发生在中国境外，但与其所设机构、场所有实际联系的所得	25%
	在中国境内未设立机构、场所，或者虽设立机构、场所但取得的所得与其所设机构、场所没有实际联系的企业	来源于中国境内的所得	20%（实际按10%）

课堂能力训练

多项选择题

1.下列各项属于企业所得税纳税人的企业有（　　）。

A.在外国成立但实际管理机构在中国境内的企业

B.在中国境内成立的外商独资企业

C.在中国境内成立的个人独资企业

D.在中国境内未设立机构、场所，但有来源于中国境内所得的企业

2.下列各项按照我国税法的规定属于非居民企业的有（　　）。

A.登记注册地在中国境内且实际管理机构所在地在中国境内的企业

B.在中国境内设有生产经营机构，有来源于中国境内的所得，但实际管理机构在境外的企业

C.在中国境内未设立机构、场所，但来源于中国境内所得的企业

D.依照外国（地区）法律、法规成立且实际管理机构不在中国境内，但在中国境内设立机构、场所，有来源于中国境内所得的企业

3.下列各项关于企业所得税税率的表述，正确的有（　　）。

　　A.居民企业所得税的税率为25%

　　B.在中国境内未设立机构、场所的非居民企业，来源于中国境内的所得实际适用10%的税率

　　C.符合条件的小型微利企业适用税率为20%

　　D.国家需要重点扶持的高新技术企业适用税率为15%

4.下列各项中，属于企业所得税征税范围的有（　　）。

　　A.居民企业来源于中国境外的所得

　　B.非居民企业来源于中国境内的所得

　　C.在中国境内未设立机构、场所的非居民企业来源于中国境外的所得

　　D.居民企业来源于中国境内的所得

任务二　计算企业所得税

引导案例

软东电脑有限责任公司某年取得全年销售收入4 000万元，其他业务收入1 000万元，会计利润为85万元。该企业该年度的有关账册资料如下：

（1）企业该年度实际列支工资、津贴、奖金300万元，其中支付给残疾职工的工资30万元；实际发生职工福利费50万元，拨缴职工工会经费10万元，发生职工教育经费25万元。

（2）企业长期借款账户中记载：年初向工行借款10万元，年利率为10%；向其他企业借款20万元，年利率为20%。上述借款均用于生产经营，利息支出均已列入财务费用。

（3）管理费用中列支业务招待费25万元。

（4）8月份缴纳税收滞纳金1万元，10月份通过希望工程基金会向希望小学捐赠10万元，均在营业外支出中列支。

请问：在进行年度纳税汇算清缴时，软东电脑有限责任公司财务人员应对以上哪些业务资料进行纳税调整呢？

引导案例解析

企业所得税的计税依据为应纳税所得额，确定应纳税所得额是计算企业所得税的关键所在。应纳税所得额与企业会计核算的利润有所不同，这是因为会计利润是根据会计准则计算得出的，应纳税所得额则是按照企业所得税法的规定确定的。由于会计准则和税法的规定不完全一致，因此应纳税所得额往往需要在年终汇算清缴时，在会计利润的基础上按照税法的规定进行纳税调整后得出。

一、计算企业所得税应纳税所得额

企业所得税法规定，企业每一纳税年度的收入总额，减除不征税收入、免税收入、各

项扣除以及允许弥补的以前年度亏损后的余额，即为应纳税所得额。其计算公式为：

应纳税所得额 = 收入总额 − 不征税收入 − 免税收入 − 各项扣除 − 允许弥补的以前年度亏损

实际工作中，应纳税所得额应该根据国家税务总局"中华人民共和国企业所得税年度纳税申报表（A类A100000）"的规定，在企业会计利润的基础上，加减纳税调整额及相关项目金额后计算得出。其计算公式为：

$$
\begin{aligned}
应纳税所得额 = &\ 利润总额 − 境外所得 + 纳税调增额 − 纳税调减额 − 免税、减计收入及加计扣除 + 境外应税所得抵减境内亏损 − 所得减免 \\
&\ − 弥补以前年度亏损 − 抵扣应纳税所得额
\end{aligned}
$$

下面按顺序分析各项目的计算过程：

（一）利润总额

利润总额是指按会计准则核算的会计利润总额，数据可直接取自利润表。

$$
利润总额 = 营业收入 − 营业成本 − 税金及附加 − 期间费用 − 资产减值损失 + 公允价值变动收益 + 投资收益 + 营业外收入 − 营业外支出
$$

1.营业收入

营业收入包括会计核算中的主营业务收入和其他业务收入。

（1）主营业务收入。包括销售商品收入、提供劳务收入、建造合同收入、让渡资产使用权收入和其他收入。

（2）其他业务收入。包括材料销售收入、出租固定资产收入、出租无形资产收入、出租包装物和商品收入以及其他收入。

2.营业成本

营业成本包括会计核算中的主营业务成本和其他业务成本。

（1）主营业务成本。包括销售商品成本、提供劳务成本、建造合同成本、让渡资产使用权成本和其他成本。

（2）其他业务成本。包括材料销售成本、出租固定资产成本、出租无形资产成本、包装物出租成本和其他支出。

3.税金及附加

税金及附加是指企业发生的除企业所得税和允许抵扣的增值税以外的各项税金及其附加。包括消费税、城市维护建设税、资源税、教育费附加、房产税、城镇土地使用税、车船税、印花税等。

【提示】企业缴纳的增值税因其属于价外税，不在本项目中计算。

4.期间费用

期间费用包括企业在生产经营活动中发生的销售费用、管理费用和财务费用。

5.资产减值损失

资产减值损失是指纳税人计提的各项资产减值准备所形成的损失。

6.公允价值变动收益

公允价值变动收益是指纳税人交易性金融资产、交易性金融负债、采取公允价值模式计量的投资性房地产、衍生工具、套期保期业务等公允价值变动形成的应计入当期损益的利得或损失。

7.投资收益

投资收益是指纳税人以各种方式对外投资所取得的收益或投资损失。

【提示】企业持有的交易性金融资产处置和出让时，处置收益部分应当自"公允价值变动损益"科目转出，列入本项目，包括境外投资。

8.营业外收入

营业外收入是指纳税人发生的与其经营活动无直接关系的各项收入。

9.营业外支出

营业外支出是指纳税人发生的与其经营活动无直接关系的各项支出。

（二）境外所得

境外所得是指纳税人发生分国（地区）别取得的境外税后所得计入利润总额的金额。其金额为纳税人的中国境外税前所得减去其来源于境外的股息、红利等权益性投资收益由外国企业在境外实际缴纳企业所得税税额后的余额。

（三）纳税调整项目

计算应纳税所得额时，纳税人按照会计准则、会计制度核算与税收规定不一致的项目，应当进行纳税调整。纳税调整项目分为收入类调整项目、扣除类调整项目、资产类调整项目和特别纳税调整项目。以下选择部分常见纳税调整项目说明如下：

【提示】纳税调整原则：会计核算确认的收入小于税法确认的收入、会计核算确认的费用大于税法允许扣除的费用的，应调整增加应纳税所得额；会计核算确认的收入大于税法确认的收入、会计核算确认的费用小于税法允许扣除的费用的，应调整减少应纳税所得额。

1.收入类调整项目

（1）视同销售收入。

视同销售是指会计上不作为销售核算，而在税法上应作为应税收入计算缴纳企业所得税的销售货物、转让财产或提供劳务的行为。税法上的视同销售收入主要包括非货币性资产交换视同销售收入、用于市场推广销售视同销售收入、用于交际应酬视同销售收入、用于职工奖励或福利视同销售收入、用于股息分配视同销售收入、用于对外捐赠视同销售收入、用于对外投资项目视同销售收入、提供劳务视同销售收入和其他视同销售收入。

企业所得税法实施条例规定："企业发生非货币性资产交换，以及将货物、财产、劳务用于捐赠、偿债、赞助、集资、广告、样品、职工福利或者利润分配等用途的，应当视同销售货物、转让财产或者提供劳务，但国务院财政、税务主管部门另有规定的除外。"

国家税务总局国税函〔2008〕828号对企业处置资产是否作为企业所得税视同销售处理，以资产所有权属是否转移为标准，具体明确如下：

① 企业发生下列情形的处置资产，除将资产转移至境外以外，由于资产所有权属在形式和实质上均不发生改变，应作为内部处置资产，不视同销售确认收入，相关资产的计税基础延续计算：将资产用于生产、制造、加工另一产品；改变资产形状、结构或性能；改变资产用途（如自建商品房转为自用或经营）；将资产在总机构及其分支机构之间转移；上述两种或两种以上情形的混合；其他不改变资产所有权属的用途。

② 企业将资产移送他人的下列情形，因资产所有权属已发生改变而不属于内部处置资产，应按规定视同销售确定收入：用于市场推广或销售；用于交际应酬；用于职工奖励

或福利；用于股息分配；用于对外捐赠；其他改变资产所有权属的用途。

企业发生上述视同销售行为，除另有规定外，应按照被移送资产的公允价值确定销售收入。

【思考】增值税的视同销售与企业所得税的视同销售一致吗？

【做中学5-1】某企业将一批自产A产品发给职工做福利，该批产品生产成本为30 000元，同类产品不含税售价为40 000元，适用的增值税税率为13%。

请问：该笔业务是否需要进行纳税调整？

分析：（1）该笔业务按企业会计准则进行会计处理时应作为销售，确认利润额10 000元（40 000－30 000）。

（2）根据《中华人民共和国增值税暂行条例》的规定，该笔业务应视同销售，缴纳增值税：

应纳增值税税额＝40 000×13%＝5 200（元）

（3）根据企业所得税法的规定，该笔业务属于企业所得税视同销售行为，应按同类产品售价确认计税销售收入40 000元，允许扣除销售成本30 000元，即确认应纳税所得额10 000元。由于应纳税所得额与会计利润额相等，不需要进行纳税调整。

【做中学5-2】某企业将一批自产B产品无偿赠送给本企业以外的其他人，该批产品生产成本为30 000元，同类产品不含税售价为40 000元，适用的增值税税率为13%。

请问：该笔业务是否需要进行纳税调整？

分析：（1）该笔业务按企业会计准则进行会计处理时不作为销售，不确认利润额。

（2）根据《中华人民共和国增值税暂行条例》的规定，该笔业务应视同销售，缴纳增值税：

应纳增值税税额＝40 000×13%＝5 200（元）

（3）根据企业所得税法的规定，该笔业务属于企业所得税视同销售行为，应按同类产品售价确认计税销售收入40 000元，允许扣除销售成本30 000元，即确认应纳税所得额10 000元。由于会计不确认利润额，故需调增应纳税所得额10 000元。

（2）未按权责发生制原则确认的收入。

未按权责发生制原则确认的收入是指会计上按照权责发生制原则确认收入，计税时未按权责发生制原则确认的收入。税法在以权责发生制原则确认收入的同时，对某些收入的确认在一定程度上遵循了收付实现制原则，比如分期收款销售商品销售收入的确认、利息收入的确认、租金收入的确认、特许权使用费收入的确认等。这些由于企业财务会计处理办法与税收规定不一致而产生的时间性差异项目应进行纳税调整，当税收规定的收入大于会计核算确认的收入时，其差额应调增应纳税所得额；反之，则应调减应纳税所得额。

（3）投资收益。

投资收益是指纳税人在核算投资项目的持有收益、处置收益时，会计核算与税收的差异金额。比如税法规定，对来自于所有非上市企业，以及连续持有上市公司股票12个月以上取得的股息、红利收入，给予免税；纳税人因收回、转让或清算处置股权投资发生的股权投资损失，可以在税前扣除，但在每一纳税年度扣除的股权投资损失，不得超过当年实现的股权投资收益和投资转让所得，超过部分可按规定向以后年度结转扣除。会计核算确认的投资收益大于税收规定的，其差额应调减应纳税所得额；反之，则应调增应纳税所得额。

（4）按权益法核算长期股权投资对初始投资成本调整确认收益。

按权益法核算长期股权投资对初始投资成本调整确认收益是指纳税人在采取权益法核算时，初始投资成本小于取得投资时应享有被投资单位可辨认净资产公允价值份额的，两者之间的差额会计核算中计入取得投资当期的营业外收入的金额。税收规定对这部分收入不征税，应调减应纳税所得额。

（5）交易性金融资产初始投资调整。

交易性金融资产初始投资调整是指纳税人根据税法的规定确认交易性金融资产初始投资金额与会计核算的交易性金融资产初始投资账面价值的差额，应调增应纳税所得额。

（6）公允价值变动净收益。

公允价值变动净收益是指企业以公允价值计量且其变动计入当期损益的金融资产、金融负债以及投资性房地产的公允价值，其税法规定的计税基础与会计处理不一致应进行纳税调整的金额。

当纳税人所有的按照公允价值计量且其变动计入当期损益的金融资产、金融负债以及投资性房地产按照税收规定确认的期末与期初的差额大于根据会计准则核算的期末与期初的差额时，其差额应调增应纳税所得额；反之，则应调减应纳税所得额。

（7）不征税收入。

不征税收入包括财政拨款、依法收取并纳入财政管理的行政事业性收费、政府性基金及国务院规定的其他不征税收入。

① 财政拨款，是指各级人民政府对纳入预算管理的事业单位、社会团体等组织拨付的财政资金，但国务院和国务院财政、税务主管部门另有规定的除外。

② 行政事业性收费，是指依照法律、法规等有关规定，按照国务院规定程序批准，在实施社会公共管理，以及在向公民、法人或者其他组织提供特定公共服务的过程中，向特定对象收取并纳入财政管理的费用。

③ 政府性基金，是指企业依照法律、行政法规等有关规定，代政府收取的具有专项用途的财政性资金。

④ 国务院规定的其他不征税收入，是指企业取得的，由国务院财政、税务主管部门规定专项用途并经国务院批准的财政性资金。

【提示】直接减免的增值税和即征即退、先征后退、先征后返的各种税收，只有由国务院财政、税务主管部门规定专项用途并经国务院批准的财政性资金才准予作为不征税收入，如软件企业即征即退的增值税用于研究开发软件产品和扩大再生产的，可以免征企业所得税；没有特殊规定的，均应缴纳企业所得税。

纳税人取得符合税法规定的不征税收入条件但已计入当期损益的不征税收入，应调减应纳税所得额。纳税人以前年度取得财政性资金且已作为不征税收入处理，在5年（60个月）内未发生支出且未缴回财政部门或其他拨付资金政府部门的，应调增应纳税所得额。

（8）销售折扣、折让和退回。

销售折扣、折让和退回是指不符合税法规定的销售折扣和折让应进行纳税调整的金额和发生的销售退回因会计处理与税法规定有差异需纳税调整的金额。税法规定对折扣额另开发票的，不得从销售额中减除折扣额，应调增应纳税所得额；销货退回影响损益的跨期时间性差异，应调减应纳税所得额。

2.扣除类调整项目

（1）视同销售成本。

视同销售成本是指纳税人按税法规定计算的与视同销售收入对应的成本。每一笔被确认为视同销售的经济事项，在确认计算应税收入的同时，均有与此收入相配比的应税成本，主要包括非货币性资产交换视同销售成本、用于市场推广销售视同销售成本、用于交际应酬视同销售成本、用于职工奖励或福利视同销售成本、用于股息分配视同销售成本、用于对外捐赠视同销售成本、用于对外投资项目视同销售成本、提供劳务视同销售成本和其他视同销售成本。

（2）职工薪酬。

职工薪酬包括工资薪金支出、职工福利费支出、工会经费支出、职工教育经费支出、各类基本社会保障性缴款、住房公积金、补充养老保险、补充医疗保险和其他。

①工资薪金支出是指纳税人每一纳税年度支付给在本企业任职或者受雇的员工的所有现金形式或者非现金形式的劳动报酬，包括基本工资、奖金、津贴、补贴、年终加薪、加班工资，以及与员工任职或者受雇有关的其他支出。

企业实际发生的合理的工资薪金，准予扣除。合理的工资薪金，是指企业按照股东大会、董事会、薪酬委员会或相关管理机构制定的工资薪金制度规定实际发放给职工的工资薪金。

【提示】允许税前扣除的工资薪金支出，应该是企业已经实际支付给其职工的金额，而不是应该支付的职工薪酬。例如，企业"应付职工薪酬"账户贷方发生额600万元，借方实际发放工资500万元，企业所得税前只能扣除500万元，而不是600万元。

②企业发生的职工福利费支出，不超过工资薪金总额14%的部分，准予扣除；超过部分不予税前扣除，应调增应纳税所得额。

职工福利费包括尚未实行分离办社会职能的企业，其内设福利部门发生的设备、设施和人员费用；为职工保健、生活、住房、交通发放的各项补贴和非货币性福利；按照其他规定发生的其他职工福利费，包括丧葬补助费、抚恤费、安家费、探亲路费等。

③企业拨缴的工会经费，不超过工资薪金总额2%的部分，准予扣除；超过部分不予税前扣除，应调增应纳税所得额。

④除国务院财政、税务主管部门另有规定外，企业发生的职工教育经费支出，不超过工资薪金总额8%（含）以内的部分，准予扣除；超过部分，准予在以后纳税年度结转扣除，本年度应调增应纳税所得额。当本年度职工教育经费低于工资薪金总额的8%时，差额准予结转以前年度累计未扣除的职工教育经费金额，此时应调减应纳税所得额。

【提示】软件生产企业发生的职工教育经费中的职工培训费用，可以全额扣除；其余部分按法定比例扣除。

【做中学5-3】某企业某年发生工资薪金支出100万元，实际发生职工福利费20万元，拨缴工会经费5万元，发生职工教育经费支出13.5万元。

要求：计算工资薪金和三项经费的税前扣除额及应调整的应纳税所得额。

分析：（1）允许在税前扣除的工资薪金支出 = 100万元

（2）职工福利费扣除限额 = $100 \times 14\% = 14$（万元）

调增应纳税所得额 = 20 – 14 = 6（万元）

（3）工会经费扣除限额 = 100 × 2% = 2（万元）

调增应纳税所得额 = 5 – 2 = 3（万元）

（4）职工教育经费扣除限额 = 100 × 8% = 8（万元）

调增应纳税所得额 = 13.5 – 8 = 5.5（万元）

该5.5万元可以结转下年继续扣除。

⑤ 企业按照国务院有关主管部门或省级人民政府规定的范围和标准，为职工缴纳的"五险一金"，包括基本养老保险费、基本医疗保险费、失业保险费、工伤保险费、生育保险费等基本社会保险费和住房公积金，准予税前扣除。超过规定范围和标准的，不予税前扣除，应调增应纳税所得额。

⑥ 企业为投资者或者职工支付的补充养老保险费、补充医疗保险费，在国务院财政、税务主管部门规定的范围和标准内（分别为工资薪金总额的5%）的部分，准予扣除。超过规定范围和标准的，不予税前扣除，应调增应纳税所得额。

⑦ 除纳税人依照国家有关规定为特殊工种职工支付的人身安全保险费和国务院财政、税务主管部门规定可以扣除的其他商业保险费外，纳税人为投资者或者职工支付的商业保险费，不予税前扣除，应调增应纳税所得额。

【做中学5-4】下列保险费可以在计算企业所得税时税前扣除的有（　　　）。

A.企业为其投资者或职工支付的国务院税务主管部门规定的补充养老保险费

B.企业为其投资者或职工支付的省级政府规定标准的基本医疗保险费

C.企业为其投资者或职工支付的商业养老分红型保险费

D.企业为其投资者或职工支付的家庭财产保险费

分析：正确答案为 A、B。

（3）业务招待费支出。

微课

企业所得税纳税调整——业务招待费

企业发生的与生产经营活动有关的业务招待费支出，按照发生额的60%扣除，但最高不得超过当年销售（营业）收入的5‰；超过扣除标准的，不予税前扣除，应调增应纳税所得额。

【提示】销售（营业）收入包括主营业务收入、其他业务收入和企业所得税视同销售收入，但不包括营业外收入、投资收益。允许扣除的标准是业务招待费实际发生额的60%与销售（营业）收入的5‰两者相比较小者。

【做中学5-5】某企业某年度取得销售货物收入2 800万元，让渡专利使用权收入800万元，债务重组收益100万元，对外赠送不含税市场价值200万元的货物，固定资产转让收入50万元，包装物出租收入200万元，接受捐赠收入20万元，国债利息收入30万元；当年实际发生的业务招待费为100万元。

要求：计算该企业业务招待费税前扣除限额及应调整的应纳税所得额。

分析：销售货物收入、让渡专利使用权收入、包装物出租收入属于"主营业务收入"或"其他业务收入"，对外赠送货物属于"视同销售收入"，债务重组收益、固定资产转让收入、接受捐赠收入属于"营业外收入"，国债利息收入属于"投资收益"，因此：

销售（营业）收入 = 2 800 + 800 + 200（对外赠送货物价款） + 200（包装物出租收入）
= 4 000（万元）

当年销售（营业）收入的5‰ = 4 000 × 5‰ = 20（万元）

业务招待费的60% = 100 × 60% = 60（万元）

因此，税前扣除限额 = 20（万元）

调增应纳税所得额 = 100 - 20 = 80（万元）

（4）广告费和业务宣传费支出。

企业发生的符合条件的广告费和业务宣传费支出，除国务院财政、税务主管部门另有规定外，不超过当年销售（营业）收入15%的部分，准予扣除；超过部分，准予在以后纳税年度结转扣除，本年度应调增应纳税所得额。当本年度广告费和业务宣传费支出低于当年扣除限额时，差额准予结转以前年度累计未扣除的广告费和业务宣传费金额，此时应调减应纳税所得额。

自2021年1月1日起至2025年12月31日止，对化妆品制造或销售、医药制造和饮料制造（不含酒类制造）企业发生的广告费和业务宣传费支出，不超过当年销售（营业）收入30%的部分，准予扣除；超过部分，准予在以后纳税年度结转扣除。

企业申报扣除的广告费和业务宣传费支出应与赞助支出严格区分。广告性质的赞助支出按广告费标准扣除；对于非广告性质的赞助支出，由于与企业取得应税收入不直接相关，不允许税前扣除。同时需要注意的是，根据国家有关法律法规和行业自律规定的要求，对不得进行广告宣传的产品和企业，发生的广告费和业务宣传费支出不得税前扣除，如烟草公司的烟草广告等。

【提示】广告费和业务宣传费税前扣除限额的计算依据"销售（营业）收入"，与业务招待费税前扣除限额计算依据一致，主要涉及会计核算中的主营业务收入、其他业务收入以及企业所得税视同销售收入三部分，但不包括营业外收入和投资收益。

【思考】广告费和业务宣传费超过税法规定扣除标准部分的税务处理方法与上述哪项费用相似？

【做中学5-6】A企业某年度支出广告费1 600万元，该企业该年度取得销售收入8 000万元，转让技术使用权收入2 000万元，发生现金折扣100万元。

要求：计算该企业广告费税前扣除标准及应调整的应纳税所得额。

广告费税前扣除限额 = （8 000 + 2 000）× 15% = 1 500（万元）

广告费当年调增应纳税所得额 = 1 600 - 1 500 = 100（万元）

该100万元可以结转下年继续扣除。

（5）捐赠支出。

捐赠分为公益性捐赠和非公益性捐赠。

公益性捐赠是指企业通过公益性社会团体或者县级以上人民政府及其部门，用于《中华人民共和国公益事业捐赠法》规定的公益事业的捐赠。

企业发生的公益性捐赠支出，不超过年度会计利润总额12%的部分，准予据实扣除；超过部分准予结转以后3年内在计算应纳税所得额时扣除。企业在对公益性捐赠支出计算扣除时，应先扣除以前年度结转的捐赠支出，再扣除当年发生的捐赠支出。

非公益性捐赠支出不允许税前扣除，应调增应纳税所得额。

【提示】年度会计利润总额，是指按国家统一会计制度核算的年度会计利润。

微课

企业所得税纳税调整——捐赠支出

公益性捐赠必须同时符合两个条件：（1）必须通过具有公益性捐赠税前扣除资格的公益性社会团体或者县级以上人民政府及其部门进行捐赠；（2）必须是用于《中华人民共和国公益事业捐赠法》规定的公益事业的捐赠。不同时符合以上条件的为非公益性捐赠。

【做中学 5-7】 某企业2022年度实现会计利润100万元，通过具有公益性捐赠税前扣除资格的希望工程基金会向希望工程小学捐款15万元，通过乡民政部门向当地乡镇小学捐款10万元，另外直接捐给贫困山区某农户2万元，假设该企业2020年度和2021年度未抵扣完的公益性捐赠分别为2万元和4万元。

要求：计算该企业当年允许税前扣除的捐赠额及应调整的应纳税所得额。

2022年度公益性捐赠扣除限额 = 100 × 12% = 12（万元）

由于2020年度和2021年度未抵扣完的公益性捐赠分别为2万元和4万元，应先予以扣除，2022年通过希望工程基金会向希望工程小学捐款15万元符合公益性捐赠条件，应调增应纳税所得额 = 15 - （12 - 2 - 4）= 9（万元），该9万元可向以后年度结转扣除。

通过乡民政部门向当地乡镇小学捐款10万元属于非公益性捐赠，应调增应纳税所得额10万元。

捐给贫困山区某农户的2万元属于非公益性捐赠，应调增应纳税所得额2万元。

【税收与民生】

扶贫帮困的税收优惠年均增长超30% 助力决胜脱贫攻坚成效显著

2021年2月25日，习近平总书记在全国脱贫攻坚总结表彰大会上庄严宣告，我国脱贫攻坚战取得了全面胜利。"十三五"时期，税务部门聚焦易地扶贫搬迁、贫困人口就业、扶贫捐赠等脱贫攻坚重点领域和关键环节，不断加大税收政策支持力度，充分释放减税降费红利，支持脱贫攻坚税收优惠政策减免金额从2015年的263亿元增加到2019年的742亿元，2020年达到1 022亿元，年均增长30.6%，为坚决打赢脱贫攻坚战积极贡献税收力量。

在各项精准扶贫政策助力下，脱贫攻坚成效显著，贫困地区经济加快发展。从增值税发票数据看，2016—2020年，832个已摘帽国家级贫困县企业销售收入保持较快增长，年均增速达14.6%。其中，2016—2018年增速分别为18.6%、11.7%和8.5%，2019年增速提升至18.7%，2020年虽受到新冠肺炎疫情影响，但仍保持15.9%的水平，比全国企业平均水平高9.9个百分点，反映出已摘帽贫困县企业发展态势良好。

税收数据显示，扶贫龙头企业发展势头良好，2016年以来，扶贫龙头企业实现利润总额年均增长43.9%，户均实现利润额从2015年的108万元扩大至2020年的673万元；企业销售利润率从2015年的10.4%提升至2020年的15.4%，其中制造业、批发零售业分别从9.5%、3.3%提升至9.9%和4.3%。从年盈利超千万元的扶贫龙头企业数量看，2020年户数是2015年的5.1倍。

（6）利息支出。

企业在生产经营中发生的利息支出，准予按以下规定扣除：

①非金融企业向金融企业借款的利息支出、金融企业的各项存款利息支出和同业拆借利息支出、企业经批准发行债券的利息支出，准予按照实际发生数扣除。

②非金融企业之间借款的利息支出，不超过按照金融企业同期同类贷款利率计算的数额的部分，准予扣除；超过部分不予税前扣除，应调增应纳税所得额。

③纳税人（金融企业除外）从关联方取得的借款，借款金额在其注册资本50%以内的部分，按借款利率不超过金融机构同期利率计算的利息的部分，准予扣除；超过金融机构同期利率计算的利息，以及借款金额超过纳税人注册资本50%部分的全部利息均不予扣除，应调增应纳税所得额。

企业资本化的利息支出应计入有关资产的成本，不计入利息费用，在税前扣除，这点与会计核算的规定相一致，无须进行纳税调整。

【做中学5-8】A企业某年度共发生借款项目如下：从银行借款100万元，年利率为4%，其中40万元是生产用借款，60万元是为建造固定资产借入的，该固定资产尚未完工；从B企业借款30万元，年利率为7%。

要求：计算A企业允许在税前扣除的借款利息。

向银行借入的借款用于生产经营的利息支出准予全额扣除，用于建造固定资产的利息支出应计入固定资产成本；从B企业借入的借款利息支出按银行同期同类借款利率计算扣除。

允许在税前扣除的借款利息 = 40 × 4% + 30 × 4% = 2.8（万元）

（7）罚金、罚款和被没收财物的损失。

纳税人因违反国家法律法规而被有关部门处以的罚款、罚金、被没收财物的损失，属于企业正常经营活动以外的支出，不得在税前扣除，应调增应纳税所得额。

【提示】纳税人按照经济合同的规定支付的违约金（包括银行罚息）、罚款和诉讼费均与经济合同直接相关，属于生产经营中的责任赔偿行为，并非违反国家法规的行政处罚行为，允许在税前扣除。

（8）税收滞纳金、加收利息。

纳税人未按照规定期限缴纳税款、扣缴义务人未按照规定期限扣缴税款而缴纳的税收滞纳金，不得在税前扣除，应调增应纳税所得额。

税务机关对企业做出纳税调整而补征的企业所得税税款按日加收的利息，不得在税前扣除，应调增应纳税所得额。

（9）赞助支出。

纳税人会计核算计入当期损益的不符合税法规定的公益性捐赠的赞助支出，包括直接向受赠人的捐赠、赞助支出等，不得在税前扣除，应调增应纳税所得额。

【提示】赞助支出是指各种非广告性质的赞助支出，如果属于广告性质的赞助支出，可参照广告费用的相关规定扣除。

（10）佣金和手续费支出。

企业发生的与生产经营有关的佣金和手续费支出，按与具有合法经营资格的中介服务机构或个人所签订服务协议或合同确认的收入金额的5%计算税前扣除限额，超过限额及不符合规定的佣金及手续费不得在税前扣除，应调增应纳税所得额。

【提示】企业应与具有合法经营资格的中介服务机构或个人签订服务协议或合同，并按国家有关规定支付佣金及手续费。除委托个人代理外，企业以现金等非转账方式支付的佣金及手续费，不得在税前扣除。

3.资产类调整项目

（1）资产折旧、摊销。

①固定资产折旧。

下列差异可能导致固定资产税法折旧额与会计折旧额不一致，在计算企业所得税应纳税所得额时，应作纳税调整。

A.固定资产初始成本与计税基础的差异。

税法规定，固定资产以历史成本为计税基础，企业会计准则规定固定资产一般应以历史成本为计量基础，因此，两者一般不存在差异。但下列情况可能导致固定资产初始成本与计税基础的差异。

一是超过正常信用条件购入固定资产。税法规定，外购固定资产以购买价款和支付的相关税费以及直接归属于使该资产达到预定用途发生的其他支出为计税基础。企业会计准则规定，超过正常信用条件购入固定资产，按应付购买价款的现值为固定资产的入账价值，应付购买价款与其现值之间的差额作为未确认融资费用。由此将造成固定资产的初始成本与计税基础之间的差异。

二是融资租入固定资产。税法规定，融资租入的固定资产，以租赁合同约定的付款总额和承租人在签订租赁合同过程中发生的相关费用为计税基础，租赁合同未约定付款总额的，以该资产的公允价值和承租人在签订租赁合同过程中发生的相关费用为计税基础。企业会计准则规定，融资租入固定资产，以租赁开始日租赁资产的公允价值与最低租赁付款额的现值两者中的较低者为基础确定租入固定资产的入账价值，以最低租赁付款额为长期应付款，其差额作为未确认融资费用。由此将造成固定资产的初始成本与计税基础之间的差异。

【提示】税法规定，准予税前扣除的固定资产折旧，是以按税法确定的固定资产计税基础为基数计算的计税折旧额，固定资产初始成本与计税基础的不同将直接导致会计折旧与计税折旧之间存在差异，从而导致应纳税所得额与会计利润的不同，必须进行纳税调整。

B.固定资产折旧范围的差异。

税法规定，除房屋建筑物以外未投入使用的固定资产、已足额提取折旧仍继续使用的固定资产、与经营活动无关的固定资产和单独估价作为固定资产入账的土地不得计提折旧。

企业会计准则规定，除已提足折旧继续使用的固定资产和单独估价作为固定资产入账的土地外，所有的固定资产均应计提折旧。

【提示】当税法规定的折旧范围与会计确定的折旧范围不一致时，必将造成计税折旧与会计折旧之间的差异，因此需进行纳税调整。

C.固定资产折旧方法的差异。

税法规定，固定资产应采用直线法计提折旧，但因特殊原因确需加速折旧的，可缩短折旧年限或采取加速折旧的方法。采取缩短折旧年限方法的，最低折旧年限不得低于企业所得税法规定折旧年限的60%；采取加速折旧方法的，可以采取双倍余额递减法或年数总和法。采取加速折旧方法的企业不得缩短折旧年限。

【提示】所谓"特殊原因"是指由于技术进步，产品更新换代较快；常年处于强震动、高腐蚀状态等原因。

企业会计准则规定，企业应根据与固定资产有关的经济利益的预期实现方式合理选择固定资产折旧方法，如年限平均法、工作量法、双倍余额递减法和年数总和法等。固定资产的折旧方法一经选择，不得随意变更。

【提示】当企业采用的折旧方法不符合税法的规定时，就会造成会计折旧与计税折旧的差异，因此需进行纳税调整。

D.固定资产折旧年限的差异。

企业所得税法按不同种类固定资产分别规定了计算折旧的最低年限：房屋、建筑物为20年；飞机、火车、轮船、机器、机械和其他生产设备为10年；与生产经营活动有关的器具、工具、家具等为5年；飞机、火车、轮船以外的运输工具为4年；电子设备为3年。

对2014年1月1日后新购进的下列固定资产，单位价值不超过100万元的，允许一次性计入当期成本费用在计算应纳税所得额时扣除，不再分年度计算折旧，单位价值超过100万元的，可采取缩短折旧年限或加速折旧的方法计算折旧：a.所有行业企业专门用于研发的仪器、设备；b.生物药品制造业，专用设备制造业，铁路、船舶、航空航天和其他运输设备制造业，计算机、通信和其他电子设备制造业，仪器仪表制造业，信息传输、软件和信息技术服务业等6个行业和2015年1月1日以后购进的轻工、纺织、机械、汽车等4个领域重点行业的小型微利企业供研发和生产经营共用的仪器、设备。

对所有行业企业持有的单位价值不超过5 000元的固定资产，允许一次性计入当期成本费用在计算应纳税所得额时扣除，不再分年度计算折旧。

【提示】企业在2018年1月1日至2020年12月31日期间新购进的除房屋、建筑物以外的固定资产，单位价值不超过500万元的，允许一次性计入当期成本费用在计算应纳税所得额时扣除，不再分年度计算折旧；单位价值超过500万元的，仍按企业所得税法实施条例、《财政部　国家税务总局关于完善固定资产加速折旧企业所得税政策的通知》（财税〔2014〕75号）、《财政部　国家税务总局关于进一步完善固定资产加速折旧企业所得税政策的通知》（财税〔2015〕106号）等相关规定执行。

自2019年1月1日起，适用以上固定资产加速折旧优惠规定的行业范围，扩大至全部制造业领域。

企业会计准则要求企业根据固定资产的性质和使用情况，合理确定固定资产的使用寿命，并按使用寿命分期计提折旧。

@中小微企业：购置设备器具可按一定比例一次性税前扣除！

【提示】当税法规定的折旧年限与会计确定的折旧年限不一致时，必将造成计税折旧与会计折旧之间的差异，因此需进行纳税调整。

E.固定资产减值的差异。

税法规定，不符合国务院财政、税务主管部门规定的各项资产减值准备、风险准备等准备金支出，不得在计算应纳税所得额时扣除。企业持有各项资产期间的资产增值或减值，除国务院财政、税务主管部门规定可以确认为损益外，不得调整该项资产的计税基础。

企业会计准则规定，在会计期末，当固定资产存在减值迹象，经测试可收回金额低于其账面价值的，应确认资产的减值损失，同时计提固定资产减值准备。计提减值准备后的固定资产，应当按照计提减值准备后的账面价值及尚可使用年限重新计算确定折旧率、折旧额。由此将造成以后期间计税折旧和会计折旧的差异，因此需进行纳税调整。

【做中学5-9】某企业某年4月购进一台机械设备，取得的增值税专用发票上注明的价款为600万元，当月投入使用。企业将设备购入成本一次性计入费用在税前作了扣除，按税法的规定该设备应按直线法计提折旧，期限为10年，预计净残值率为5%。

要求：计算此项业务应调整的应纳税所得额。

准予税前扣除的折旧额 = 600 × （1 - 5%）÷ 10 ÷ 12 × 8 = 38（万元）

应调增的应纳税所得额 = 600 - 38 = 562（万元）

②无形资产摊销。

税法规定，无形资产按照直线法计算的摊销费用准予扣除，摊销年限不得低于10年；作为投资或受让的无形资产，有关法律或者合同约定了使用年限的，可以按照规定或者约定的使用年限分期摊销。因此，税法主要考虑的是无形资产的法定使用寿命，如果没有法律规定或者合同约定的使用年限，摊销年限不得低于10年。

企业会计准则规定应当于取得无形资产时分析判断其使用寿命，使用寿命有限的无形资产需要摊销，而使用寿命不确定的无形资产不需要摊销。在估计无形资产的使用寿命时，必须考虑无形资产的经济使用寿命。

【提示】当会计核算与税收规定不一致时，需要按税法的规定进行纳税调整。

【做中学5-10】某企业某年1月购入一项无形资产，入账价值60万元，会计上按5年采用直线法摊销。

要求：计算企业当年应调整的应纳税所得额。

会计上按5年采用直线法摊销时，每年摊销额 = 60 ÷ 5 = 12（万元）

税法规定无形资产摊销年限不得低于10年，则每年摊销额 = 60 ÷ 10 = 6（万元）

应调增应纳税所得额 = 12 - 6 = 6（万元）

（2）资产减值准备。

纳税人未经核定的准备，如坏账准备、存货跌价准备、短期投资跌价准备、固定资产减值准备、长期投资减值准备、无形资产减值准备以及国家税收法规规定可提取的准备之外的任何形式的准备，不得在税前扣除，应调增应纳税所得额。企业按会计准则因价值恢复、资产转让等原因转回准备时，应调减应纳税所得额。

当企业资产损失实际发生时，经报主管税务机关核定后，在实际发生年度按其发生额扣除。

（3）资产损失。

企业在生产经营活动中发生的固定资产和存货的盘亏、毁损、报废损失，转让财产损失，呆账损失，坏账损失，自然灾害等不可抗力因素造成的损失以及其他损失，减除责任人赔偿和保险赔款后的余额，依照税务主管部门的规定扣除。

企业因存货盘亏、毁损、报废等原因不得从销项税额中抵扣的进项税额，应视同企业财产损失，准予与存货损失一起在企业所得税前按规定扣除。

【做中学5-11】某企业某年因管理不善毁损一批库存外购材料（已抵扣进项税额，适用的增值税税率为13%），账面成本10 000元，保险公司审理后同意赔付8 000元，该企业的损失得到税务机关的审核和确认。

要求：计算企业所得税前可扣除的损失金额。

不得抵扣的进项税额 = 10 000 × 13% = 1 300（元）

税前可扣除的损失金额 = 10 000 + 1 300 − 8 000 = 3 300（元）

企业的各项财产损失，应在损失发生当年申报扣除，不得提前或延后。非因计算错误或其他客观原因，企业未及时申报的财产损失，逾期不得扣除。确因税务机关原因未能按期扣除的，经税务机关批准后，应调整该财产损失发生年度的纳税申报表，并相应抵退税款，不得改变财产损失所属纳税年度。

【提示】企业已经作为损失处理的资产，在以后纳税年度又全部或部分收回时，应当计入当期收入。

4. 特别纳税调整项目

特别纳税调整是指税务机关出于实施反避税目的而对纳税人特定纳税事项所作的税务调整，包括针对纳税人的转让定价、资本弱化、避税港避税及其他避税情况所进行的税务调整。

企业与其关联方共同开发、受让无形资产，或者共同提供、接受劳务发生的成本，在计算应纳税所得额时应当按照独立交易原则进行分摊。企业与其关联方分摊成本时，应当按照成本与预期收益相配比的原则进行，并在税务机关规定的期限内，按照税务机关的要求报送有关资料。企业与其关联方分摊成本时违反独立交易原则或配比原则的，其自行分摊的成本不得在计算应纳税所得额时扣除。

由居民企业，或者由居民企业和中国居民控制的设立在实际税负明显低于12.5%的国家（地区）的企业，并非由于合理的经营需要而对利润不作分配或者减少分配的，上述利润中应归属于该居民企业的部分，应当计入该居民企业的当期收入。

企业从其关联方接受的债权性投资与权益性投资的比例超过规定标准而发生的利息支出，不得在计算应纳税所得额时扣除。

企业与其关联方之间的业务往来，不符合独立交易原则，或者企业实施其他不具有合理商业目的的安排的，税务机关有权在该业务发生的纳税年度起10年内，进行纳税调整。

【提示】关联方，是指与企业有下列关系之一的企业、个人和其他组织：

（1）在资金、经营、购销等方面，存在直接或者间接的拥有或者控制关系。

（2）直接或者间接地同为第三者所拥有或者控制。

（3）在利益上具有相关联的其他关系。

独立交易原则，是指在没有关联方关系的企业之间、企业与个人或其他组织之间，按照公平成交价格和营业常规进行业务往来所遵循的原则。

税务机关根据规定对企业做出特别纳税调整的，应当对补征的税款，自税款所属纳税年度的次年6月1日起至补缴税款之日止的期间，按日加收利息。利率按照税款所属纳税年度中国人民银行公布的与补税期间同期的人民币贷款基准利率加5个百分点计算，为此加收的利息也不得在计算应纳税所得额时扣除。

（四）免税、减计收入及加计扣除

1. 免税收入

（1）国债利息收入。

国债利息收入免税，是指国债到期时取得的利息收入免税，不包括国债未到期之前转让的收益。

（2）符合条件的居民企业之间的股息、红利等权益性投资收益。

"符合条件"是指：①居民企业之间，不包括投资到独资企业、合伙企业、非居民企业；②直接投资，不包括间接投资；③连续持有居民企业公开发行并上市流通的股票一年（12个月）以上取得的投资收益。

（3）在中国境内设立机构、场所的非居民企业从居民企业取得的与该机构、场所有实际联系的股息、红利等权益性投资收益。

【提示】股息、红利等权益性投资收益，不包括连续持有居民企业公开发行并上市流通的股票不足12个月取得的投资收益。

（4）符合条件的非营利组织的收入。

符合条件的非营利组织的下列收入为免税收入：

① 接受其他单位或者个人捐赠的收入。

② 除界定为不征税收入的财政拨款以外的其他政府补助收入，但不包括因政府购买服务取得的收入。

③ 按照省级以上民政、财政部门规定收取的会费。

④ 不征税收入和免税收入孳生的银行存款利息收入。

⑤ 财政部、国家税务总局规定的其他收入。

【提示】非营利组织从事营利性活动取得的收入不属于免税收入。

【知识链接】

非营利组织

非营利组织是指符合下列条件的组织：

①依法履行非营利组织、法人登记手续。

②从事公益性或非营利性活动。

③取得的收入除用于与组织有关的、合理的支出外，全部用于章程规定的公益性或非营利性事业。

④财产及其孳息不用于分配。

⑤注销后的剩余财产应当按照其章程的规定用于公益性或非营利性目的；无法按照章程规定处理的，由登记管理机关转赠给与该组织性质、宗旨相同的组织，并向社会公告。

⑥投入人对投入该组织的财产不保留或享有任何财产权利。

⑦工作人员及其高级管理人员的报酬控制在当地平均工资水平一定的幅度内，不得变相分配组织财产。

符合以上条件的组织经过国务院主管财政、税务机关的认定，为非营利组织。

【思考】不征税收入与免税收入是不是一回事？

文档

研发费用税前加计扣除新政指引

2.减计收入

企业以《资源综合利用目录》内的资源作为主要原材料，生产非国家限定并符合国家和行业相关标准的产品所取得的收入，减按90%计入收入总额。

自2019年6月1日起至2025年12月31日，提供社区养老、托育、家政服务取得的收入，在计算应纳税所得额时，减按90%计入收入总额。

3.加计扣除

企业的下列支出，可以在计算应纳税所得额时加计扣除。

（1）开发新技术、新产品、新工艺发生的研究开发费用。

除烟草制造业、住宿和餐饮业、批发和零售业、房地产业、租赁和商务服务业、娱乐业以外，其他企业均可享受研发费用加计扣除政策。

研发费用加计扣除归集范围新规12个亮点

①制造业企业开展研发活动中实际发生的研发费用，未形成无形资产计入当期损益的，在按规定据实扣除的基础上，自2021年1月1日起，再按照实际发生额的100%在税前加计扣除；形成无形资产的，自2021年1月1日起，按照无形资产成本的200%在税前摊销。

所称制造业企业，是指以制造业业务为主营业务，享受优惠当年主营业务收入占收入总额的比例达到50%以上的企业。

②科技型中小企业开展研发活动中实际发生的研发费用，未形成无形资产计入当期损益的，在按规定据实扣除的基础上，自2022年1月1日起，再按照实际发生额的100%在税前加计扣除；形成无形资产的，自2022年1月1日起，按照无形资产成本的200%在税前摊销。

③其他企业开展研发活动时实际发生的研发费用，未形成无形资产计入当期损益的，在按规定据实扣除的基础上，再按照实际发生额的75%在税前加计扣除；形成无形资产的，在上述期间按照无形资产成本的175%在税前摊销。

根据《财政部 税务总局 科技部关于加大支持科技创新税前扣除力度的公告》（财政部 税务总局 科技部公告2022年第28号）规定，现行适用研发费用税前加计扣除比例75%的企业，在2022年10月1日至2022年12月31日期间，税前加计扣除比例提高至100%。

【做中学5-12】某制造业企业某年度发生新技术研究开发费用3 000万元，其中研究阶段的支出1 000万元，开发阶段符合资本化条件的支出2 000万元。

要求：计算当年税前可以扣除的研究开发费用以及应调整的应纳税所得额。

研究开发费用中未形成无形资产计入当期损益的部分：

税前扣除额 = 1 000 + 1 000 × 100% = 2 000（万元）

形成无形资产的部分，除另有规定外，至少分10年摊销：

每年税前扣除摊销额 = 2 000 × 200% ÷ 10 = 400（万元）

当年税前可以扣除的研究开发费用合计 = 2 000 + 400 = 2 400（万元）

按会计准则计入当期成本费用的研究开发费用 = 1 000 + 2 000 ÷ 10 = 1 200（万元）

应调减应纳税所得额 = 2 400 - 1 200 = 1 200（万元）

（2）安置残疾人员及国家鼓励安置的其他就业人员所支付的工资。

企业安置残疾职工所支付的工资，按实际支付给残疾职工工资的100%加计扣除。

企业安置国家鼓励安置的其他就业人员所支付的工资的加计扣除办法，由国务院另行规定。

【做中学5-13】某企业有残疾职工20人，某年度发生工资支出300万元，其中支付给残疾职工的工资60万元。

要求：计算该企业工资薪金的税前扣除额以及应调整的应纳税所得额。

允许税前扣除的工资薪金＝300＋60＝360（万元）

企业实际发生工资支出300万元。

应调减的应纳税所得额＝360－300＝60（万元）

【税收与民生】

支持自主创新　培育经济发展新动能

习近平总书记指出，抓创新就是抓发展，谋创新就是谋未来。自主创新是推动高质量发展、动能转换的迫切要求和重要支撑，必须创造条件、营造氛围，调动各方面创新积极性，让每一份创新活力都能充分迸发。

党的十八大以来，我国持续加大对科技创新的税收优惠力度，逐步形成覆盖企业成长和创新全生命周期的税收政策支持体系。李克强总理在2021年政府工作报告中指出，"十三五"时期，我国创新型国家建设成果丰硕。近年来，支持科技创新的税收政策不断优化完善，税收鼓励创新的力度不断加大，有力促进企业加大研发投入力度，引导创新资源向企业集聚，为助推创新驱动发展战略实施和创新型国家建设发挥了重要作用。

以研发费用加计扣除政策为例。2013年初，开展扩大研发费用加计扣除范围政策试点，并于当年9月，将试点政策推广到全国。

2015年，放宽了享受优惠的企业研发活动及研发费用的范围，简化了研发费用在税务处理中的归集、核算及备案管理，进一步降低企业享受优惠的门槛。

2017年至2018年，分两步将研发费用加计扣除比例提高至75%。

2021年，研发费用加计扣除政策"两度升级"。制造业企业研发费用加计扣除比例由75%提高到100%。

2022年初，将科技型中小企业研发费用加计扣除比例提高至100%。之后根据形势发展变化，又进一步对高新技术企业在2022年第四季度购置设备的支出，允许当年一次性税前全额扣除并100%加计扣除；在2022年第四季度，对现行按75%比例税前加计扣除研发费用的行业，统一提高扣除比例到100%；对企业出资科研机构等基础研究支出，允许税前全额扣除并加计扣除。

研发费用加计扣除政策的不断完善，是企业所得税制不断优化的缩影，对于促进企业科技创新、推动产业结构升级、培育经济发展新动能、建设创新型国家等方面发挥了积极引导作用。

税收数据显示，"十三五"时期，我国鼓励科技创新税收政策减免金额年均增长28.5%，五年累计减税2.54万亿元。税收优惠更多惠及制造业和高技术服务业，制造业、信息传输和信息技术服务业、科学研究和技术服务业三大行业享受减税额合计占比近九成。

从细分数据来看，全国享受研发费用加计扣除政策的企业户数由2015年的5.3万户提升至2019年的33.9万户，五年间扩大了5.4倍；减免税额由726亿元提升至3 552亿元，2020年达到3 600亿元，年均增长37.8%。研发费用加计扣除力度持续加大，有效激发了企业研发投入力度和创新活力，全国研究与试验发展（R&D）投入经费从2015年的1.42万亿元增长至2020年的2.44万亿元，年均实现两位数增长，成为世界第二大研发经费投入国。

"十三五"时期，包括税收优惠在内的各项政策扶持力度的持续加大，有力促进新经济新动能蓬勃发展，推动现代产业体系加快构建。税收数据显示，数字经济相关行业快速成长，2016—2020年，税收年均增长7.2%，快于全国总体水平3个百分点。增值税发票数据显示，"十三五"时期，核心基础零部件、先进基础工艺、关键基础材料和产业技术基础等"四基"产业龙头企业销售收入从2017年的1.09万亿元增加至2020年的1.47万亿元，年均增长10.8%。我国高技术产业销售收入年均增长21.3%，高于全国总体水平5.1个百分点，其中高技术服务业销售收入年均增长28%，高于全国总体水平11.8个百分点。

（五）境外应税所得抵减境内亏损

境外应税所得抵减境内亏损是指纳税人在计算缴纳企业所得税时，其境外营业机构的盈利可以抵减境内营业机构的亏损。即当"利润总额－境外所得＋纳税调整增加额－纳税调整减少额－免税、减计收入及加计扣除"后的余额为负数时，境外应税所得可以用于抵减境内亏损，最大不得超过企业当年的全部境外应税所得；当"利润总额－境外所得＋纳税调整增加额－纳税调整减少额－免税、减计收入及加计扣除"后的余额为正数时，如以前年度无亏损额，则不需要抵减；如以前年度有亏损额，则可以抵减以前年度亏损额，最大不得超过企业当年的全部境外应税所得。

（六）所得减免

1.从事农、林、牧、渔业项目的所得

（1）以下各项所得免征企业所得税：蔬菜、谷物、薯类、油料、豆类、棉花、麻类、糖料、水果、坚果的种植；中药材的种植；林木的培育和种植；牲畜、家禽的饲养；林产品的采集；灌溉、农产品初加工、兽医等农、林、牧、渔服务业项目；远洋捕捞。

（2）以下各项所得减半征收企业所得税：花卉、饮料和香料作物的种植；海水养殖、内陆养殖。

2.从事国家重点扶持的公共基础设施项目投资经营的所得

企业从事《公共基础设施项目企业所得税优惠目录》内的港口码头、机场、铁路、公路、电力、水利等项目的投资经营所得，从项目取得第一笔生产经营收入所属纳税年度起，第一至三年免征企业所得税，第四至六年减半征收企业所得税。

3.从事符合条件的环境保护、节能节水项目的所得

企业从事符合条件的环境保护、节能节水项目的所得，从项目取得第一笔生产经营收入所属纳税年度起，第一至三年免征企业所得税，第四至六年减半征收企业所得税。

符合条件的环境保护、节能节水项目，包括公共污水处理、公共垃圾处理、风力发电、潮汐发电、海水淡化等。

4.符合条件的技术转让所得

一个纳税年度内，居民企业转让技术所有权所得不超过500万元的部分，免征企业所得税，超过500万元的部分减半征收企业所得税。

（七）弥补以前年度亏损

企业某一年度发生亏损的，可以用下一纳税年度的所得弥补；下一纳税年度的所得不足弥补的，可以逐年延续弥补，但延续弥补期最长不得超过5年（自2018年1月1日起，将高新技术企业和科技型中小企业亏损结转年限由5年延长至10年）。

亏损弥补应注意以下问题：

（1）亏损的含义。亏损是指将每一纳税年度的收入总额减除不征税收入、免税收入和

各项扣除后小于零的数额，即应纳税所得额小于零。

（2）亏损的弥补时间。企业发生年度亏损的，可以用下一纳税年度的所得弥补；下一纳税年度所得不足弥补的，可以逐年延续弥补，但延续弥补期最长不得超过5年。5年内不论企业是盈利还是亏损，都作为弥补年限计算。企业如果连续发生亏损，其亏损弥补期应按每个年度分别计算，先亏先补，按顺序连续计算弥补期。

（3）企业在汇总计算缴纳企业所得税时，其境外营业机构的亏损不得抵减境内营业机构的盈利。

【提示】弥补亏损要点：①只能弥补5年，5年内无论盈亏，都作为实际弥补年限。②弥补期间需要连续计算，不得间断。③先亏先补，不得将亏损弥补期相加。④境外同一国内盈亏可互补，不同国间不得互补。

【做中学5-14】某国有企业一直执行5年亏损弥补期，表5-2是该企业7年盈亏情况，请分步说明如何弥补亏损并计算企业各年应纳税所得额。

表5-2　　　　　　　　　　　　各年度应纳税所得额表　　　　　　　　　　　单位：万元

年度	2016	2017	2018	2019	2020	2021	2022
应纳税所得额	-165	-56	30	30	40	60	60

分析：2016年亏损额：2017—2021年为弥补期，到2021年年末尚有未弥补的亏损额为5万元。

2017年亏损额：2018—2022年为弥补期，56万元的亏损额全部得到弥补。

2018—2021年弥补亏损后应纳税所得额为0。

2022年弥补亏损后应纳税所得额 = 60 - 56 = 4（万元）

（八）抵扣应纳税所得额

创业投资企业采取股权投资方式投资于未上市的中小高新技术企业2年以上（含2年），可按其对中小高新技术企业投资额的70%抵扣该创业投资企业的应纳税所得额。符合抵扣条件并在当年不足抵扣的，可在以后纳税年度逐年延续抵扣。

【做中学5-15】甲企业2020年1月1日向乙企业（未上市的中小高新技术企业）投资100万元，股权持有到2022年12月31日。甲企业2021年应纳税所得额为50万元，2022年应纳税所得额为30万元。

要求：计算甲企业2021年度、2022年度可抵扣的应纳税所得额及应纳企业所得税税额。

甲企业创业投资额可抵扣的应纳税所得额共70万元（100×70%）。

甲企业2021年应纳税所得额为50万元<70万元，2021年可抵扣应纳税所得额50万元，未抵扣完的20万元可以留待2022年继续抵扣。

2021年应纳企业所得税税额为0。

2022年应纳企业所得税税额 =（30 - 20）× 25% = 2.5（万元）

【做中学5-16】某科技企业某年度税前会计利润总额为300万元，全年销售额为5 000万元。当年列支了工资支出200万元，其中因安置残疾人员支付给残疾职工的工资为40万元；全年发生职工福利费支出30万元，拨缴工会经费6万元，发生职工教育经费支出21万元；为职工支付商业保险费10万元（不属于允许税前扣除的商业健康险范围）；向银行借款10万元，年利率为10%，向其他企业借款20万元，年利率为20%，上述借款均用于生产经营；全年列支业务招待费30万元；发生广告费50万元；研究新产品的研究费用为30万元，已列入"管理费用"；10月份通过民政部门向希望工程捐赠20万元，直接捐赠给灾区农民现金1万元；因未按期纳税缴纳滞纳金和罚款3万元。

要求：试确认纳税调整项目及纳税调整金额，并计算应纳税所得额。

（1）合理的工资薪金可以全额扣除，残疾职工的工资调减40万元。

（2）职工福利费扣除限额 = 200 × 14% = 28（万元）

调增额 = 30 − 28 = 2（万元）

（3）职工工会经费扣除限额 = 200 × 2% = 4（万元）

调增额 = 6 − 4 = 2（万元）

（4）职工教育经费扣除限额 = 200 × 8% = 16（万元）

调增额 = 21 − 16 = 5（万元）

（5）为职工支付的商业保险费不得在税前扣除，调增10万元。

（6）利息调增额 = 20 × （20% − 10%）= 2（万元）

（7）销售收入的5‰ = 5 000 × 5‰ = 25（万元）

业务招待费的60% = 30 × 60% = 18（万元）

∴允许在税前扣除的业务招待费 = 18万元

调增额 = 30 − 18 = 12（万元）

（8）广告费扣除限额 = 5 000 × 15% = 750（万元），实际发生额为50万元，不需纳税调整。

（9）研究开发费用可以加计扣除，调减30万元。

（10）公益性捐赠扣除限额 = 300 × 12% = 36（万元），实际捐赠20万元，不需纳税调整。

（11）非公益性捐赠不得在税前扣除，调增1万元。

（12）违反税法的滞纳金和罚款不得在税前扣除，调增3万元。

该公司应纳税所得额 = 300 − 40 + 2 + 2 + 5 + 10 + 2 + 12 − 30 + 1 + 3 = 267（万元）

二、计算企业所得税应纳税额

企业所得税实行按年计征、分月（季）预缴、年终汇算清缴、多退少补的征收办法。

（一）计算应预缴的企业所得税

企业应当自月份或者季度终了之日起15日内，向税务机关报送预缴企业所得税纳税申报表。居民纳税人以及在中国境内设立机构的非居民纳税人在月度或季度预缴企业所得税时可采用如下方法：

1.按照实际利润额预缴

按照实际利润额预缴是指按本年一个月或一个季度的实际利润额计算缴纳。计算公式为：

$$本月(季)度应缴所得税额 = 实际利润累计额 × 税率 − 减免所得税额 − 已累计预缴的所得税额$$

【提示】 实际利润累计额是指纳税人按会计制度核算的利润总额，暂不作纳税调整，待会计年度终了再作纳税调整。统一按25%的税率计算应纳所得税额。

2.按照上一纳税年度应纳税所得额平均额预缴

按上一个纳税年度应纳税所得额实际数除以12或4，得出每个月或季度应纳税所得额，再统一按25%的税率计算应纳税额。

3.按照税务机关确定的其他方法预缴

除了以上两种方法计算预缴所得税外，还可以按税务机关确定的其他方法预缴。

【提示】 预缴方法一经确定，一个纳税年度内不得随意变更。

（二）年终汇算清缴

企业应当自年度终了之日起5个月内，向税务机关报送年度企业所得税纳税申报表、财务会计报告和其他有关资料，完成企业所得税的汇算清缴工作。

应纳企业所得税税额计算公式为：

$$\frac{实际应纳}{所得税额} = \frac{应纳税}{所得额} \times 税率 - \frac{减免所}{得税额} - \frac{抵免所}{得税额} + \frac{境外所得应纳}{所得税额} - \frac{境外所得抵免}{所得税额}$$

本年应补（退）的所得税额 = 实际应纳所得税额 − 本年累计实际已预缴的所得税额

【提示】 应纳税所得额是指在企业会计利润总额的基础上，加减纳税调整等相关项目后的金额。

1.减免所得税额

减免所得税额是指纳税人按照税收优惠政策的规定实际减免的企业所得税税额，主要包括以下内容：

（1）小型微利企业的减征税额。

纳税人为从事国家非限制或禁止行业并符合规定条件的小型微利企业，享受20%的优惠税率。

$$小型微利企业的减征税额 = 应纳税所得额 \times （25\% - 20\%）$$

【提示】 自2022年1月1日至2024年12月31日，对小型微利企业年应纳税所得额不超过100万元的部分，减按12.5%计入应纳税所得额，按20%的税率缴纳企业所得税；对年应纳税所得额超过100万元但不超过300万元的部分，减按25%计入应纳税所得额，按20%的税率缴纳企业所得税。

此时，符合以上条件的小型微利企业的减征税额计算如下：

①年应纳税所得额≤100万元的小型微利企业：

小型微利企业的减征税额 = 应纳税所得额 × （25% − 20%）+ 应纳税所得额 × 87.5% × 20%

②100万元<年应纳税所得额≤300万元的小型微利企业：

小型微利企业的减征税额 = 应纳税所得额 × （25% − 20%）+ 100万元 × 87.5% × 20% + （应纳税所得额 − 100万元）× 75% × 20%

（2）高新技术企业的减征税额。

纳税人为国家需要重点扶持的高新技术企业，享受15%的优惠税率。

$$高新技术企业的减征税额 = 应纳税所得额 \times （25\% - 15\%）$$

（3）技术先进型服务企业的减征税额。

技术先进型服务企业，享受15%的优惠税率。

技术先进型服务企业的减征税额＝应纳税所得额×（25%－15%）

（4）民族自治地方企业的减征税额。

民族自治地方的自治机关对本民族自治地方的企业应缴纳的企业所得税中属于地方分享的部分，可以决定免征或者减征。

（5）其他专项优惠减征税额。

其他专项优惠减征税额是指除了以上已列明减征税额外，按税收规定可以减征的其他企业的减征税额。其他企业包括经济特区和上海浦东新区新设立的高新技术企业、受灾地区损失严重的企业等。

【税收与民生】

退税减税降费政策助力稳定我国宏观经济大盘

习近平总书记强调，减税降费政策措施要落地生根，让企业轻装上阵。李克强总理也多次对退税减税降费作出具体部署，"退税减税降费"成为近年来我国财税政策的关键词。

2013年至2021年，税务部门办理新增减税降费累计达8.8万亿元。我国宏观税负从2012年的18.7%降至2021年的15.1%。2022年实施大规模增值税留抵退税等新的组合式税费支持政策，截至7月底，全国累计新增减税降费及退税缓税缓费超3万亿元。

回首这些年退税减税降费的历程，国家用收入的"减法"换取企业效益的"加法"和市场活力的"乘法"，政府用"紧日子"让百姓过上"好日子"的魄力与决心清晰可见，每一年的退税减税降费政策都紧盯事关经济社会发展的关键环节和重点领域，以重点突破带动全局发展。

2016年，通过全面推开营改增试点，释放大规模减税红利，服务供给侧改革；

2017年，加大小微企业所得税优惠力度、推出科技型中小企业研发费用加计扣除等激励措施，同时简并增值税税率，切实减轻企业和个人负担；

2018年，通过降低增值税税率、提高个人所得税基本减除费用标准等措施，进一步减轻广大纳税人负担；

2019年，更大规模减税降费政策实施，重点聚焦减轻制造业和小微企业负担，全年累计新增减税降费超过2.3万亿元，占GDP比重超过2%；

2020年，推出7方面28项支持疫情防控和经济社会发展税费优惠政策，全年新增减税降费超2.6万亿元，有力支持了稳岗就业；

2021年，实施"减税降费＋缓税缓费"，持续加力加码，减税降费产生了叠加效应；

2022年，实施"大规模留抵退税＋减税降费＋缓税缓费"新的组合式税费支持政策，呈现了规模力度大、优惠方式多、惠及范围广、连续性强的特点。

十年来，退税减税降费政策从宏观"降税负"到微观"降成本"，每一项具体举措都释放着民生信号，一方面能直接减轻企业经济负担，促进经济增长，另一方面也催生了大量市场主体，推进了经济高质量增长。

2.抵免所得税额

企业购置并实际使用规定的环境保护、节能节水、安全生产等专用设备，其专用设备投资额的10%可以从企业当年的应纳税额中抵免；当年不足抵免的，可以在以后5个纳税年度结转抵免。

上述专用设备，应当是企业实际购置并自身实际投入使用的设备；企业购置上述设备在5年内转让、出租的，应当停止执行本条规定的企业所得税优惠政策，并补缴已经抵免的企业所得税税款。

【提示】税额抵免是直接抵扣应纳所得税额，而不是抵扣应纳税所得额。

设备的投资额不包括购进设备时允许抵扣的增值税进项税额，无法抵扣的进项税额计入专用设备投资额；购买专用设备取得普通发票的，其专用设备投资额为普通发票上注明的金额。

【做中学5-17】某小微企业为增值税一般纳税人，某年购买并实际使用国产环保设备一台，取得的普通发票上注明价税合计金额为11.3万元，当年经审核的应纳税所得额为5万元。

要求：计算该企业该年度实际应缴纳的企业所得税。

国产设备投资抵免限额 = 11.3 × 10% = 1.13（万元）

当年应纳税额 = 5 × 20% = 1（万元）<抵免限额1.13万元

因此，国产设备投资额可以在当年抵免1万元，抵免后当年的应纳税额为0；剩余0.13万元可以在以后5个纳税年度结转抵免。

3.境外所得已纳税额的抵免

纳税人来源于中国境外的所得已在境外实际缴纳的企业所得税税额，准予在汇总纳税时从其当期应纳税额中抵免，抵免限额为该项所得按照我国企业所得税法计算的应纳税额；超过抵免限额的部分，可以在以后5个年度内，用每年度抵免限额抵免当年应抵税额后的余额进行抵补。

允许抵免的境外所得是指纳税人取得的境外收入按照我国税法的规定计算的计税所得，包括：①居民企业来源于中国境外的应税所得；居民企业从其直接或者间接控制的外国企业分得的来源于中国境外的股息、红利等权益性投资收益。②非居民企业在中国境内设立机构、场所，取得的发生在中国境外但与该机构、场所有实际联系的应税所得。以上所得，均应按我国税法的规定在我国汇总计算缴纳企业所得税。

【提示】境外缴纳的税款，是指在境外实际缴纳的企业所得税税款，不包括减免税或纳税后又得到补偿以及由他人代为承担的税款。（中外双方已签订避免双重征税协定的，按协定的规定执行）

境外所得按照我国税法计算的应纳税额称为"抵免限额"。除国务院财政、税务主管部门另有规定外，该抵免限额应当分国（地区）不分项计算，其计算公式如下：

$$\begin{matrix}\text{境外所得} \\ \text{已纳税额} = \\ \text{抵免限额}\end{matrix} \begin{matrix}\text{境内外全部所得} \\ \text{按我国税法} \\ \text{计算的应纳税总额}\end{matrix} \times \left(\begin{matrix}\text{来源于某外国} \\ \text{（地区）的应纳} \\ \text{税所得额}\end{matrix} \div \begin{matrix}\text{境内外} \\ \text{应纳税} \\ \text{所得总额}\end{matrix}\right)$$

纳税人来源于境外的所得在境外实际缴纳的所得税款，低于按照我国税法计算的抵免限额的，可以从应纳税额中如数抵免，若有前5年境外所得已缴税款未抵免完的余额，可在限额内继续抵免；高于抵免限额的，其超过部分不得在本年度的应纳税额中抵免，也不得列为费用支出，但可用以后年度税额抵免的余额补抵，补抵期限最长不得超过5年。

汇总纳税的应纳税额计算公式为：

应纳税额 = 境内外应纳税所得总额 × 税率 - 境外已纳税额（抵免限额>境外已纳税额）

或 = 境内外应纳税所得总额 × 税率 - 抵免限额（抵免限额<境外已纳税额）

【做中学5-18】甲企业在A国设有分公司甲A，在B国设有分公司甲B。某纳税年度内，甲在国内取得所得1 000万元，甲A取得所得500万元，甲B取得所得300万元。A国所得税税率为40%，B国所得税税率为20%。

要求：计算甲企业应纳所得税额。

（1）甲A在A国已纳所得税＝500×40%＝200（万元）

A国抵免限额＝（1 000＋500＋300）×25%×500÷（1 000＋500＋300）＝125（万元）

因此，甲A在A国已纳的所得税税额可抵免125万元。

（2）甲B在B国已纳所得税＝300×20%＝60（万元）

B国抵免限额＝（1 000＋500＋300）×25%×300÷（1 000＋500＋300）＝75（万元）

因此，甲B在B国已纳的所得税税额可抵免60万元。

（3）甲应纳企业所得税税额＝（1 000＋500＋300）×25%－125－60＝265（万元）

甲A所得已纳税额未抵免完的75万元可以在以后5年内用抵免限额抵免当年应抵税额后的余额进行抵补。

三、企业所得税的核定征收

为了加强对企业所得税的征收管理，对部分中小企业采取核定征收办法计算其应纳税额。根据《中华人民共和国企业所得税法》及其实施条例、《中华人民共和国税收征收管理法》及其实施细则的有关规定，核定征收企业所得税的有关规定如下：

（一）确定核定征收企业所得税的范围

纳税人具有下列情形之一的，应采取核定征收方式征收企业所得税：

1.依照法律、行政法规的规定可以不设置账簿的。

2.依照法律、行政法规的规定应当设置但未设置账簿的。

3.擅自销毁账簿或者拒不提供纳税资料的。

4.虽设置账簿，但账目混乱或者成本资料、收入凭证、费用凭证残缺不全，难以查账的。

5.发生纳税义务，未按照规定的期限办理纳税申报，经税务机关责令限期申报，逾期仍不申报的。

6.申报的计税依据明显偏低，又无正当理由的。

【提示】特殊行业、特殊类型的纳税人和一定规模以上的纳税人不适用核定征收方法，而只能采用查账征收方式征税。这类"特定纳税人"包括以下类型的企业：享受特定所得税优惠政策的企业；汇总纳税企业；上市公司；银行等金融企业；会计师事务所等社会中介机构；国家税务总局规定的其他企业。

（二）确定核定征收办法

核定征收方式包括核定应税所得率征收和定额征收两种方法。税务机关应根据纳税人的具体情况，对核定征收企业所得的纳税人，核定应税所得率或者核定应纳所得税额。

1.核定应税所得率征收

核定应税所得率征收是指税务机关采用一定的标准、程序和方法，预先核定纳税人的应税所得率，由纳税人根据纳税年度内的收入总额或成本费用等项目的实际发生额，按预先由税务机关核定的应税所得率计算缴纳企业所得税的办法。

纳税人具有下列情形之一的，核定其应税所得率：

（1）能正确核算（查实）收入总额，但不能正确核算（查实）成本费用总额的。

（2）能正确核算（查实）成本费用总额，但不能正确核算（查实）收入总额的。

（3）通过合理方法，能计算和推定纳税人收入总额或成本费用总额的。

计算公式为：

$$应纳所得税额 = 应纳税所得额 \times 适用税率$$

$$应纳税所得额 = 应税收入额 \times 应税所得率$$

或　　　　$$应纳税所得额 = 成本（费用）支出额 \div （1 - 应税所得率）\times 应税所得率$$

应税所得率统一执行标准见表5-3。

表5-3　　　　　　　　　　　　　　　　　应税所得率表

行　业	应税所得率（%）
农、林、牧、渔业	3~10
制造业	5~15
批发和零售贸易业	4~15
交通运输业	7~15
建筑业	8~20
饮食业	8~25
娱乐业	15~30
其他行业	10~30

实行应税所得率方式核定征收企业所得税的纳税人，经营多业的，无论其经营项目是否单独核算，均由税务机关根据其主营项目，核定其适用某一行业的应税所得率。

【做中学5-19】某年某居民企业向主管税务机关申报应税收入总额120万元，成本费用支出总额127.5万元，全年亏损7.5万元。经税务机关检查，成本费用核算准确，但收入总额不能确定。税务机关对该企业的所得额采取核定征收办法，应税所得率为25%。

要求：计算该年度该企业应缴纳的企业所得税。

应纳税所得额 = 127.5 ÷ （1 - 25%）× 25% = 42.5（万元）

应纳所得税额 = 42.5 × 25% = 10.63（万元）

2.定额征收

定额征收是指税务机关按照一定的标准、程序和方法，直接核定纳税人年度应纳企业所得税税额，由纳税人按规定进行申报缴纳的办法。对纳税人既不能正确核算收入，又不能正确核算成本、费用的，以及不能履行纳税义务的纳税人采取核定定额的征收方式。

【工作任务实例5-1】

2023年1月，某会计师事务所派小李负责A生产企业代理报税业务，面对企业所得税的年终汇算清缴工作的展开，小李查阅了企业相关资料，收集企业2022年的信息如下：

（1）A企业2022年企业会计报表利润为205万元，应依25%的税率缴纳企业所得税。该企业2022年已预缴企业所得税10万元。

（2）A企业全年境内主营业务收入6 000万元，销售成本4 500万元，销售税金420万元（其中含增值税220万元）。

（3）企业2022年度实际列支工资、津贴、奖金400万元，其中支付给残疾职工的工资30万元，实际发生职工福利费60万元，拨缴职工工会经费10万元，发生职工教育经费37万元。以上各项均已计入相关的成本、费用。

（4）企业长期借款账户中记载：年初向工行借款20万元，年利率10%；向其他企业借款10万元，年利率15%，上述借款均用于生产经营，利息支出均已列入财务费用。本年度财务费用共发生155万元。

（5）发生管理费用297万元。其中：业务招待费25万元，全年发生新产品研究费用30万元，未形成无形资产。

（6）发生销售费用650万元，其中广告费550万元。

（7）营业外收入5万元为企业固定资产盘盈收入；营业外支出25万元，其中，年中因违法经营行为被罚款1万元，通过红十字会向某灾区捐款20万元，向困难职工捐赠1万元，固定资产毁损净损失3万元。

（8）企业共取得投资收益27万元，其中含国债利息收入2万元，取得12个月以上的权益性投资收益25万元（向同方股份有限公司投资，被投资方按20%的税率向机构所在地税务机关缴纳了企业所得税）。

（9）2022年度购置安全生产专用设备80万元，已投入生产。

要求：运用企业所得税相关政策，分别对A企业的相关业务进行纳税调整，并帮助A企业计算应缴企业所得税。

【工作流程】

第一步：计算会计利润总额

会计利润 = 6 000 - 4 500 - （420 - 220）- 297 - 650 - 155 + 5 - 25 + 27 = 205（万元）

第二步：计算纳税调整增加额

（1）职工福利费扣除限额 = 400 × 14% = 56（万元）

纳税调增额 = 60 - 56 = 4（万元）

（2）职工工会经费扣除限额 = 400 × 2% = 8（万元）

纳税调增额 = 10 - 8 = 2（万元）

（3）职工教育经费扣除限额 = 400 × 8% = 32（万元）

纳税调增额 = 37 - 32 = 5（万元）

（4）利息纳税调增额 = 10 × （15% - 10%）= 0.5（万元）

（5）业务招待费的60% = 25 × 60% = 15（万元）

销售收入的5‰ = 6 000 × 5‰ = 30（万元）

业务招待费扣除限额 = 15万元

纳税调增额 = 25 - 15 = 10（万元）

（6）广告费扣除限额 = 6 000 × 15% = 900（万元），实际发生550万元，无须纳税调整。

（7）违法经营罚款不得在税前扣除，应纳税调增1万元。

（8）公益性捐赠扣除限额 = 205 × 12% = 24.6（万元），实际捐款20万元，无须纳税调整。

非公益性捐赠不得扣除，应纳税调增1万元。

纳税调整增加额合计 = 4 + 2 + 5 + 0.5 + 10 + 1 + 1 = 23.5（万元）

第三步：计算免税、减计收入及加计扣除金额

（1）残疾人员工资可以加计100%扣除，应纳税调减30万元。

（2）国债利息为免税收入，应纳税调减2万元。

（3）权益性的投资收益为免税收入，应纳税调减25万元。

（4）研究开发费用加计扣除 = 30×100% = 30（万元），应纳税调减30万元。

免税、减计及加计扣除合计 = 30 + 2 + 25 + 30 = 87（万元）

第四步：计算应纳税所得额

应纳税所得额 = 205 + 23.5 − 87 = 141.5（万元）

第五步：计算抵免所得税额

安全生产专用设备投资抵免所得税额 = 80×10% = 8（万元）

第六步：计算应纳税额

应纳税额 = 141.5×25% − 8 = 27.375（万元）

第七步：计算本年应补（退）所得税额

本年应补所得税额 = 27.375 − 10 = 17.375（万元）

课堂能力训练

1.某年某生产企业发放的合理工资总额为200万元；实际发生职工福利费用35万元、工会经费3.5万元、职工教育经费19万元；另为职工支付补充养老保险12万元、补充医疗保险8万元。

要求：计算当年企业申报企业所得税时上述费用应调整的应纳税所得额。

2.某食品生产企业某年度生产经营情况如下：

（1）取得产品销售收入总额1 000万元，已扣除折扣销售20万元，销售额和折扣金额在同一张发票上。

（2）准予扣除的产品销售成本为540万元。

（3）发生产品销售费用80万元，其中广告费用25万元；发生管理费用120万元，其中业务招待费10万元；发生不需资本化的借款利息40万元，其中20万元为向非金融机构借款发生的利息，年利率为5.5%，同期金融机构贷款年利率为5%。

（4）应缴纳的增值税为30万元，其他销售税费为70万元。

（5）发生营业外支出14万元，其中通过县政府向山区某农村义务教育捐款8万元，直接向遭受自然灾害的学校捐款2万元，缴纳税收滞纳金4万元。

要求：计算该企业本年度应纳企业所得税税额。

3.某企业某年度境内总机构的应纳税所得额为440万元。其设在A国的分支机构取得应税所得240万元，其中生产经营所得200万元，该国规定的税率为40%；特许权使用费所得40万元，税率为20%。设在B国的分支机构应税所得120万元，其中，生产经营所得80万元，该国税率为30%；利息所得40万元，税率为10%。假设境外应税所得与我国税法规定计算的应纳税所得额一致；境外所得均已分别按该国规定的税率缴纳了所得税。

要求：计算该企业本年度应纳企业所得税税额。

任务三　申报企业所得税

引导案例

自 2019 年 1 月 1 日起，某会计师事务所指派小张负责某企业代理报税业务，每月应在税务机关指定的日期前完成各税种的纳税申报工作。该企业 2018 年全年正常经营，主管税务机关确定该企业按月预缴企业所得税。

请问：小张应该如何进行该企业的企业所得税预缴申报和年度纳税申报工作？

引导案例解析

一、确定企业所得税征收方式

企业所得税征收方式鉴定工作每年进行一次，时间为当年的第一季度。企业应填写"企业所得税征收方式鉴定表"（见表 5-4），报主管税务机关审核。征收方式确定后，在一个纳税年度内一般不得变更。

表5-4　　　　　　　　　　企业所得税征收方式鉴定表

纳税人编码：　　　　　鉴定期：　　　　　年度　　　　　　　　金额单位：元

申报单位			
地　　址			
经济性质		行业类别	
开户银行		账　　号	
邮政编码		联系电话	
上年收入总额		上年成本费用额	
上年注册资本		上年原材料耗费量（额）	
上年职工人数		上年燃料、动力耗费量（额）	
上年固定资产原值		上年商品销售量（额）	
上年所得税税额		上年征收方式	
行次	项目	纳税人自报情况	主管税务机关审核意见
1	账簿设置情况		
2	收入核算情况		
3	成本费用核算情况		
4	纳税申报情况		
5	履行纳税义务情况		
6	其他情况		
纳税人对征收方式的意见： 经办人签章：　（公章） 　　　　　　　　　年　月　日		主管税务机关意见： 经办人签章：　（公章） 　　　　　　　　　年　月　日	
县级税务机关审核意见： 经办人签章： （公章） 　　　　　　　　　年　月　日			

鉴定表中的项目对应填列"合格"或"不合格"，五个项目均合格的，可实行纳税人自行申报、税务机关查账征收的方式征收企业所得税；有一项或一项以上项目不合格的，可实行核定征收方式征收企业所得税。

实行核定征收方式的，鉴定表1、4、5项中有一项不合格的，或2、3项均不合格的，可实行定额征收的办法征收企业所得税；2、3项中有一项合格，另一项不合格的，可实行核定应税所得率的办法征收企业所得税。

二、确定企业所得税纳税期限

企业所得税实行按年计征，按月或季预缴，年终汇算清缴，多退少补的征收办法。

企业所得税按纳税年度计算，自公历1月1日起至12月31日止为一个纳税年度。企业在一个纳税年度中间开业，或者由于合并、终止经营活动等原因使该纳税年度的实际经营期不足12个月的，以其实际经营期为一个纳税年度。企业依法清算的，应当以清算期间作为一个纳税年度。企业应当在办理注销登记前，就其清算所得向税务机关申报并依法缴纳企业所得税。

企业应当自月份或者季度终了之日起15日内，向税务机关报送预缴企业所得税纳税申报表，预缴税款；自年度终了之日起5个月内，向税务机关报送企业所得税年度纳税申报表、财务会计报告和其他有关资料并汇算清缴，结清应缴应退税款。

纳税人在纳税年度无论盈利或亏损，均应按照规定的期限申报和报送会计资料。

纳税申报期限的最后1日是法定休假日的，以休假日期满的次日为期限的最后1日；在期限内有连续3日以上法定休假日的，按休假日天数顺延。

三、确定企业所得税纳税地点

（一）居民企业纳税地点

除税收法律、行政法规另有规定外，居民企业以企业登记注册地为纳税地点；但登记注册地在境外的，以实际管理机构所在地为纳税地点。

居民企业在中国境内设立不具有法人资格的营业机构的，应当汇总计算并缴纳企业所得税。

【提示】除国务院另有规定外，企业之间不得合并缴纳企业所得税。

（二）非居民企业纳税地点

非居民企业的纳税地点按其是否在中国境内设立机构、场所分别确定。

非居民企业在中国境内设立机构、场所的，其所设机构、场所取得的来源于中国境内的所得，以及发生在中国境内但与其所设机构、场所有实际联系的所得，以机构、场所所在地为纳税地点。非居民企业在中国境内设立两个或者两个以上机构、场所的，经税务机关审核批准，可以选择由其主要机构、场所汇总缴纳企业所得税。

非居民企业在中国境内未设立机构、场所的，或者虽设立机构、场所但取得的所得与其所设机构、场所没有实际联系的所得，以扣缴义务人所在地为纳税地点。

四、申报缴纳

（一）企业所得税预缴纳税申报

企业在纳税年度内无论盈利或者亏损，都应当自月份或者季度终了之日起15日内，向税务机关报送企业所得税月（季）度预缴纳税申报表。

查账征收企业所得税的居民纳税人及在中国境内设立机构的非居民纳税人在月（季）度预缴企业所得税时，应填制"中华人民共和国企业所得税月（季）度预缴纳税申报表"（A类）（见表5-5）；实行核定征收管理办法缴纳企业所得税的纳税人在月（季）度预缴企业所得税时，应填制"中华人民共和国企业所得税月（季）度预缴和年度纳税申报表"（B类）（见表5-6）。

表5-5　A200000　中华人民共和国企业所得税月（季）度预缴纳税申报表（A类）

税款所属期间：　　年　月　日至　　年　月　日

纳税人识别号（统一社会信用代码）：□□□□□□□□□□□□□□□□□□

纳税人名称：　　　　　　　　　　　　　　　　　金额单位：人民币元(列至角分)

优惠及附报事项有关信息									
项目	一季度		二季度		三季度		四季度		季度平均值
	季初	季末	季初	季末	季初	季末	季初	季末	
从业人数									
资产总额（万元）									
国家限制或禁止行业	□是□否				小型微利企业				□是□否
	附报事项名称								金额或选项
事项1	（填写特定事项名称）								
事项2	（填写特定事项名称）								
	预缴税款计算								本年累计
1	营业收入								
2	营业成本								
3	利润总额								
4	加：特定业务计算的应纳税所得额								
5	减：不征税收入								
6	减：资产加速折旧、摊销（扣除）调减额（填写A201020）								
7	减：免税收入、减计收入、加计扣除（7.1+7.2+…）								
7.1	（填写优惠事项名称）								
7.2	（填写优惠事项名称）								
8	减：所得减免（8.1+8.2+…）								

	预缴税款计算		本年累计
8.1	（填写优惠事项名称）		
8.2	（填写优惠事项名称）		
9	减：弥补以前年度亏损		
10	实际利润额（3+4-5-6-7-8-9）\按照上一纳税年度应纳税所得额平均额确定的应纳税所得额		
11	税率（25%）		
12	应纳所得税额（10×11）		
13	减：减免所得税额（13.1+13.2+…）		
13.1	（填写优惠事项名称）		
13.2	（填写优惠事项名称）		
14	减：本年实际已缴纳所得税额		
15	减：特定业务预缴（征）所得税额		
16	本期应补（退）所得税额（12-13-14-15）\税务机关确定的本期应纳所得税额		
汇总纳税企业总分机构税款计算			
17	总机构	总机构本期分摊应补（退）所得税额（18+19+20）	
18		其中：总机构分摊应补（退）所得税额（16×总机构分摊比例%）	
19		财政集中分配应补（退）所得税额（16×财政集中分配比例%）	
20		总机构具有主体生产经营职能的部门分摊所得税额（16×全部分支机构分摊比例____%×总机构具有主体生产经营职能部门分摊比例%）	
21	分支机构	分支机构本期分摊比例	
22		分支机构本期分摊应补（退）所得税额	
实际缴纳企业所得税计算			
23	减：民族自治地区企业所得税地方分享部分（□免征 □减征：减征幅度____%）	本年累计应减免金额 ［（12-13-15）×40%×减征幅度］	
24	实际应补（退）所得税额		

谨声明：本纳税申报表是根据国家税收法律法规及相关规定填报的，是真实的、可靠的、完整的。

纳税人（签章）：　　　年　　月　　日

经办人： 经办人身份证号： 代理机构签章： 代理机构统一社会信用代码：	受理人： 受理税务机关（章）： 受理日期：年月日

国家税务总局监制

表5-6　B100000　中华人民共和国企业所得税月（季）度预缴和年度纳税申报表（B类，2018年版）

税款所属期间：　　　年　月　日至　　年　月　日

纳税人识别号（统一社会信用代码）：□□□□□□□□□□□□□□□□□□

纳税人名称：　　　　　　　　　　　　　　　　　　　金额单位：人民币元（列至角分）

核定征收方式	□核定应税所得率（能核算收入总额的）　□核定应税所得率（能核算成本费用总额的） □核定应纳所得税额								
按季度填报信息									
项　目	一季度		二季度		三季度		四季度		季度平均值
	季初	季末	季初	季末	季初	季末	季初	季末	
从业人数									
资产总额（万元）									
国家限制或禁止行业	□是　□否				小型微利企业		□是　□否		
按年度填报信息									
从业人数（填写平均值）				资产总额（填写平均值，单位：万元）					
国家限制或禁止行业	□是　□否			小型微利企业				□是　□否	
行次	项　目								本年累计金额
1	收入总额								
2	减：不征税收入								
3	减：免税收入（4+5+10+11）								
4	国债利息收入免征企业所得税								
5	符合条件的居民企业之间的股息、红利等权益性投资收益免征企业所得税（6+7.1+7.2+8+9）								
6	其中：一般股息红利等权益性投资收益免征企业所得税								
7.1	通过沪港通投资且连续持有H股满12个月取得的股息红利所得免征企业所得税								
7.2	通过深港通投资且连续持有H股满12个月取得的股息红利所得免征企业所得税								
8	居民企业持有创新企业CDR取得的股息红利所得免征企业所得税								
9	符合条件的居民企业之间属于股息、红利性质的永续债利息收入免征企业所得税								
10	投资者从证券投资基金分配中取得的收入免征企业所得税								
11	取得的地方政府债券利息收入免征企业所得税								
12	应税收入额（1-2-3）＼成本费用总额								
13	税务机关核定的应税所得率（%）								
14	应纳税所得额（第12×13行）＼［第12行÷（1-第13行）×第13行］								
15	税率（25%）								
16	应纳所得税额（14×15）								
17	减：符合条件的小型微利企业减免企业所得税								
18	减：实际已缴纳所得税额								
L19	减：符合条件的小型微利企业延缓缴纳所得税额（是否延缓缴纳所得税　□是　□否）								
19	本期应补（退）所得税额（16-17-18-L19）＼税务机关核定本期应纳所得税额								
20	民族自治地方的自治机关对本民族自治地方的企业应缴纳的企业所得税中属于地方分享的部分减征或免征（□免征　□减征：减征幅度____%）								
21	本期实际应补（退）所得税额								

谨声明：本纳税申报表是根据国家税收法律法规及相关规定填报的，是真实的、可靠的、完整的。

　　　　　　　　　　　　　　　　　　　　　　　　纳税人（签章）：　　年　月　日

经办人： 经办人身份证号： 代理机构签章： 代理机构统一社会信用代码：	受理人： 受理税务机关（章）： 受理日期：　　　年　月　日

　　　　　　　　　　　　　　　　　　　　　　　　　　　　国家税务总局监制

（二）企业所得税年度纳税申报

图片

企业所得税预缴纳税申报表简化了！一图读懂主要变化

查账征收企业所得税的纳税人在年度汇算清缴时，无论盈利或亏损，都必须在年度终了后5个月内进行纳税申报，填写企业基础信息表、企业所得税年度纳税申报表及其有关附表。

国家税务总局公告2021年第34号和2022年第27号对《中华人民共和国企业所得税年度纳税申报表（A类，2017年版）》部分表单和填报说明进行修订，现行企业所得税年度纳税申报表共有38张，除了1张纳税申报表填报表单（见表5-7）、1张基础信息表（见表5-8）和1张主表（见表5-9）外，还有附表35张（其中部分申报表见表5-10至表5-27），即6张收入费用明细表、13张纳税调整表、1张亏损弥补表、9张税收优惠表、4张境外所得抵免表、2张汇总纳税表。其中，主表的附表有15张，附表的附表有20张（由于篇幅有限，除项目工作任务实例所用附表及部分常用附表外，企业所得税年度纳税申报表附表不在此一一列示，可至国家税务总局网站自行下载）。

表5-7　企业所得税年度纳税申报表填报表单

表单编号	表单名称	是否填报
A000000	企业所得税年度纳税申报基础信息表	☑
A100000	中华人民共和国企业所得税年度纳税申报表（A类）	☑
A101010	一般企业收入明细表	☐
A101020	金融企业收入明细表	☐
A102010	一般企业成本支出明细表	☐
A102020	金融企业支出明细表	☐
A103000	事业单位、民间非营利组织收入、支出明细表	☐
A104000	期间费用明细表	☐
A105000	纳税调整项目明细表	☐
A105010	视同销售和房地产开发企业特定业务纳税调整明细表	☐
A105020	未按权责发生制确认收入纳税调整明细表	☐
A105030	投资收益纳税调整明细表	☐
A105040	专项用途财政性资金纳税调整明细表	☐
A105050	职工薪酬支出及纳税调整明细表	☐
A105060	广告费和业务宣传费跨年度纳税调整明细表	☐
A105070	捐赠支出及纳税调整明细表	☐
A105080	资产折旧、摊销及纳税调整明细表	☐
A105090	资产损失税前扣除及纳税调整明细表	☐

续表

表单编号	表单名称	是否填报
A105100	企业重组及递延纳税事项纳税调整明细表	□
A105110	政策性搬迁纳税调整明细表	□
A105120	特殊行业准备金及纳税调整明细表	□
A106000	企业所得税弥补亏损明细表	□
A107010	免税、减计收入及加计扣除优惠明细表	□
A107011	符合条件的居民企业之间的股息、红利等权益性投资收益优惠明细表	□
A107012	研发费用加计扣除优惠明细表	□
A107020	所得减免优惠明细表	□
A107030	抵扣应纳税所得额明细表	□
A107040	减免所得税优惠明细表	□
A107041	高新技术企业优惠情况及明细表	□
A107042	软件、集成电路企业优惠情况及明细表	□
A107050	税额抵免优惠明细表	□
A108000	境外所得税收抵免明细表	□
A108010	境外所得纳税调整后所得明细表	□
A108020	境外分支机构弥补亏损明细表	□
A108030	跨年度结转抵免境外所得税明细表	□
A109000	跨地区经营汇总纳税企业年度分摊企业所得税明细表	□
A109010	企业所得税汇总纳税分支机构所得税分配表	□

说明：企业应当根据实际情况选择需要填报的表单。

表5-8 A000000   企业所得税年度纳税申报基础信息表

基本经营情况（必填项目）			
101 纳税申报企业类型（填写代码）		102 分支机构就地纳税比例（%）	
103 资产总额（填写平均值，单位：万元）		104 从业人数（填写平均值，单位：人）	
105 所属国民经济行业（填写代码）		106 从事国家限制或禁止行业	□是□否
107 适用会计准则或会计制度（填写代码）		108 采用一般企业财务报表格式（2019 年版）	□是□否
109 小型微利企业	□是 □否	110 上市公司	是（□境内 □境外）□否

续表

有关涉税事项情况（存在或者发生下列事项时必填）					
201 从事股权投资业务		□是	202 存在境外关联交易		□是
203 境外所得信息	203-1 选择采用的境外所得抵免方式		□分国（地区）不分项　□不分国（地区）不分项		
	203-2 新增境外直接投资信息		□是（产业类别：□旅游业□现代服务业□高新技术产业）		
204 有限合伙制创业投资企业的法人合伙人		□是	205 创业投资企业		□是
206 技术先进型服务企业类型（填写代码）			207 非营利组织		□是
208 软件、集成电路企业类型（填写代码）			209 集成电路生产项目类型	□130 纳米 □65 纳米 □28 纳米	
210 科技型中小企业	210-1 年（申报所属期年度）入库编号 1			210-2 入库时间 1	
	210-3 年（所属期下一年度）入库编号 2			210-4 入库时间 2	
211 高新技术企业申报所属期年度有效的高新技术企业证书	211-1 证书编号 1			211-2 发证时间 1	
	211-3 证书编号 2			211-4 发证时间 2	
212 重组事项税务处理方式		□一般性□特殊性	213 重组交易类型（填写代码）		
214 重组当事方类型（填写代码）			215 政策性搬迁开始时间	＿＿年＿月	
216 发生政策性搬迁且停止生产经营无所得年度		□是	217 政策性搬迁损失分期扣除年度		□是
218 发生非货币性资产对外投资递延纳税事项		□是	219 非货币性资产对外投资转让所得递延纳税年度		□是
220 发生技术成果投资入股递延纳税事项		□是	221 技术成果投资入股递延纳税年度		□是
222 发生资产（股权）划转特殊性税务处理事项		□是	223 债务重组所得递延纳税年度		□是
224 研发支出辅助账样式		□2015 版　　　　□2021 版　　　　□自行设计			

主要股东及分红情况（必填项目）					
股东名称	证件种类	证件号码	投资比例（%）	当年（决议日）分配的股息、红利等权益性投资收益金额	国籍（注册地址）
其余股东合计	—	—			—

表5-9　A100000　　中华人民共和国企业所得税年度纳税申报表（A类）　　　　单位：元

行次	类别	项 目	金 额
1	利润总额计算	一、营业收入（填写 A101010\101020\103000）	60 000 000
2		减：营业成本（填写 A102010\102020\103000）	45 000 000
3		减：税金及附加	2 000 000
4		减：销售费用（填写 A104000）	6 500 000
5		减：管理费用（填写 A104000）	2 970 000
6		减：财务费用（填写 A104000）	1 550 000
7		减：资产减值损失	
8		加：公允价值变动收益	
9		加：投资收益	270 000
10		二、营业利润（1-2-3-4-5-6-7+8+9）	2 250 000
11		加：营业外收入（填写 A101010\101020\103000）	50 000
12		减：营业外支出（填写 A102010\102020\103000）	250 000
13		三、利润总额（10+11-12）	2 050 000
14	应纳税所得额计算	减：境外所得（填写 A108010）	
15		加：纳税调整增加额（填写 A105000）	235 000
16		减：纳税调整减少额（填写 A105000）	
17		减：免税、减计收入及加计扣除（填写 A107010）	870 000
18		加：境外应税所得抵减境内亏损（填写 A108000）	
19		四、纳税调整后所得（13-14+15-16-17+18）	1 415 000
20		减：所得减免（填写 A107020）	
21		减：弥补以前年度亏损（填写 A106000）	
22		减：抵扣应纳税所得额（填写 A107030）	
23		五、应纳税所得额（19-20-21-22）	1 415 000
24	应纳税额计算	税率（25%）	
25		六、应纳所得税额（23×24）	353 750
26		减：减免所得税额（填写 A107040）	
27		减：抵免所得税额（填写 A107050）	80 000
28		七、应纳税额（25-26-27）	273 750
29		加：境外所得应纳所得税额（填写 A108000）	
30		减：境外所得抵免所得税额（填写 A108000）	
31		八、实际应纳所得税额（28+29-30）	273 750
32		减：本年累计实际已缴纳的所得税额	100 000
33		九、本年应补（退）所得税额（31-32）	173 750
34		其中：总机构分摊本年应补（退）所得税额（填写 A109000）	
35		财政集中分配本年应补（退）所得税额（填写 A109000）	
36		总机构主体生产经营部门分摊本年应补（退）所得税额（填写 A109000）	
37	实际应纳税额计算	减：民族自治地区企业所得税地方分享部分：（□ 免征　□ 减征：减征幅度＿＿＿%）	
38		十、本年实际应补（退）所得税额（33-37）	

表5-10 A101010   一般企业收入明细表   单位：元

行次	项　目	金　额
1	一、营业收入（2＋9）	60 000 000
2	（一）主营业务收入（3＋5＋6＋7＋8）	60 000 000
3	1.销售商品收入	60 000 000
4	其中：非货币性资产交换收入	
5	2.提供劳务收入	
6	3.建造合同收入	
7	4.让渡资产使用权收入	
8	5.其他	
9	（二）其他业务收入（10＋12＋13＋14＋15）	
10	1.销售材料收入	
11	其中：非货币性资产交换收入	
12	2.出租固定资产收入	
13	3.出租无形资产收入	
14	4.出租包装物和商品收入	
15	5.其他	
16	二、营业外收入（17＋18＋19＋20＋21＋22＋23＋24＋25＋26）	50 000
17	（一）非流动资产处置利得	50 000
18	（二）非货币性资产交换利得	
19	（三）债务重组利得	
20	（四）政府补助利得	
21	（五）盘盈利得	
22	（六）捐赠利得	
23	（七）罚没利得	
24	（八）确实无法偿付的应付款项	
25	（九）汇兑收益	
26	（十）其他	

表5-11　A102010　　　　　　　　一般企业成本支出明细表　　　　　　　　单位：元

行次	项　目	金　额
1	一、营业成本（2＋9）	45 000 000
2	（一）主营业务成本（3＋5＋6＋7＋8）	45 000 000
3	1.销售商品成本	45 000 000
4	其中：非货币性资产交换成本	
5	2.提供劳务成本	
6	3.建造合同成本	
7	4.让渡资产使用权成本	
8	5.其他	
9	（二）其他业务成本（10＋12＋13＋14＋15）	
10	1.销售材料成本	
11	其中：非货币性资产交换成本	
12	2.出租固定资产成本	
13	3.出租无形资产成本	
14	4.包装物出租成本	
15	5.其他	
16	二、营业外支出（17＋18＋19＋20＋21＋22＋23＋24＋25＋26）	250 000
17	（一）非流动资产处置损失	30 000
18	（二）非货币性资产交换损失	
19	（三）债务重组损失	
20	（四）非常损失	
21	（五）捐赠支出	210 000
22	（六）赞助支出	
23	（七）罚没支出	10 000
24	（八）坏账损失	
25	（九）无法收回的债券股权投资损失	
26	（十）其他	

表5-12   A104000   期间费用明细表   单位：元

行次	项　目	销售费用	其中：境外支付	管理费用	其中：境外支付	财务费用	其中：境外支付
		1	2	3	4	5	6
1	一、职工薪酬		*		*	*	*
2	二、劳务费					*	*
3	三、咨询顾问费					*	*
4	四、业务招待费		*		*	*	*
5	五、广告费和业务宣传费		*		*	*	*
6	六、佣金和手续费						
7	七、资产折旧摊销费		*		*	*	*
8	八、财产损耗、盘亏及毁损损失		*		*	*	*
9	九、办公费		*		*	*	*
10	十、董事会费		*		*	*	*
11	十一、租赁费					*	
12	十二、诉讼费		*		*	*	*
13	十三、差旅费		*		*	*	*
14	十四、保险费		*		*	*	*
15	十五、运输、仓储费					*	*
16	十六、修理费					*	*
17	十七、包装费		*		*	*	*
18	十八、技术转让费					*	*
19	十九、研究费用					*	*
20	二十、各项税费		*		*	*	*
21	二十一、利息收支	*	*	*	*		
22	二十二、汇兑差额	*	*	*	*		
23	二十三、现金折扣	*	*	*	*		*
24	二十四、党组织工作经费	*	*		*	*	*
25	二十五、其他						
26	合计（1+2+3+…+25）	6 500 000		2 970 000		1 550 000	

表5-13　A105000　　　　　　　　　　纳税调整项目明细表　　　　　　　　　　　单位：元

行次	项　目	账载金额	税收金额	调增金额	调减金额
		1	2	3	4
1	一、收入类调整项目（2+3+…+8+10+11）	*	*		
2	（一）视同销售收入（填写A105010）	*			*
3	（二）未按权责发生制原则确认的收入（填写A105020）				
4	（三）投资收益（填写A105030）				
5	（四）按权益法核算长期股权投资对初始投资成本调整确认收益	*	*	*	
6	（五）交易性金融资产初始投资调整	*	*		*
7	（六）公允价值变动净损益		*		
8	（七）不征税收入	*	*		
9	其中：专项用途财政性资金（填写A105040）	*	*		
10	（八）销售折扣、折让和退回				
11	（九）其他				
12	二、扣除类调整项目（13+14+…+24+26+27+28+29+30）	*	*	235 000	
13	（一）视同销售成本（填写A105010）	*		*	
14	（二）职工薪酬（填写A105050）	5 070 000	4 960 000	110 000	
15	（三）业务招待费支出	250 000	150 000	100 000	*
16	（四）广告费和业务宣传费支出（填写A105060）	*	*		
17	（五）捐赠支出（填写A105070）	200 000	200 000		
18	（六）利息支出	15 000	10 000	5 000	
19	（七）罚金、罚款和被没收财物的损失	10 000	*	10 000	*
20	（八）税收滞纳金、加收利息		*		*
21	（九）赞助支出	10 000	*	10 000	*
22	（十）与未实现融资收益相关在当期确认的财务费用				
23	（十一）佣金和手续费支出				*

续表

行次	项　　目	账载金额	税收金额	调增金额	调减金额
		1	2	3	4
24	（十二）不征税收入用于支出所形成的费用	*	*		*
25	其中：专项用途财政性资金用于支出所形成的费用（填写A105040）	*	*		*
26	（十三）跨期扣除项目				
27	（十四）与取得收入无关的支出		*		*
28	（十五）境外所得分摊的共同支出	*	*		*
29	（十六）党组织工作经费				
30	（十七）其他				
31	三、资产类调整项目（32＋33＋34＋35）	*	*		
32	（一）资产折旧、摊销（填写A105080）				
33	（二）资产减值准备金		*		
34	（三）资产损失（填写A105090）				
35	（四）其他				
36	四、特殊事项调整项目（37＋38＋…＋42+43）	*	*		
37	（一）企业重组及递延纳税事项（填写A105100）				
38	（二）政策性搬迁（填写A105110）	*	*		
39	（三）特殊行业准备金（填写A105120）				
40	（四）房地产开发企业特定业务计算的纳税调整额（填写A105010）	*			
41	（五）合伙企业法人合伙人应分得的应纳税所得额				
42	（六）永续债利息支出				
43	（七）其他	*	*		
44	五、特别纳税调整应税所得	*	*		
45	六、其他	*	*		
46	合计（1＋12＋31＋36＋44＋45）	*	*	235 000	

表5-14　A105010　视同销售和房地产开发企业特定业务纳税调整明细表　　　单位：元

行次	项目	税收金额	纳税调整金额
		1	2
1	一、视同销售（营业）收入（2＋3＋4＋5＋6＋7＋8＋9＋10）		
2	（一）非货币性资产交换视同销售收入		
3	（二）用于市场推广或销售视同销售收入		
4	（三）用于交际应酬视同销售收入		
5	（四）用于职工奖励或福利视同销售收入		
6	（五）用于股息分配视同销售收入		
7	（六）用于对外捐赠视同销售收入		
8	（七）用于对外投资项目视同销售收入		
9	（八）提供劳务视同销售收入		
10	（九）其他		
11	二、视同销售（营业）成本（12＋13＋14＋15＋16＋17＋18＋19＋20）		
12	（一）非货币性资产交换视同销售成本		
13	（二）用于市场推广或销售视同销售成本		
14	（三）用于交际应酬视同销售成本		
15	（四）用于职工奖励或福利视同销售成本		
16	（五）用于股息分配视同销售成本		
17	（六）用于对外捐赠视同销售成本		
18	（七）用于对外投资项目视同销售成本		
19	（八）提供劳务视同销售成本		
20	（九）其他		
21	三、房地产开发企业特定业务计算的纳税调整额（22－26）		
22	（一）房地产企业销售未完工开发产品特定业务计算的纳税调整额（24－25）		
23	1.销售未完工产品的收入		＊
24	2.销售未完工产品预计毛利额		
25	3.实际发生的税金及附加、土地增值税		
26	（二）房地产企业销售的未完工产品转完工产品特定业务计算的纳税调整额（28－29）		
27	1.销售未完工产品转完工产品确认的销售收入		＊
28	2.转回的销售未完工产品预计毛利额		
29	3.转回实际发生的税金及附加、土地增值税		

表5-15 A105050

职工薪酬支出及纳税调整明细表

金额单位：元

行次	项目	账载金额 1	实际发生额 2	税收规定扣除率 3	以前年度累计结转扣除额 4	税收金额 5	纳税调整金额 6 (1-5)	累计结转以后年度扣除额 7 (2+4-5)
1	一、工资薪金支出	4 000 000	4 000 000	*	*	4 000 000		*
2	其中：股权激励			*	*			*
3	二、职工福利费支出	600 000	600 000	14%	*	560 000	40 000	*
4	三、职工教育经费支出	370 000	370 000	*	*	320 000	50 000	50 000
5	其中：按税收规定比例扣除的职工教育经费	370 000	370 000	8%	*	320 000	50 000	50 000
6	按税收规定全额扣除的职工培训费用			*	*		*	*
7	四、工会经费支出	100 000	100 000	2%	*	80 000	20 000	*
8	五、各类基本社会保障性缴款			*	*		*	*
9	六、住房公积金				*		*	*
10	七、补充养老保险				*		*	*
11	八、补充医疗保险				*		*	*
12	九、其他			*	*		*	*
13	合计（1+3+4+7+8+9+10+11+12）	5 070 000	5 070 000	*	*	4 960 000	110 000	50 000

表5-16 A105060　　　　**广告费和业务宣传费跨年度纳税调整明细表**　　　　金额单位：元

行次	项目	广告费和业务宣传费	保险企业手续费及佣金支出
1	一、本年支出	5 500 000	
2	减：不允许扣除的支出		
3	二、本年符合条件的支出（1－2）	5 500 000	
4	三、本年计算扣除限额的基数	60 000 000	
5	乘：税收规定扣除率		15%
6	四、本企业计算的扣除限额（4×5）	9 000 000	
7	五、本年结转以后年度扣除额（3＞6，本行＝3－6；3≤6，本行＝0）	0	
8	加：以前年度累计结转扣除额		
9	减：本年扣除的以前年度结转额［3＞6，本行＝0；3≤6，本行＝8与（6－3）孰小值］		
10	六、按照分摊协议归集至其他关联方的金额（10≤3与6孰小值）		
11	按照分摊协议从其他关联方归集至本企业的金额		
12	七、本年支出纳税调整金额（3＞6，本行＝2＋3－6＋10－11；3≤6，本行＝2＋10－11－9）	0	
13	八、累计结转以后年度扣除额（7＋8－9）	0	

表5-17 A105070　　　　**捐赠支出及纳税调整明细表**　　　　单位：元

行次	项目	账载金额	以前年度结转可扣除的捐赠额	按税收规定计算的扣除限额	税收金额	纳税调增金额	纳税调减金额	可结转以后年度扣除的捐赠额
		1	2	3	4	5	6	7
1	一、非公益性捐赠		*	*	*		*	*
2	二、全额扣除的公益性捐赠		*	*		*	*	*
3	其中：扶贫捐赠		*	*		*		*
3	三、限额扣除的公益性捐赠（5+6+7+8）	200 000	0	246 000	200 000	0	0	0
4	前三年度（2018年）	*		*	*	*		*
5	前二年度（2019年）	*		*	*	*		
6	前一年度（2020年）	*		*	*	*		
7	本　年（2021年）	200 000	*	246 000	200 000	0	*	0
8	合计（1+2+4）	200 000		246 000	200 000	0	0	0
附列资料	2015年度至本年发生的公益性扶贫捐赠合计金额		*	*		*	*	*

表5-18　A105080

资产折旧、摊销及纳税调整明细表

行次	项目	账载金额			税收金额					纳税调整金额
		资产原值	本年折旧、摊销额	累计折旧、摊销额	资产计税基础	税收折旧、摊销额	享受加速折旧政策的资产按税收一般规定计算的折旧、摊销额	加速折旧、摊销统计额	累计折旧、摊销额	
		1	2	3	4	5	6	7 (5-6)	8	9 (2-5)
1	一、固定资产 (2+3+4+5+6+7)									
2	（一）房屋、建筑物						*	*		
3	（二）飞机、火车、轮船、机器、机械和其他生产设备						*	*		
4	（三）与生产经营活动有关的器具、工具、家具等						*	*		
5	（四）飞机、火车、轮船以外的运输工具						*	*		
6	（五）电子设备						*	*		
7	（六）其他						*	*		
8	其中：享受固定资产加速折旧及一次性扣除政策的资产加速折旧额大于一般折旧额的部分　重要行业固定资产加速折旧（不含一次性扣除）							*		*
9	其他行业研发设备加速折旧							*		*
10	特定地区企业固定资产加速折旧 (10.1+10.2)							*		*
10.1	1.海南自由贸易港企业固定资产加速折旧							*		*
10.2	2.横琴粤澳深度合作区企业固定资产加速折旧							*		*
11	（四）500万元以下设备器具一次性扣除							*		*

续表

行次	项目	账载金额			税收金额					纳税调整金额
		资产原值	本年折旧、摊销额	累计折旧、摊销额	资产计税基础	税收折旧、摊销额	享受加速折旧政策的资产按税收一般规定计算的折旧、摊销额	加速折旧、摊销统计额	累计折旧、摊销额	
		1	2	3	4	5	6	7（5-6）	8	9（2-5）
12	（五）500万元以上设备器具一次性扣除									*
13	（六）特定地区企业固定资产一次性扣除（13.1+13.2）									*
13.1	1.海南自由贸易港企业固定资产一次性扣除									*
13.2	2.横琴粤澳深度合作区企业固定资产一次性扣除									*
14	（七）技术进步、更新换代固定资产加速折旧									*
15	（八）常年强震动、高腐蚀固定资产加速折旧									*
	其中：享受固定资产加速折旧政策的资产加速折旧额大于一般折旧额的部分									*
16	（九）外购软件加速折旧									*
17	（十）集成电路企业生产设备加速折旧									*
18	二、生产性生物资产（19+20）						*	*		
19	（一）林木类						*	*		
20	（二）畜类						*	*		
21	三、无形资产（22+23+24+25+26+27+28+29）						*	*		

续表

行次	项目		账载金额			资产计税基础	税收折旧、摊销额	税收金额			纳税调整金额
			资产原值	本年折旧、摊销额	累计折旧、摊销额			享受加速折旧政策的资产按税收一般规定计算的折旧、摊销额	加速折旧、摊销统计额	累计折旧、摊销额	
			1	2	3	4	5	6	7 (5-6)	8	9 (2-5)
22	所有无形资产	(一)专利权							*		
23		(二)商标权						*	*		
24		(三)著作权						*	*		
25		(四)土地使用权						*	*		
26		(五)非专利技术						*	*		
27		(六)特许权使用费						*	*		
28		(七)软件						*	*		
29		(八)其他						*	*		
30	其中:享受无形资产加速摊销及一次性摊销政策的资产加速摊销额大于一般摊销额的部分	(一)企业外购软件加速摊销									*
31		(二)特定地区企业无形资产加速摊销 (31.1+31.2)									*
31.1		1.海南自由贸易港企业无形资产加速摊销									*
31.2		2.横琴粤澳深度合作区企业无形资产加速摊销									*
32		(三)特定地区企业无形资产一次性摊销 (32.1+32.2)									*
32.1		1.海南自由贸易港企业无形资产一次性摊销									*
32.2		2.横琴粤澳深度合作区企业无形资产一次性摊销									*

续表

行次	项目	账载金额			资产计税基础	税收折旧、摊销额	税收金额		累计折旧、摊销额	纳税调整金额
		资产原值	本年折旧、摊销额	累计折旧、摊销额			享受加速折旧政策的资产按税收一般规定计算的折旧、摊销额	加速折旧、摊销统计额		
		1	2	3	4	5	6	7 (5-6)	8	9 (2-5)
33	四、长期待摊费用 (34+35+36+37+38)						*	*		
34	(一) 已足额提取折旧的固定资产的改建支出						*	*		
35	(二) 租入固定资产的改建支出						*	*		
36	(三) 固定资产的大修理支出						*	*		
37	(四) 开办费						*	*		
38	(五) 其他						*	*		
39	五、油气勘探投资						*	*		
40	六、油气开发投资						*	*		
41	合计 (1+18+21+33+39+40)						*	*		
附列资料	全民所有制企业公司制改制资产评估增值政策资产							*		

表5-19　A106000

企业所得税弥补亏损明细表

行次	项目	年度	当年境内所得额	分立转出的亏损额	合并、分立转入的亏损额 可弥补年限 5年	合并、分立转入的亏损额 可弥补年限 10年	弥补亏损企业类型	当年亏损额	当年待弥补的亏损额	用本年度所得额弥补的以前年度亏损额 使用境内所得弥补	用本年度所得额弥补的以前年度亏损额 使用境外所得弥补	当年可结转以后年度弥补的亏损额
		1	2	3	4	5	6	7	8	9	10	11
1	前十年度											
2	前九年度											
3	前八年度											
4	前七年度											
5	前六年度											
6	前五年度											
7	前四年度											
8	前三年度											
9	前二年度											
10	前一年度											
11	本年度											
12	可结转以后年度弥补的亏损额合计											

表5-20　A107010　　　　　免税、减计收入及加计扣除优惠明细表

行次	项　目	金　额
1	一、免税收入（2+3+9+…+16）	270 000
2	（一）国债利息收入免征企业所得税	20 000
3	（二）符合条件的居民企业之间的股息、红利等权益性投资收益免征企业所得税（4+5+6+7+8）	250 000
4	1.一般股息红利等权益性投资收益免征企业所得税（填写A107011）	250 000
5	2.内地居民企业通过沪港通投资且连续持有H股满12个月取得的股息红利所得免征企业所得税（填写A107011）	
6	3.内地居民企业通过深港通投资且连续持有H股满12个月取得的股息红利所得免征企业所得税（填写A107011）	
7	4.居民企业持有创新企业CDR取得的股息红利所得免征企业所得税（填写A107011）	
8	5.符合条件的永续债利息收入免征企业所得税（填写A107011）	
9	（三）符合条件的非营利组织的收入免征企业所得税	
10	（四）中国清洁发展机制基金取得的收入免征企业所得税	
11	（五）投资者从证券投资基金分配中取得的收入免征企业所得税	
12	（六）取得的地方政府债券利息收入免征企业所得税	
13	（七）中国保险保障基金有限责任公司取得的保险保障基金等收入免征企业所得税	
14	（八）中国奥委会取得北京冬奥组委支付的收入免征企业所得税	
15	（九）中国残奥委会取得北京冬奥组委分期支付的收入免征企业所得税	
16	（十）其他	
17	二、减计收入（18+19+23+24）	
18	（一）综合利用资源生产产品取得的收入在计算应纳税所得额时减计收入	
19	（二）金融、保险等机构取得的涉农利息、保费减计收入（20+21+22）	
20	1.金融机构取得的涉农贷款利息收入在计算应纳税所得额时减计收入	
21	2.保险机构取得的涉农保费收入在计算应纳税所得额时减计收入	
22	3.小额贷款公司取得的农户小额贷款利息收入在计算应纳税所得额时减计收入	
23	（三）取得铁路债券利息收入减半征收企业所得税	
24	（四）其他（24.1+24.2）	
24.1	1.取得的社区家庭服务收入在计算应纳税所得额时减计收入	
24.2	2.其他	
25	三、加计扣除（26+27+28+29+30）	600 000
26	（一）开发新技术、新产品、新工艺发生的研究开发费用加计扣除（填写A107012）	300 000
27	（二）科技型中小企业开发新技术、新产品、新工艺发生的研究开发费用加计扣除（填写A107012）	
28	（三）企业为获得创新性、创意性、突破性的产品进行创意设计活动而发生的相关费用加计扣除（加计扣除比例及计算方法：＿＿）	
29	（四）安置残疾人员所支付的工资加计扣除	300 000
30	（五）其他	
31	合计（1+17+25）	870 000

表5-21　A107011

符合条件的居民企业之间的股息、红利等权益性投资收益优惠明细表

单位：元

行次	被投资企业	被投资企业统一社会信用代码（纳税人识别号）1	被投资企业性质 2	投资性质 3	投资成本 4	投资比例 5	被投资企业利润分配确认金额		被投资企业清算确认金额			撤回或减少投资确认金额						合计 17 (7+10+16)
							被投资企业做出利润分配或转股决定时间 6	依决定归属于本公司的股息、红利等权益性投资收益金额 7	分得的被投资企业清算剩余资产 8	被清算企业累计未分配利润和累计盈余公积应享有部分 9	应确认的股息所得 10（8与9孰小）	从被投资企业撤回或减少投资取得的资产 11	减少投资比例 12	收回初始投资成本 13（4×12）	取得资产中超过初始投资成本部分 14（11-13）	撤回或减少投资应享有被投资企业累计未分配利润和累计盈余公积计算余额公积 15	应确认的股息所得 16（14与15孰小）	
1	同方股份							250 000										250 000
2																		
3																		
4																		
5																		
6																		
7																		
8	合计																	250 000
9	其中：直接投资或非H股票投资																	
10	股票投资——沪港通H股																	
11	股票投资——深港通H股																	
12	创新企业CDR																	
13	永续债																	

表5-22　A107012　　　　　　　　　研发费用加计扣除优惠明细表

行次	项　目	金额（数量）
1	本年可享受研发费用加计扣除项目数量	
2	一、自主研发、合作研发、集中研发（3＋7＋16＋19＋23＋34）	300 000
3	（一）人员人工费用（4＋5＋6）	
4	1.直接从事研发活动人员工资薪金	
5	2.直接从事研发活动人员五险一金	
6	3.外聘研发人员的劳务费用	
7	（二）直接投入费用（8＋9＋10＋11＋12＋13＋14＋15）	
8	1.研发活动直接消耗材料费用	
9	2.研发活动直接消耗燃料费用	
10	3.研发活动直接消耗动力费用	
11	4.用于中间试验和产品试制的模具、工艺装备开发及制造费	
12	5.用于不构成固定资产的样品、样机及一般测试手段购置费	
13	6.用于试制产品的检验费	
14	7.用于研发活动的仪器、设备的运行维护、调整、检验、维修等费用	
15	8.通过经营租赁方式租入的用于研发活动的仪器、设备租赁费	
16	（三）折旧费用（17＋18）	
17	1.用于研发活动的仪器的折旧费	
18	2.用于研发活动的设备的折旧费	
19	（四）无形资产摊销（20＋21＋22）	
20	1.用于研发活动的软件的摊销费用	
21	2.用于研发活动的专利权的摊销费用	
22	3.用于研发活动的非专利技术（包括许可证、专有技术、设计和计算方法等）的摊销费用	
23	（五）新产品设计费等（24＋25＋26＋27）	
24	1.新产品设计费	
25	2.新工艺规程制定费	
26	3.新药研制的临床试验费	
27	4.勘探开发技术的现场试验费	

续表

行次	项　目	金额（数量）
28	（六）其他相关费用（29 + 30 + 31 + 32 + 33）	
29	1.技术图书资料费、资料翻译费、专家咨询费、高新科技研发保险费	
30	2.研发成果的检索、分析、评议、论证、鉴定、评审、评估、验收费用	
31	3.知识产权的申请费、注册费、代理费	
32	4.职工福利费、补充养老保险费、补充医疗保险费	
33	5.差旅费、会议费	
34	（七）经限额调整后的其他相关费用	
35	二、委托研发（36 + 37 + 39）	
36	（一）委托境内机构或个人进行研发活动所发生的费用	
37	（二）委托境外机构进行研发活动发生的费用	
38	其中：允许加计扣除的委托境外机构进行研发活动发生的费用	
39	（三）委托境外个人进行研发活动发生的费用	
40	三、年度研发费用小计（2 + 36 × 80% + 38）	300 000
41	（一）本年费用化金额	300 000
42	（二）本年资本化金额	
43	四、本年形成无形资产摊销额	
44	五、以前年度形成无形资产本年摊销额	
45	六、允许扣除的研发费用合计（41 + 43 + 44）	300 000
46	减：特殊收入部分	
47	七、允许扣除的研发费用抵减特殊收入后的金额（45 − 46）	300 000
48	减：当年销售研发活动直接形成产品（包括组成部分）对应的材料部分	
49	减：以前年度销售研发活动直接形成产品（包括组成部分）对应材料部分结转金额	
50	八、加计扣除比例及计算方法	110*
51	九、本年研发费用加计扣除总额（47 − 48 − 49）× 50	300 000
52	十、销售研发活动直接形成产品（包括组成部分）对应材料部分结转以后年度扣减金额（当 47 − 48 − 49 ≥ 0，本行 = 0；当 47 − 48 − 49 < 0，本行 =（47 − 48 − 49）的绝对值）	

注：*纳税人根据实际情况从《研发费用加计扣除比例及计算方法代码表》选择相应代码填入本项。

表5-23 A107020

所得减免优惠明细表

行次	减免项目	项目名称 1	优惠事项 名称 2	优惠方式 3	项目收入 4	项目成本 5	相关税费 6	应分摊 期间费用 7	纳税 调整额 8	项目所得额 免税项目 9	项目所得额 减半项目 10	减免所得额 11 (9+10×50%)
1	一、农、林、牧、渔业项目											
2												
3		小计	*	*								
4	二、国家重点扶持的公共基础设施项目											
5				*								
6		小计	*	*								
7	三、符合条件的环境保护、节能节水项目											
8				*								
9		小计	*	*								
10	四、符合条件的技术转让项目		*	*					*	*	*
11			*	*					*	*	*
12		小计	*	*								
13	五、清洁发展机制项目		*	*								
14			*	*								
15		小计	*	*								

续表

行次	减免项目	项目名称 1	优惠事项名称 2	优惠方式 3	项目收入 4	项目成本 5	相关税费 6	应分摊期间费用 7	纳税调整额 8	项目所得额 免税项目 9	项目所得额 减半项目 10	减免所得额 11（9+10×50%）
16	六、符合条件的节能服务公司实施的合同能源管理项目		*									
17			*									
18		小计	*	*								
19	七、线宽小于130纳米（含）的集成电路生产项目											
20			*									
21		小计	*	*								
22	八、线宽小于65纳米（含）或投资额超过150亿元的集成电路生产项目		*									
23												
24		小计	*	*								
25	九、线宽小于28纳米（含）的集成电路生产项目		*									
26			*									
27		小计	*	*								
28	十、其他											
29		小计	*	*								
30		*	*	*								
31	合计	*	*	*								

表5-24 A107040 　　　　　　减免所得税优惠明细表

行次	项 目	金额
1	一、符合条件的小型微利企业减免企业所得税	
2	二、国家需要重点扶持的高新技术企业减按15%的税率征收企业所得税（填写A107041）	
3	三、经济特区和上海浦东新区新设立的高新技术企业在区内取得的所得定期减免企业所得税（填写A107041）	
4	四、受灾地区农村信用社免征企业所得税	*
5	五、动漫企业自主开发、生产动漫产品定期减免企业所得税	
6	六、线宽小于0.8微米（含）的集成电路生产企业减免企业所得税（填写A107042）	
7	七、线宽小于0.25微米的集成电路生产企业减按15%税率征收企业所得税（填写A107042）	*
8	八、投资额超过80亿元的集成电路生产企业减按15%税率征收企业所得税（填写A107042）	*
9	九、线宽小于0.25微米的集成电路生产企业减免企业所得税（填写A107042）	
10	十、投资额超过80亿元的集成电路生产企业减免企业所得税（填写A107042）	
11	十一、新办集成电路设计企业减免企业所得税（填写A107042）	
12	十二、国家规划布局内集成电路设计企业可减按10%的税率征收企业所得税（填写A107042）	*
13	十三、符合条件的软件企业减免企业所得税（填写A107042）	
14	十四、国家规划布局内重点软件企业可减按10%的税率征收企业所得税（填写A107042）	*
15	十五、符合条件的集成电路封装测试企业定期减免企业所得税（填写A107042）	
16	十六、符合条件的集成电路关键专用材料生产企业、集成电路专用设备生产企业定期减免企业所得税（填写A107042）	
17	十七、经营性文化事业单位转制为企业的免征企业所得税	
18	十八、符合条件的生产和装配伤残人员专门用品企业免征企业所得税	
19	十九、技术先进型服务企业（服务外包类）减按15%的税率征收企业所得税	
20	二十、技术先进型服务企业（服务贸易类）减按15%的税率征收企业所得税	
21	二十一、设在西部地区的鼓励类产业企业减按15%的税率征收企业所得税（主营业务收入占比____%）	
22	二十二、新疆困难地区新办企业定期减免企业所得税	
23	二十三、新疆喀什、霍尔果斯特殊经济开发区新办企业定期免征企业所得税	

续表

行次	项　目	金额
24	二十四、广东横琴、福建平潭、深圳前海、广东南沙等地区的鼓励类产业企业减按 15% 税率征收企业所得税	
25	二十五、北京冬奥组委、北京冬奥会测试赛赛事组委会免征企业所得税	
26	二十六、线宽小于 130 纳米（含）的集成电路生产企业减免企业所得税（原政策，填写 A107042）	
27	二十七、线宽小于 65 纳米（含）或投资额超过 150 亿元的集成电路生产企业减免企业所得税（原政策，填写 A107042）	
28	二十八、其他（28.1+28.2+28.3+28.4+28.5+28.6）	
28.1	（一）从事污染防治的第三方企业减按 15% 的税率征收企业所得税	
28.2	（二）上海自贸试验区临港新片区的重点产业企业减按 15% 的税率征收企业所得税	
28.3	（三）海南自由贸易港鼓励类企业减按 15% 的税率征收企业所得税	
28.4	（四）国家鼓励的集成电路和软件企业减免企业所得税政策（28.4.1+…+28.4.10）	
28.4.1	1.线宽小于 28 纳米（含）集成电路生产企业减免企业所得税（填写 A107042）	
28.4.2	2.线宽小于 65 纳米（含）集成电路生产企业减免企业所得税（填写 A107042）	
28.4.3	3.线宽小于 130 纳米（含）集成电路生产企业减免企业所得税（填写 A107042）	
28.4.4	4.集成电路设计业减免企业所得税（填写 A107042）	
28.4.5	5.重点集成电路设计企业减免企业所得税（填写 A107042）	
28.4.6	6.集成电路装备企业减免企业所得税（填写 A107042）	
28.4.7	7.集成电路材料企业减免企业所得税（填写 A107042）	
28.4.8	8.集成电路封装、测试企业减免企业所得税（填写 A107042）	
28.4.9	9.软件企业减免企业所得税（填写 A107042）	
28.4.10	10.重点软件企业减免企业所得税（填写 A107042）	
28.5	（五）其他 1	
28.6	（六）其他 2	
29	二十九、减：项目所得额按法定税率减半征收企业所得税叠加享受减免税优惠	
30	三十、支持和促进重点群体创业就业企业限额减征企业所得税（30.1+30.2）	
30.1	（一）企业招用建档立卡贫困人口就业扣减企业所得税	
30.2	（二）企业招用登记失业半年以上人员就业扣减企业所得税	
31	三十一、扶持自主就业退役士兵创业就业企业限额减征企业所得税	
32	三十二、符合条件的公司型创投企业按照企业年末个人股东持股比例减免企业所得税（个人股东持股比例＿＿＿%）	
33	合计（1+2+…+28−29+30+31+32）	

表5-25　A107050

税额抵免优惠明细表

单位：元

行次	项目		1 年度	2 本年抵免前应纳税额	3 本年允许抵免的专用设备投资额	4 本年可抵免税额 (3×10%)	5 前五年度	6 前四年度	7 前三年度	8 前二年度	9 前一年度	10 小计 (5+…+9)	11 本年实际抵免的各年度税额	12 可结转以后年度抵免的税额 (4-10-11)
1	前五年度		2016											*
2	前四年度		2017				*							
3	前三年度		2018				*	*						
4	前二年度		2019				*	*	*					
5	前一年度		2020				*	*	*	*				
6	本年度		2021	372 250	800 000	80 000	*	*	*	*	*	*	80 000	0
7	本年实际抵免税额合计												80 000	*
8	可结转以后年度抵免的税额合计													0
9	专用设备投资情况	本年允许抵免的环境保护专用设备投资额												
10		本年允许抵免的节能节水的专用设备投资额												
11		本年允许抵免的安全生产专用设备投资额											80 000	

表5-26　A108000

境外所得税收抵免明细表

行次	国家(地区)	境外税前所得	境外所得纳税调整后所得	弥补境外以前年度亏损	境外应纳税所得额	抵减境内亏损	抵减境内亏损后的境外应纳税所得额	税率	境外所得应纳税额	境外所得可抵免税额	境外所得抵免限额	本年可抵免境外所得税额	未超过境外所得税抵免限额的余额	本年可抵免以前年度未抵免境外所得税额	按简易办法计算				境外所得抵免所得税额合计
															按低于12.5%的实际税率计算的抵免额	按12.5%计算的抵免额	按25%计算的抵免额	小计	
	1	2	3	4	5 (3-4)	6	7 (5-6)	8	9 (7×8)	10	11	12	13 (11-12)	14	15	16	17	18 (15+16+17)	19 (12+14+18)
1																			
2																			
3																			
4																			
5																			
6																			
7																			
8																			
9																			
10	合计																		

表5-27 A108010

境外所得纳税调整后所得明细表

行次	国家（地区）1	境外税后所得								境外所得可抵免的所得税额				境外税前所得 14（9+10+11）	境外分支机构收入与支出纳税调整额 15	境外分支机构调整分摊扣除的有关成本费用 16	境外所得对应调整的相关成本费用支出 17	境外所得纳税调整后所得 18（14+15-16-17）	其中：新增境外直接投资所得							
		分支机构营业利润所得 2	股息、红利等权益性投资所得 3	利息所得 4	租金所得 5	特许权使用费所得 6	财产转让所得 7	其他所得 8	小计 9（2+…+8）	直接缴纳的所得税额 10	间接负担的所得税额 11	享受税收饶让抵免的税额 12	小计 13（10+11+12）						新设境外分支机构所得					新增境外直接投资相对应的股息所得		境外享受免税政策的所得
																			营业利润 19	调整分摊扣除的有关成本费用 20	纳税调整额 21	纳税调整后所得 22（19-20+21）	境外所得税额 23	对应的股息所得 24	对应的境外所得税额 25	小计 26（22+24）
1																										
2																										
3																										
4																										
5																										
6																										
7																										
8																										
9																										
10	合计																									

（三）企业所得税税款缴纳

纳税人在向税务机关报送了纳税申报表后，取得税务机关开具的税收缴款书，纳税人应在规定期限内完成税款的缴纳工作。

【工作任务实例5-2】

根据本项目任务二的【工作任务实例5-1】，跟着事务所小李完成A企业2022年度企业所得税的纳税申报工作。

【工作流程】

第一步：填报一般企业收入明细表（A101010）、一般企业成本支出明细表（A102010）、期间费用明细表（A104000）。

一般企业收入明细表（见表5-10）、一般企业成本支出明细表（见表5-11）、期间费用明细表（见表5-12），根据企业的会计资料直接填入。

第二步：填写纳税调整项目明细表（A105000）及附表。

先根据会计资料填写附表，在本项目中，纳税调整项目明细表的附表主要有职工薪酬支出及纳税调整明细表（见表5-15）、广告费和业务宣传费跨年度纳税调整明细表（见表5-16）、捐赠支出及纳税调整明细表（见表5-17），再根据这些附表资料及会计核算资料填报纳税调整项目明细表（见表5-13）。

第三步：填报免税、减计收入及加计扣除优惠明细表（A107010）及附表。

在本项目中，免税、减计收入及加计扣除优惠明细表的附表主要有符合条件的居民企业之间的股息、红利等权益性投资收益优惠明细表（见表5-21）、研发费用加计扣除优惠明细表（见表5-22），再根据这些附表资料及会计核算资料填报免税、减计收入及加计扣除优惠明细表（见表5-20）。

第四步：填报税额抵免优惠明细表（A107050）（见表5-25）。

第五步：填报企业所得税年度纳税申报表（A类）（A100000）（见表5-9），主表根据前面涉及的附表填列。

课堂能力训练

红珊纺织品有限公司（纳税人识别号330102001000000000）主要从事纺织品的生产销售，2022年度利润表见表5-28。

公司2022年度有关账册资料如下：

（1）全年取得产品销售收入4 600万元，销售材料收入400万元；发生产品销售成本3 900万元，材料销售成本300万元。

（2）该年度实际列支工资、津贴、奖金300万元，其中支付给残疾职工的工资30万元；实际发生职工福利费50万元，拨缴职工工会经费10万元，发生职工教育经费31.5万元，均已计入相关的成本费用。

（3）企业长期借款账户中记载：年初向工行借款10万元，年利率10%；向其他企业借款20万元，年利率20%。上述借款均用于生产经营，利息支出均已列入"财务费用"项目。

表5-28	利润表	
编制单位：红珊纺织品有限公司	2022年度	单位：万元

项　目	本期金额	上期金额
一、营业收入	5 000	
减：营业成本	4 200	
税金及附加	149	
销售费用	160	
管理费用	300	
财务费用	105	
加：投资收益（损失以"－"号填列）	5	
其中：对联营企业和合营企业的投资收益		
公允价值变动收益（损失以"－"号填列）		
资产减值损失（损失以"－"号填列）		
二、营业利润（亏损以"－"号填列）	91	
加：营业外收入	5	
减：营业外支出	11	
三、利润总额（亏损总额以"－"号填列）	85	
减：所得税费用		
四、净利润（净亏损以"－"号填列）		
五、每股收益：		
（一）基本每股收益		
（二）稀释每股收益		

（4）企业在"管理费用"中列支业务招待费25万元，列支新产品研究开发费用30万元。

（5）发生广告费160万元，已列入"销售费用"。

（6）企业"投资收益"中有国债利息收入2万元。

（7）8月份缴纳税收滞纳金1万元，10月份通过希望工程基金会向希望小学捐赠10万元，均在"营业外支出"中列支。

（8）接受现金捐赠5万元，已列入"营业外收入"。

其他相关资料：

（1）当年购置安全生产专用设备100万元投入生产。

（2）已预缴企业所得税21.25万元。

要求：

（1）确认纳税调整项目及纳税调整金额，计算应纳税所得额及应纳税额；

（2）填制该公司企业所得税年度纳税申报表及附表。

任务四   筹划企业所得税

企业开展企业所得税纳税筹划的方法多种多样，从实践看，通常是围绕减轻税收负担和免除纳税义务所采用手段（结合经营活动）的不同方式展开的。

一、企业所得税纳税人筹划

在现行税收制度下，不一样的企业组织形式，享受不一样的税收待遇，这是由国家宏观经济调控的意图决定的。因此，企业必须选择适合自己的，既有利于业务发展又能够在一定程度上减轻税收负担的组织形式，这是企业纳税筹划中应该考虑的问题。

在市场经济条件下，许多公司发展到一定规模后，基于稳定供货渠道、开辟新的地域市场或方便客户服务等方面的考虑，不可避免地需要在异地设立分支机构，这也是企业扩张的必经之路，此时就会面临分公司和子公司的选择问题。其中，新设立的分支机构性质的不同，将决定公司所得税的缴纳方式，又会进一步影响到公司的整体税负水平。根据税法的规定，我国企业所得税以具有法人资格的企业或组织为纳税人。分公司，不具有法人资格，与总公司汇总缴纳企业所得税；子公司，具有独立的法人资格，需要单独缴纳企业所得税。

【做中学5-20】上海一家公司某年年初在武汉设立一家销售子公司，该子公司具备独立纳税人条件。经过会计核算，年底时武汉销售子公司产生亏损50万元，而当年该公司盈利150万元，假设不考虑应纳税所得额的调整因素，适用25%的企业所得税税率，该公司及子公司当年应纳企业所得税为：

该公司企业所得税应纳税额 = 150 × 25% = 37.5（万元）

子公司当年亏损，企业所得税应纳税额 = 0

要求：请对上述业务进行纳税筹划。

分析：假设公司设立的是一家销售分公司，由于分公司不具备独立纳税人条件，年所得额需要汇总到总公司集中纳税。

该公司当年汇总缴纳企业所得税税额 =（150 - 50）× 25% = 25（万元）

在本例中，企业将分支机构设立为分公司，可以实现汇总纳税，总机构与分支机构以盈亏相抵后的所得缴纳企业所得税。因此，当年总分公司合并缴纳企业所得税，可节约税款12.5万元（37.5 - 25）。

如果在武汉成立的是子公司，则当年的亏损只能在发生亏损之后的连续5年内弥补，过期不得弥补。而通过设立分公司，汇总纳税方式可以降低公司当期税负，推迟了公司的纳税期，获得了资金时间价值。

二、收入确认的纳税筹划

在计算企业所得税时，计税收入包括收入总额、不征税收入、免税收入和允许弥补的以前年度亏损4个项目。

应税收入的大小直接决定了应纳税所得额的大小，由于企业利润最大化的目标要求，压缩应税收入规模的筹划空间不大。但是可以将收入确认时间进行合理安排，尽量推迟应税收入确认的时间，扩大和增加不征税收入以及免税收入的范围，使企业获得更多的资金时间价值，从而达到筹划目标。

【做中学5-21】某居民企业对外转让其拥有的一项专利技术，同时还为对方提供咨询、培训、维护等后续服务，双方签订了2年协议，共收取款项1 000万元。该企业适用25%的企业所得税税率。

请问：对此项收入该如何进行纳税筹划？

分析：根据税法的规定，一个纳税年度内，居民企业转让技术所有权所得不超过500万元的部分，免征企业所得税；超过500万元的部分，减半征收企业所得税。

采取直接收款方式转让，当年需要确认收入1 000万元。

应纳企业所得税税额 ＝（1 000 － 500）× 25% ÷ 2 ＝ 62.5（万元）

如果采用分期收款方式，分2年收取款项，每年500万元，则每年均可以充分享受免征企业所得税的税收优惠，应纳企业所得税税额为0。

因此，企业可以通过合理选择销售结算方式进行纳税筹划，控制收入的实现时间，以充分利用国家的税收优惠政策，取得最好的节税效果。

三、税前扣除项目的纳税筹划

企业所得税法允许税前扣除的费用划分为三类：

（1）允许据实全额扣除的项目，包括合理的工资薪金支出，企业依照法律、行政法规的有关规定提取的用于环境保护、生态恢复等方面的专项资金，向金融机构借款的利息支出等。

（2）有比例限制部分扣除的项目，包括公益性捐赠支出、业务招待费、广告费和业务宣传费、工会经费、职工福利费、职工教育经费等。企业要控制这些支出的规模和比例，使其保持在可扣除范围之内，否则，将增加企业的税收负担。

（3）允许加计扣除的项目，包括企业的研究开发费用和企业安置残疾人员所支付的工资等。企业可以考虑适当增加该类支出的金额，以充分发挥其抵税的作用，减轻企业税收负担。

一般来说，税前扣除项目的纳税筹划应依次考虑如下因素：

（1）准予扣除项目首先要做到名实相符，有关支出必须符合税法的相关条件和规定。

（2）对准予据实扣除的项目，可以通过对其数量规模的安排达到对应纳税所得额和应纳税额的控制。

（3）对税法规定了扣除规模或比例的项目，应尽量在规定范围内安排支出，尽量减少因超出标准的纳税调整；在不违背财务会计规定的前提下，可以将此类项目的支出向允许据实扣除的项目转化，以增加企业对纳税的调控能力。

（4）企业不能单纯为了降低企业所得税负担而多安排支出，还必须结合税后净收益指标来考虑。

【做中学5-22】某企业2021年和2022年预计会计利润分别为100万元和110万元，企业所得税税率为25%。其中：该企业为树立良好的社会形象，决定向贫困地区捐赠现金20万元。现提出3套方案：第一套方案是2021年年末直接捐给某贫困地区20万元；第二套方案是2021年年末通过省级民政部门捐赠给贫困地区20万元；第三套方案是2021年年末通过省级民政部门捐赠现金10万元，2022年年初通过省级民政部门捐赠现金10万元。

要求：请从纳税筹划角度分析选择捐赠方案。

分析：方案一：

直接捐赠为非公益性捐赠，不得在税前扣除。

2021年应纳企业所得税税额＝（100＋20）×25%＝30（万元）

2022年应纳企业所得税税额＝110×25%＝27.5（万元）

方案二：

2021年捐赠税前扣除限额＝100×12%＝12（万元）<20万元

因此，2021年应调增8万元，并可结转2022年继续扣除。

2021年应纳企业所得税税额＝（100＋8）×25%＝27（万元）

2022年捐赠税前扣除限额＝110×12%＝13.2（万元）>8万元

2022年应纳企业所得税税额＝（110－8）×25%＝25.5（万元）

两个年度应纳税总额＝27＋25.5＝52.5（万元）

方案三：

2021年捐赠税前扣除限额＝100×12%＝12（万元）>10万元

2021年应纳企业所得税税额＝100×25%＝25（万元）

2022年捐赠税前扣除限额＝110×12%＝13.2（万元）>10万元

2022年应纳企业所得税税额＝110×25%＝27.5（万元）

两个年度应纳税总额＝25＋27.5＝52.5（万元）

由于现行税法规定，企业发生的公益性捐赠超过当年税前扣除限额的，可结转以后3个年度继续扣除，因此该企业采取方案2与方案3的节税效果一致，两个方案与方案1相比都可节税5万元。

四、企业所得税税率的纳税筹划

目前，我国企业所得税的基本税率为25%。但为了体现产业优惠政策，企业所得税法规定了两档优惠税率，即高新技术企业和技术先进型服务企业执行15%的优惠税率，小型微利企业执行20%的优惠税率。税率的纳税筹划无外乎尽可能降低企业适用的税率，这就要求企业能够符合企业所得税法规定的低税率优惠政策。比如企业想要享受小型微利企业的低税率优惠，必须符合税法规定的小型微利企业的认定条件。

假设企业已经满足作为小型微利企业的其他条件，还需考虑企业盈利水平的变化。年度应纳税所得额300万元是目前小型微利企业所得税税率变化的临界点。年度应纳税所得额不超过100万元的部分，减按12.5%计入应纳税所得额，适用20%税率；超过100万元但不超过300万元的部分，减按25%计入应纳税所得额，适用20%税率；年度应纳税所得额在300万元以上的，税率为25%。

应纳税所得额为300万元时，应纳企业所得税税额和净所得（假设应纳税所得额与会计利润一致，下同）分别为：

应纳企业所得税税额 = 100 × 12.5% × 20% + 200 × 25% × 20% = 12.5（万元）

净所得 = 300 - 12.5 = 287.5（万元）

当应纳税所得额为300.5万元时，应纳企业所得税税额和净所得分别为：

应纳企业所得税税额 = 300.5 × 25% = 75.125（万元）

净所得 = 300.5 - 75.125 = 225.375（万元）

即在税率变化的临界点附近，应纳税所得额增加了0.5万元，净所得却减少了62.125万元（287.5 - 225.375）。当然，随着应纳税所得额的继续增加，其净所得会逐步提高。那么应纳税所得额增加到什么程度，净所得不低于287.5万元（应纳税所得额为300万元时的情况）呢？假设此时应纳税所得额为x，则：

x - x × 25% ≥ 287.5

解方程，得：x ≥ 383.3333万元

383.3333万元即应纳税所得额高于300万元的净所得增减平衡点。也就是说，当应纳税所得额处于300万 ~ 383.3333万元之间时，相比应纳税所得额为300万元的情况，净所得不升反降。只有应纳税所得额高于383.3333万元，才可以获得净所得的增加。

因此，当应纳税所得额介于300万 ~ 383.3333万元时，企业应设法减少自己的应纳税所得额，选择适用低档税率以达到节约企业所得税的目的。

【做中学5-23】某服装厂是一家民营服装加工企业，全厂职工人数最多时为200人，全年资产总额均不超过5 000万元。某年年终决算，该厂实现销售收入900万元，年度会计利润和年度应纳税所得额均为301万元。财务经理在公司决策层会议上建议，年底结账前通过指定机构进行公益性捐赠1.1万元。

要求：请从纳税筹划角度分析财务经理的建议是否可行。

分析：捐赠前：

应纳企业所得税税额 = 301 × 25% = 75.25（万元）

净所得 = 301 - 75.25 = 225.75（万元）

捐赠后：

公益性捐赠扣除限额 = 301 × 12% = 36.12（万元）> 1.1万元

因此，公益性捐赠1.1万元准予全额在税前扣除，捐赠后应纳税所得额降低到299.9万元。由于人数和资产总额条件符合税法的规定，此时该服装厂完全符合小型微利企业条件，可以享受小型微利企业税收优惠。

应纳企业所得税税额 = 100 × 12.5% × 20% + 199.9 × 25% × 20% = 12.495（万元）

净所得 = 299.9 - 12.495 = 287.405（万元）

比较捐赠前后两种情况可发现，企业发生捐赠支出1.1万元，使得所得税负担减少了62.755万元（75.25 - 12.495），而税后净所得反而增加了61.655万元（287.405 - 225.75）。

捐赠支出不仅为企业树立了良好的社会形象、增加了知名度，还减少了应纳企业所得税税额，增加了企业的税后净所得，可谓"一举两得"。

思考与练习

一、判断题

1.我国企业所得税法对居民企业的判定标准采取的是登记注册地标准和实际管理控制地标准相结合的原则，依照这一原则在境外登记注册的企业属于非居民企业。（　　）

2.制造业企业为开发新技术、新产品、新工艺发生的研究开发费用，形成无形资产的，按照无形资产成本的200%加以摊销。（　　）

3.企业与其关联方之间的业务往来，不符合独立交易原则，或者企业实施其他不具有合理商业目的的安排的，税务机关有权在该业务发生的纳税年度起5年内，进行纳税调整。（　　）

4.一个纳税年度内居民企业转让技术所有权所得不超过500万元的部分免征企业所得税，超过500万元的部分不能享受减免企业所得税的优惠。（　　）

5.企业接受其他单位的捐赠物资，不计入应纳税所得额。（　　）

6.限额抵免法适用于非居民企业在中国境内设立机构、场所，取得发生在中国境外但与该机构、场所有实际联系的应税所得。（　　）

7.企业发生非货币性资产交换，以及将货物、财产、劳务用于捐赠、偿债、赞助、集资、广告、样品、职工福利或者利润分配等用途的，应当视同销售货物、转让财产或者提供劳务，确认计税收入、结转计税成本、确定应纳税所得额。（　　）

8.某设备生产企业2022年营业收入为1 500万元，广告费支出为52万元。2021年超标广告费90万元，则2022年税前准予扣除的广告费为142万元。（　　）

9.企业发生的损失，减除责任人赔偿和保险赔款后的余额，准予在所得税前扣除。但企业已经作为损失处理的资产，在以后纳税年度又全部收回或者部分收回时，应当计入当期收入。（　　）

10.按照企业所得税法的规定准予在计算应纳税所得额时扣除的税金，是指企业在生产经营活动中发生的增值税、消费税、城建税、教育费附加、资源税和土地增值税。
（　　）

11.除国务院财政、税务主管部门另有规定外，企业发生的职工教育经费支出，不超过工资薪金总额8%的部分，准予扣除；超过部分，不得扣除。（　　）

12.居民企业来源于中国境外的应税所得，可以从其当期应纳税额中抵免，抵免限额为该项所得依照企业所得税法的规定计算的应纳税额；超过抵免限额的部分，不得抵免。
（　　）

13.企业在纳税年度内无论盈利或者亏损，都应当向税务机关报送预缴企业所得税纳税申报表、年度企业所得税纳税申报表、财务会计报告和税务机关规定应当报送的其他有关资料。（　　）

二、单项选择题

1.按照企业所得税法的规定，下列企业不缴纳企业所得税的是（　　）。

　　A.国有企业　　　　　B.私营企业　　　　　C.合伙企业　　　　　D.外商投资企业

2.某企业当年应纳税所得额为110万元，以其弥补上年度亏损后，余额为38万元，企业当年从业人数50人，资产总额800万元，则企业当年适用的企业所得税税率为（　　）。

  A.18%   B.20%   C.25%   D.27%

3.国家需要重点扶持的高新技术企业，减按（　　）的税率征收企业所得税。

  A.10%   B.12%   C.15%   D.20%

4.企业的下列收入中，属于应税收入的是（　　）。

  A.国债利息收入

  B.符合条件的居民企业之间的股息、红利等权益性投资收益

  C.符合条件的非营利组织的收入

  D.银行存款利息收入

5.下列各项中，能作为业务招待费税前扣除限额计算依据的是（　　）。

  A.转让无形资产使用权的收入

  B.因债权人原因确实无法支付的应付款项

  C.转让无形资产所有权的收入

  D.出售固定资产的收入

6.某汽车制造企业某年实现销售（营业收入）1 000万元，实际发生广告费和业务宣传费支出300万元，则该企业该年计算应纳税所得额可以税前扣除的广告费和业务宣传费为（　　）万元。

  A.20   B.80   C.150   D.300

7.甲企业某年度实际发生的与经营活动有关的业务招待费100万元，当年销售收入为4 000万元，则甲企业予以税前扣除的业务招待费为（　　）万元。

  A.60   B.100   C.240   D.20

8.下列费用项目中，计算企业所得税应纳税所得额时，不准从收入总额中扣除的项目是（　　）。

  A.转让固定资产发生的费用   B.按规定支付的财产保险费

  C.购建固定资产的费用   D.生产经营过程中发生的广告费用

9.依据企业所得税法的相关规定，采取缩短折旧年限方法进行加速折旧时，最低折旧年限不得低于规定折旧年限的（　　）。

  A.40%   B.50%   C.60%   D.70%

10.某服装厂某年毁损一批库存成衣，账面成本20 000元，成本中外购比例60%，该服装厂的损失得到税务机关的审核和确认，在所得税前可扣除的损失金额为（　　）元。

  A.22 600   B.21 560   C.21 360   D.20 000

11.企业为开发新技术、新产品、新工艺发生的研究开发费用，未形成无形资产计入当期损益的，在按照规定据实扣除的基础上，按照研究开发费用的（　　）加计扣除。

  A.10%   B.20%   C.75%   D.100%

12.甲公司某年度会计利润为1 000万元，当年通过某乡政府向该乡的一所小学捐赠50万元，通过某县民政局向当地贫困人口捐赠100万元。则该年度允许扣除的捐赠金额

为（   ）万元。

    A.50   B.150   C.132   D.100

13.某生产企业（增值税一般纳税人）因意外事故损失外购钢材30万元，保险公司调查后同意赔付4万元，其余损失已报经税务机关，并同意扣除。则该企业确定应纳税所得额时不正确的是（   ）。

    A.税前准予扣除的损失为26万元

    B.税前准予扣除的损失为29.9万元

    C.税前不得扣除的损失为4万元

    D.损失原材料而转出的进项税额准予所得税前扣除

14.下列项目中，准予在计算企业所得税应纳税所得额时从收入总额中扣除的是（   ）。

    A.资本性支出   B.无形资产开发未形成资产的部分

    C.违法经营的罚款支出   D.各项税收滞纳金、罚金、罚款支出

15.某公司某年度实现会计利润总额25.36万元。经某注册税务师审核，"财务费用"账户中列支两笔利息费用：向银行借入生产用资金200万元，借用期限6个月，支付借款利息5万元；经过批准向本企业职工借入生产用资金60万元，借用期限10个月，支付借款利息3.5万元。该公司该年度的应纳税所得额为（   ）万元。

    A.21.86   B.26.36   C.30.36   D.33.36

16.某企业2016年度亏损20万元，2017年度亏损10万元，2018年度盈利5万元，2019年度亏损15万元，2020年度盈利8万元，2021年度盈利6万元，2022年度盈利74万元，则2022年度的应纳税所得额为（   ）万元。

    A.47   B.48   C.49   D.74

17.某企业是生产电机的企业，在境外设有营业机构。某年该企业的境内营业机构盈利1 000万元，境外营业机构亏损100万元。企业在汇总计算缴纳企业所得税时，对境外营业机构的亏损能否抵减境内营业机构的盈利，有不同意见。你认为下列意见正确的是（   ）。

    A.境外营业机构的亏损不得抵减境内营业机构的盈利

    B.境外营业机构的亏损可以抵减境内营业机构的盈利

    C.境外营业机构的亏损是否抵减境内营业机构的盈利，适用境外机构的营业地国的法律

    D.以上意见都不正确

18.在汇总缴纳所得税时，企业境外所得已纳税额超过规定抵免限额的部分，可以在以后（   ）内，用每年度抵免限额抵免当年应抵税额后的余额进行抵补。

    A.3个年度   B.5个年度   C.8个年度   D.10个年度

19.企业应当自年度终了之日起（   ）内，向税务机关报送年度企业所得税纳税申报表，并汇算清缴，结清应缴应退税款。

    A.2个月   B.3个月   C.4个月   D.5个月

三、多项选择题

1.下列有关企业所得税税率的说法，正确的有（   ）。

    A.企业所得税的税率为25%

B.非居民企业在中国境内未设立机构、场所的，其来源于中国境内的所得适用税率为20%

C.符合条件的小型微利企业适用税率为20%

D.国家需要重点扶持的高新技术企业适用税率为15%

2.按照我国企业所得税法的相关规定，下列收入或所得不纳入企业所得税计税范围的有（　　）。

　　A.财政拨款　　　　　　　　　　B.行政事业性收费

　　C.政府性基金　　　　　　　　　　D.其他不征税收入

3.根据企业所得税法律制度的规定，下列各项应计入应纳税所得额的有（　　）。

　　A.股权转让收入

　　B.因债权人缘故确实无法支付的应付款项

　　C.依法收取并纳入财政管理的行政事业性收费

　　D.接受捐赠收入

4.可在所得税前扣除的税金包括（　　）。

　　A.增值税　　　　B.土地增值税　　　　C.出口关税　　　　D.资源税

5.企业实际发生的与取得收入有关的、合理的支出，包括（　　）和其他支出，准予在计算应纳税所得额时扣除。

　　A.成本　　　　　　B.费用　　　　　　C.税金　　　　　　D.损失

6.下列企业支出项目中，不准在所得税前扣除的有（　　）。

　　A.被没收财物的损失　　　　　　B.赞助支出

　　C.存货跌价准备　　　　　　　　D.向环保部门缴纳的罚款

7.下列各项在计算应纳税所得额时，不得扣除的有（　　）。

　　A.被没收财物的损失　　　　　　B.计提的固定资产减值损失

　　C.迟纳税款的滞纳金　　　　　　D.非公益性捐赠

8.按照企业所得税法实施条例的规定，下列各项可以全额在税前扣除的有（　　）。

　　A.非金融机构向金融机构借款的利息支出

　　B.金融机构的各项存款利息支出和同业拆借利息支出

　　C.企业经批准发行债券的利息支出

　　D.非金融企业之间的借款利息支出

9.下列各项中，超过税法规定的扣除限额部分，可以结转到以后年度扣除的有（　　）。

　　A.职工教育经费支出超过工资薪金总额8%的部分

　　B.向非金融企业借款的利息支出超过按照金融企业同期同类贷款利率计算的数额的部分

　　C.业务招待费超过税法规定标准的部分

　　D.广告费和业务宣传费支出超过当年销售（营业）收入15%的部分

10.企业的下列支出，可以在计算应纳税所得额时加计扣除的有（　　）。

　　A.开发新技术、新产品、新工艺发生的研究开发费用

　　B.安置残疾人员及国家鼓励安置的其他就业人员所支付的工资

C.购买国产设备

D.创业投资企业从事国家需要重点扶持和鼓励的创业投资

四、业务题

1.我国某制造业企业于某年1月注册成立进行生产经营,当年度生产经营情况如下:

(1)销售产品取得不含税收入9 000万元。

(2)发生产品销售成本3 300万元。

(3)发生税金及附加200万元。

(4)发生销售费用1 000万元(其中,广告费350万元);财务费用200万元。

(5)发生管理费用1 200万元(其中,业务招待费85万元,新产品研究开发费30万元)。

(6)发生营业外支出800万元(其中,通过政府部门向贫困地区捐款150万元,存货盘亏损失60万元,赞助支出50万元)。

(7)全年提取并实际支付工资1 000万元,职工工会经费、职工教育经费、职工福利费,分别按工资总额的2%、8%、14%的比例提取,并且均实际支出。

(8)经过税务机关的核定,该企业当年合理的工资支出标准是800万元,已知成本、费用中未包含工资和三项经费。

要求:根据所给资料,确定该企业纳税调整项目及调整金额,计算该企业该年度应纳税所得额及应纳税额。

2.某生产企业某年度有关会计资料如下:

(1)全年销售收入为2 000万元,年度会计利润总额为200万元。

(2)"管理费用"项目中列支的业务招待费为25万元,广告费和业务宣传费为350万元。

(3)"营业外支出"项目中列支的税收罚款为1万元,公益性捐赠支出为25万元。

(4)"投资收益"项目中国债利息收入为5万元,从深圳某联营企业分回利润17万元,已知联营企业适用的所得税税率为15%。

假设该企业适用的所得税税率为25%。

要求:计算该企业该年度应缴纳的企业所得税。

3.某制造业企业某年度发生下列经济业务:

(1)销售产品取得收入2 000万元,全年销售成本1 000万元。

(2)接受捐赠材料一批,取得捐赠方开具的增值税专用发票,注明价款10万元,增值税1.3万元。

(3)转让一项商标所有权,取得营业外收入60万元。

(4)收取当年让渡资产使用权的专利实施许可费,取得其他业务收入10万元。

(5)取得国债利息收入2万元。

(6)全年发生销售费用500万元,含广告费400万元;全年发生管理费用300万元,含业务招待费80万元,新产品开发费用70万元;全年发生财务费用50万元。

(7)全年发生营业外支出40万元,含通过政府部门对灾区捐款20万元;直接对私立小学捐款10万元;违反政府规定被罚款2万元。

要求:

(1)计算该企业的会计利润总额。

(2)计算该企业应纳所得税税额。

4.泰达公司某纳税年度境内所得为 1 500 万元,同年在甲国的分支机构取得所得折合人民币 500 万元,其中生产经营所得 400 万元,特许权使用费所得 100 万元,甲国生产经营适用的所得税税率为 30%,特许权使用费收入适用的所得税税率为 20%。

要求:

(1)计算该公司当年应缴纳的企业所得税。

(2)假设上述特许权使用费 100 万元来自乙国另一分支机构,适用的企业所得税税率不变。计算该公司当年应缴纳的企业所得税。

5.某制造业企业为居民企业,某年发生经营业务如下:

(1)取得产品销售收入 4 000 万元。

(2)发生产品销售成本 2 600 万元。

(3)发生销售费用 770 万元(其中,广告费 650 万元);发生管理费用 480 万元(其中,业务招待费 25 万元,新技术开发费用 40 万元);发生财务费用 60 万元。

(4)发生销售税金 40 万元。

(5)营业外收入 100 万元,营业外支出 50 万元(含通过公益性社会团体向贫困山区捐款 30 万元,支付税收滞纳金 6 万元)。

(6)取得国债利息收入 10 万元。

(7)经审定的上年度亏损为 20 万元。

(8)计入成本、费用中的实发工资总额为 200 万元、拨缴职工工会经费 5 万元、发生职工福利费 31 万元、发生职工教育经费 18 万元。

要求:计算该企业该年度应纳企业所得税税额。

五、项目实训

远东科技有限公司 2022 年度税前会计利润总额为 300 万元,其中,公司全年销售收入为 5 000 万元,销售成本为 4 200 万元,期间费用为 300 万元,营业外支出为 24 万元,全年缴纳增值税 407 万元、消费税 123 万元、城市维护建设税和教育费附加 53 万元。2022 年度利润表见表 5-29。

公司其他资料如下:

(1)当年列支了人员工资支出 200 万元,其中,因安置残疾人员支付给残疾职工的工资为 40 万元,全年发生职工福利费支出 30 万元,拨缴工会经费 6 万元,发生职工教育经费支出 21 万元。

(2)"财务费用"项目中 5 万元为借款利息支出,其中:向银行借款 10 万元,年利率为 10%;向其他企业借款 20 万元,年利率为 20%。上述借款均用于企业经营。

(3)"管理费用"项目中列支全年业务招待费 30 万元,开发新产品的研究费用 30 万元,为职工支付商业保险费 10 万元。

(4)"销售费用"项目中 50 万元为广告费支出。

(5)"营业外支出"项目中列支了通过民政部门向希望工程捐赠 20 万元,直接捐赠给灾区农民现金 1 万元,因未按期纳税缴纳滞纳金和罚款 3 万元。

要求:

(1)确认纳税调整项目及纳税调整金额,计算应纳税所得额及应纳税额。

(2)填制企业所得税年度纳税申报表及附表。

表5-29 利润表

编制单位：远东科技有限公司　　　　　　2022年度　　　　　　　　　　单位：元

项　目	本期金额	上期金额
一、营业收入	50 000 000	
减：营业成本	42 000 000	
税金及附加	1 760 000	
销售费用	500 000	
管理费用	2 450 000	
财务费用	50 000	
加：投资收益（损失以"－"号填列）		
公允价值变动收益（损失以"－"号填列）		
资产减值损失（损失以"－"号填列）		
二、营业利润（亏损以"－"号填列）	3 240 000	
加：营业外收入		
减：营业外支出	240 000	
三、利润总额（亏损总额以"－"号填列）	3 000 000	
减：所得税费用		
四、净利润（净亏损以"－"号填列）		
五、每股收益：		
（一）基本每股收益		
（二）稀释每股收益		

项目六

个人所得税计算申报与筹划

职业能力目标	1. 掌握税收的基本概念与本质特征
	2. 掌握税收制度的基本构成要素
	3. 认识我国现行税收体系
	4. 了解我国现行税收征收管理体系
	5. 了解企业涉税工作基本流程
	6. 初步了解纳税筹划的基础知识

典型工作任务	1. 按规定办理各类税务登记
	2. 根据企业实际情况设置和管理凭证账簿
	3. 领购和使用发票
	4. 申报和缴纳税款

职业素养目标	1. 培养涉税业务判断与沟通能力
	2. 增强依法纳税、合法节税意识
	3. 引导自觉践行社会主义核心价值观

任务一　学习个人所得税基本知识

引导案例解析

引导案例

某年6月，小明从任职公司领取工资收入8 500元，当月奖金3 000元；为一家公司设计图纸取得报酬5 000元；购买国债取得到期利息2 000元；转让商品房一套，取得转让所得20万元。

请问：小明6月份的5项所得，是否属于个人所得税的应税所得？如果需要交税，是否可以合并计算个人所得税？这些所得属于个人所得税的哪个税目？

【税收与民生】

立足共享发展，促进共同富裕

党的十八大以来，以习近平同志为核心的党中央顺应人民群众对美好生活的向往，把逐步实现全体人民共同富裕摆在更加重要的位置上。按照党中央、国务院决策部署，发挥税收职能作用减轻中低收入群体税负，合理调节过高收入，促进实现共同富裕。这其中，个人所得税改革发挥了重要作用，使工薪阶层100%受益，超过1亿人不再缴纳工薪所得个人所得税。

自2018年10月1日起，我国先在分类税制模式下，提高工资薪金所得免征额，适用新税率表，减轻居民负担，刺激居民消费，提前释放个人所得税改革的减税红利。

自2019年1月1日起，新修订的个人所得税法及其实施条例实施，综合与分类相结合的个人所得税制建立，居民取得的工资薪金、劳务报酬、稿酬、特许权使用费四项所得并入综合所得实行综合征收，新增子女教育、继续教育、大病医疗、住房贷款利息、住房租金、赡养老人6项专项附加扣除。

2020年3月1日至6月30日，在疫情突发的情况下，首次综合所得年度汇算清缴顺利实施，个人所得税APP操作便利，为提高税法遵从度奠定了良好的基础。

2022年3月，将3岁以下婴幼儿照护纳入专项附加扣除，让广大纳税人进一步享受红利。

面对自然人税收征管的复杂性，个人所得税改革工作在制度保障、组织保障、技术保障、机制保障、动力保障五个方面彰显了新时代我国的税收治理能力。个人所得税改革提高了税收负担分配的公平性，"调高惠低"的机制作用更为明显，不同收入项目、群体间的税负水平得以平衡，调节收入分配作用显著增强，有利于更好地满足人民对公平、正义的要求。专项附加扣除优惠政策的实施，充分考虑了不同群体生活负担差异和个人发展诉求，符合在发展中保障和改善民生的需要。这是贯彻以人民为中心的发展思想的体现，既有力增强了纳税人的获得感，也有力提升了税收治理能力，助推了共同富裕。

个人所得税是以纳税人个人（自然人）取得的各项应税所得为征税对象征收的一种税。我国现行的个人所得税法，是2018年8月31日第十三届全国人民代表大会修改通过并于2019年1月1日开始实施的《中华人民共和国个人所得税法》《中华人民共和国个人所得税法实施条例》《个人所得税专项附加扣除暂行办法》。

现行个人所得税具有以下特点：

（1）我国个人所得税实行综合征收与分类征收相结合的方法。目前世界各国的个人所得税制大体分为三种类型：分类所得税制、综合所得税制和综合与分类相结合所得税制。我国现行个人所得税采用的是综合与分类相结合所得税制，即对居民个人取得的工资、薪金所得，劳务报酬所得，稿酬所得以及特许权使用费所得并入综合所得实行综合征收，对利息、股息、红利所得，财产租赁所得，财产转让所得，偶然所得实行分类征收，并适用不同的税率和费用减除规定。这种计税方法，更有利于发挥税收对个人收入的调节作用。

（2）累进税率与比例税率并用。我国现行个人所得税根据个人所得的不同性质和特点，将累进税率与比例税率并用于个人所得税制中。其中，对居民取得的综合所得、经营所得采用累进税率，实行量能负担；对利息、股息、红利所得，财产租赁所得，财产转让所得，偶然所得采用比例税率，实行等比负担。这样，既能充分发挥累进税制的调节作用，又有利于降低计税难度，方便纳税人计算纳税额度。

（3）个人所得税采取定额或定率方式扣除费用。我国个人所得税本着费用扣除从宽、从简的原则，对费用采用定额扣除和定率扣除办法，并且扣除额较宽。

（4）个人所得税采取课源制和申报制两种征纳方法。为方便纳税人纳税，减轻税务机关工作强度，并且防止偷漏税行为的发生，我国对个人所得税的征纳采用课源制和申报制两种方法。由单位团体发放的个人收入如工资、薪金等，平时预缴时由发放单位代为扣缴个人所得税，年终汇算清缴时由个人自行申报。

一、确定个人所得税纳税人

个人所得税的纳税人是指在中国境内有住所，或者无住所而一个纳税年度在中国境内居住累计满183天的个人，以及在中国境内无住所又不居住，或者无住所而一个纳税年度内在中国境内居住不满183天，但有来源于中国境内所得的个人。包括中国公民，个体工商户，外籍个人，中国香港、澳门、台湾同胞等。我国的个人独资企业和合伙企业，也是个人所得税的纳税人。

微课

个人所得税
纳税人

依据"住所"和"居住时间"两个标准，可将上述纳税义务人区分为居民纳税人和非居民纳税人。

（一）居民纳税人

居民纳税人，是指在中国境内有住所，或者无住所而一个纳税年度内在中国境内居住累计满183天的个人。居民纳税义务人对我国负有无限纳税义务，应就其来源于中国境内和境外的所得缴纳个人所得税。

在中国境内有住所，是指因户籍、家庭、经济利益关系而在中国境内习惯性居住。在境内居住满183天，是指一个纳税年度（即自公历1月1日起至12月31日止）内，在中国境内居住累计满183天。纳税人只要符合以上两个判定条件其中之一，就构成中国的居民纳税人。

【提示】税收上所说的居民，我们称为"税收居民"，指对某国承担无限纳税义务的人，它与我们日常生活中所说的居民不一样，不以国籍来判定。因此，外国人也可能是中国的税收居民。

在中国境内无住所的居民个人，在中国境内居住累计满183天的年度连续不满6年的，经向主管税务机关备案，其来源于中国境外且由境外单位或者个人支付的所得，免予缴纳个人所得税；在中国境内居住累计满183天的任一年度中有一次离境超过30天的，其在中国境内居住累计满183天的年度的连续年限重新起算。

比如，J先生为某外国居民，2019年1月1日来深圳工作，2026年8月30日回国工作，在此期间，除2025年2月1日至3月15日临时回国处理公务外，其余时间一直停留在深圳。

2019年至2024年，J先生在境内居住累计满183天的年度连续不满6年，其取得的境外支付的境外所得，可以免缴个人所得税。

2025年，J先生在境内居住满183天，且从2019年开始计算，他在境内居住累计满183天的年度已经连续满6年（2019年至2024年），且没有单次离境超过30天的情形，2025年，J先生应就在境内和境外取得的全部所得缴纳个人所得税。

2026年，由于J先生2025年有单次离境超过30天的情形（自2025年2月1日至3月15日），其在我国居住累计满183天的连续年限清零，重新起算，2026年当年J先生取得的境外支付的境外所得，可以免缴个人所得税。

【提示】无住所个人一个纳税年度内在中国境内累计居住天数，按照个人在中国境内累计停留的天数计算。在中国境内停留的当天满24小时的，计入中国境内居住天数，在中国境内停留的当天不足24小时的，不计入中国境内居住天数。

比如，阮先生为越南居民，在广西某地工作，自2019年1月1日起，每周一早上来广西上班，周五晚上返回越南。周一和周五当天停留不足24小时，因此不计入境内居住天数，再加上周六、周日2天也不计入，每周可计入境内居住天数仅为3天。按全年52周计算，阮先生全年在中国境内居住天数为156天，未超过183天，不构成居民纳税人。

（二）非居民纳税人

非居民纳税人，是指在中国境内无住所又不居住，或者无住所而一个纳税年度内在中国境内居住不满183天的个人。非居民纳税人负有限纳税义务，仅就其来源于中国境内的所得缴纳个人所得税。

在中国境内无住所的个人，在一个纳税年度内在中国境内居住累计不超过90天的，其来源于中国境内的所得，由境外雇主支付并且不由该雇主在中国境内的机构、场所负担的部分，免予缴纳个人所得税。

居民纳税人和非居民纳税人的纳税义务见表6-1。

表6-1   居民纳税人和非居民纳税人的纳税义务

纳税人性质		居住时间	来源于境内所得		来源于境外所得	
			境内支付	境外支付	境内支付	境外支付
非居民	无住所又不居住，无住所而一个纳税年度内在境内居住累计不满183天	90天以内	√	免税	×	×
		90—183天	√	√	×	×
居民	无住所而一个纳税年度内在境内居住累计满183天	不满6年	√	√	√	免税
		满6年	√	√	√	√
	境内有住所		√	√	√	√

【做中学6-1】请分析下列人员在2022年属于中国居民纳税人还是非居民纳税人：

（1）外籍个人甲2021年9月1日入境，2022年5月1日离境。

（2）外籍个人乙2021年9月1日入境，2022年10月1日回国探亲，2022年12月28日返回中国，2023年2月1日离境。

分析：

（1）外籍个人甲2022年未在"一个纳税年度内"在中国居住满183天，不属于居民纳税人。

（2）外籍个人乙2022年在"一个纳税年度内"在中国居住满183天，属于居民纳税人。

（三）所得来源地的确定

由于税法对居民纳税人和非居民纳税人的纳税义务有不同的规定，居民纳税人应就其来源于中国境内外的所得缴纳个人所得税，非居民纳税人仅就其来源于中国境内的所得缴纳个人所得税，因此，判断哪些所得为来源于中国境内的所得就显得十分重要。

下列所得，不论支付地点是否在中国境内，均为来源于中国境内的所得：

1.因任职、受雇、履约等在中国境内提供劳务取得的所得。

2.将财产出租给承租人在中国境内使用而取得的所得。

3.许可各种特许权在中国境内使用而取得的所得。

4.转让中国境内的不动产等财产或者在中国境内转让其他财产取得的所得。

5.从中国境内企业、事业单位、其他组织以及居民个人取得的利息、股息、红利所得。

【提示】所得来源地和所得支付地不是一个概念。来源于中国境内的所得，支付地可能在境内，也可能在境外；来源于中国境外的所得，支付地可能在境外，也可能在境内。

【做中学6-2】（多选题）某外籍个人受某外国公司委派，于某年9月1日开始赴中国担任其驻华代表处首席代表，截至当年12月31日未离开中国。该外籍个人当年取得的下列所得中，属于来源于中国境内所得的有（   ）。

A.9月出席中国境内某经济论坛做主题发言取得的收入

B.因在中国任职而取得的由境外总公司发放的工资收入

C.10月将其拥有的境外房产出租给中国一公司驻该国常设机构取得的租金收入

D.11月将其拥有的专利技术许可一境外公司在中国境内的分支机构使用取得的收入

分析：正确选项为ABD。A为劳务报酬所得，在中国境内提供劳务取得的所得属于境内所得；B为工资薪金所得，在中国境内公司任职取得的工资薪金所得属于境内所得；C为财产租赁所得，出租财产以财产使用地确定所得来源地，因出租的是境外房产，而且在境外使用，不属于来源于中国境内的所得；D为特许权使用费所得，许可特许权以使用地确定所得来源地，该许可特许权在中国境内使用属于境内所得。

二、确定个人所得税征税对象及范围

个人所得税的征税对象是纳税人取得的各项应税所得，个人所得税法中用列举的方式列出了个人所得税应税所得项目，共9项。

微课

个人所得税征税对象和税率

（一）工资、薪金所得

工资、薪金所得，是指个人因任职或者受雇取得的工资、薪金、奖金、年终加薪、劳动分红、津贴、补贴以及与任职或者受雇有关的其他所得，包括现金、实物和有价证券。

退休人员再任职取得的收入，也按工资、薪金所得项目征税。

（二）劳务报酬所得

劳务报酬所得，是指个人从事劳务取得的所得，包括从事设计、装潢、安装、制图、化验、测试、医疗、法律、会计、咨询、讲学、翻译、审稿、书画、雕刻、影视、录音、录像、演出、表演、广告、展览、技术服务、介绍服务、经纪服务、代办服务以及其他劳务取得的所得。

对商品营销活动中，企业和单位对营销业绩突出的非雇员以培训班、研讨会、工作考察等名义组织旅游活动，通过免收差旅费、旅游费对个人实行营销业绩奖励（包括实物、有价证券等）的，应将所发生费用的全额作为该营销人员当期的劳务收入，按照"劳务报酬所得"项目征收个人所得税，并由提供上述费用的企业和单位代扣代缴。

【提示】个人担任公司董事、监事且不在公司任职受雇所取得的董事费收入，按"劳务报酬所得"项目征税。个人在公司任职、受雇，同时兼任董事、监事的，应将董事费、监事费与个人工资收入合并，统一按"工资、薪金所得"项目缴纳个人所得税。

工资、薪金所得与劳务报酬的区别主要在于：劳务报酬所得是个人独立从事自由职业或独立提供某种劳务取得的所得，不存在雇佣与被雇佣的关系；工资、薪金所得则是个人从事非独立劳动，从所在单位领取的报酬，存在着雇佣与被雇佣的关系。比如演员从剧团领取工资应属于工资、薪金范围，演员利用业余时间从事非本单位组织的商业性演出取得的报酬则属于劳务报酬范围。

（三）稿酬所得

稿酬所得，是指个人因其作品以图书、报刊形式出版、发行而取得的所得。

作者去世后，财产继承人取得的遗作稿酬，也应按稿酬所得征收个人所得税。

【提示】稿酬所得主要是指与图书、报刊相关的翻译、审稿、书画所得。

（四）特许权使用费所得

特许权使用费所得，是指个人提供专利权、商标权、著作权、非专利技术以及其他特许权的使用权取得的所得。

（1）提供著作权的使用权取得的所得，不包括稿酬所得。对于作者将自己的文字作品手稿原件或复印件公开拍卖（竞价）取得的所得，应按"特许权使用费所得"征收个人所得税。

（2）个人取得特许权的经济赔偿收入，应按"特许权使用费所得"项目缴纳个人所得税。

【思考】提供著作使用权和稿酬所得缴纳个人所得税有什么区别？

居民个人取得以上第（一）项至第（四）项所得（以下称综合所得），按纳税年度合并计算个人所得税；非居民个人取得以上第（一）项至第（四）项所得，按月或者按次分项计算个人所得税。

（五）经营所得

经营所得，是指：

1. 个体工商户从事生产、经营活动取得的所得，个人独资企业投资人、合伙企业的个人合伙人来源于境内注册的个人独资企业、合伙企业生产、经营的所得。

2. 个人依法从事办学、医疗、咨询以及其他有偿服务活动取得的所得。

3. 个人对企业、事业单位承包经营、承租经营以及转包、转租取得的所得。

4. 个人从事其他生产、经营活动取得的所得。

（六）利息、股息、红利所得

利息、股息、红利所得，是指个人拥有债权、股权而取得的利息、股息、红利所得。

（七）财产租赁所得

财产租赁所得，是指个人出租不动产、机器设备、车船以及其他财产取得的所得。

【提示】个人取得的财产转租收入，也属于"财产租赁所得"的征税范围，由财产转租人缴纳个人所得税。

（八）财产转让所得

财产转让所得，是指个人转让有价证券、股权、合伙企业中的财产份额、不动产、机器设备、车船以及其他财产取得的所得。

【提示】股票转让所得暂不征收个人所得税。

（九）偶然所得

偶然所得，是指个人得奖、中奖、中彩以及其他偶然性质的所得。

个人因参加企业的有奖销售活动而取得的赠品所得，应按照"偶然所得"项目计征个人所得税。

个人取得的所得，难以界定应纳税所得项目的，由国务院税务主管部门确定。

三、确定个人所得税税率

我国现行个人所得税实行综合与分类相结合的征收模式，不同应税所得项目征收方式不同，适用税率也不同。税率的形式可分为比例税率和超额累进税率两种。

（一）居民个人取得工资、薪金，劳务报酬，稿酬和特许权使用费所得

居民个人取得的工资、薪金所得，劳务报酬所得，稿酬所得，特许权使用费所得，取得时各项所得分别以支付人为扣缴义务人，按预扣率预扣预缴个人所得税；年终汇算清缴时应综合以上四项所得，由个人按综合所得自行计算申报个人所得税。

1.综合所得适用税率

综合所得，适用3%～45%的七级超额累进税率，见表6-2。

表6-2　　　　　　　　　　　　　个人所得税税率表一

（居民个人综合所得适用）

级数	全年应纳税所得额	税率（%）	速算扣除数（元）
1	不超过36 000元的	3	0
2	超过36 000元至144 000元的部分	10	2 520
3	超过144 000元至300 000元的部分	20	16 920
4	超过300 000元至420 000元的部分	25	31 920
5	超过420 000元至660 000元的部分	30	52 920
6	超过660 000元至960 000元的部分	35	85 920
7	超过960 000元的部分	45	181 920

注：本表所称全年应纳税所得额，是指居民个人取得综合所得以每一纳税年度收入额减除费用六万元以及专项扣除、专项附加扣除和依法确定的其他扣除后的余额。

2.预扣预缴适用预扣率

扣缴义务人向居民个人支付工资、薪金所得适用预扣率表，见表6-3；支付劳务报酬所得适用预扣率表，见表6-4；支付稿酬和特许权使用费适用预扣率为20%。

表6-3　　　　　　　　　　　　　个人所得税预扣率表一

（居民个人工资、薪金所得预扣预缴适用）

级数	累计预扣预缴应纳税所得额	预扣率（%）	速算扣除数（元）
1	不超过36 000元的	3	0
2	超过36 000元至144 000元的部分	10	2 520
3	超过144 000元至300 000元的部分	20	16 920
4	超过300 000元至420 000元的部分	25	31 920
5	超过420 000元至660 000元的部分	30	52 920
6	超过660 000元至960 000元的部分	35	85 920
7	超过960 000元的部分	45	181 920

注：本表所称累计预扣预缴应纳税所得额，是指扣缴义务人在一个纳税年度内预扣预缴税款时，以纳税人在本单位截至当前月份工资、薪金所得累计收入额减除累计免税收入、累计减除费用、累计专项扣除、累计专项附加扣除和累计依法确定的其他扣除后的余额。

表6-4　　　　　　　　　　　　　　个人所得税预扣率表二

（居民个人劳务报酬所得预扣预缴适用）

级数	预扣预缴应纳税所得额	预扣率（%）	速算扣除数（元）
1	不超过20 000元的部分	20	0
2	超过20 000元至50 000元的部分	30	2 000
3	超过50 000元的部分	40	7 000

（二）非居民个人取得工资、薪金，劳务报酬，稿酬和特许权使用费所得

非居民个人取得工资、薪金所得，劳务报酬所得，稿酬所得和特许权使用费所得，适用按月换算后的综合所得税税率，见表6-5，由扣缴义务人按月或者按次代扣代缴个人所得税。

表6-5　　　　　　　　　　　　　　个人所得税税率表二

（非居民个人工资、薪金所得，劳务报酬所得，稿酬所得，特许权使用费所得适用）

级数	（月或次）应纳税所得额	税率（%）	速算扣除数（元）
1	不超过3 000元的	3	0
2	超过3 000元至12 000元的部分	10	210
3	超过12 000元至25 000元的部分	20	1 410
4	超过25 000元至35 000元的部分	25	2 660
5	超过35 000元至55 000元的部分	30	4 410
6	超过55 000元至80 000元的部分	35	7 160
7	超过80 000元的部分	45	15 160

（三）经营所得

经营所得，适用于5%～35%的五级超额累计税率，见表6-6。

表6-6　　　　　　　　　　　　　　个人所得税税率表三

（经营所得适用）

级数	全年应纳税所得额	税率（%）	速算扣除数（元）
1	不超过30 000元的部分	5	0
2	超过30 000元至90 000元的部分	10	1 500
3	超过90 000元至300 000元的部分	20	10 500
4	超过300 000元至500 000元的部分	30	40 500
5	超过500 000元的部分	35	65 500

注：本表所称全年应纳税所得额，是指每一纳税年度的收入总额减除成本、费用以及损失后的余额。

（四）财产租赁所得，财产转让所得，利息、股息、红利所得，偶然所得

财产租赁所得，财产转让所得，利息、股息、红利所得，偶然所得，均适用20%的比例税率，由扣缴义务人代扣代缴个人所得税。

对个人按市场价格出租的居民住房取得的财产租赁所得，减按10%的税率征收个人所得税。

【提示】对银行存款利息所得，1999年10月31日以前银行存款利息免征个人所得税，自1999年11月1日起至2007年8月14日孳生的储蓄存款利息所得个人所得税的适用税率为20%。自2007年8月15日起孳生的储蓄存款利息所得个人所得税的适用税率为5%。2008年10月9日以后孳生的银行存款利息的个人所得税暂停征收。

2008年居民储蓄存款利息应缴纳的税款是分段计算的，并不是说自2008年10月9日起从银行取出的所有利息都不征税，只是2008年10月9日之后存款产生的利息才不征税。

四、了解个人所得税税收优惠

微课

个人所得税
的税收优惠

（一）免税项目

下列各项个人所得，免征个人所得税：

1.省级人民政府、国务院部委和中国人民解放军军以上单位，以及外国组织、国际组织颁发的科学、教育、技术、文化、卫生、体育、环境保护等方面的奖金。

2.国债和国家发行的金融债券利息。

3.按照国家统一规定发给的补贴、津贴。

4.福利费、抚恤金、救济金。

5.保险赔款。

6.军人的转业费、复员费、退役金。

7.按照国家统一规定发给干部、职工的安家费、退职费、基本养老金或者退休费、离休费、离休生活补助费。

8.依照我国有关法律的规定应予免税的各国驻华使馆、领事馆的外交代表、领事官员和其他人员的所得。

9.中国政府参加的国际公约、签订的协议中规定免税的所得。

10.国务院规定的其他免税所得。

以上10项免税规定，由国务院报全国人民代表大会常务委员会备案。

（二）减税项目

有下列情形之一的，可以减征个人所得税，具体幅度和期限，由省、自治区、直辖市人民政府规定，并报同级人民代表大会常务委员会备案：

1.残疾、孤老人员和烈属的所得。

2.因自然灾害遭受重大损失的。

（三）暂免征税项目

下列所得暂免征收个人所得税：

1.个人举报、协查各种违法、犯罪行为而获得的奖金。

2.个人办理代扣代缴税款手续，按规定取得的扣缴手续费。

3.个人转让自用达5年以上，并且是唯一的家庭生活用房取得的所得。

4.对个人购买福利彩票、体育彩票，一次中奖收入在1万元以下的（含1万元）暂免征收个人所得税，超过1万元的全额征收个人所得税。

5.个人取得单张有奖发票奖金所得不超过800元（含800元）的，暂免征收个人所得税；个人取得单张有奖发票奖金超过800元的，应全额征收个人所得税。

6.达到离、退休年龄，但确因工作需要，适当延长离、退休年龄的高级专家（指享受国家发放的政府特殊津贴的专家、学者），其在延长离、退休期间的工资、薪金所得，视同离、退休工资免征个人所得税。

（四）外籍个人有关津补贴政策

2019年1月1日至2023年12月31日，外籍个人符合居民个人条件的，可以选择享受个人所得税专项附加扣除，也可以选择按照规定享受住房补贴、语言训练费、子女教育费等津补贴免税优惠政策，但不得同时享受。外籍个人一经选择，在一个纳税年度内不得变更。

自2024年1月1日起，外籍个人不再享受住房补贴、语言训练费、子女教育费津补贴免税优惠政策，应按规定享受专项附加扣除。

课堂能力训练

1.张某系美籍华人，某年1月1日来华工作，当年在上海待了255天，其余时间在美国。

请问：张某该年度是否属于我国的居民纳税人？

2.李某在通信技术公司任职，同时担任该公司的董事，某月取得工资5 000元，取得董事费1 800元。

请问：李某取得的工资和董事费应按何种税目计税？

3.请分析土某在中国境内取得的以下所得是否属于个人所得税的应纳税所得，如果是，请判断其适用的税目：

（1）5月外出讲课取得报酬2 500元。

（2）6月取得国债利息500元。

（3）7月转让其名下的其中一套商品房，转让所得为15万元。

（4）12月取得年终加薪5 000元。

任务二 计算个人所得税

引导案例

小明和小丽是夫妻，居住在北京，两人共同育有一子，现正上小学。结婚后贷款购买首套住房，每月偿还贷款利息3 600元。双方父母都已年过60岁，小明是独生子女，小丽还有一个姐姐。小明和小丽想知道，新个人所得税法实施后，两人分别有哪些项目可做税前扣除，扣除标准又有哪些具体规定？

引导案例解析

一、计算居民个人综合所得应纳税额

（一）计算居民个人综合所得应纳税所得额

动画

居民纳税人享受专项附加扣除的范围及条件

居民个人取得综合所得，按年计算个人所得税；有扣缴义务人的，由扣缴义务人按月或者按次预扣预缴税款。年度预扣预缴税额与年度应纳税额不一致的，年度终了由居民个人向主管税务机关办理综合所得年度汇算清缴，税款多退少补；没有扣缴义务人的，年度终了由居民纳税人自行申报纳税。

居民个人的综合所得，以每一纳税年度的收入额减除费用6万元以及专项扣除、专项附加扣除和依法确定的其他扣除后的余额，为应纳税所得额。其中劳务报酬所得、稿酬所得、特许权使用费所得以收入减除20%的费用后的余额为收入额。稿酬所得的收入额减按70%计算。

专项扣除，包括居民个人按照国家规定的范围和标准缴纳的基本养老保险、基本医疗保险、失业保险等社会保险费和住房公积金等。

专项附加扣除，包括子女教育、继续教育、大病医疗、住房贷款利息或者住房租金、赡养老人、3岁以下婴幼儿照护等支出，具体范围、标准和实施步骤由国务院确定，并报全国人民代表大会常务委员会备案。

动画

居民个人申请享受专项附加扣除的途径及方法

依法确定的其他扣除，包括个人缴付符合国家规定的企业年金、职业年金，个人购买符合国家规定的商业健康保险、税收递延型商业养老保险的支出，以及国务院规定可以扣除的其他项目。

专项扣除、专项附加扣除和依法确定的其他扣除，以居民个人一个纳税年度的应纳税所得额为限额。一个纳税年度扣除不完的，不结转以后年度扣除。

【知识链接】

专项附加扣除

根据《个人所得税专项附加扣除暂行办法》的规定，现行个人所得税专项附加扣除包括个人所得税法规定的子女教育、继续教育、大病医疗、住房贷款利息或者住房租金、赡养老人、3岁以下婴幼儿照护等七项专项附加扣除。

一、专项附加扣除内容

（一）子女教育专项附加扣除

纳税人的子女接受学前教育和全日制学历教育的相关支出，按照每个子女每月1 000元的标准定额扣除。

学前教育阶段，为年满3周岁当月至小学入学前一个月。学历教育，包括义务教育（小学和初中教育）、高中阶段教育（普通高中、中等职业教育、技工教育）、高等教育（大学专科、大学本科、硕士研究生、博士研究生教育），为子女接受全日制学历教育入学的当月至全日制学历教育结束的当月，包含因病或其他非主观原因休学且学籍继续保留的休学期间，以及按规定享受的寒暑假等假期。

受教育子女的父母可以选择由其中一方按扣除标准的100%扣除，也可以选择由双方分别按扣除标准的50%扣除。具体扣除方式在一个纳税年度内不能变更。

在中国境内和境外接受教育的子女均可享受该扣除。在境内接受教育的，不需要纳税人保留资料；在中国境外接受教育的，应当留存境外学校录取通知书、留学签证等相关教育的证明资料备查。

（二）继续教育专项附加扣除

纳税人在中国境内接受学历（学位）继续教育的支出，在学历（学位）教育期间按照每月400元定额扣除。同一学历（学位）继续教育的扣除期限不能超过48个月。纳税人接受技能人员职业资格继续教育、专业技术人员职业资格继续教育支出，在取得相关证书的年度，按照每年3 600元定额扣除。

个人接受同一学历教育事项，符合规定扣除条件的，该项教育支出可以由其父母按照子女教育支出扣除，也可以由本人按照继续教育支出扣除，但不得同时扣除。

纳税人接受技能人员职业资格继续教育、专业技术人员职业资格继续教育的，应当留存相关证书等资料备查。

（三）大病医疗专项附加扣除

在一个纳税年度内，纳税人发生的与基本医保相关的医药费用支出，扣除医保报销后个人负担（指医保目录范围内的自付部分）累计超过15 000元的部分，由纳税人在办理年度汇算清缴时，在80 000元限额内据实扣除。

纳税人及其配偶、未成年子女发生的医药费用支出，可以按规定分别计算扣除额。纳税人发生的医药费用支出可以选择由本人或者其配偶扣除；未成年子女发生的医药费用支出可以选择由其父母一方扣除。

纳税人应当留存医药服务收费及医保报销相关票据原件（或者复印件）等资料备查。医疗保障部门应当向患者提供在医疗保障信息系统记录的本人年度医药费用信息查询服务。

（四）住房贷款利息专项附加扣除

纳税人本人或者配偶单独或者共同使用商业银行或者住房公积金个人住房贷款为本人或者其配偶购买中国境内住房，发生的首套住房贷款利息支出，在实际发生贷款利息的年度，按照每月1 000元的标准定额扣除，扣除期限最长不超过240个月。扣除期限为贷款合同约定开始还款的当月至贷款全部归还或贷款合同终止的当月。

纳税人只能享受一次首套住房贷款的利息扣除。所称首套住房贷款是指购买住房享受首套住房贷款利率的住房贷款。

经夫妻双方约定，可以选择由其中一方扣除，具体扣除方式在一个纳税年度内不能变更。

夫妻双方婚前分别购买住房发生的首套住房贷款，其贷款利息支出，婚后可以选择其中一套购买的住房，由购买方按扣除标准的100%扣除，也可以由夫妻双方对各自购买的住房分别按扣除标准的50%扣除，具体扣除方式在一个纳税年度内不能变更。

纳税人应当留存住房贷款合同、贷款还款支出凭证备查。

（五）住房租金专项附加扣除

纳税人在主要工作城市没有自有住房而发生的住房租金支出，可以按照以下标准定额扣除：

1.直辖市、省会（首府）城市、计划单列市以及国务院确定的其他城市，扣除标准为每月1 500元。

2.除前述所列城市以外，市辖区户籍人口超过100万的城市，扣除标准为每月1 100元；市辖区户籍人口不超过100万的城市，扣除标准为每月800元。

市辖区户籍人口，以国家统计局公布的数据为准。

纳税人的配偶在纳税人的主要工作城市有自有住房的，视同纳税人在主要工作城市有自有住房。所称主要工作城市是指纳税人任职受雇的直辖市、计划单列市、副省级城市、地级市（地区、州、盟）全部行政区域范围；纳税人无任职受雇单位的，为受理其综合所得汇算清缴的税务机关所在城市。

夫妻双方主要工作城市相同的，只能由一方扣除住房租金支出。

住房租金支出由签订租赁住房合同的承租人扣除。扣除期限为租赁合同（协议）约定的房屋租赁期开始的当月至租赁期结束的当月。提前终止合同（协议）的，以实际租赁期限为准。

纳税人及其配偶不得同时分别享受住房贷款利息专项附加扣除和住房租金专项附加扣除。

纳税人应当留存住房租赁合同、协议等有关资料备查。

（六）赡养老人专项附加扣除

纳税人赡养一位及以上被赡养人的赡养支出，统一按照以下标准定额扣除：

1.纳税人为独生子女的，按照每月2 000元的标准定额扣除。

2.纳税人为非独生子女的，由其与兄弟姐妹分摊每月2 000元的扣除额度，每人分摊的额度不能超过每月1 000元。可以由赡养人均摊或者约定分摊，也可以由被赡养人指定分摊。约定或者指定分摊的须签订书面分摊协议，指定分摊优先于约定分摊。具体分摊方式和额度在一个纳税年度内不能变更。

所称被赡养人是指年满60岁的父母，以及子女均已去世的年满60岁的祖父母、外祖父母。

扣除期限为被赡养人年满60周岁的当月至赡养义务终止的年末。

（七）3岁以下婴幼儿照护专项附加扣除

纳税人照护3岁以下婴幼儿子女的相关支出，按照每个婴幼儿每月1 000元的标准定额扣除。

父母可以选择由其中一方按扣除标准的100%扣除，也可以选择由双方分别按扣除标准的50%扣除，具体扣除方式在一个纳税年度内不能变更。扣除期限为婴幼儿出生的当月至年满3周岁的前一个月。

二、专项附加扣除征收管理

纳税人首次享受专项附加扣除，应当将专项附加扣除相关信息提交扣缴义务人或者税务机关，扣缴义务人应尽快将相关信息报送税务机关，纳税人对所提交信息的真实性负责。专项附加扣除信息发生变化的，应当及时向扣缴义务人或者税务机关提供相关信息。

享受子女教育、继续教育、住房贷款利息或者住房租金、赡养老人、3岁以下婴幼儿照护专项附加扣除的纳税人，自符合条件开始，可以向支付工资、薪金所得的扣缴义务人提供上述专项附加扣除的有关信息，由扣缴义务人在预扣预缴税款时，按其在本单位本年可享受的累计扣除额办理扣除；也可以在次年3月1日至6月

[图片]

3岁以下婴幼儿照护专项附加扣除怎么扣？

30日内，向汇缴地主管税务机关办理汇算清缴申报时扣除。

纳税人同时从两处以上取得工资、薪金所得，并由扣缴义务人办理上述专项附加扣除的，对同一专项附加扣除项目，一个纳税年度内，纳税人只能选择从其中一处扣除。

享受大病医疗专项附加扣除的纳税人，由其在次年3月1日至6月30日内，自行向汇缴地主管税务机关办理汇算清缴申报时扣除。

纳税人未取得工资、薪金所得，仅取得劳务报酬所得、稿酬所得、特许权使用费所得需要享受专项附加扣除的，应当在次年3月1日至6月30日内，自行向汇缴地主管税务机关报送《个人所得税专项附加扣除信息表》，并在办理汇算清缴申报时扣除。

纳税人需要留存备查的相关资料应当留存5年。

扣缴义务人发现纳税人提供的信息与实际情况不符的，可以要求纳税人修改。纳税人拒绝修改的，扣缴义务人应当报告税务机关，税务机关应当及时处理。

税务机关在核查专项附加扣除情况时，纳税人任职受雇单位所在地、经常居住地、户籍所在地的公安派出所、居民委员会或者村民委员会等有关单位和个人应当协助核查。

【知识链接】

商业健康保险个人所得税政策

一、政策内容

自2017年7月1日起，对个人购买符合规定的商业健康保险产品的支出，允许在当年（月）计算应纳税所得额时予以税前扣除，扣除限额为2 400元/年（200元/月）。单位统一为员工购买符合规定的商业健康保险产品的支出，应分别计入员工个人工资薪金，视同个人购买，按上述限额予以扣除。

二、政策对象

适用商业健康保险税收优惠政策的纳税人，是指取得工资薪金所得、连续性劳务报酬所得的个人，以及取得经营所得的个体工商户业主、个人独资企业投资者、合伙企业合伙人和承包承租经营者。

三、征收管理

1.单位统一组织为员工购买或者单位和个人共同负担购买符合规定的商业健康保险产品，单位负担部分应当实名计入个人工资薪金明细清单，视同个人购买，并自购买产品的次月起，在不超过200元/月的标准内按月扣除。一年内保费金额超过2 400元的部分，不得税前扣除。以后年度续保时，按上述规定执行。个人自行退保时，应及时告知扣缴单位。个人的相关退保信息保险公司应及时传递给税务机关。

2.取得工资薪金所得或连续性劳务报酬所得的个人，自行购买符合规定的商业健康保险产品的，应当及时向代扣代缴单位提供保单凭证。扣缴单位自个人提交保单凭证的次月起，在不超过200元/月的标准内按月扣除。一年内保费金额超过2 400元的部分，不得税前扣除。以后年度续保时，按上述规定执行。个人自行退保时，应及时告知扣缴义务人。

3.个体工商户业主、承包承租经营者、个人独资和合伙企业投资者自行购买符合条件的商业健康保险产品的，在不超过2 400元/年的标准内据实扣除。一年内保费金额超过2 400元的部分，不得税前扣除。以后年度续保时，按上述规定执行。

（二）计算居民个人综合所得应纳税额

$$年应纳税额 = 年应纳税所得额 × 适用税率 - 速算扣除数$$

其中：

$$\frac{年应纳税}{所得额} = \frac{年累计}{收入额} - 60\,000 - \frac{专项}{扣除} - \frac{专项附加}{扣除} - \frac{其他}{扣除}$$

$$\frac{年累计}{收入额} = \frac{工资、薪金所得}{年累计收入额} + \frac{劳务报酬所得}{年累计收入额} + \frac{稿酬所得}{年累计收入额} + \frac{特许权使用费所得}{年累计收入额}$$

【做中学6-3】在上海某高校工作的张教授，在老家有房亦有房贷但非首套住房贷款，在上海租房每月支付租金5 000元（承租人为张教授），与妻子共同育有一子一女，均上小学，张教授为独子，其父母均已年满60周岁。由于其妻为全职太太，两人约定子女教育支出由张教授扣除。张教授某年取得以下各项收入：

（1）每月取得工资薪金18 000元，缴纳三险一金3 900元，12月取得年终奖20 000元。

（2）5月为某企业开展培训取得报酬5 000元，8月为某公司设计图纸取得报酬10 000元。

（3）10月转让个人专利使用权取得特许权使用费所得50 000元。

（4）12月取得稿酬所得15 000元。

要求：计算张教授当年汇算清缴应缴纳的个人所得税税额（假设扣缴义务人均未代扣代缴个人所得税）。

分析：

（1）计算年累计收入额

工资、薪金年累计收入额 = 18 000 × 12 + 20 000 = 236 000（元）

劳务报酬年累计收入额 = （5 000 + 10 000）×（1 - 20%）= 12 000（元）

特许权使用费所得年累计收入额 = 50 000 ×（1 - 20%）= 40 000（元）

稿酬所得年累计收入额 = 15 000 ×（1 - 20%）× 70% = 8 400（元）

年累计收入总额 = 236 000 + 12 000 + 40 000 + 8 400 = 296 400（元）

（2）确定专项扣除、专项附加扣除

专项扣除 = 3 900 × 12 = 46 800（元）

专项附加扣除 = 1 500 × 12（住房租金）+ 1 000 × 12 × 2（子女教育）+ 2 000 × 12（赡养老人）

$\qquad\qquad\quad$ = 66 000（元）

（3）计算年度应纳税额

年应纳个人所得税税额 = （296 400 - 60 000 - 46 800 - 66 000）× 10% - 2 520

$\qquad\qquad\qquad\qquad$ = 9 840（元）

（三）计算居民个人综合所得预扣预缴税额

1.计算居民个人工资、薪金所得预扣预缴税额

扣缴义务人向居民个人支付工资、薪金所得时，应当按照累计预扣法计算预扣税款，并按月办理扣缴申报。

累计预扣法，是指扣缴义务人在一个纳税年度内预扣预缴税款时，以纳税人在本单位截至当前月份工资、薪金所得累计收入减除累计免税收入、累计减除费用、累计专项扣除、累计专项附加扣除和累计依法确定的其他扣除后的余额为累计预扣预缴应纳税所得额，适用个人所得税预扣率表一，计算累计应预扣预缴税额，再减除累计减免税额和累计已预扣预缴税额，其余额为本期应预扣预缴税额。

具体计算公式如下：

$$本期应预扣预缴税额=（累计预扣预缴应纳税所得额 \times 预扣率 - 速算扣除数）-累计减免税额-累计已预扣预缴税额$$

$$累计预扣预缴应纳税所得额=累计收入-累计免税收入-累计减除费用-累计专项扣除-累计专项附加扣除-累计依法确定的其他扣除$$

其中：累计减除费用，按照5 000元/月乘以纳税人当年截至本月在本单位的任职受雇月份数计算。

本期应预扣预缴税额为负值时，暂不退税。纳税年度终了后余额仍为负值时，由纳税人通过办理综合所得年度汇算清缴，税款多退少补。

【提示】在上述公式中，所指的累计减免税额，是指《个人所得税法》第五条规定的减免税额；所指的免税收入，是指《个人所得税法》第四条规定的免税收入。

【做中学6-4】某公司职员小李某年每月领取工资30 000元，个人负担三险一金3 500元，向公司报送的专项附加扣除信息如下：上小学子女一名，年满60周岁的父母两名，小李为独生子，夫妻约定子女教育支出由小李一人扣除。没有免税收入和减免税额等情况。

要求：计算小李当年前3个月每月由公司预扣预缴的税额。

分析：

1月份：预扣预缴税额=（30 000-5 000-3 500-1 000-2 000）×3%=555（元）

2月份：预扣预缴税额=（30 000×2-5 000×2-3 500×2-1 000×2-2 000×2）×10%-2 520-555=625（元）

3月份：预扣预缴税额=（30 000×3-5 000×3-3 500×3-1 000×3-2 000×3）×10%-2 520-555-625=1 850（元）

【提示】对上一完整纳税年度内每月均在同一单位预扣预缴工资、薪金所得个人所得税且全年工资、薪金收入不超过6万元的居民个人，扣缴义务人在预扣预缴本年度工资、薪金所得个人所得税时，累计减除费用自1月份起直接按照全年6万元计算扣除。即，在纳税人累计收入不超过6万元的月份，暂不预扣预缴个人所得税；在其累计收入超过6万元的当月及年内后续月份，再预扣预缴个人所得税。

动画

三分钟看懂劳务报酬所得、稿酬所得、特许权使用费所得个税怎么算？

扣缴义务人应当按规定办理全员全额扣缴申报，并在《个人所得税扣缴申报表》相应纳税人的备注栏注明"上年各月均有申报且全年收入不超过6万元"字样。

2.计算居民个人劳务报酬所得、稿酬所得、特许权使用费所得预扣预缴税额

扣缴义务人向居民个人支付劳务报酬所得、稿酬所得、特许权使用费所得时，应当按次或者按月预扣预缴税款。具体计算公式如下：

$$劳务报酬所得预扣预缴税额=预扣预缴应纳税所得额 \times 预扣率 - 速算扣除数$$

$$稿酬所得、特许权使用费所得预扣预缴税额=预扣预缴应纳税所得额 \times 预扣率（20\%）$$

劳务报酬所得、稿酬所得、特许权使用费所得以收入减除费用后的余额为预扣预缴应纳税所得额，稿酬所得可以再减按70%计算。其中减除费用按以下规定执行：每次收入

不超过4 000元的，减除费用按800元计算；每次收入4 000元以上的，减除费用按收入的20%计算。

【提示】劳务报酬所得、稿酬所得、特许权使用费所得预扣预缴应纳税所得额的计算，基本平移分类税制下的计算方法，以收入减除费用后的余额为应纳税所得额，与年度汇算清缴时的收入额概念不一致。

劳务报酬所得、稿酬所得、特许权使用费所得，属于一次性收入的，以取得该项收入为一次；属于同一项目连续性收入的，以一个月内取得的收入为一次。

【做中学6-5】王某10月外出参加营业性演出，在A省一次演出取得劳务报酬21 000元。在B省M市第一场演出取得12 000元收入，第二场演出取得20 000元收入。在C省一次演出取得3 200元收入。

要求：计算各地演出单位为其预扣预缴的个人所得税。

分析：

王某的收入属于三次收入：

在A省取得收入预扣预缴应纳税所得额 = 21 000 ×（1 - 20%）= 16 800（元）

应预扣预缴税额 = 16 800 × 20% = 3 360（元）

在B省取得收入预扣预缴应纳税所得额 =（12 000 + 20 000）×（1 - 20%）= 25 600（元）

应预扣预缴税额 = 25 600 × 30% - 2 000 = 5 680（元）

在C省取得收入预扣预缴应纳税所得额 = 3 200 - 800 = 2 400（元）

应预扣预缴税额 = 2 400 × 20% = 480（元）

【做中学6-6】某作者1月出版一部长篇小说，取得稿酬60 000元。

要求：计算出版社为其预扣预缴的个人所得税。

预扣预缴应纳税所得额 = 60 000 ×（1 - 20%）× 70% = 33 600（元）

应预扣预缴税额 = 33 600 × 20% = 6 720（元）

（四）计算全年一次性奖金应纳税额

全年一次性奖金是指行政机关、企事业单位等扣缴义务人根据其全年经济效益和对雇员全年工作业绩的综合考核情况，向雇员发放的一次性奖金。一次性奖金包括年终加薪、实行年薪制和绩效工资办法的单位根据考核情况兑换的年薪和绩效工资。

居民个人取得全年一次性奖金，符合《国家税务总局关于调整个人取得全年一次性奖金等计算征收个人所得税方法问题的通知》（国税发〔2005〕9号）规定的，在2023年12月31日前，可以选择不并入当年综合所得，以全年一次性奖金收入除以12个月得到的数额，按照按月换算后的综合所得税率表（见表6-3），确定适用税率和速算扣除数，单独计算纳税。

居民个人取得全年一次性奖金，也可以选择并入当年综合所得计算纳税。自2022年1月1日起，居民个人取得的全年一次性奖金，应并入当年综合所得计算缴纳个人所得税。

选择单独计算时，具体按下列步骤计算：

第一步：找税率。全年一次性奖金收入除以12个月得到的数据，按照按月换算后的综合所得税率表找到适用税率。

第二步：单独计算应纳税额。计算公式为：

$$应纳税额 = 全年一次性奖金收入 × 适用税率 - 速算扣除数$$

【提示】全年一次性奖金单独计算时不减除5 000元、专项扣除、专项附加扣除和依法确定的其他扣除。在一个纳税年度内，对每一个纳税人，该计税办法只允许采用一次。个人取得的除全年一次性奖金以外的其他各种名目奖金，如半年奖、季度奖、加班奖、先进奖、考勤奖等，一律与当月工资、薪金收入合并，按税法的规定缴纳个人所得税。

二、计算非居民个人的工资、薪金所得，劳务报酬所得，稿酬所得，特许权使用费所得的应纳税额

非居民个人的工资、薪金所得，劳务报酬所得，稿酬所得，特许权使用费所得，一般由扣缴义务人代扣代缴个人所得税。扣缴义务人向非居民个人支付工资、薪金所得，劳务报酬所得，稿酬所得，特许权使用费所得时，应当按照以下方法按月或者按次代扣代缴个人所得税税款：

非居民个人的工资、薪金所得，以每月收入额减除费用5 000元后的余额为应纳税所得额；劳务报酬所得、稿酬所得、特许权使用费所得，以每次收入额为应纳税所得额，适用个人所得税税率表二（见第261页表6-5）。劳务报酬所得、稿酬所得、特许权使用费所得以收入额减除20%的费用后的余额为收入额；其中，稿酬所得的收入额再减按70%计算。

非居民个人取得的劳务报酬所得、稿酬所得、特许权使用费所得，属于一次性收入的，以取得该项收入为一次；属于同一项目连续性收入的，以一个月内取得的收入为一次。

【做中学6-7】约翰为在我国某外商投资企业任职的美籍专家，根据其在我国境内居住时间初步判定为非居民纳税人。2022年5月取得以下收入：

（1）从任职单位取得税前工资50 000元。

（2）向A企业转让其发明的一项专利，取得特许权使用费20 000元。

要求：分别计算任职单位和A企业为其代扣代缴的个人所得税税款。

分析：

约翰为非居民纳税人，其来源于中国境内的工资、薪金所得应由支付单位按月代扣代缴个人所得税；特许权使用费所得应由支付单位按次代扣代缴个人所得税。

工资、薪金所得月应纳税所得额 = 50 000 − 5 000 = 45 000（元）

工资、薪金所得月扣缴税额 = 45 000 × 30% − 4 410 = 9 090（元）

特许权使用费所得应纳税所得额 = 20 000 × （1 − 20%） = 16 000（元）

特许权使用费所得扣缴税额 = 16 000 × 20% − 1 410 = 1 790（元）

三、计算经营所得应纳税额

（一）计算经营所得应纳税所得额

经营所得，以每一纳税年度的收入总额，减除成本、费用、税金、损失、其他支出以及允许弥补的以前年度亏损后的余额，为应纳税所得额。

1.基本规定

（1）收入总额是指年经营所得，即纳税人从事生产经营以及与生产经营有关的活动（以下简称生产经营）取得的货币形式和非货币形式的各项收入，包括：销售货物收入、

提供劳务收入、转让财产收入、利息收入、租金收入、接受捐赠收入、其他收入。其他收入包括资产溢余收入、逾期一年以上的未退包装物押金收入、确实无法偿付的应付款项、已作坏账损失处理后又收回的应收款项、债务重组收入、补贴收入、违约金收入、汇兑收益等。

（2）成本是指纳税人在生产经营活动中发生的销售成本、业务支出以及其他耗费。

（3）费用是指纳税人在生产经营活动中发生的销售费用、管理费用和财务费用，已经计入成本的有关费用除外。

（4）税金是指纳税人在生产经营活动中发生的除个人所得税和允许抵扣的增值税以外的各项税金及附加。

（5）损失是指纳税人在生产经营活动中发生的固定资产和存货的盘亏、毁损、报废损失，转让财产损失，坏账损失，自然灾害等不可抗力因素造成的损失以及其他损失。纳税人的损失，减除责任人赔偿和保险赔款后的余额，参照财政部、国家税务总局有关企业资产损失税前扣除的规定扣除。纳税人已经作为损失处理的资产，在以后纳税年度又全部收回或者部分收回时，应当计入收回当期的收入。

（6）其他支出是指除成本、费用、税金、损失外，纳税人在生产经营活动中发生的与生产经营活动有关的、合理的支出。

（7）取得经营所得的个人，没有综合所得的，计算其每一纳税年度的应纳税所得额时，应当减除费用60 000元、专项扣除、专项附加扣除以及依法确定的其他扣除。专项附加扣除在办理汇算清缴时减除。

2.不得在税前扣除的支出

（1）个人所得税税款。

（2）税收滞纳金。

（3）罚金、罚款和被没收财物的损失。

（4）不符合扣除规定的捐赠支出。

（5）赞助支出。

（6）用于个人和家庭的支出。在生产经营活动中，纳税人应当分别核算生产经营费用和个人、家庭费用。对于生产经营与个人、家庭生活混用难以分清的费用，其40%视为与生产经营有关的费用，准予扣除。

（7）与取得生产经营收入无关的其他支出。

（8）国家税务总局规定不准扣除的支出。

3.准予扣除项目及标准

（1）工资、薪金。

纳税人实际支付给从业人员的、合理的工资、薪金支出，准予扣除。业主的工资、薪金支出不得税前扣除。

（2）各类保险费。

纳税人按照国务院有关主管部门或者省级人民政府规定的范围和标准为其业主和从业人员缴纳的基本养老保险费、基本医疗保险费、失业保险费、生育保险费、工伤保险费和住房公积金，准予扣除。

纳税人为从业人员缴纳的补充养老保险费、补充医疗保险费，分别在不超过从业人员工资总额5%标准内的部分据实扣除；超过部分，不得扣除。业主本人缴纳的补充养老保险费、补充医疗保险费，以当地（地级市）上年度社会平均工资的3倍为计算基数，分别在不超过该计算基数5%标准内的部分据实扣除；超过部分，不得扣除。

除纳税人依照国家有关规定为特殊工种从业人员支付的人身安全保险费和财政部、国家税务总局规定可以扣除的其他商业保险费外，纳税人为业主本人或者为从业人员支付的商业保险费，不得扣除。

纳税人参加财产保险，按照规定缴纳的保险费，准予扣除。

（3）三项经费。

纳税人向当地工会组织拨缴的工会经费、实际发生的职工福利费支出、职工教育经费支出分别在工资、薪金总额的2%、14%、2.5%的标准内据实扣除。

工资、薪金总额是指允许在当期税前扣除的工资、薪金支出数额。

职工教育经费的实际发生数额超出规定比例当期不能扣除的数额，准予在以后纳税年度结转扣除。

业主本人向当地工会组织缴纳的工会经费、实际发生的职工福利费支出、职工教育经费支出，以当地（地级市）上年度社会平均工资的3倍为计算基数，在规定比例内据实扣除。

（4）借款费用。

纳税人在生产经营活动中发生的合理的不需要资本化的借款费用，准予扣除。纳税人为购置、建造固定资产、无形资产和经过12个月以上的建造才能达到预定可销售状态的存货发生借款的，在有关资产购置、建造期间发生的合理的借款费用，应当作为资本性支出计入有关资产的成本，并依照《中华人民共和国企业所得税法实施条例》的规定扣除。

（5）利息支出。

纳税人在生产经营活动中发生的下列利息支出，准予扣除：

①向金融企业借款的利息支出。

②向非金融企业和个人借款的利息支出，不超过按照金融企业同期同类贷款利率计算的数额的部分。

（6）业务招待费。

纳税人发生的与生产经营活动有关的业务招待费，按照实际发生额的60%扣除，但最高不得超过当年销售（营业）收入的5‰。

业主自申请营业执照之日起至开始生产经营之日止所发生的业务招待费，按照实际发生额的60%计入个体工商户的开办费。

（7）广告费和业务宣传费。

纳税人每一纳税年度发生的与其生产经营活动直接相关的广告费和业务宣传费不超过当年销售（营业）收入15%的部分，可以据实扣除；超过部分，准予在以后纳税年度结转扣除。

（8）捐赠支出。

纳税人通过公益性社会团体或者县级以上人民政府及其部门，用于《中华人民共和国公益事业捐赠法》规定的公益事业的捐赠，捐赠额不超过其应纳税所得额30%的部分可以据实扣除。财政部、国家税务总局规定可以全额在税前扣除的捐赠支出项目，按有关规定执行。

纳税人直接对受益人的捐赠不得扣除。

（9）"三新"研究开发费。

纳税人研究开发新产品、新技术、新工艺所发生的开发费用，以及研究开发新产品、新技术而购置单台价值在10万元以下的测试仪器和试验性装置的购置费准予直接扣除；单台价值在10万元以上（含10万元）的测试仪器和试验性装置，按固定资产管理，不得在当期直接扣除。

（二）计算经营所得应纳税额

经营所得应纳税额按年计算，分月或分季预缴，年终汇算清缴，多退少补。

$$全年应纳税额 = 应纳税所得额 × 适用税率 - 速算扣除数$$

在实际工作中，需要分别计算按月预缴税额和年终汇算清缴税额。按月预缴税额的计算公式为：

$$全年应纳税所得额 = 本月累计应纳税所得额 × （全年月份 ÷ 当月月份）$$

$$全年应纳税额 = 全年应纳税所得额 × 适用税率 - 速算扣除数$$

$$本月累计应纳税额 = 全年应纳税额 × （当月月份 ÷ 全年月份）$$

$$本月应预缴税额 = 本月累计应纳税额 - 上月累计已预缴税额$$

四、计算财产租赁所得应纳税额

（一）计算应纳税所得额

微课

财产租赁所得按次计税，以一个月内取得的收入为一次。财产租赁所得一般以个人每次取得的收入，定额或定率减除规定费用后的余额为应纳税所得额。规定费用扣除的范围和顺序包括：

1. 财产租赁过程中缴纳的税费。相关税费主要包括城市维护建设税、教育费附加、房产税、印花税，必须提供有效准确的凭证，才能从其财产租赁收入中扣除。

财产租赁所得如何计算个人所得税

2. 由纳税人负担的该出租财产实际开支的修缮费用。该项费用扣除额以每次800元为限，一次扣除不完的，准予在下一次继续扣除，直至扣完为止。

3. 税法规定的费用扣除标准。每次收入扣除前两项后不超过4 000元的，定额减除费用800元；每次收入扣除前两项后在4 000元以上的，定率减除20%的费用。

【提示】租赁合同可以规定租金"月付""季付""半年付""年付"，但是在计算财产租赁所得的个人所得税时，均按1个月内取得的收入作为一次，按次征收。

（二）计算应纳税额

财产租赁所得应纳税额计算公式为：

（1）每次（月）收入不超过4 000元的：

$$应纳税额 = \left[每次(月)收入 - 准予扣除的税费 - 修缮费用(以800元为限) - 800 \right] × 适用税率$$

（2）每次（月）收入超过4 000元的：

$$应纳税额 = \left[每次(月)收入 - 准予扣除的税费 - 修缮费用(以800元为限) \right] × （1 - 20\%） × 适用税率$$

【提示】自2001年1月1日起，对个人按市场价格出租的居民住房取得的所得，暂减按10%的税率征收个人所得税。

【做中学6-8】某居民将自有住房从某年3月开始出租，月租金收入3 000元，每月缴纳有关税费320元，9月份发生修缮费用2 000元，由房东承担。

要求：计算该居民当年应缴纳的个人所得税。

（1）3—8月及12月应纳税所得额 = 3 000 - 320 - 800 = 1 880（元）

应纳税额 = 1 880 × 10% = 188（元）

（2）9—10月应纳税所得额 = 3 000 - 320 - 800 - 800 = 1 080（元）

应纳税额 = 1 080 × 10% = 108（元）

（3）11月应纳税所得额 = 3 000 - 320 - 400 - 800 = 1 480（元）

应纳税额 = 1 480 × 10% = 148（元）

当年该居民应纳税额 = 188 × 7 + 108 × 2 + 148 = 1 680（元）

五、计算财产转让所得应纳税额

微课

财产转让所得如何计算个人所得税?

（一）计算应纳税所得额

财产转让所得以个人每次转让财产取得的收入额减除财产原值和合理费用后的余额为应纳税所得额。

财产原值是指：

（1）有价证券，为买入价以及买入时按照规定交纳的有关费用。

（2）建筑物，为建造费或者购进价格以及其他有关费用。

（3）土地使用权，为取得土地使用权所支付的金额、开发土地的费用以及其他有关费用。

（4）机器设备、车船，为购进价格、运输费、安装费以及其他有关费用。

（5）其他财产，参照第（1）至（4）项规定的方法确定财产原值。

【提示】纳税人未提供完整、准确的财产原值凭证，不能正确计算财产原值的，由主管税务机关核定其财产原值。

合理费用，是指卖出财产时按照规定支付的有关税费。

（二）计算应纳税额

财产转让所得应纳税额计算公式为：

应纳税额 = 应纳税所得额 × 税率

　　　　 = （每次财产转让收入 - 财产原值 - 合理费用）× 20%

【做中学6-9】某居民于某年5月转让一套设备，取得转让收入15 000元，该设备原价14 000元，转让时支付有关费用200元。

要求：计算应纳个人所得税。

应纳税所得额 = 15 000 - 14 000 - 200 = 800（元）

应纳税额 = 800 × 20% = 160（元）

六、计算利息、股息、红利所得，偶然所得应纳税额

（一）计算应纳税所得额

利息、股息、红利所得，偶然所得按次计税，以每次收入为应纳税所得额。

利息、股息、红利所得，以支付利息、股息、红利时取得的收入为一次；偶然所得，以每次取得该项收入为一次。

对于股份制企业在分配股息、红利时以股票形式向股东个人支付的股息、红利（即派发红股），应以派发红利的股票票面金额为收入额计算缴纳个人所得税，不得扣除任何费用。

【提示】自2015年9月8日起，个人从公开发行和转让市场取得的上市公司股票，持股期限在1个月以内（含1个月）的，其股息红利所得全额计入应纳税所得额；持股期限在1个月以上至1年（含1年）的，暂减按50%计入应纳税所得额；持股期限超过1年的，股息、红利所得暂免征收个人所得税。上述所得统一适用20%的税率计征个人所得税。

（二）计算应纳税额

$$应纳税额 = 每次收入 \times 20\%$$

【做中学6-10】某居民某年全年取得银行存款利息3 600元。另外，该居民10月购买体育彩票获得奖金20 000元，购买福利彩票获得奖金500元。

要求：计算该居民当年应纳的个人所得税。

分析：

（1）银行存款利息免税。

（2）体育彩票应纳税额 = 20 000 × 20% = 4 000（元）

（3）福利彩票奖金未达到起征点，不征税。

因此，该居民当年应纳个人所得税4 000元。

【提示】居民个人从境内和境外取得的综合所得或者经营所得，应当分别合并计算应纳税额；从境内和境外取得的其他所得应当分别单独计算应纳税额。

【总结】各应税项目的费用减除标准和适用税率见表6-7。

表6-7　　　　　　各应税项目的费用减除标准和适用税率

应税项目	计税期	减除费用标准	适用税率
1.综合所得	年	减除60 000元以及专项扣除、专项附加扣除和依法确定的其他扣除	3%~45%七级超额累进税率
2.经营所得	年	纳税年度收入总额减除成本、费用、损失等	5%~35%五级超额累进税率
3.财产租赁所得	次	每次收入≤4 000元的，减除800元费用 每次收入>4 000元的，减除20%费用	20%（个人出租住房减按10%征收）
4.财产转让所得	次	财产转让收入减除财产原值和合理费用	20%
5.利息、股息、红利所得	次	不减除任何费用	20%
6.偶然所得	次	不减除任何费用	20%

七、计算特殊情况下应纳税额

（一）计算个人发生公益、救济性捐赠的应纳税额

微课

个人发生公益性捐赠时个人所得税的计算

税法规定，个人将其所得通过中国境内的社会团体、国家机关向教育、扶贫、济困等公益慈善事业的捐赠，捐赠额未超过纳税人申报的应纳税所得额30%的部分，可以从其应纳税所得额中扣除。其计算公式为：

捐赠扣除限额＝扣除捐赠额前的应纳税所得额×30%

若实际捐赠额<扣除限额，则允许扣除的捐赠额＝实际捐赠额

若实际捐赠额>扣除限额，则允许扣除的捐赠额＝扣除限额

$$应纳税额 = \left(扣除捐赠额前的应纳税所得额 - 允许扣除的捐赠额\right) × 适用税率 - 速算扣除数$$

国务院规定对公益慈善事业捐赠实行全额税前扣除的，从其规定。目前，个人通过非营利性的社会团体和国家机关向红十字事业、公益性青少年活动场所、农村义务教育、非营利性老年服务机构的捐赠，在计算缴纳个人所得税时，准予在应纳税所得额中全额扣除。

【提示】能够扣除的捐赠必须是通过中国境内的社会团体、县级以上（含县级）国家机关进行的间接捐赠，而不是直接捐赠。允许扣除的额度是指纳税人用来捐赠的某一项所得的比例，而不是全部收入的比例。

【做中学6-11】刘某转让一辆汽车取得80 000元转让所得，从中取出2 000元通过中国境内非营利性社会团体向灾区捐赠，该汽车购买时原价为70 000元，转让时发生费用500元。

要求：计算刘某应缴纳的个人所得税。

捐赠前财产转让所得应纳税所得额＝80 000－70 000－500＝9 500（元）

捐赠扣除限额＝9 500×30%＝2 850（元）

实际捐赠额2 000元小于扣除限额2 850元，因此允许扣除的捐赠为2 000元。

应缴纳的个人所得税＝（9 500－2 000）×20%＝1 500（元）

（二）计算两个或两个以上的纳税人共同取得同一项所得的应纳税额

两个或两个以上的个人共同取得同一项收入的，应当对每个人取得的收入分别减除费用，各自计算应纳税款，即实行"先分、后扣、再税"的办法。

【做中学6-12】居民甲、乙两人合著一本书，共取得稿费收入8 500元，其中甲分得6 000元，乙分得2 500元。

要求：计算出版社分别为甲、乙两人预扣预缴的个人所得税。

甲稿酬所得预扣预缴税额＝6 000×（1－20%）×70%×20%＝672（元）

乙稿酬所得预扣预缴税额＝（2 500－800）×70%×20%＝238（元）

（三）计算一人兼有多项应税所得的应纳税额

纳税人同时取得两项或两项以上应税所得时，除按税法的规定应合并计税的外，其他应税项目应就其所得分项分别减除费用，分别计算纳税。

【做中学6-13】某中国居民，某年取得以下各项所得：

（1）每月取得工资、薪金所得6 400元（已扣除三险一金），12月份取得年终奖30 000

元（年终奖不单独计算）。

（2）业余时间从事翻译工作，取得收入5 000元。

（3）出版一本专著，取得稿酬收入15 000元。

（4）出租自有住房，每月取得租金收入3 700元，每月缴纳有关税费400元。

（5）全年取得银行存款利息收入1 200元。

要求：计算该居民当年应缴纳的个人所得税。（不考虑专项附加扣除）

（1）综合所得应纳税所得额 = 6 400 × 12 + 30 000 + 5 000 × （1 − 20%） + 15 000 × （1 − 20%） × 70% − 60 000 = 59 200（元）

综合所得应纳税额 = 59 200 × 10% − 2 520 = 3 400（元）

（2）财产租赁所得月应纳税额 = （3 700 − 400 − 800） × 10% = 250（元）

财产租赁所得年应纳税额 = 250 × 12 = 3 000（元）

（3）银行存款利息所得免税。

该公民当年应纳个人所得税税额 = 3 400 + 3 000 = 6 400（元）

（四）计算境外所得已纳税额的抵免

我国个人所得税的居民纳税人负有无限纳税义务，应就其来源于中国境内和境外的全部所得向我国计算缴纳个人所得税。但纳税人的境外所得一般均已在境外缴纳或负担了该国的所得税，为了避免国家间对同一所得的重复征税，税法规定，居民个人从中国境外取得的所得可以从其应纳税额中抵免已在境外缴纳的个人所得税税额，但抵免额不得超过该纳税人境外所得依照个人所得税法的规定计算的应纳税额。

上述"已在境外缴纳的个人所得税税额"，是指居民个人来源于中国境外的所得，依照该所得来源国家或者地区的法律应当缴纳并且实际已经缴纳的个人所得税税额。

"依照个人所得税法的规定计算的应纳税额"，是指居民个人境外所得已缴境外个人所得税的抵免限额。除国务院财政、税务主管部门另有规定外，来源于一国（地区）抵免限额为来源于该国的综合所得抵免限额、经营所得抵免限额、其他所得项目抵免限额之和。其中：

1.来源于一国（地区）综合所得的抵免限额 = 中国境内、境外综合所得按我国税法的规定计算的综合所得应纳税总额 × 来源于该国（地区）的综合所得收入额 ÷ 中国境内、境外综合所得收入总额

2.来源于一国（地区）经营所得的抵免限额 = 中国境内、境外经营所得按我国税法的规定计算的经营所得应纳税总额 × 来源于该国（地区）的经营所得的应纳税所得额 ÷ 中国境内、境外经营所得的应纳税所得额

3.来源于一国（地区）的其他所得项目抵免限额 = 来源于该国（地区）的其他所得项目按我国税法的规定计算的应纳税额

居民个人在中国境外一个国家或者地区实际已经缴纳的个人所得税税额，低于按规定计算出的该国家或者地区抵免限额的，应当在中国缴纳差额部分的税款；超过该国家或者地区抵免限额的，其超过部分不得在本纳税年度的应纳税额中扣除，但是可以在以后纳税年度的该国家或者地区抵免限额的余额中补扣。补扣期限最长不得超过5年。

【做中学6-14】某美国国籍来华人员已在中国境内连续居住7年，某年取得我国境内工资、薪金所得410 000元，缴纳三险一金50 000元；取得劳务报酬所得50 000元。取得A国一家公司支付的劳务报酬10 000元（折合成人民币，下同），被扣缴个人所得税1 000

元；在 A 国出版一部小说，获得稿酬 20 000 元，被扣缴个人所得税 1 200 元。当年还在 B 国提供咨询服务，获得劳务报酬 20 000 元，被扣缴个人所得税 4 000 元；在 B 国取得利息所得 15 000 元，被扣缴个人所得税 3 000 元。经核查，境外完税凭证无误。

要求：计算该外籍人员境外所得在我国境内应补缴的个人所得税（不考虑专项附加扣除）。

（1）A 国所得：

$$
\begin{aligned}
\text{综合所得抵免限额} =& \{[410\,000 + 50\,000 \times (1 - 20\%) + 10\,000 \times (1 - 20\%) + 20\,000 \\
& \times (1 - 20\%) \times 70\% + 20\,000 \times (1 - 20\%) - 50\,000 - 60\,000] \times \\
& 25\% - 31\,920\} \times [10\,000 \times (1 - 20\%) + 20\,000 \times (1 - 20\%) \\
& \times 70\%)] \div [410\,000 + 50\,000 \times (1 - 20\%) + 10\,000 \times (1 - 20\%) \\
& + 20\,000 \times (1 - 20\%) \times 70\% + 20\,000 \times (1 - 20\%)] \\
=& [(485\,200 - 50\,000 - 60\,000) \times 25\% - 31\,920] \times 19\,200 \div 485\,200 \\
=& 61\,880 \times 19\,200 \div 485\,200 \\
=& 2\,448.67（元）
\end{aligned}
$$

两项所得已在 A 国缴纳税额 = 1 000 + 1 200 = 2 200（元）

由于两项所得已在 A 国缴纳税款 2 200 元，低于该国两项所得的抵免限额 2 448.67 元，因此应补缴个人所得税税额 = 2 448.67 - 2 200 = 248.67（元）。

（2）B 国所得：

$$
\begin{aligned}
\text{综合所得抵免限额} =& \{[410\,000 + 50\,000 \times (1 - 20\%) + 10\,000 \times (1 - 20\%) + \\
& 20\,000 \times (1 - 20\%) \times 70\% + 20\,000 \times (1 - 20\%) - 50\,000 - \\
& 60\,000] \times 25\% - 31\,920\} \times 20\,000 \times (1 - 20\%) \div [410\,000 + \\
& 50\,000 \times (1 - 20\%) + 10\,000 \times (1 - 20\%) + 20\,000 \times (1 - 20\%) \\
& \times 70\% + 20\,000 \times (1 - 20\%)] \\
=& [(485\,200 - 50\,000 - 60\,000) \times 25\% - 31\,920] \times 16\,000 \div 485\,200 \\
=& 61\,880 \times 16\,000 \div 485\,200 \\
=& 2\,040.56（元）
\end{aligned}
$$

利息所得抵免限额 = 15 000 × 20% = 3 000（元）

B 国抵免限额 = 2 040.56 + 3 000 = 5 040.56（元）

在 B 国已纳税额 = 4 000 + 3 000 = 7 000（元）

B 国所得已纳税额 7 000 元大于抵免限额 5 040.56 元，按规定只能按 5 040.56 元抵免，超过的 1 959.44 元（7 000 - 5 040.56）可以在以后年度从 B 国的抵免限额中继续抵免，但最长不超过 5 年。

因此，当年该外籍人员境外所得在我国应补缴个人所得税 248.67 元。

八、特别纳税调整

纳税人有下列情形之一的，税务机关有权按照合理方法进行纳税调整：

（1）个人与其关联方之间的业务往来不符合独立交易原则而减少本人或者其关联方应纳税额，且无正当理由。

（2）居民个人控制的，或者居民个人和居民企业共同控制的设立在实际税负明显偏低的国家（地区）的企业，无合理经营需要，对应当归属于居民个人的利润不作分配或者减少分配。

（3）个人实施其他不具有合理商业目的的安排而获取不当税收利益。

税务机关依法作出纳税调整，需要补征税款的，应当补征税款，并依法加收利息。

【提示】

1.所称"关联方"，是指与个人有下列关联关系之一的个人、企业或者其他经济组织：

（1）夫妻、直系血亲、兄弟姐妹，以及其他抚养、赡养、扶养关系。

（2）资金、经营、购销等方面的直接或者间接控制关系。

（3）其他经济利益关系。

个人之间有以上第一项关联关系的，其中一方个人与企业或者其他组织存在以上第二项和第三项关联关系的，另一方个人与该企业或者其他组织构成关联方。

2.所称"独立交易原则"，是指没有关联关系的交易各方，按照公平成交价格和营业常规进行业务往来遵循的原则。

3.所称"控制"，是指：

（1）居民个人、居民企业直接或者间接单一持有外国企业10%以上有表决权股份，且由其共同持有该外国企业50%以上股份。

（2）居民个人、居民企业持股比例未达到第一项规定的标准，但在股份、资金、经营、购销等方面对该外国企业构成实质控制。

4.所称"实际税负明显偏低"，是指实际税负低于《中华人民共和国企业所得税法》规定的税率的50%。

5.所称"不具有合理商业目的"，是指以减少、免除或者推迟缴纳税款为主要目的。

6.规定的利息，应当按照税款所属纳税年度最后一日中国人民银行公布的同期人民币贷款基准利率加5个百分点计算，自税款纳税申报期满次日起至补缴税款期限届满之日止按日加收。纳税人在补缴税款期限届满前补缴税款的，加收利息至补缴税款之日。

【工作任务实例6-1】

赵博伟是杭州市荣华公司（纳税人识别号330102000000001568）的会计，主要工作任务是按规定发放该公司员工的工资及外聘者劳务报酬，并办理个人所得税的代扣代缴业务。2022年3月，该公司职工应发工资及外聘人员劳务报酬情况见表6-8、表6-9、表6-10、表6-11。

表6-8　　　　职工应发工资及专项扣除明细表　　　　单位：元

序号	姓名	居民身份证号	应发工资	专项扣除					
				养老保险	医疗保险	失业保险	公积金	合计	
								当月数	累计数
1	张卓强	330102197205068979	27 000	580	260	100	1 700	2 640	7 920
2	李　刚	330102197605234563	18 000	420	140	55	1 200	1 815	5 445
3	王小明	330102197703256676	15 500	400	120	50	1 100	1 670	5 010
4	洪　亮	330102198502125684	9 800	360	80	35	900	1 375	4 125
5	徐大壮	320102198206078976	8 000	340	70	30	800	1 240	3 720
6	陆永顺	410105198810238769	6 800	300	60	30	800	1 190	3 570
7	李依雯	460105198808296783	6 500	290	50	25	750	1 115	3 345

表6-9　　　　　　　　　　　　职工专项附加扣除明细表　　　　　　　　　　单位：元

序号	姓名	子女教育	继续教育	房贷利息	住房租金	大病医疗	赡养老人	3岁以下婴幼儿照护	合计	
		当月数	当月数	当月数	每月数	当月数	当月数	当月数	当月数	累计数
1	张卓强	1 000	0	0	0	0	2 000	0	3 000	9 000
2	李 刚	2 000	0	0	0	0	2 000	0	4 000	12 000
3	王小明	1 000	0	0	1 500	0	0	0	2 500	7 500
4	洪 亮	1 000	0	0	1 500	0	0	0	2 500	7 500
5	徐大壮	1 000	0	0	0	0	0	0	1 000	3 000
6	陆永顺	0	0	1 000	0	0	0	0	1 000	3 000
7	李依雯	0	0	0	1 500	0	0	0	1 500	4 500

表6-10　　　　　　　　　　　　职工工资应纳税所得额计算表　　　　　　　　单位：元

序号	姓名	累计应发工资	累计减除费用	累计专项扣除	累计专项附加扣除	累计应纳税所得额	1—2月累计已扣税款
1	张卓强	81 000	15 000	7 920	9 000	49 080	981.6
2	李 刚	54 000	15 000	5 445	12 000	21 555	431.1
3	王小明	46 500	15 000	5 010	7 500	18 990	379.8
4	洪 亮	29 400	15 000	4 125	7 500	2 775	55.5
5	徐大壮	24 000	15 000	3 720	3 000	2 280	45.6
6	陆永顺	20 400	15 000	3 570	3 000	0	0
7	李依雯	19 500	15 000	3 345	4 500	0	0

表6-11　　　　　　　　　　　　外聘人员劳务报酬发放表　　　　　　　　　　单位：元

序号	姓名	居民身份证号	劳务报酬
1	李楷	330102198712053486	3 600
2	何小芳	330104197704234598	11 000

假设本公司员工每月应发工资数额等情况不变。

请帮助赵博伟计算2022年3月份应预扣预缴本公司员工工资薪金所得应纳个人所得税及预扣预缴外聘人员劳务报酬所得应纳个人所得税。

【工作流程】

第一步：判断各项所得所属应税项目。

本公司职工的工资收入属于工资、薪金所得，应由本公司预扣预缴个人所得税。

非本公司职工在本公司取得的收入属于劳务报酬所得，也应由本公司预扣预缴个人所得税。

第二步：分别确定各项所得应由本公司预扣预缴的税额。

（1）计算本公司员工3月工资、薪金所得应预扣预缴税额：

应预扣预缴张卓强税额 = 49 080 × 10% - 2 520 - 981.6 = 1 406.4（元）

应预扣预缴李刚税额 = 21 555 × 3% - 431.1 = 215.55（元）

应预扣预缴王小明税额 = 18 990 × 3% - 379.8 = 189.9（元）

应预扣预缴洪亮税额 = 2 775 × 3% - 55.5 = 27.75（元）

应预扣预缴徐大壮税额 = 2 280 × 3% - 45.6 = 22.8（元）

员工陆永顺、李依雯因工资收入未超过扣除费用，不需缴纳个人所得税。

（2）计算外聘人员劳务报酬所得应由本公司预扣预缴的税额：

应预扣预缴李楷劳务报酬所得应纳税额 =（3 600 - 800）× 20% = 560（元）

应预扣预缴何小芳劳务报酬所得应纳税额 = 11 000 ×（1 - 20%）× 20% = 1 760（元）

【工作任务实例6-2】

中国公民李东（身份证号码330601197012170930）任职于境内某市A公司，拥有住房一套（为首套住房），每月需归还贷款利息2 000元，其妻无工作，两人育有子、女各一人，均上小学；夫妻约定，住房贷款利息和子女教育费均由李先生一人税前扣除；李先生为独子，父母健在，均已年过60岁。2022年李先生取得各项收入如下：

（1）每月工资22 000元，缴纳养老保险1 760元、医疗保险440元、失业保险220元、住房公积金1 580元，每个季度末分别获得季度奖金5 000元；12月份从A公司取得绩效奖励50 000元。李先生未将其专项附加扣除信息报送A公司，A公司已按月预扣预缴其个人所得税。

（2）应邀到国内大学举行讲座，取得报酬14 000元。该大学已按规定预扣预缴其个人所得税。

（3）发表专著，取得稿费收入8 000元。出版社已按规定预扣预缴其个人所得税。

（4）2022年1月1日将自有商铺出租给乙公司，租期3年，月租金3 500元，按规定缴纳除个人所得税外的其他税费200元。乙公司已扣缴其个人所得税。

（5）取得股票转让收益20 000元。

2023年3月，李先生需要进行个人所得税汇算清缴，对于他2022年取得的各项收入，发放单位是如何计算并扣缴个人所得税的？他是否需要补缴税款？

【工作流程】

第一步：判断各项所得所属税目。

业务（1）取得工资、薪金所得；

业务（2）取得劳务报酬所得；

业务（3）取得稿酬所得；

业务（4）取得财产租赁所得；

业务（5）取得财产转让所得。

第二步：分别确定各项所得支付单位应代扣代缴（预扣预缴）的税额。

（1）工资、薪金所得：

工资、薪金所得由A公司预扣预缴个人所得税。

年度工资、薪金应税所得额 = （22 000 × 12 + 5 000 × 4 + 50 000） - （1 760 + 440 + 220

+ 1 580） × 12 - 60 000

= 334 000 - 48 000 - 60 000 = 226 000（元）

年度工资、薪金所得预扣预缴税额 = 226 000 × 20% - 16 920 = 28 280（元）

（2）劳务报酬所得：

讲座所得属于劳务报酬所得，由支付方预扣预缴个人所得税。

劳务报酬所得预扣预缴税额 = 14 000 × （1 - 20%） × 20% = 2 240（元）

（3）稿酬所得：

稿酬所得由支付方预扣预缴个人所得税。

稿酬所得预扣预缴税额 = 8 000 × （1 - 20%） × 70% × 20% = 896（元）

（4）财产租赁所得：

财产租赁所得由承租方代扣代缴个人所得税。

财产租赁所得应纳税额 = （3 500 - 200 - 800） × 20% × 12 = 6 000（元）

（5）财产转让所得：

股票转让所得暂不征收个人所得税。

第三步：汇总李先生2022年度各项所得及已被代扣代缴（预扣预缴）的个人所得税，确定是否需要补缴个人所得税。

李先生能够在税前扣除的专项附加扣除项目为：2个孩子的教育费各1 000元，赡养老人支出2 000元，住房贷款利息支出1 000元。

本年度综合所得应纳税所得额 = 226 000 + 14 000 × （1 - 20%） + 8 000 × （1 - 20%） ×

70% - （2 000 + 2 000 + 1 000） × 12 = 181 680（元）

本年度综合所得应纳税额 = 181 680 × 20% - 16 920 = 19 416（元）

本年度综合所得已预扣预缴税额 = 28 280 + 2 240 + 896 = 31 416（元）

故李先生应获退税 = 31 416 - 19 416 = 12 000（元）

财产租赁所得应纳税额已经由承租方代扣代缴个人所得税，无须补缴。

课堂能力训练

1.小林在北京某公司工作，租房，单身，在职研究生。属于独生子女，父母已年过60岁。某年每月应发工资均为25 000元，缴纳三险一金2 000元。

要求：根据上述资料计算当年前三个月公司应预扣预缴的个人所得税。

2.中国公民王某6月与一家培训机构签订了半年的劳务合同，合同规定从6月起每周六为该培训中心授课1次，每次报酬为1 200元。6月份为培训中心授课4次。

要求：计算培训中心6月支付王某授课费应预扣预缴的个人所得税。

3.某年12月，王某购买福利彩票，中奖200 000元，领奖时通过境内非营利性社会团体将其中10 000元捐赠给贫困地区。

要求：计算王某上述所得应该缴纳的个人所得税。

4.中国居民李某为一中外合资企业的职员，7月份，与同事杰克（外籍）合作出版了一本中外文化差异的书籍，共获得稿酬56 000元，李某与杰克事先约定按6∶4分配稿酬。

要求：计算出版社应预扣预缴李某稿酬的个人所得税。

5.中国居民张某在境外工作，某年从A国取得工资、薪金收入240 000元，因提供一项专利技术使用权，一次性取得特许权使用费收入80 000元，两项收入在A国共缴纳个人所得税10 000元。按照我国个人所得税法的规定可享受的综合所得的扣除项目有：基本扣除费用60 000元，享受子女教育、赡养老人两项专项附加扣除共计48 000元。假设张某没有来自中国境内的所得，来自A国的两项所得在该国已实际缴纳个人所得税10 000元。

要求：计算张某应向我国税务机关缴纳的个人所得税。

任务三　申报个人所得税

引导案例

2020年年初，公司财务通知小明，公司已预扣预缴其2019年度由公司发放的工资、薪金所得应纳的个人所得税税额，如果小明当年另外取得劳务报酬所得、稿酬所得、特许权使用费所得的一项或多项的，还需自行申报个人所得税。小明很困惑，日常取得收入时都已经由支付方代扣代缴了个人所得税，为什么还需要自行申报呢？而且他了解到个人所得税纳税申报表有好几类，他应该填制哪类纳税申报表呢？

引导案例解析

【素养园地】

有了您的纳税责任担当，祖国繁荣富强有您一份功劳

《中华人民共和国宪法》（简称《宪法》）规定，依法纳税是每位公民应尽的义务。每位中国公民都有依法纳税的义务，这不仅仅是因为《宪法》所作明文规定，更因为它是我们共享祖国繁荣富强应承担的责任。为了祖国的美丽富强，民族复兴，实现经济更加发展，民主更加完善，科技更加进步，文化更加繁荣，社会更加和谐，人民生活更加殷实，离不开强大、稳定的财力保障，离不开依法征税、规范有序的税收工作和依法诚信纳税的社会责任。

同时，根据《宪法》和《中华人民共和国民法典》的规定，公民享有各项政治权利，享有社会保险、社会救济和进行医疗的权利，公民的合法财产享有受法律保护的权利，公民享有受教育的权利，公民享有劳动的权利，公民享有生命健康的权利等。为了保证公民的这些权利得以实现，国家就需要大量投资，促进经济建设，发展科学、文化、教育、卫生事业，同时还要加强国防建设，建立健全保障公民权利的行政管理、司法监督等工作机构。无论是投资建设，还是加强国防建设、健全组织管理机构，国家都需要承担巨大的财政支出。因此，有了您的纳税责任担当，祖国繁荣富强就有您的一份功劳，同时您的各项权利也能顺利实现。

中国人民无论在战争年代，还是在和平建设时期，都能做到积极响应国家的号召，把

国家责任当作自己的责任来承担。我国是社会主义发展中国家，尽管我国已经成为世界第二大经济体，但由于人口多、底子薄，人均GDP水平还不高，正处在建设社会主义发展的初级阶段，需要通过税收积累大量资金。只有全体公民都能充分认识到依法诚信纳税是大家的共同责任，是公民投身中华民族伟大复兴事业的最直接途径，才能做到精诚一致，形成合力，才能早日实现共同富裕，才能使我国屹立于世界强国之林，才能实现国家的繁荣富强。

一、确定个人所得税征收方式

个人所得税以所得人为纳税人，以支付所得的单位或者个人为扣缴义务人。

纳税人有中国公民身份号码的，以中国公民身份号码为纳税人识别号。个人首次取得应税所得或者首次办理纳税申报时，应当向扣缴义务人或者税务机关如实提供纳税人识别号及与纳税有关的信息。个人上述信息发生变化的，应当报告扣缴义务人或者税务机关。

动画

带您了解个人所得税预扣预缴申报

纳税人没有中国公民身份号码的，应当在首次发生纳税义务时，按照税务机关的规定报送与纳税有关的信息，由税务机关赋予其纳税人识别号。

个人所得税纳税申报方式有两种，即扣缴申报和自行申报。

（一）扣缴申报方式

1.扣缴义务人

扣缴义务人，是指向个人支付所得的单位或者个人。税法规定，扣缴义务人向个人支付应税款项时，应当依法预扣或代扣税款，按时缴库，并专项记载备查。扣缴义务人应当按照国家规定办理全员全额扣缴申报，并向纳税人提供其个人所得和已扣缴税款等信息。

【提示】全员全额扣缴申报，是指扣缴义务人应当在代扣税款的次月15日内，向主管税务机关报送其支付所得的所有个人的有关信息、支付所得数额、扣除事项及数额、扣缴税款的具体数额和总额以及其他相关涉税信息资料。

2.扣缴申报范围

实行个人所得税全员全额扣缴申报的应税所得包括：工资、薪金所得；劳务报酬所得；稿酬所得；特许权使用费所得；利息、股息、红利所得；财产租赁所得；财产转让所得；偶然所得。

3.扣缴申报时间

扣缴义务人每月或者每次预扣、代扣的税款，应当在次月15日内缴入国库，并向税务机关报送扣缴个人所得税申报表。

4.扣缴申报注意事项

（1）扣缴义务人向居民个人支付工资、薪金所得时，应当按照累计预扣法计算预扣税款，并按月办理扣缴申报。居民个人向扣缴义务人提供有关信息并依法要求办理专项附加扣除的，扣缴义务人应当按照规定在工资、薪金所得按月预扣预缴税款时予以扣除，不得拒绝。

（2）扣缴义务人向居民个人支付劳务报酬所得、稿酬所得、特许权使用费所得时，应当按照规定方法按次或者按月预扣预缴税款。

扣缴义务人向非居民个人支付工资、薪金所得，劳务报酬所得，稿酬所得和特许权使用费所得时，应当按照规定方法按月或者按次代扣代缴税款。

扣缴义务人支付利息、股息、红利所得，财产租赁所得，财产转让所得或者偶然所得时，应当依法按次或者按月代扣代缴税款。

（3）支付工资、薪金所得的扣缴义务人应当于年度终了后两个月内，向纳税人提供其个人所得和已扣缴税款等信息。纳税人年度中间需要提供上述信息的，扣缴义务人应当提供。

纳税人取得除工资、薪金所得以外的其他所得，扣缴义务人应当在扣缴税款后，及时向纳税人提供其个人所得和已扣缴税款等信息。

（4）扣缴义务人应当按照纳税人提供的信息计算税款、办理扣缴申报，不得擅自更改纳税人提供的信息。

扣缴义务人发现纳税人提供的信息与实际情况不符的，可以要求纳税人修改。纳税人拒绝修改的，扣缴义务人应当报告税务机关，税务机关应当及时处理。

纳税人发现扣缴义务人提供或者扣缴申报的个人信息、支付所得、扣缴税款等信息与实际情况不符的，有权要求扣缴义务人修改。扣缴义务人拒绝修改的，纳税人应当报告税务机关，税务机关应当及时处理。

（5）扣缴义务人对纳税人提供的《个人所得税专项附加扣除信息表》，应当按照规定妥善保存备查。扣缴义务人应当依法对纳税人报送的专项附加扣除等相关涉税信息和资料保密。

（6）税务机关对扣缴义务人按照规定扣缴的税款（不包括税务机关、司法机关等查补或者责令补扣的税款），按年付给2%的手续费。扣缴义务人领取的扣缴手续费可用于提升办税能力、奖励办税人员。

（7）扣缴义务人依法履行代扣代缴义务，纳税人不得拒绝。纳税人拒绝的，扣缴义务人应当及时报告税务机关。

（8）扣缴义务人有未按照规定向税务机关报送资料和信息、未按照纳税人提供信息虚报虚扣专项附加扣除、应扣未扣税款、不缴或少缴已扣税款、借用或冒用他人身份等行为的，依照《中华人民共和国税收征收管理法》等相关法律、行政法规处理。

（二）自行申报方式

自行申报方式是指由纳税人自行在税法规定的申报期限内，向税务机关申报取得的应税所得项目和数额，如实填写相应的个人所得税纳税申报表，报送税务机关，并据此缴纳个人所得税的方法。

1. 自行申报范围

纳税人有下列情形之一的，应当按照规定办理自行申报纳税：

（1）取得综合所得需要办理汇算清缴。

【提示】纳税人取得综合所得在纳税年度内已依法预缴个人所得税且符合下列情形之一的纳税人，应当依法办理汇算清缴：

①已预缴税额大于年度汇算应纳税额且申请退税的；

②纳税年度内取得的综合所得收入超过12万元且需要补税金额超过400元的。

纳税人在纳税年度内已依法预缴个人所得税且符合下列情形之一的，无须办理年度汇算：

①年度汇算需补税但综合所得收入全年不超过12万元的；

②年度汇算需补税金额不超过400元的；

③已预缴税额与年度汇算应纳税额一致的；

④符合年度汇算退税条件但不申请退税的。

（2）取得应税所得没有扣缴义务人。

【提示】取得应税所得没有扣缴义务人需要自行申报的情形，主要是指个体工商户业主、个人独资企业投资者、合伙企业个人合伙人、承包承租经营者个人以及其他从事生产、经营活动的个人取得经营所得。

动画

哪些人不需要办理年度汇算？

（3）取得应税所得，扣缴义务人未扣缴税款。

（4）取得境外所得。

（5）因移居境外注销中国户籍。

（6）非居民个人在中国境内从两处以上取得工资、薪金所得。

（7）国务院规定的其他情形。

2.自行申报期限、地点及注意事项

（1）取得综合所得需要办理汇算清缴的纳税申报。

取得综合所得需要办理汇算清缴的纳税人，应当在取得所得的次年3月1日至6月30日内，向任职、受雇单位所在地主管税务机关办理纳税申报，并报送《个人所得税年度自行纳税申报表（A表）》（仅取得境内综合所得年度汇算适用）或《个人所得税年度自行纳税申报表（B表）》（居民个人取得境外所得适用）。

纳税人有两处以上任职、受雇单位的，选择向其中一处任职、受雇单位所在地主管税务机关办理纳税申报；纳税人没有任职、受雇单位的，向户籍所在地或经常居住地主管税务机关办理纳税申报。

纳税人办理综合所得汇算清缴，应当准备与收入、专项扣除、专项附加扣除、依法确定的其他扣除、捐赠、享受税收优惠等相关的资料，并按规定留存备查或报送。

（2）取得经营所得的纳税申报。

纳税人取得经营所得，按年计算个人所得税，由纳税人在月度或季度终了后15日内，向经营管理所在地主管税务机关办理预缴纳税申报，并报送《个人所得税经营所得纳税申报表（A表）》。在取得所得的次年3月31日前，向经营管理所在地主管税务机关办理汇算清缴，并报送《个人所得税经营所得纳税申报表（B表）》；从两处以上取得经营所得的，选择向其中一处经营管理所在地主管税务机关办理年度汇总申报，并报送《个人所得税经营所得纳税申报表（C表）》。

（3）取得应税所得，扣缴义务人未扣缴税款的纳税申报。

纳税人取得应税所得，扣缴义务人未扣缴税款的，应当区别以下情形办理纳税申报：

①居民个人取得综合所得的，按照前述取得综合所得需要办理汇算清缴的纳税申报规定办理。

②非居民个人取得工资、薪金所得，劳务报酬所得，稿酬所得，特许权使用费所得

的，应当在取得所得的次年6月30日前，向扣缴义务人所在地主管税务机关办理纳税申报，并报送《个人所得税自行纳税申报表（A表）》。有两个以上扣缴义务人均未扣缴税款的，选择向其中一处扣缴义务人所在地主管税务机关办理纳税申报。

非居民个人在次年6月30日前离境（临时离境除外）的，应当在离境前办理纳税申报。

③纳税人取得利息、股息、红利所得，财产租赁所得，财产转让所得和偶然所得的，应当在取得所得的次年6月30日前，按相关规定向主管税务机关办理纳税申报，并报送《个人所得税自行纳税申报表（A表）》。

税务机关通知限期缴纳的，纳税人应当按照期限缴纳税款。

（4）取得境外所得的纳税申报。

居民个人从中国境外取得所得的，应当在取得所得的次年3月1日至6月30日内，向中国境内任职、受雇单位所在地主管税务机关办理纳税申报；在中国境内没有任职、受雇单位的，向户籍所在地或中国境内经常居住地主管税务机关办理纳税申报；户籍所在地与中国境内经常居住地不一致的，选择其中一地主管税务机关办理纳税申报；在中国境内没有户籍的，向中国境内经常居住地主管税务机关办理纳税申报。

（5）因移居境外注销中国户籍的纳税申报。

纳税人因移居境外注销中国户籍的，应当在申请注销中国户籍前，向户籍所在地主管税务机关办理纳税申报，进行税款清算。

① 纳税人在注销户籍年度取得综合所得的，应当在注销户籍前，办理当年综合所得的汇算清缴，并报送《个人所得税年度自行纳税申报表》。尚未办理上一年度综合所得汇算清缴的，应当在办理注销户籍纳税申报时一并办理。

② 纳税人在注销户籍年度取得经营所得的，应当在注销户籍前，办理当年经营所得的汇算清缴，并报送《个人所得税经营所得纳税申报表（B表）》。从两处以上取得经营所得的，还应当一并报送《个人所得税经营所得纳税申报表（C表）》。尚未办理上一年度经营所得汇算清缴的，应当在办理注销户籍纳税申报时一并办理。

③ 纳税人在注销户籍当年取得利息、股息、红利所得，财产租赁所得，财产转让所得和偶然所得的，应当在注销户籍前，申报当年上述所得的完税情况，并报送《个人所得税自行纳税申报表（A表）》。

④ 纳税人有未缴或者少缴税款的，应当在注销户籍前，结清欠缴或未缴的税款。纳税人存在分期缴税且未缴纳完毕的，应当在注销户籍前，结清尚未缴纳的税款。

⑤ 纳税人办理注销户籍纳税申报时，需要办理专项附加扣除、依法确定的其他扣除的，应当向税务机关报送《个人所得税专项附加扣除信息表》《商业健康保险税前扣除情况明细表》《个人税收递延型商业养老保险税前扣除情况明细表》等。

动画

教你使用新
版个人所得
税办税系统

（6）非居民个人在中国境内从两处以上取得工资、薪金所得的纳税申报。

非居民个人在中国境内从两处以上取得工资、薪金所得的，应当在取得所得的次月15日内，向其中一处任职、受雇单位所在地主管税务机关办理纳税申报，并报送《个人所得税自行纳税申报表（A表）》。

二、申报缴纳

（一）代扣代缴申报

扣缴义务人首次向纳税人支付所得时，应当按照纳税人提供的纳税人识别号等基础信息，填写《个人所得税基础信息表（A表）》（见表6-12），并于次月扣缴申报时向税务机关报送。扣缴义务人对纳税人向其报告的相关基础信息变化情况，应当于次月扣缴申报时向税务机关报送。

扣缴义务人应当在每月或者每次预扣、代扣税款的次月15日内，将已扣税款缴入国库，并向税务机关报送《个人所得税扣缴申报表》（见表6-13）。该表适用于扣缴义务人向居民个人支付工资、薪金所得，劳务报酬所得，稿酬所得和特许权使用费所得的个人所得税全员全额预扣预缴申报；向非居民个人支付工资、薪金所得，劳务报酬所得，稿酬所得和特许权使用费所得的个人所得税全员全额扣缴申报；向纳税人（居民个人和非居民个人）支付利息、股息、红利所得，财产租赁所得，财产转让所得和偶然所得的个人所得税全员全额扣缴申报。

（二）自行纳税申报

自然人纳税人初次向税务机关办理相关涉税事宜时，需填报《个人所得税基础信息表（B表）》（见表6-14）；初次申报后，以后仅需在信息发生变化时填报。

根据自行纳税申报适用情形的不同，个人所得税自行纳税申报需提交的纳税申报表可分为以下几种：

（1）《个人所得税自行纳税申报表（A表）》（见表6-15）。

居民个人取得应税所得，扣缴义务人未扣缴税款，非居民个人取得应税所得扣缴义务人未扣缴税款，非居民个人在中国境内从两处以上取得工资、薪金所得等情形在办理自行纳税申报时，应向税务机关报送《个人所得税自行纳税申报表（A表）》。报送期限规定如下：

① 居民个人取得应税所得，扣缴义务人未扣缴税款的，应当在取得所得的次年6月30日前办理纳税申报。税务机关通知限期缴纳的，纳税人应当按照期限缴纳税款。

② 非居民个人取得应税所得，扣缴义务人未扣缴税款的，应当在取得所得的次年6月30日前办理纳税申报。非居民个人在次年6月30日前离境（临时离境除外）的，应当在离境前办理纳税申报。

③ 非居民个人在中国境内从两处以上取得工资、薪金所得的，应当在取得所得的次月15日内办理纳税申报。

（2）个人所得税年度自行纳税申报表（A表）（简易版）（问答版）（仅取得境内综合所得年度汇算适用）。

居民个人取得境内综合所得，按税法的规定需要办理汇算清缴的，应当在取得所得的次年3月1日至6月30日内，向主管税务机关办理汇算清缴，并报送《个人所得税年度自行纳税申报表（A表）（简易版）（问答版）（仅取得境内综合所得年度汇算适用）》。其中：

① 《个人所得税年度自行纳税申报表（A表）》（见表6-16），适用于纳税年度内仅从中国境内取得综合所得的居民个人，按税法的规定进行年度汇算。

动画

通过哪些渠道可以办理个税年度汇算？

表6-12

个人所得税基础信息表（A表）

（适用于扣缴义务人填报）

扣缴义务人名称：

扣缴义务人纳税人识别号（统一社会信用代码）：□□□□□□□□□□□□□□□□□□

序号	纳税人基本信息（带*必填）						任职受雇从业信息					联系方式					银行账户		投资信息		其他信息		华侨、港澳台、外籍个人信息（带*必填）					备注
	纳税人识别号	*纳税人姓名	*身份证件类型	*身份证件号码	*出生日期	*国籍/地区	类型	职务	学历	任职受雇从业日期	离职日期	手机号码	户籍所在地	经常居住地	联系地址	电子邮箱	开户银行	银行账号	投资额（元）	投资比例	是否残疾/孤老/烈属	残疾/烈属证号	*出生地	*性别	*首次入境时间	*预计离境时间	*涉税事由	
	2	3	4	5	6	7	8	9	10	11	12	13	14	15	16	17	18	19	20	21	22	23	24	25	26	27	28	29
1																												

谨声明：本表是根据国家税收法律法规及相关规定填报的，是真实的、可靠的、完整的。

扣缴义务人（签章）：

年 月 日

经办人签字：

经办人身份证件号码：

代理机构签章：

代理机构统一社会信用代码：

受理人：

受理税务机关（章）：

受理日期： 年 月 日

国家税务总局监制

表6-13

个人所得税扣缴申报表

税款所属期：2022年3月1日至2022年3月31日
扣缴义务人名称：杭州市荣华公司
扣缴义务人纳税人识别号（统一社会信用代码）：330102000000001568

金额单位：人民币元（列至角分）

序号	姓名	身份证件类型	身份证件号码	纳税人识别号	是否为非居民个人	所得项目	本月（次）情况 收入额计算				专项扣除				其他扣除						累计情况			累计专项附加扣除						累计其他扣除	减免税计划比例	准予扣除的捐赠额	税款计算							备注
							收入	费用	免税收入	减除费用	基本养老保险费	基本医疗保险费	失业保险费	住房公积金	商业健康保险	税延养老保险		财产原值	允许扣除的税费	其他	累计收入额	累计减除费用	累计专项扣除	子女教育	继续教育	住房贷款利息	住房租金	赡养老人	3岁以下婴幼儿照护				应纳税所得额	税率预扣率	速算扣除数	应纳税额	减免税额	已缴税额	应补退税额	
1	2	3	4	5	6	7	8	9	10	11	12	13	14	15	16	17	18	19	20	21	22	23	24	25	26	27	28	29	30	31	32	33	34	35	36	37	38	39	40	41
1	张草强	略	略	略	否	工资薪金	27000			5000	580	260	100	1700							81000	15000	7920	3000				6000					49080	10%	2520	2388		981.6	1406.4	
2	李刚	略	略	略	否	工资薪金	18000			5000	420	140	55	1200							54000	15000	5445	6000				6000					21555	3%	0	646.65		431.1	215.55	
3	王小明	略	略	略	否	工资薪金	15500			5000	400	120	50	1100							46500	15000	5010	3000			4500						18990	3%	0	569.7		379.8	189.9	
4	洪亮	略	略	略	否	工资薪金	9800			5000	360	80	35	900							29400	15000	4125	3000			4500						2775	3%	0	83.25		55.5	27.75	
5	徐士灶	略	略	略	否	工资薪金	8000			5000	340	70	30	800							24000	15000	3720	3000	3000								2280	3%	0	68.4		45.6	22.8	
6	陆淑顺	略	略	略	否	工资薪金	6800			5000	300	60	30	800							20400	15000	3570			3000							0	0		0		0	0	
7	李秋爱	略	略	略	否	工资薪金	6500			5000	290	50	25	750							19500	15000	3345				4500						0	0		0		0	0	
8	李楷	略	略	略	否	劳务报酬	3600	800																									2800	20%	0	560		0	560	
9	简内劳	略	略	略	否	劳务报酬	11000	2200																									8800	20%	0	1760		0	1760	
	合计						106200	3000		35000	2690	780	325	7250							274800	105000	33135	18000	3000	3000	13500	12000					106280			6076		1893.6	4182.4	

谨声明：本表是根据国家税收法律法规及相关规定填报的，是真实的、可靠的、完整的。

经办人签字：
经办人身份证件号码：
代理机构签章：
代理机构统一社会信用代码：

扣缴义务人（签章）：

受理人：
受理税务机关（章）：
受理日期： 年 月 日

国家税务总局监制

表6-14　　　　　　　　　　　**个人所得税基础信息表（B表）**

（适用于自然人填报）

纳税人识别号：□□□□□□□□□□□□□□□□□□

基本信息（带*必填）						
基本信息	*纳税人姓名	中文名		英文名		
	*身份证件	证件类型一		证件号码		
		证件类型二		证件号码		
	*国籍/地区			*出生日期		年　月　日
联系方式	户籍所在地	省（区、市）　　市　　区（县）　　街道（乡、镇）＿＿＿＿＿＿＿				
	经常居住地	省（区、市）　　市　　区（县）　　街道（乡、镇）＿＿＿＿＿＿＿				
	联系地址	省（区、市）　　市　　区（县）　　街道（乡、镇）＿＿＿＿＿＿＿				
	*手机号码			电子邮箱		
其他信息	开户银行			银行账号		
	学历	□研究生　□大学本科　□大学本科以下				
	特殊情形	□残疾 残疾证号＿＿＿＿＿＿＿＿□烈属 烈属证号＿＿＿＿＿＿　　　□孤老				
任职、受雇、从业信息						
任职受雇从业单位一	名称		国家/地区			
	纳税人识别号（统一社会信用代码）		任职受雇从业日期	年　月	离职日期	年　月
	类型	□雇员　□保险营销员 □证券经纪人　□其他	职务	□高层 □其他		
任职受雇从业单位二	名称		国家/地区			
	纳税人识别号（统一社会信用代码）		任职受雇从业日期	年　月	离职日期	年　月
	类型	□雇员　□保险营销员 □证券经纪人　□其他	职务	□高层 □其他		
该栏仅由投资者纳税人填写						
被投资单位一	名称		国家/地区			
	纳税人识别号（统一社会信用代码）		投资额（元）		投资比例	
被投资单位二	名称		国家/地区			
	纳税人识别号（统一社会信用代码）		投资额（元）		投资比例	
该栏仅由华侨、港澳台、外籍个人填写（带*必填）						
*出生地			*首次入境时间		年　　月　　日	
*性别			*预计离境时间		年　　月　　日	
*涉税事由	□任职受雇　□提供临时劳务　□转让财产　□从事投资和经营活动　□其他					
谨声明：本表是根据国家税收法律法规及相关规定填报的，是真实的、可靠的、完整的。 　　　　　　　　　　　　　　　　　　　　　　纳税人（签字）：　　年　月　日						
经办人签字： 经办人身份证件号码： 代理机构签章： 代理机构统一社会信用代码：			受理人： 受理税务机关（章）： 受理日期：　　年　　月　　日			

国家税务总局监制

表6-15

个人所得税自行纳税申报表（A表）

税款所属期：　　年　月　日至　　年　月　日

纳税人姓名：

纳税人识别号：□□□□□□□□□□□□□□□□□□□

金额单位：人民币元（列至角分）

自行申报情形：
□居民个人取得应税所得，扣缴义务人未扣缴税款
□非居民个人取得应税所得，扣缴义务人未扣缴税款
□非居民个人从两处以上取得工资、薪金所得
□其他_____

是否为非居民个人　□是　□否

非居民个人本年度境内居住天数　□不超过90天　□超过90天不超过183天

序号	所得项目	收入额计算				专项扣除				其他扣除			减按计税比例	准予扣除的捐赠额	应纳税所得额	税款计算						备注
		收入	费用	免税收入	减除费用	基本养老保险费	基本医疗保险费	失业保险费	住房公积金	财产原值	允许扣除的税费	其他				税率	速算扣除数	应纳税额	减免税额	已缴税额	应补/退税额	
1	2	3	4	5	6	7	8	9	10	11	12	13	14	15	16	17	18	19	20	21	22	23
1																						

谨声明：本表是根据国家税收法律法规及相关规定填报的，是真实的、可靠的、完整的。

纳税人签字：　　　　　　　　　　　　　　　　　　　　　　　　纳税人签字：　　　　　　年　月　日

经办人签字：

经办人身份证件号码：

代理机构签章：

代理机构统一社会信用代码：

受理人：

受理税务机关（章）：

受理日期：　　年　月　日

国家税务总局监制

表6-16　　　　　　　　　**个人所得税年度自行纳税申报表（A表）**

（仅取得境内综合所得年度汇算适用）

税款所属期：2023 年 1 月 1 日至 2023 年 12 月 31 日

纳税人姓名：李东

纳税人识别号：330601197012170930　　　　　　　金额单位：人民币元（列至角分）

基本情况					
手机号码		电子邮箱		邮政编码	□□□□□□
联系地址	_____省（区、市）_____市_____区（县）_____街道（乡、镇）_____				

纳税地点（单选）	
1.有任职受雇单位的，需选本项并填写"任职受雇单位信息"：□任职受雇单位所在地	
任职受雇单位信息	名称
	纳税人识别号　□□□□□□□□□□□□□□□□□□
2.没有任职受雇单位的，可以从本栏次选择一地：　□户籍所在地　□经常居住地　□主要收入来源地	
户籍所在地/经常居住地/主要收入来源地	____省（区、市）____市____区（县）_____街道（乡、镇）_____

申报类型（单选）
□首次申报　　　　　　　　□更正申报

综合所得个人所得税计算		
项目	行次	金额
一、收入合计（第1行=第2行+第3行+第4行+第5行）	1	356 000
（一）工资、薪金	2	334 000
（二）劳务报酬	3	14 000
（三）稿酬	4	8 000
（四）特许权使用费	5	
二、费用合计　［第6行=（第3行+第4行+第5行）×20%］	6	4 400
三、免税收入合计（第7行=第8行+第9行）	7	1 920
（一）稿酬所得免税部分［第8行=第4行×（1−20%）×30%］	8	1 920
（二）其他免税收入（附报《个人所得税减免税事项报告表》）	9	
四、减除费用	10	60 000
五、专项扣除合计（第11行=第12行+第13行+第14行+第15行）	11	48 000
（一）基本养老保险费	12	21 120
（二）基本医疗保险费	13	5 280

续表

项目	行次	金额
（三）失业保险费	14	2 640
（四）住房公积金	15	18 960
六、专项附加扣除合计（附报《个人所得税专项附加扣除信息表》）（第16行=第17行+第18行+第19行+第20行+第21行+第22行）	16	60 000
（一）子女教育	17	24 000
（二）继续教育	18	
（三）大病医疗	19	
（四）住房贷款利息	20	12 000
（五）住房租金	21	
（六）赡养老人	22	24 000
七、其他扣除合计（第23行=第24行+第25行+第26行+第27行+第28行）	23	
（一）年金	24	
（二）商业健康保险（附报《商业健康保险税前扣除情况明细表》）	25	
（三）税延养老保险（附报《个人税收递延型商业养老保险税前扣除情况明细表》）	26	
（四）允许扣除的税费	27	
（五）其他	28	
八、准予扣除的捐赠额（附报《个人所得税公益慈善事业捐赠扣除明细表》）	29	
九、应纳税所得额（第30行=第1行−第6行−第7行−第10行−第11行−第16行−第23行−第29行）	30	181 680
十、税率（%）	31	20%
十一、速算扣除数	32	16 920
十二、应纳税额（第33行=第30行×第31行−第32行）	33	19 416
全年一次性奖金个人所得税计算 （无住所居民个人预判为非居民个人取得的数月奖金，选择按全年一次性奖金计税的填写本部分）		
一、全年一次性奖金收入	34	
二、准予扣除的捐赠额（附报《个人所得税公益慈善事业捐赠扣除明细表》）	35	
三、税率（%）	36	
四、速算扣除数	37	

续表

项目	行次	金额
五、应纳税额［第38行=（第34行−第35行）×第36行−第37行］	38	
税额调整		
一、综合所得收入调整额（需在"备注"栏说明调整具体原因、计算方式等）	39	
二、应纳税额调整额	40	
应补/退个人所得税计算		
一、应纳税额合计（第41行=第33行+第38行+第40行）	41	19 416
二、减免税额（附报《个人所得税减免税事项报告表》）	42	
三、已缴税额	43	31 416
四、应补/退税额（第44行=第41行−第42行−第43行）	44	−12 000
无住所个人附报信息		

纳税年度内在中国境内居住天数		已在中国境内居住年数	

退税申请
（应补/退税额小于0的填写本部分）

□ 申请退税（需填写"开户银行名称""开户银行省份""银行账号"）　　□ 放弃退税

开户银行名称		开户银行省份	
银行账号			

备注

谨声明：本表是根据国家税收法律法规及相关规定填报的，本人对填报内容（附带资料）的真实性、可靠性、完整性负责。

纳税人签字：　　　年　月　日

经办人签字：
经办人身份证件类型：
经办人身份证件号码：
代理机构签章：
代理机构统一社会信用代码：

受理人：

受理税务机关（章）：

受理日期：　　年　月　日

国家税务总局监制

②《个人所得税年度自行纳税申报表（简易版）》（见表6-17），适用于纳税年度内仅从中国境内取得综合所得，且年综合所得收入额不超过6万元的居民个人，按税法的规定进行年度汇算。

③《个人所得税年度自行纳税申报表（问答版）》（见表6-18），该表通过提问的方式引导居民个人完成纳税申报，适用于纳税年度内仅从中国境内取得综合所得的居民个人，按税法的规定进行年度汇算。

表6-17　　　　　　　　**个人所得税年度自行纳税申报表（简易版）**

（纳税年度：20＿＿＿＿）

一、填表须知

填写本表前，请仔细阅读以下内容：

1. 如果您年综合所得收入额不超过6万元且在纳税年度内未取得境外所得的，可以填写本表；
2. 您可以在纳税年度的次年3月1日至5月31日使用本表办理汇算清缴申报，并在该期限内申请退税；
3. 建议您下载并登录个人所得税APP，或者直接登录税务机关官方网站在线办理汇算清缴申报，体验更加便捷的申报方式；
4. 如果您对于申报填写的内容有疑问，您可以参考相关办税指引，咨询您的扣缴单位、专业人士，或者拨打12366纳税服务热线。
5. 以纸质方式报送本表的，建议通过计算机填写打印，一式两份，纳税人、税务机关各留存一份。

二、个人基本情况

1.姓名	
2.公民身份号码/纳税人识别号	□□□□□□□□□□□□□□□□□□□-□□（无校验码不填后两位）
说明：有中国公民身份号码的，填写中华人民共和国居民身份证上载明的"公民身份号码"；没有中国公民身份号码的，填写税务机关赋予的纳税人识别号。	
3.手机号码	□□□□□□□□□□□
提示：中国境内有效手机号码，请准确填写，以方便与您联系。	
4.电子邮箱	
5.联系地址	＿＿＿省（区、市）＿＿＿市＿＿＿区（县）＿＿＿＿＿街道（乡、镇）＿＿＿＿＿＿
提示：能够接收信件的有效通信地址。	
6.邮政编码	□□□□□□

三、纳税地点（单选）

1.有任职受雇单位的，需选本项并填写"任职受雇单位信息"：		□ 任职受雇单位所在地
任职受雇单位信息	名称	
	纳税人识别号	□□□□□□□□□□□□□□□□□□
2.没有任职受雇单位的，可以从本栏次选择一地：		□ 户籍所在地 □ 经常居住地 □ 主要收入来源地
户籍所在地/经常居住地/主要收入来源地		＿＿＿省（区、市）＿＿＿市＿＿＿区（县）＿＿＿＿＿街道（乡、镇）＿＿＿＿＿＿

四、申报类型

请您选择本次申报类型，未曾办理过年度汇算申报，勾选"首次申报"；已办理过年度汇算申报，但有误需要更正的，勾选"更正申报"：

□首次申报　　　　　　□更正申报

五、纳税情况

已缴税额	□□,□□□.□□（元）
纳税年度内取得综合所得时，扣缴义务人预扣预缴以及个人自行申报缴纳的个人所得税。	

续表

六、退税申请

1.是否申请退税？	□申请退税【选择此项的，填写个人账户信息】　　　□放弃退税
2.个人账户信息	开户银行名称：＿＿＿＿＿＿＿＿　　开户银行省份：＿＿＿＿＿＿＿＿ 银行账号：＿＿＿＿＿＿＿＿＿＿＿
说明：开户银行名称填写居民个人在中国境内开立银行账户的银行名称。	

七、备注

如果您有需要特别说明或者税务机关要求说明的事项，请在本栏填写：

八、承诺及申报受理

谨声明：

1.本人纳税年度内取得的综合所得收入额合计不超过6万元。

2.本表是根据国家税收法律法规及相关规定填报的，本人对填报内容（附带资料）的真实性、可靠性、完整性负责。

纳税人签名：　年 月 日

经办人签字： 经办人身份证件类型： 经办人身份证件号码： 代理机构签章： 代理机构统一社会信用代码：	受理人： 受理税务机关（章）： 受理日期：　　年 月 日

国家税务总局监制

表6-18　　　　　　　　个人所得税年度自行纳税申报表（问答版）

（纳税年度：20＿＿＿）

一、填表须知

填写本表前，请仔细阅读以下内容：

1.如果您需要办理个人所得税综合所得汇算清缴，并且未在纳税年度内取得境外所得的，可以填写本表；

2.您需要在纳税年度的次年3月1日至6月30日办理汇算清缴申报，并在该期限内补缴税款或者申请退税；

3.建议您下载并登录个人所得税APP，或者直接登录税务机关官方网站在线办理汇算清缴申报，体验更加便捷的申报方式；

4.如果您对于申报填写的内容有疑问，您可以参考相关办税指引，咨询您的扣缴单位、专业人士，或者拨打12366纳税服务热线。

5.以纸质方式报送本表的，建议通过计算机填写打印，一式两份，纳税人、税务机关各留存一份。

二、基本情况

1.姓 名	
2.公民身份号码/纳税人识别号	□□□□□□□□□□□□□□□□□-□□（无校验码不填后两位）
说明：有中国公民身份号码的，填写中华人民共和国居民身份证上载明的"公民身份号码"；没有中国公民身份号码的，填写税务机关赋予的纳税人识别号。	
3.手机号码	□□□□□□□□□□□
提示：中国境内有效手机号码，请准确填写，以方便与您联系。	
4.电子邮箱	
5.联系地址	＿＿＿省（区、市）＿＿＿市＿＿＿区（县）＿＿＿街道（乡、镇）＿＿＿＿＿＿＿
提示：能够接收信件的有效通信地址。	
6.邮政编码	□□□□□□

三、纳税地点

7.您是否有任职受雇单位，并取得工资薪金？（单选）

□有任职受雇单位（需要回答问题8）　　　□没有任职受雇单位（需要回答问题9）

8.如果您有任职受雇单位，您可以选择一处任职受雇单位所在地办理汇算清缴，请提供该任职受雇单位的具体情况：

任职受雇单位名称（全称）：

任职受雇单位纳税人识别号：□□□□□□□□□□□□□□□□□□

9.如果您没有任职受雇单位，您可以选择在以下地点办理汇算清缴：（单选）

□户籍所在地　　　　　　□经常居住地　　　　　　□主要收入来源地

　具体地址：＿＿＿省（区、市）＿＿＿市＿＿＿区（县）＿＿＿街道（乡、镇）＿＿＿＿＿＿＿＿＿

说明：

1.户籍所在地是指居民户口簿中登记的地址。

2.经常居住地是指居民个人申领居住证上载明的居住地址，若没有申领居住证，指居民个人当前实际居住的地址；若居民个人不在中国境内的，指支付或者实际负担综合所得的境内单位或个人所在地。

3.主要收入来源地是指居民个人纳税年度内取得的劳务报酬、稿酬及特许权使用费三项所得累计收入最大的扣缴义务人所在地。

四、申报类型

10.未曾办理过年度汇算申报，勾选"首次申报"；已办理过年度汇算申报，但有误需要更正的，勾选"更正申报"：

□首次申报　　　　　　　□更正申报

五、收入-A（工资薪金）

11.您在纳税年度内取得的工资薪金收入有多少？

（A1）工资薪金收入（包括并入综合所得计算的全年一次性奖金）：□□,□□□,□□□,□□□.□□（元）
□无此类收入

说明：

（1）工资薪金是指，个人因任职或者受雇，取得的工资薪金收入。包括工资、薪金、奖金、年终加薪、劳动分红、津贴、补贴以及与任职或者受雇有关的其他收入。全年一次性奖金是指，行政机关、企事业单位等扣缴义务人根据其全年经济效益和对雇员全年工作业绩的综合考核情况，向雇员发放的一次性奖金。包括年终加薪、实行年薪制和绩效工资办法的单位根据考核情况兑现的年薪和绩效工资。

（2）全年一次性奖金可以单独计税，也可以并入综合所得计税。具体方法请查阅财税〔2018〕164号文件规定。选择何种方式计税对您更为有利，可以咨询专业人士。

（3）工资薪金收入不包括单独计税的全年一次性奖金。

六、收入-A（劳务报酬）

12.您在纳税年度内取得的劳务报酬收入有多少？

（A2）劳务报酬收入：□□,□□□,□□□,□□□.□□（元）　　　　　□无此类收入

说明：劳务报酬收入是指，个人从事设计、装潢、安装、制图、化验、测试、医疗、法律、会计、咨询、讲学、翻译、审稿、书画、雕刻、影视、录音、录像、演出、表演、广告、展览、技术服务、介绍服务、经纪服务、代办服务以及其他劳务取得的收入。

七、收入-A（稿酬）

13.您在纳税年度内取得的稿酬收入有多少？

（A3）稿酬收入：□□,□□□,□□□,□□□.□□（元）　　　　　□无此类收入

说明：稿酬收入是指，个人作品以图书、报刊等形式出版、发表而取得的收入。

八、收入-A（特许权使用费）

14.您在纳税年度内取得的特许权使用费收入有多少？

（A4）特许权使用费收入：□□,□□□,□□□,□□□.□□（元）　　　　　□无此类收入

说明：特许权使用费收入是指，个人提供专利权、商标权、著作权、非专利技术以及其他特许权的使用权取得的收入。

九、免税收入-B

15.您在纳税年度内取得的综合所得收入中，免税收入有多少？（需附报《个人所得税减免税事项报告表》）

（B1）免税收入：□□,□□□,□□□,□□□.□□（元）　　　　　□无此类收入

提示：免税收入是指按照税法规定免征个人所得税的收入。其中，税法规定"稿酬所得的收入额减按70%计算"，对稿酬所得的收入额减计30%的部分无须填入本项，将在后续计算中扣减该部分。

续表

十、专项扣除-C

> 16.您在纳税年度内个人负担的，按规定可以在税前扣除的基本养老保险费、基本医疗保险费、失业保险费、住房公积金是多少？
>
> （C1）基本养老保险费：□□□,□□□.□□（元）　　　　　　　　□无此类扣除
>
> （C2）基本医疗保险费：□□□,□□□.□□（元）　　　　　　　　□无此类扣除
>
> （C3）失业保险费：　　□□□,□□□.□□（元）　　　　　　　　□无此类扣除
>
> （C4）住房公积金：　　□□□,□□□.□□（元）　　　　　　　　□无此类扣除
>
> 说明：个人实际负担的三险一金可以扣除。

十一、专项附加扣除-D

> 17.您在纳税年度内可以扣除的子女教育支出是多少？（需附报《个人所得税专项附加扣除信息表》）
>
> （D1）子女教育：□□□,□□□.□□（元）　　　　　　　　　　　□无此类扣除
>
> 说明：
>
> 子女教育支出可扣除金额（D1）=每一子女可扣除金额合计；
>
> 每一子女可扣除金额=纳税年度内符合条件的扣除月份数×1 000元×扣除比例。
>
> 纳税年度内符合条件的扣除月份数包括子女年满3周岁当月起至受教育前一月、实际受教育月份以及寒暑假休假月份等。
>
> 扣除比例：由夫妻双方协商确定，每一子女可以在本人或配偶处按照100%扣除，也可由双方分别按照50%扣除。

> 18.您在纳税年度内可以扣除的继续教育支出是多少？（需附报《个人所得税专项附加扣除信息表》）
>
> （D2）继续教育：□□□,□□□.□□（元）　　　　　　　　　　　□无此类扣除
>
> 说明：
>
> 继续教育支出可扣除金额（D2）=学历（学位）继续教育可扣除金额+职业资格继续教育可扣除金额；
>
> 学历（学位）继续教育可扣除金额=纳税年度内符合条件的扣除月份数×400元；
>
> 纳税年度内符合条件的扣除月份数包括受教育月份、寒暑假休假月份等，但同一学历（学位）教育扣除期限不能超过48个月。
>
> 纳税年度内，个人取得符合条件的技能人员、专业技术人员相关职业资格证书的，职业资格继续教育可扣除金额=3 600元。

> 19.您在纳税年度内可以扣除的大病医疗支出是多少？（需附报《个人所得税专项附加扣除信息表》）
>
> （D3）大病医疗：□,□□□,□□□.□□（元）　　　　　　　　　　□无此类扣除
>
> 说明：
>
> 大病医疗支出可扣除金额（D3）=选择由您扣除的每一家庭成员的大病医疗可扣除金额合计；
>
> 某一家庭成员的大病医疗可扣除金额（不超过80 000元）=纳税年度内医保目录范围内的自付部分-15 000元；
>
> 家庭成员包括个人本人、配偶、未成年子女。

> 20.您在纳税年度内可以扣除的住房贷款利息支出是多少？（需附报《个人所得税专项附加扣除信息表》）
>
> （D4）住房贷款利息：□□,□□□.□□（元）　　　　　　　　　　□无此类扣除

续表

说明：

住房贷款利息支出可扣除金额（D4）=符合条件的扣除月份数×扣除定额。

符合条件的扣除月份数为纳税年度内实际贷款月份数。

扣除定额：正常情况下，由夫妻双方协商确定，由其中1人扣除1 000元/月；婚前各自购房，均符合扣除条件的，婚后可选择由其中1人扣除1 000元/月，也可以选择各自扣除500元/月。

21.您在纳税年度内可以扣除的住房租金支出是多少？（需附报《个人所得税专项附加扣除信息表》）

（D5）住房租金：□□,□□□.□□（元）　　　　　　　　　　　　　□无此类扣除

说明：

住房租金支出可扣除金额（D5）=纳税年度内租房月份的月扣除定额之和

月扣除定额：直辖市、省会（首府）城市、计划单列市以及国务院确定的其他城市，扣除标准为1 500元/月；市辖区户籍人口超过100万的城市，扣除标准为1 100元/月；市辖区户籍人口不超过100万的城市，扣除标准为800元/月。

22.您在纳税年度内可以扣除的赡养老人支出是多少？（需附报《个人所得税专项附加扣除信息表》）

（D6）赡养老人：□□,□□□.□□（元）　　　　　　　　　　　　　□无此类扣除

说明：

赡养老人支出可扣除金额（D6）=纳税年度内符合条件的月份数×月扣除定额

符合条件的月份数：纳税年度内满60岁的老人，自满60岁当月起至12月份计算；纳税年度前满60岁的老人，按照12个月计算。

月扣除定额：独生子女，月扣除定额2 000元/月；非独生子女，月扣除定额由被赡养人指定分摊，也可由赡养人均摊或约定分摊，但每月不超过1 000元/月。

十二、其他扣除-E

23.您在纳税年度内可以扣除的企业年金、职业年金是多少？

（E1）年金：□□□,□□□.□□（元）　　　　　　　　　　　　　□无此类扣除

24.您在纳税年度内可以扣除的商业健康保险是多少？（需附报《商业健康保险税前扣除情况明细表》）

（E2）商业健康保险：□,□□□.□□（元）　　　　　　　　　　　□无此类扣除

25.您在纳税年度内可以扣除的税收递延型商业养老保险是多少？（需附报《个人税收递延型商业养老保险税前扣除情况明细表》）

（E3）税延养老保险：□□,□□□.□□（元）　　　　　　　　　　□无此类扣除

26.您在纳税年度内可以扣除的税费是多少？

（E4）允许扣除的税费：□□,□□□,□□□,□□□.□□（元）　　　□无此类扣除

说明：允许扣除的税费是指，个人取得劳务报酬、稿酬、特许权使用费收入时，发生的合理税费支出。

27.您在纳税年度内发生的除上述扣除以外的其他扣除是多少？

（E5）其他扣除：□□,□□□,□□□,□□□.□□（元）　　　　　□无此类扣除

提示：其他扣除（其他）包括保险营销员、证券经纪人佣金收入的展业成本。

十三、捐赠-F

28.您在纳税年度内可以扣除的捐赠支出是多少？（需附报《个人所得税公益慈善事业捐赠扣除明细表》）

（F1）准予扣除的捐赠额：□□,□□□,□□□,□□□.□□（元）　　　□无此类扣除

十四、全年一次性奖金-G

29.您在纳税年度内取得的一笔要转换为全年一次性奖金的数月奖金是多少？

（G1）全年一次性奖金：□□,□□□,□□□,□□□.□□（元）　　　□无此类情况

（G2）全年一次性奖金应纳个人所得税=G1×适用税率-速算扣除数=□□,□□□,□□□,□□□.□□（元）

说明：仅适用于无住所居民个人预缴时因预判为非居民个人而按取得数月奖金计算缴税，汇缴时可以根据自身情况，将一笔数月奖金按照全年一次性奖金单独计算。

十五、税额计算-H（使用纸质申报的居民个人需要自行计算填写本项）

30.综合所得应纳个人所得税计算

（H1）综合所得应纳个人所得税=［（A1+A2×80%+A3×80%×70%+A4×80%）-B1-60 000-（C1+C2+C3+C4）-（D1+D2+D3+D4+D5+D6）-（E1+E2+E3+E4+E5）-F1］×适用税率-速算扣除数=□□,□□□,□□□,□□□.□□（元）

说明：适用税率和速算扣除数如下

级数	全年应纳税所得额	税率（%）	速算扣除数（元）
1	不超过36 000元的	3	0
2	超过36 000元至144 000元的	10	2 520
3	超过144 000元至300 000元的	20	16 920
4	超过300 000元至420 000元的	25	31 920
5	超过420 000元至660 000元的	30	52 920
6	超过660 000元至960 000元的	35	85 920
7	超过960 000元的	45	181 920

十六、减免税额-J

31.您可以享受的减免税类型有哪些？

□残疾　□孤老　□烈属　□其他（需附报《个人所得税减免税事项报告表》）　　　□无此类情况

32.您可以享受的减免税金额是多少？

（J1）减免税额：□□,□□□,□□□,□□□.□□（元）　　　□无此类情况

十七、已缴税额-K

33.您在纳税年度内取得本表填报的各项收入时，已经缴纳的个人所得税是多少？

（K1）已纳税额：□□,□□□,□□□,□□□.□□（元）　　　□无此类情况

十八、应补/退税额-L（使用纸质申报的居民个人需要自行计算填写本项）

34.您本次汇算清缴应补/退的个人所得税税额是：

（L1）应补/退税额=G2+H1-J1-K1=□□,□□□,□□□,□□□.□□（元）

续表

十九、无住所个人附报信息（有住所个人无须填写本项）

35.您在纳税年度内，在中国境内的居住天数是多少？ 纳税年度内在中国境内居住天数：＿＿＿天。
36.您在中国境内的居住年数是多少？ 中国境内居住年数：＿＿＿年。 说明：境内居住年数自2019年（含）以后年度开始计算。境内居住天数和年数的具体计算方法参见财政部、税务总局公告2019年第34号。

二十、退税申请（应补/退税额小于0的填写本项）

37.您是否申请退税？ □申请退税 □放弃退税
38.如果您申请退税，请提供您的有效银行账户。 开户银行名称：＿＿＿＿＿＿＿＿＿ 开户银行省份：＿＿＿＿＿＿＿＿＿ 银行账号：＿＿＿＿＿＿＿＿＿＿＿ 说明：开户银行名称填写居民个人在中国境内开立银行账户的银行名称。

二十一、备注

如果您有需要特别说明或者税务机关要求说明的事项，请在本栏填写：

二十二、申报受理

谨声明：本表是根据国家税收法律法规及相关规定填报的，本人对填报内容（附带资料）的真实性、可靠性、完整性负责。 个人签名：＿＿＿＿＿＿＿＿＿＿＿＿＿＿＿＿ ＿＿＿年＿＿月＿＿日	
经办人签字： 经办人身份证件类型： 经办人身份证件号码： 代理机构签章： 代理机构统一社会信用代码：	受理人： 受理税务机关（章）： 受理日期： 年 月 日

国家税务总局监制

（3）《个人所得税年度自行纳税申报表（B表）》（居民个人取得境外所得适用）（见表6-19）。

表6-19 　　　　　　个人所得税年度自行纳税申报表（B表）

（居民个人取得境外所得适用）

税款所属期：　　年　月　日至　　年　月　日

纳税人姓名：

纳税人识别号：□□□□□□□□□□□□□□□□□□-□□　　　　金额单位：人民币元（列至角分）

基本情况				
手机号码		电子邮箱		邮政编码　□□□□□□
联系地址	____省（区、市）____市____区（县）_____街道（乡、镇）_____			
纳税地点（单选）				
1.有任职受雇单位的，需选本项并填写"任职受雇单位信息"：		□任职受雇单位所在地		
任职受雇单位信息	名称			
	纳税人识别号			
2.没有任职受雇单位的，可以从本栏次选择一地：		□户籍所在地 □经常居住地 □主要收入来源地		
户籍所在地/经常居住地/主要收入来源地	____省（区、市）____市____区（县）_____街道（乡、镇）_____			
申报类型（单选）				
□首次申报			□更正申报	
综合所得个人所得税计算				

项目	行次	金额
一、境内收入合计（第1行=第2行+第3行+第4行+第5行）	1	
（一）工资、薪金	2	
（二）劳务报酬	3	
（三）稿酬	4	
（四）特许权使用费	5	
二、境外收入合计（附报《境外所得个人所得税抵免明细表》）（第6行=第7行+第8行+第9行+第10行）	6	
（一）工资、薪金	7	
（二）劳务报酬	8	
（三）稿酬	9	
（四）特许权使用费	10	

续表

项目	行次	金额
三、费用合计〔第11行=（第3行+第4行+第5行+第8行+第9行+第10行）×20%〕	11	
四、免税收入合计（第12行=第13行+第14行）	12	
（一）稿酬所得免税部分〔第13行=（第4行+第9行）×（1-20%）×30%〕	13	
（二）其他免税收入（附报《个人所得税减免税事项报告表》）	14	
五、减除费用	15	
六、专项扣除合计（第16行=第17行+第18行+第19行+第20行）	16	
（一）基本养老保险费	17	
（二）基本医疗保险费	18	
（三）失业保险费	19	
（四）住房公积金	20	
七、专项附加扣除合计（附报《个人所得税专项附加扣除信息表》） （第21行=第22行+第23行+第24行+第25行+第26行+第27行）	21	
（一）子女教育	22	
（二）继续教育	23	
（三）大病医疗	24	
（四）住房贷款利息	25	
（五）住房租金	26	
（六）赡养老人	27	
八、其他扣除合计（第28行=第29行+第30行+第31行+第32行+第33行）	28	
（一）年金	29	
（二）商业健康保险（附报《商业健康保险税前扣除情况明细表》）	30	
（三）税延养老保险（附报《个人税收递延型商业养老保险税前扣除情况明细表》）	31	
（四）允许扣除的税费	32	
（五）其他	33	
九、准予扣除的捐赠额（附报《个人所得税公益慈善事业捐赠扣除明细表》）	34	
十、应纳税所得额 （第35行=第1行+第6行-第11行-第12行-第15行-第16行-第21行-第28行-第34行）	35	

续表

项目		行次	金额
十一、税率（%）		36	
十二、速算扣除数		37	
十三、应纳税额（第38行=第35行×第36行−第37行）		38	
除综合所得外其他境外所得个人所得税计算 （无相应所得不填本部分，有相应所得另需附报《境外所得个人所得税抵免明细表》）			
一、经营所得	（一）经营所得应纳税所得额（第39行=第40行+第41行）	39	
	其中：境内经营所得应纳税所得额	40	
	境外经营所得应纳税所得额	41	
	（二）税率（%）	42	
	（三）速算扣除数	43	
	（四）应纳税额（第44行=第39行×第42行−第43行）	44	
二、利息、股息、红利所得	（一）境外利息、股息、红利所得应纳税所得额	45	
	（二）税率（%）	46	
	（三）应纳税额（第47行=第45行×第46行）	47	
三、财产租赁所得	（一）境外财产租赁所得应纳税所得额	48	
	（二）税率（%）	49	
	（三）应纳税额（第50行=第48行×第49行）	50	
四、财产转让所得	（一）境外财产转让所得应纳税所得额	51	
	（二）税率（%）	52	
	（三）应纳税额（第53行=第51行×第52行）	53	
五、偶然所得	（一）境外偶然所得应纳税所得额	54	
	（二）税率（%）	55	
	（三）应纳税额（第56行=第54行×第55行）	56	
六、其他所得	（一）其他境内、境外所得应纳税所得额合计（需在"备注"栏说明具体项目）	57	
	（二）应纳税额	58	

续表

项目	行次	金额
股权激励个人所得税计算 （无境外股权激励所得不填本部分，有相应所得另需附报《境外所得个人所得税抵免明细表》）		
一、境内、境外单独计税的股权激励收入合计	59	
二、税率（％）	60	
三、速算扣除数	61	
四、应纳税额（第62行＝第59行×第60行−第61行）	62	
全年一次性奖金个人所得税计算 （无住所个人预判为非居民个人取得的数月奖金，选择按全年一次性奖金计税的填写本部分）		
一、全年一次性奖金收入	63	
二、准予扣除的捐赠额（附报《个人所得税公益慈善事业捐赠扣除明细表》）	64	
三、税率（％）	65	
四、速算扣除数	66	
五、应纳税额［第67行＝（第63行−第64行）×第65行−第66行］	67	
税额调整		
一、综合所得收入调整额（需在"备注"栏说明调整具体原因、计算方法等）	68	
二、应纳税额调整额	69	
应补/退个人所得税计算		
一、应纳税额合计 （第70行＝第38行＋第44行＋第47行＋第50行＋第53行＋第56行＋第58行＋第62行＋第67行＋第69行）	70	
二、减免税额（附报《个人所得税减免税事项报告表》）	71	
三、已缴税额（境内）	72	
其中：境外所得境内支付部分已缴税额	73	
境外所得境外支付部分预缴税额	74	
四、境外所得已纳所得税抵免额（附报《境外所得个人所得税抵免明细表》）	75	
五、应补/退税额（第76行＝第70行−第71行−第72行−第75行）	76	

续表

无住所个人附报信息			
纳税年度内在中国境内居住天数		已在中国境内居住年数	

退税申请 （应补/退税额小于0的填写本部分）			
□ 申请退税（需填写"开户银行名称""开户银行省份""银行账号"）□ 放弃退税			
开户银行名称		开户银行省份	
银行账号			

备注

　　谨声明：本表是根据国家税收法律法规及相关规定填报的，本人对填报内容（附带资料）的真实性、可靠性、完整性负责。

纳税人签字：　　　　年　月　日

经办人签字： 经办人身份证件类型： 经办人身份证件号码： 代理机构签章： 代理机构统一社会信用代码：	受理人： 受理税务机关（章）： 受理日期：　　年 月 日

国家税务总局监制

该表适用于纳税年度内取得境外所得的居民个人，按税法的规定进行个人所得税年度自行申报。同时，办理境外所得纳税申报时，需一并附报《境外所得个人所得税抵免明细表》（见表6-20），以便计算其取得境外所得的抵免限额。

表6-20　　　　　　　　　境外所得个人所得税抵免明细表

税款所属期：　　年　月　日至　年　月　日

纳税人姓名：

纳税人识别号：□□□□□□□□□□□□□□□□□□-□□　　　金额单位：人民币元（列至角分）

本期境外所得抵免限额计算							
列次			A	B	C	D	E
项目		行次	金额				
国家（地区）		1	境内	境外			合计
一、综合所得	（一）收入	2					
	其中：工资、薪金	3					
	劳务报酬	4					
	稿酬	5					
	特许权使用费	6					
	（二）费用	7					
	（三）收入额	8					
	（四）应纳税额	9	—	—	—	—	
	（五）减免税额	10	—	—	—	—	
	（六）抵免限额	11	—				
二、经营所得	（一）收入总额	12	—				
	（二）成本费用	13	—				
	（三）应纳税所得额	14					
	（四）应纳税额	15	—	—	—	—	
	（五）减免税额	16	—	—	—	—	
	（六）抵免限额	17	—				
三、利息、股息、红利所得	（一）应纳税所得额	18	—				
	（二）应纳税额	19	—				
	（三）减免税额	20	—				
	（四）抵免限额	21	—				

续表

本期境外所得抵免限额计算							
列次		A	B	C	D	E	
项目	行次	金额					
国家（地区）		境内	境外			合计	
四、财产租赁所得	（一）应纳税所得额	22	—				
	（二）应纳税额	23	—				
	（三）减免税额	24	—				
	（四）抵免限额	25	—				
五、财产转让所得	（一）收入	26	—				
	（二）财产原值	27	—				
	（三）合理税费	28	—				
	（四）应纳税所得额	29	—				
	（五）应纳税额	30	—				
	（六）减免税额	31	—				
	（七）抵免限额	32	—				
六、偶然所得	（一）应纳税所得额	33	—				
	（二）应纳税额	34	—				
	（三）减免税额	35	—				
	（四）抵免限额	36	—				
七、股权激励	（一）应纳税所得额	37					
	（二）应纳税额	38	—	—	—	—	
	（三）减免税额	39	—				
	（四）抵免限额	40	—				
八、其他境内、境外所得	（一）应纳税所得额	41					
	（二）应纳税额	42					
	（三）减免税额	43					
	（四）抵免限额	44	—				
九、本年可抵免限额合计 （第45行=第11行+第17行+第21行+第25行+第32行+第36行+第40行+第44行）		45	—				

续表

本期境外所得抵免限额计算						
列次		A	B	C	D	E
项目	行次	金额				
国家（地区）		境内	境外			合计
本期实际可抵免额计算						
一、以前年度结转抵免额 （第46行=第47行+第48行+第49行+第50行+第51行）	46	—				
其中：前5年	47	—				
前4年	48	—				
前3年	49	—				
前2年	50	—				
前1年	51	—				
二、本年境外已纳税额	52	—				
其中：享受税收饶让抵免税额（视同境外已纳）	53	—				
三、本年抵免额（境外所得已纳所得税抵免额）	54	—				
四、可结转以后年度抵免额 （第55行=第56行+第57行+第58行+第59行+第60行）	55	—			—	
其中：前4年	56	—				
前3年	57	—				
前2年	58	—				
前1年	59	—				
本年	60	—			—	
备注						

谨声明：本表是根据国家税收法律法规及相关规定填报的，本人对填报内容（附带资料）的真实性、可靠性、完整性负责。

纳税人签字：　　　　　　　　　　　　　年　月　日

经办人签字： 经办人身份证件类型： 经办人身份证件号码： 代理机构签章： 代理机构统一社会信用代码：	受理人： 受理税务机关（章）： 受理日期：　　年　月　日

国家税务总局监制

（4）《个人所得税经营所得纳税申报表（A表）》（见表6-21）。

表6-21　　　　　　　　　　　个人所得税经营所得纳税申报表（A表）

税款所属期：　年　月　日　至　年　月　日

纳税人姓名：

纳税人识别号：□□□□□□□□□□□□□□□□□□　　　　金额单位：人民币元（列至角分）

被投资单位信息		
名称		
纳税人识别号（统一社会信用代码）　□□□□□□□□□□□□□□□□□□		
征收方式（单选）		
□查账征收（据实预缴）　　□查账征收（按上年应纳税所得额预缴）　　□核定应税所得率征收 □核定应纳税所得额征收　　□税务机关认可的其他方式＿＿＿＿＿＿＿＿＿＿＿		
个人所得税计算		
项目	行次	金额/比例
一、收入总额	1	
二、成本费用	2	
三、利润总额（第3行=第1行-第2行）	3	
四、弥补以前年度亏损	4	
五、应税所得率（%）	5	
六、合伙企业个人合伙人分配比例（%）	6	
七、允许扣除的个人费用及其他扣除（第7行=第8行+第9行+第14行）	7	
（一）投资者减除费用	8	
（二）专项扣除（第9行=第10行+第11行+第12行+第13行）	9	
1.基本养老保险费	10	
2.基本医疗保险费	11	
3.失业保险费	12	
4.住房公积金	13	
（三）依法确定的其他扣除（第14行=第15行+第16行+第17行）	14	
1.	15	
2.	16	
3.	17	
八、准予扣除的捐赠额（附报《个人所得税公益慈善事业捐赠扣除明细表》）	18	

续表

项目	行次	金额/比例
九、应纳税所得额	19	
十、税率（%）	20	
十一、速算扣除数	21	
十二、应纳税额（第22行=第19行×第20行−第21行）	22	
十三、减免税额（附报《个人所得税减免税事项报告表》）	23	
十四、已缴税额	24	
十五、应补/退税额（第25行=第22行−第23行−第24行）	25	

备注

谨声明：本表是根据国家税收法律法规及相关规定填报的，本人对填报内容（附带资料）的真实性、可靠性、完整性负责。

纳税人签字：　　　　　　年　月　日

经办人签字： 经办人身份证件类型： 经办人身份证件号码： 代理机构签章： 代理机构统一社会信用代码：	受理人： 受理税务机关（章）： 受理日期：　　年　月　日

国家税务总局监制

　　纳税人取得经营所得，应当在月度或者季度终了后15日内，向税务机关办理预缴纳税申报。

　　查账征收和核定征收的个体工商户业主、个人独资企业投资人、合伙企业个人合伙人、承包承租经营者个人以及其他从事生产、经营活动的个人在中国境内取得经营所得，办理个人所得税预缴纳税申报时，应向税务机关报送《个人所得税经营所得纳税申报表（A表）》。

　　合伙企业有两个或者两个以上个人合伙人的，应分别填报本表。

（5）《个人所得税经营所得纳税申报表（B表）》（见表6-22）。

表6-22   个人所得税经营所得纳税申报表（B表）

税款所属期：   年   月   日至   年   月   日

纳税人姓名：

纳税人识别号：□□□□□□□□□□□□□□□□□□□   金额单位：人民币元（列至角分）

被投资单位信息	名称		纳税人识别号（统一社会信用代码）	
项　目			行次	金额/比例
一、收入总额			1	
其中：国债利息收入			2	
二、成本费用（3＝4＋5＋6＋7＋8＋9＋10）			3	
（一）营业成本			4	
（二）营业费用			5	
（三）管理费用			6	
（四）财务费用			7	
（五）税金			8	
（六）损失			9	
（七）其他支出			10	
三、利润总额（11＝1－2－3）			11	
四、纳税调整增加额（12＝13＋27）			12	
（一）超过规定标准的扣除项目金额（13＝14＋15＋16＋17＋18＋19＋20＋21＋22＋23＋24＋25＋26）			13	
1.职工福利费			14	
2.职工教育经费			15	
3.工会经费			16	
4.利息支出			17	
5.业务招待费			18	
6.广告费和业务宣传费			19	
7.教育和公益事业捐赠			20	
8.住房公积金			21	
9.社会保险费			22	
10.折旧费用			23	

项　目	行次	金额/比例
11.无形资产摊销	24	
12.资产损失	25	
13.其他	26	
（二）不允许扣除的项目金额（27＝28＋29＋30＋31＋32＋33＋34＋35＋36）	27	
1.个人所得税税款	28	
2.税收滞纳金	29	
3.罚金、罚款和被没收财物的损失	30	
4.不符合扣除规定的捐赠支出	31	
5.赞助支出	32	
6.用于个人和家庭的支出	33	
7.与取得生产经营收入无关的其他支出	34	
8.投资者工资薪金支出	35	
9.其他不允许扣除的支出	36	
五、纳税调整减少额	37	
六、纳税调整后所得（38＝11＋12－37）	38	
七、弥补以前年度亏损	39	
八、合伙企业个人合伙人分配比例（%）	40	
九、允许扣除的个人费用及其他扣除（41＝42＋43＋48＋55）	41	
（一）投资者减除费用	42	
（二）专项扣除（43＝44＋45＋46＋47）	43	
1.基本养老保险费	44	
2.基本医疗保险费	45	
3.失业保险费	46	
4.住房公积金	47	
（三）专项附加扣除（48＝49＋50＋51＋52＋53＋54）	48	
1.子女教育	49	
2.继续教育	50	
3.大病医疗	51	

项　目	行次	金额/比例
4.住房贷款利息	52	
5.住房租金	53	
6.赡养老人	54	
（四）依法确定的其他扣除（55＝56＋57＋58＋59）	55	
1.商业健康保险	56	
2.税延养老保险	57	
3.	58	
4.	59	
十、投资抵扣	60	
十一、准予扣除的个人捐赠支出	61	
十二、应纳税所得额（62＝38－39－41－60－61）或 ［62＝（38－39）×40－41－60－61］	62	
十三、税率（%）	63	
十四、速算扣除数	64	
十五、应纳税额（65＝62×63－64）	65	
十六、减免税额（附报《个人所得税减免税事项报告表》）	66	
十七、已缴税额	67	
十八、应补/退税额（68＝65－66－67）	68	
谨声明：本表是根据国家税收法律法规及相关规定填报的，是真实的、可靠的、完整的。 　　　　　　　　　　　　　　　　　纳税人签字：　　　　　　年　月　日		
经办人： 经办人身份证件号码： 代理机构签章： 代理机构统一社会信用代码：	受理人： 受理税务机关（章）： 受理日期：　年　月　日	

国家税务总局监制

　　纳税人在取得经营所得的次年3月31日前，应向税务机关办理汇算清缴。

　　个体工商户业主、个人独资企业投资人、合伙企业个人合伙人、承包承租经营者个人以及其他从事生产、经营活动的个人在中国境内取得经营所得，且实行查账征收的，在办理个人所得税汇算清缴纳税申报时，应向税务机关报送《个人所得税经营所得纳税申报表（B表）》。

　　合伙企业有两个或者两个以上个人合伙人的，应分别填报《个人所得税经营所得纳税申报表（B表）》。

（6）《个人所得税经营所得纳税申报表（C表）》（见表6-23）。

表6-23　　　　　　　　　个人所得税经营所得纳税申报表（C表）

税款所属期：　　年　月　日至　　年　月　日

纳税人姓名：

纳税人识别号：□□□□□□□□□□□□□□□□□□　　　金额单位：人民币元（列至角分）

被投资单位信息			单位名称	纳税人识别号（统一社会信用代码）	投资者应纳税所得额
	汇总地				
	非汇总地	1			
		2			
		3			
		4			
		5			

项目	行次	金额/比例
一、投资者应纳税所得额合计	1	
二、应调整的个人费用及其他扣除（2＝3＋4＋5＋6）	2	
（一）投资者减除费用	3	
（二）专项扣除	4	
（三）专项附加扣除	5	
（四）依法确定的其他扣除	6	
三、应调整的其他项目	7	
四、调整后应纳税所得额（8＝1＋2＋7）	8	
五、税率（%）	9	
六、速算扣除数	10	
七、应纳税额（11＝8×9－10）	11	
八、减免税额（附报《个人所得税减免税事项报告表》）	12	
九、已缴税额	13	
十、应补/退税额（14＝11－12－13）	14	

谨声明：本表是根据国家税收法律法规及相关规定填报的，是真实的、可靠的、完整的。

纳税人签字：　　　　　　　　年　月　日

经办人： 经办人身份证件号码： 代理机构签章： 代理机构统一社会信用代码：	受理人： 受理税务机关（章）： 受理日期：　　年　月　日

国家税务总局监制

纳税人从两处以上取得经营所得，应当于取得所得的次年3月31日前办理年度汇总纳税申报。

个体工商户业主、个人独资企业投资人、合伙企业个人合伙人、承包承租经营者个人以及其他从事生产、经营活动的个人在中国境内两处以上取得经营所得，办理合并计算个人所得税的年度汇总纳税申报时，应向税务机关报送《个人所得税经营所得纳税申报表（C表）》。

【工作任务实例6-3】

接本项目【工作任务实例6-1】，赵博伟应填报《个人所得税扣缴申报表》（见表6-13），为公司职工办理工资、薪金所得个人所得税预扣预缴，为外聘人员办理劳务报酬所得预扣预缴。

【工作流程】

第一步：计算扣缴申报表各项目金额，填写纳税申报表。

赵博伟根据2022年度3月份发放的职工工资、薪金和外聘人员劳务报酬，以及职工个人上报的专项附加扣除情况，填写《个人所得税扣缴申报表》（见表6-13）。

第二步：扣缴申报纳税。

赵博伟需要在2022年4月15日前，向公司所在地主管税务机关报送《个人所得税扣缴申报表》，办理个人所得税预扣预缴申报，并进行税款扣缴工作。

【工作任务实例6-4】

接本项目【工作任务实例6-2】，判断李先生是否需要办理个人所得税年度自行申报，如果需要，请填报2022年度《个人所得税年度自行纳税申报表（A表）》（见表6-16），办理个人所得税的自行申报工作。

【工作流程】

第一步：根据李东2022年度取得的各项所得，判断其申报方式。

李东2022年度综合所得收入额 = $22\,000 \times 12 + 5\,000 \times 4 + 50\,000 + 14\,000 \times (1 - 20\%)$
$$+\ 8\,000 \times (1 - 20\%) \times 70\%$$
$$=\ 349\,680 \,（元）$$

专项扣除 = $(1\,760 + 440 + 220 + 1\,580) \times 12 = 48\,000 \,（元）$

综合所得收入额 – 专项扣除 = $349\,680 - 48\,000 = 301\,680 \,（元）$

由于李东2022年度既有工资、薪金所得，又有劳务报酬所得、稿酬所得，且综合所得年收入额减除专项扣除的余额超过6万元，因此需要办理个人所得税年度自行申报。

第二步：计算《个人所得税年度自行纳税申报表（A表）》各项目金额，填写纳税申报表。

李东根据2022年度取得的综合所得情况，填写《个人所得税年度自行纳税申报表（A表）》（见表6-16）。

第三步：自行申报纳税。

李东需要在2023年3月1日至6月30日期间，向A公司所在地主管税务机关报送《个人所得税年度自行纳税申报表（A表）》，办理个人所得税年度自行申报工作。

课堂能力训练

张某（身份证号330102197011020927）在北京一家公司从事会计工作，单身，租房居住，每月支付房租3 000元，无兄弟姐妹，父母均已年满60周岁，以上各项专项附加扣除信息均已于年初报送给公司财务部门；2022年12月取得会计师职业资格证书，此项信息尚未报送公司财务部门。

2022年取得以下各项收入：

（1）境内每月工薪收入20 000元，个人每月缴纳养老保险1 600元、医疗保险400元、失业保险200元、住房公积金1 500元；12月份取得年终奖30 000元（年终奖不单独计算）。单位已按规定预扣预缴个人所得税。

（2）提供两次劳务，分别取得收入3 000元、50 000元，已被支付单位预扣预缴个人所得税。

（3）在报刊上发表1篇文章，取得稿酬1 500元，已被报社预扣预缴个人所得税。

（4）将发明的一项专利让渡给某公司使用，取得收入60 000元，已被该公司预扣预缴个人所得税。

（5）将自有住房出租给某公司，每月租金3 500元、缴纳其他税费200元，并已缴纳个人所得税。

（6）全年在上海证券交易所转让A股股票盈利60 000元。

（7）购买体育彩票一次性中奖20 000元，已被体彩中心全额扣缴个人所得税。

要求：

（1）计算各项所得应由支付方代扣代缴（预扣预缴）的个人所得税税额。

（2）计算张某2022年综合所得应纳个人所得税税额。

（3）请替张某填制《个人所得税年度自行纳税申报表（A表）》。

任务四　筹划个人所得税

个人所得税是对个人取得的各项应税所得征收的一种税。随着经济的发展和人民生活水平的提高，越来越多的人被纳入个人所得税纳税人的范围，如何对个人所得进行纳税筹划已得到高收入群体的重视。在法律允许的情况下，对个人所得的应纳税额和纳税时间进行筹划，可以实现纳税人利益的最大化。

一、个人所得税纳税人的纳税筹划

个人所得税的纳税义务人，既包括居民纳税义务人，也包括非居民纳税义务人。居民纳税义务人负有无限纳税义务，必须就其来源于中国境内、境外的全部所得缴纳个人所得税；而非居民纳税义务人仅就其来源于中国境内的所得缴纳个人所得税。

显然，居民纳税义务人和非居民纳税义务人所承担的税负大不相同，非居民纳税人的税负远轻于居民纳税人。因而个人在进行纳税筹划时，如果能将居民纳税人的身份变为非居民纳税人身份，就可以达到减轻税负的目的。

非居民纳税人需要同时满足以下条件：一是该纳税人必须是外籍人员、华侨或港澳台同胞；二是纳税人在一个纳税年度内没有在中国境内居住，或在中国境内居住不满183天。此外，个人所得税法针对居民纳税人和非居民纳税人各有一项税收优惠政策。其中针对居民纳税人的税收优惠政策为，在中国境内无住所的居民个人，在中国境内居住累计满183天的年度连续不满6年的，经向主管税务机关备案，其来源于中国境外且由境外单位或者个人支付的所得，免予缴纳个人所得税；在中国境内居住累计满183天的任一年度中有一次离境超过30天的，其在中国境内居住累计满183天的年度的连续年限重新起算。针对非居民纳税人的税收优惠政策为，在中国境内无住所的个人，在一个纳税年度内在中国境内居住累计不超过90天的，其来源于中国境内的所得，由境外雇主支付并且不由该雇主在中国境内的机构、场所负担的部分，免予缴纳个人所得税。

因此，利用居民或者非居民身份的认定进行纳税筹划的方法主要有：①利用有关住所的规定，改变国籍、变更住所，从而达到节税目的。②利用居住时间的规定，恰当安排离境日，使自己成为非居民纳税人以减轻税负。③充分利用居住时间的规定，恰当安排离境时间，享受居民纳税人与非居民纳税人的税收优惠政策，以达到减轻税负的目的。

【做中学6-15】查尔斯是英国某跨国公司的工程师，2018年年底被派到中国境内的分公司帮助筹建某工程，2019年至2023年期间一直在中国境内工作，未离开过中国，每年除了取得中国境内分公司支付的工资外，还会从英国总公司取得年终奖。2024年，查尔斯照常取得了中国境内分公司支付的工资和英国总公司支付的年终奖。

请问：2024年查尔斯应如何减轻自己的税负？

分析：2019年至2023年期间，查尔斯在中国境内居住累计满183天的年度连续满5年但不满6年，其取得的境外支付的境外所得，可以免缴个人所得税。因此其可以只就中国境内分公司支付的工资在我国缴纳个人所得税，英国总公司支付的年终奖免于缴纳个人所得税。

2024年，如果查尔斯仍然符合居民纳税人身份，且2019年至2024年期间没有一次离境超过30天的情况发生，则其2024年从英国总公司取得的年终奖必须按我国个人所得税法缴纳个人所得税。

如果查尔斯2024年度因公离境或者探亲一次离境超过30天，即可满足在中国境内居住累计满183天的年度连续不满6年的条件，经向主管税务机关备案，其来源于中国境外且由境外单位或个人支付的所得，即从英国总公司取得的年终奖免于缴纳个人所得税，从而合理利用居民纳税人的税收优惠节约了在中国境内应缴纳的个人所得税。

二、居民个人综合所得内部项目转换的纳税筹划

我国个人所得税法规定，居民个人综合所得包括工资、薪金所得，劳务报酬所得，稿酬所得和特许权使用费所得。

综合所得中的劳务报酬所得、稿酬所得、特许权使用费所得以收入减除20%的费用后的余额为收入额，稿酬所得的收入额再减按70%计算，而综合所得中的工资、薪金所得是以实际金额作为收入额的。因此，取得稿酬所得、劳务报酬所得、特许权使用费所得比取得工资、薪金所得更为有利，在同等收入情况下，个人应尽量优先获取稿酬所得，其次是劳务报酬所得、特许权使用费所得，最后是工资、薪金所得。同样，在同一项所得既可以有条件作为工资、薪金所得计税，又可以作为劳务报酬所得或稿酬所得计税时，应尽可能先选择按稿酬所得计税，其次是劳务报酬所得，最后是工资、薪金所得。

需要注意的是，劳务报酬所得是个人独立从事自由职业或独立提供某种劳务取得的所

得，不存在雇佣与被雇佣的关系；工资、薪金所得则是个人从事非独立劳动，从所在单位领取的报酬，存在雇佣与被雇佣的关系。在实务中通常以是否与公司签订劳动合同来判断，签订劳动合同的，即建立了稳定的雇佣与被雇佣关系，从公司取得的所得应按工资、薪金所得计税；未签订劳动合同的，由于不存在稳定的雇佣与被雇佣关系，税法上按劳务报酬所得纳税。

【做中学6-16】居民个人常先生是一名设计师，是A公司的一名在职员工，本年有两种获取综合所得的方案可供选择。

方案一：从A公司获取税前工资、薪金收入250 000元，其中50 000元是为公司加班设计图纸获得的奖金。

方案二：从A公司获取税前工资、薪金收入200 000元，业余兼职为B公司设计图纸获取税前劳务报酬50 000元。

常先生当年专项扣除、专项附加扣除和依法确定的其他扣除共计40 000元，假设不考虑增值税等其他税种的因素。

请问：常先生选择哪种方案可减轻自己的税负？

分析：

方案一：

综合所得收入额 = 250 000元

综合所得应纳税所得额 = 250 000 − 60 000 − 40 000 = 150 000（元）

综合所得应纳税额 = 150 000 × 20% − 16 920 = 13 080（元）

方案二：

综合所得收入额 = 200 000 + 50 000 × （1 − 20%） = 240 000（元）

综合所得应纳税所得额 = 240 000 − 60 000 − 40 000 = 140 000（元）

综合所得应纳税额 = 140 000 × 10% − 2 520 = 11 480（元）

方案二比方案一少缴纳个人所得税 = 13 080 − 11 480 = 1 600（元）

因此应选择方案二。

三、专项附加扣除方式选择的纳税筹划

我国个人所得税法规定，居民个人的综合所得，以每一纳税年度的收入额减除费用6万元以及专项扣除、专项附加扣除和依法确定的其他扣除后的余额，为应纳税所得额。其中允许扣除的专项附加扣除项目包括子女教育、继续教育、大病医疗、住房贷款利息或者住房租金、赡养老人、3岁以下婴幼儿照护等支出。

每个专项附加扣除项目均有几种扣除方式可供选择：

1.子女教育专项附加扣除项目。子女教育支出按照每个子女每月1 000元的标准定额扣除，可以选择由父母其中一方按扣除标准的100%扣除，也可以选择由双方分别按扣除标准的50%扣除。

2.继续教育专项附加扣除项目。该项目包括纳税人在中国境内接受学历（学位）继续教育的支出和接受技能人员职业资格继续教育、专业技术人员职业资格继续教育的支出。其中接受学历（学位）继续教育的支出在接受教育期间按照每月400元定额扣除，可以由其父母按照子女教育支出扣除，也可以由本人按照继续教育支出扣除，但不得同

时扣除。

3.大病医疗专项附加扣除项目。纳税人一个纳税年度内发生的与基本医保相关的医药费用支出，扣除医保报销后个人负担累计超过15 000元的部分，由纳税人在办理年度汇算清缴时，在80 000元限额内据实扣除。纳税人发生的医药费用支出可以选择由本人或者其配偶扣除；未成年子女发生的医药费用支出可以选择由其父母一方扣除。

4.住房贷款利息专项附加扣除项目。纳税人本人或者配偶单独或者共同使用商业银行或者住房公积金个人住房贷款为本人或者其配偶购买中国境内住房，发生的首套住房贷款利息支出，在实际发生贷款利息的年度，按照每月1 000元的标准定额扣除，经夫妻双方约定，可以选择由其中一方扣除。

夫妻双方婚前分别购买住房发生的首套住房贷款，其贷款利息支出，婚后可以选择其中一套购买的住房，由购买方按扣除标准的100%扣除，也可以由夫妻双方对各自购买的住房分别按扣除标准的50%扣除。

5.住房租金专项附加扣除项目。纳税人在主要工作城市没有自有住房而发生的住房租金支出，可以按照所在城市不同分别按每月1 500元、1 100元、800元的标准定额由签订租赁住房合同的承租人扣除。

6.赡养老人专项附加扣除项目。独生子女赡养一位及以上年满60周岁被赡养人的赡养支出，按照每月2 000元的标准定额扣除；非独生子女的，由其与兄弟姐妹分摊每月2 000元的扣除额度，每人分摊的额度不能超过每月1 000元，可以由赡养人均摊或者约定分摊，也可以由被赡养人指定分摊。

7.3岁以下婴幼儿照护专项附加扣除项目。纳税人照护3岁以下婴幼儿子女的相关支出，按照每个婴幼儿每月1 000元的标准定额扣除。父母可以选择由其中一方按扣除标准的100%扣除，也可以选择由双方分别按扣除标准的50%扣除。

纳税人可根据自身及家庭具体情况，在税法规定的扣除方式中，通过测算选择最优扣除方式。

【做中学6-17】居民个人小张和小李是一对夫妻，其独生子正上小学。小张任职于A公司，本年从A公司获取税前工资薪金收入共计400 000元，本年专项扣除和依法确定的其他扣除合计为75 000元，除子女教育外无其他符合税法规定的专项附加扣除。小李任职于B公司，本年从B公司获取税前工资薪金收入共计100 000元，本年专项扣除和依法确定的其他扣除合计为19 000元，除子女教育外也无其他符合税法规定的专项附加扣除。按照税法的规定，子女教育支出可由夫妻双方其中一方按扣除标准的100%扣除，也可以选择由双方分别按扣除标准的50%扣除。（假设两人本年均无其他收入。）

请问：小张和小李选择哪种扣除方式可减轻家庭的税负？

分析：

1.方案一：子女教育专项附加扣除由小张一方按扣除标准的100%扣除。

小张本年综合所得应纳税所得额 = 400 000 − 60 000 − 75 000 − 1 000 × 12 = 253 000（元）

小张本年综合所得应纳税额 = 253 000 × 20% − 16 920 = 33 680（元）

小李本年综合所得应纳税所得额 = 100 000 − 60 000 − 19 000 = 21 000（元）

小李本年综合所得应纳税额 = 21 000 × 3% = 630（元）

家庭共应缴纳个人所得税 = 33 680 + 630 = 34 310（元）

2.方案二：子女教育专项附加扣除由小李一方按扣除标准的100%扣除。

小张本年综合所得应纳税所得额 = 400 000 − 60 000 − 75 000 = 265 000（元）

小张本年综合所得应纳税额 = 265 000 × 20% − 16 920 = 36 080（元）

小李本年综合所得应纳税所得额 = 100 000 − 60 000 − 19 000 − 1 000 × 12 = 9 000（元）

小李本年综合所得应纳税额 = 9 000 × 3% = 270（元）

家庭共应缴纳个人所得税 = 36 080 + 270 = 36 350（元）

3.方案三：

子女教育专项附加扣除由小张和小李分别按扣除标准的50%扣除。

小张本年综合所得应纳税所得额 = 400 000 − 60 000 − 75 000 − 500 × 12 = 259 000（元）

小张本年综合所得应纳税额 = 259 000 × 20% − 16 920 = 34 880（元）

小李本年综合所得应纳税所得额 = 100 000 − 60 000 − 19 000 − 500 × 12 = 15 000（元）

小李本年综合所得应纳税额 = 15 000 × 3% = 450（元）

家庭共应缴纳个人所得税 = 34 880 + 450 = 35 330（元）

由上述计算可得出，方案一比方案二少纳税2 040元（36 350 − 34 310），方案一比方案三少纳税1 020元（35 330 − 34 310），因此应选择方案一。

结论：夫妻双方选择从综合所得高且适用个人所得税边际税率高的一方按扣除标准的100%扣除，实际上降低了夫妻双方整体的个人所得税税率，从而降低了夫妻双方整体的个人所得税税负。

四、个人所得税税率的纳税筹划

我国个人所得税采用综合和分项相结合的征税办法，不同应税所得的费用扣除标准和适用税率也各不相同，即便是同种所得，也会由于该项所得采用累进税率，而适用不同边际税率，这些都给个人所得税的纳税筹划提供了较大的空间。一般而言，个人所得税税率的筹划思路是通过一定的筹划方法，使应税所得适用高边际税率转向适用低边际税率，或者使应税所得适用累进税率转向适用比例税率，从而达到节税的目的。

当个体工商户经营所得适用较高税率时，可通过分设多个经营实体的方式达到减轻个人所得税税负的目的。分设多个经营实体是指将经营实体分设为两个或两个以上的机构，自己负责其中的一个，将其余机构的所有权或经营权虚设为其他人，一般为自己的亲人或比较好的朋友，然后通过这些机构的联合经营，互相提供有利条件，以达到减轻税收负担的目的。这一筹划方法，使所得分散，排除适用高边际税率所带来的税负增长，使总体税负下降。

【做中学6-18】居民蒋某经注册开设了一家经营建材的个人独资企业，由其儿子负责经营管理。蒋某也经常承接一些安装装饰工程。每年销售建材的应纳税所得额为12万元，安装装饰工程应纳税所得额为5万元。蒋某觉得每年承担的个人所得税税负较重。

请问：应如何帮助蒋某进行纳税筹划？

分析：

筹划前年应纳个人所得税 =（120 000 + 50 000）× 20% − 10 500 = 23 500（元）

如果蒋某和儿子成立两个个人独资企业，蒋某的企业专门承接安装装饰工程，儿子的公司只销售建材。假定收入同上，蒋某和蒋某儿子每年应纳的个人所得税分别为：

蒋某应纳个人所得税 = 50 000 × 10% - 1 500 = 3 500（元）

蒋某儿子应纳个人所得税 = 120 000 × 20% - 10 500 = 13 500（元）

两人合计纳税 = 3 500 + 13 500 = 17 000（元）

每年可少交个人所得税税额 = 23 500 - 17 000 = 6 500（元）

五、个人捐赠的纳税筹划

我国个人所得税法中关于个人捐赠有以下几种规定：

1.个人将其所得通过中国境内的社会团体、国家机关向教育、扶贫、济困等公益慈善事业的捐赠，捐赠额未超过纳税人申报的应纳税所得额30%的部分，可以从其应纳税所得额中扣除。

2.个人通过非营利性的社会团体和国家机关向红十字事业、公益性青少年活动场所、农村义务教育、非营利性老年服务机构的捐赠，在计算缴纳个人所得税时，准予从应纳税所得额中全额扣除。

3.个人不通过公益性社会团体和国家机关，直接向受赠对象捐赠的，捐赠额不得在计算个人所得税时做税前扣除。

因此，个人在进行捐赠时，首先，应选择可在税前全额扣除的捐赠方式，即通过非营利性的社会团体和国家机关向红十字事业等进行捐赠；其次，应选择可按捐赠额未超过纳税人申报的应纳税所得额30%的部分做税前扣除的公益性捐赠方式；最后，应选择直接向受赠对象捐赠的非公益性捐赠方式。前两种捐赠方式均能减少应纳税所得额，通过降低计税依据的方式达到减轻税负的目的。

【做中学6-19】居民个人王某在参加商场的有奖销售过程中，中奖20 000元，王某准备从中拿出8 000元进行捐赠。

请问：王某应采用何种捐赠方式才能达到减税目的？

分析：

方案一：直接捐赠8 000元。

直接捐赠为非公益性捐赠，不能在个人所得税前扣除。

偶然所得个人所得税应纳税额 = 20 000 × 20% = 4 000（元）

方案二：通过中国境内的社会团体、国家机关向贫困地区捐赠8 000元。

此种捐赠可按未超过申报的应纳税所得额30%的部分在缴纳个人所得税前限额扣除。

允许在个人所得税前扣除的捐赠限额 = 20 000 × 30% = 6 000（元），王某实际捐赠8 000元，大于捐赠限额，只能以捐赠限额6 000元作为允许扣除的捐赠额。

偶然所得个人所得税应纳税额 =（20 000 - 6 000）× 20% = 2 800（元）

方案三：通过非营利性的社会团体和国家机关向红十字事业捐赠8 000元。

此种捐赠在缴纳个人所得税前准予全额扣除。

偶然所得个人所得税应纳税额 =（20 000 - 8 000）× 20% = 2 400（元）

由上述计算可得出，方案三比方案一少纳税1 600元（4 000 - 2 400），方案三比方案二少纳税400元（2 800 - 2 400），因此应选择方案三。

思考与练习

一、判断题

1.个人独资企业和合伙企业从事生产、经营活动所得的获得，应缴纳企业所得税。
（　　）

2.在中国境内有住所，或者无住所而在一个纳税年度内在境内居住满183天的个人，属于我国个人所得税居民纳税人。　（　　）

3.个人所得税的征税对象是个人取得的应税所得。　（　　）

4.对于作者将自己的文字作品手稿原件或复印件公开拍卖（竞价）取得的所得，应按"财产转让所得"项目征收个人所得税。　（　　）

5.个人因参加企业的有奖销售活动而取得的赠品所得，应按照"偶然所得"项目计征个人所得税。　（　　）

6.专项附加扣除，包括基本养老保险、子女教育、继续教育、大病医疗、住房贷款利息或者住房租金、赡养老人等支出。　（　　）

7.财产租赁所得以纳税人1个月的租赁收入为一次。　（　　）

8.对个人转让上市公司股票取得的所得，应按财产转让所得征收个人所得税。（　　）

9.两个或者两个以上的个人共同取得同一项收入的，应当对每个人取得的收入分别按照税法的规定减除费用后计算纳税。　（　　）

10.某设计师从企业取得的设计业务收入，肯定按"劳务报酬所得"项目计征个人所得税。　（　　）

11.利息、股息、红利所得以每次收入额为应纳税所得额。　（　　）

12.居民个人取得综合所得，按月计算个人所得税；有扣缴义务人的，由扣缴义务人按月或者按次预扣预缴税款。　（　　）

二、单项选择题

1.约翰是美国人，2021年3月10日来华工作，2022年3月15日回国，2022年11月6日返回中国，2022年11月15日至2022年11月30日期间，因工作需要去了韩国，2022年12月1日返回中国，后于2023年1月7日离华回国，则该纳税人（　　）。

A.2021年度为我国居民纳税人，2022年度为我国非居民纳税人

B.2021年度为我国非居民纳税人，2022年度为我国居民纳税人

C.2021年度和2022年度均为我国非居民纳税人

D.2021年度和2022年度均为我国居民纳税人

2.根据个人所得税法律制度的规定，下列收入中，应按"劳务报酬所得"项目缴纳个人所得税的是（　　）。

A.退休人员再任职取得的收入

B.从非任职公司取得的董事费收入

C.从任职公司取得的监事费收入

D.个人达到法定退休年龄后按月领取的年金

3.作家马某从某电视剧制作中心取得剧本使用费50 000元。下列关于马某该项收入计缴所得税的表述中，正确的是（　　　）。

A.应按"稿酬所得"项目计缴个人所得

B.应按"工资、薪金所得"项目计缴个人所得税

C.应按"劳务报酬所得"项目计缴个人所得税

D.应按"特许权使用费所得"项目计缴个人所得税

4.综合所得采用的税率形式是（　　　）。

A.超额累进税率

B.全额累进税率

C.超率累进税率

D.超倍累进税率

5.下列各项所得中，不属于个人所得税法定免税所得的是（　　　）。

A.国债利息收入

B.保险赔款

C.救济性款项

D.年终加薪

6.李女士在一次个人消费中，取得有奖发票奖金1 000元，下列说法正确的是（　　　）。

A.不纳税

B.按照100元乘税率纳税

C.按照200元乘税率纳税

D.按照1 000元乘税率纳税

7.居民个人取得的综合所得，以每一纳税年度的收入额减除费用（　　　）元以及专项扣除、专项附加扣除和依法确定的其他扣除后的余额，为应纳税所得额。

A.40 000　　　　B.50 000　　　　C.60 000　　　　D.70 000

8.下列各项关于继续教育个人所得税专项附加扣除的表述，错误的是（　　　）。

A.纳税人在中国境内接受学历（学位）继续教育的支出，在学历（学位）教育期间按照每月400元定额扣除

B.同一学历（学位）继续教育的扣除期限不得超过48个月

C.纳税人接受技能人员职业资格继续教育、专业技术人员职业资格继续教育的支出，在取得相关证书的当年，按照3 600元定额扣除

D.个人接受本科及以上学历（学位）继续教育，符合规定扣除条件的，可以选择由其父母扣除，也可以选择由本人扣除

9.非居民个人的工资、薪金所得，以每月收入额减除费用（　　　）元后的余额为应纳税所得额。

A.4 000　　　　B.5 000　　　　C.6 000　　　　D.7 000

10.我国非居民个人约翰某月取得税前工资、薪金收入10 000元，取得税前劳务报酬收入40 000元，则约翰当月应缴纳的个人所得税合计为（　　　）元。

A.4 560　　　　B.5 630　　　　C.4 780　　　　D.5 830

11.下列个人所得税所得项目中，计算应纳税所得额时没有扣除项目的是（　　　）。

A.稿酬所得

B.工资、薪金所得

C.偶然所得

D.劳务报酬所得

12.财产租赁所得计算个人所得税时，不得扣除的项目是（　　　）。

A.城市维护建设税及教育费附加

B.有合法凭证的出租财产的修缮费用

C.财产所有者缴纳的个人所得税

D.定额扣除800元或定率扣除20%的费用

13.下列各项关于所得税中"每次收入"的表述，不正确的是（　　）。

A.财产租赁所得，以一个月内取得的收入为一次

B.利息、股息、红利所得，以一个月取得的收入为一次

C.偶然所得，以每次取得该项收入为一次

D.非居然个人取得的稿酬所得，属于同一项目的连续性收入，以一个月内取得的收入为一次

14.个人通过国内非营利的社会团体的公益救济性捐赠，在（　　）30%以内的部分准予扣除。

A.收入总额　　　　　　　　　　　　B.利润总额

C.应纳税所得额　　　　　　　　　　D.应纳所得税额

15.下列各项关于个人所得税应纳税额的表述，错误的是（　　）。

A.居民个人从境内和境外取得综合所得，应当分别合并计算应纳税额

B.个人独资企业在境外营业机构的亏损可以抵减境内营业机构的盈利

C.居民个人从中国境外取得的所得，可以从其应纳税额中抵免已在境外缴纳的税款，但应以抵免限额为限

D.居民个人在境外已纳税额超过抵免限额的允许在以后5个纳税年度内补扣

16.根据个人所得税法律制度的规定，我国个人所得税的征收方式主要是（　　）。

A.代扣代缴　　　　　　　　　　　　B.委托代征

C.自行纳税申报　　　　　　　　　　D.代扣代缴和自行纳税申报

17.居民个人取得综合所得，需要办理汇算清缴的，应当在取得所得的一定期间办理汇算清缴。该期间为（　　）。

A.次年1月1日至3月31日　　　　　B.次年1月1日至6月30日

C.次年3月1日至6月30日　　　　　D.次年3月1日至5月31日

18.扣缴义务人每月或者每次预扣、代扣的税款，应当在次月（　　）日内缴入国库，并向税务机关报送扣缴义务人个人所得税申报表。

A.7　　　　　　B.10　　　　　　C.15　　　　　　D.30

三、多项选择题

1.个人所得税法中将纳税义务人区分为居民纳税人和非居民纳税人所依据的标准有（　　）。

A.意愿标准　　　　　　　　　　　　B.国籍标准

C.居住时间标准　　　　　　　　　　D.住所标准

2.下列各项中，属于我国居民纳税人的有（　　）。

A.在中国境内有住所的个人

B.在中国境内无住所且不在我国境内居住的个人

C.在中国境内无住所而一个纳税年度内在中国境内居住累计满183天的个人

D.在中国境内无住所而一个纳税年度内在中国境内居住累计不满183天的个人

3.下列各项所得，应当征收个人所得税的有（　　）。

A.个人因其作品以图书、报刊形式出版、发表而取得的所得

B.个人房屋租赁所得

C.个体工商户的经营所得

D.个人转让境内上市公司的股票所得

4.下列各项中，免征个人所得税的有（　　）。

A.陈某获得的保险赔款

B.钱某出租房屋所得

C.胡某领取的按照国家统一规定发给的补贴

D.李某领取的按照国家统一规定发给的退休工资

5.下列各项所得适用累进税率形式的有（　　）。

A.工资、薪金所得　　　　　　　B.财产租赁所得

C.财产转让所得　　　　　　　　D.经营所得

6.准予从居民个人的综合所得中扣除的专项扣除项目包括（　　）。

A.居民个人按照国家规定的范围和标准缴纳的基本养老保险

B.居民个人按照国家规定的范围和标准缴纳的基本医疗保险

C.居民个人按照国家规定的范围和标准缴纳的失业保险

D.居民个人所在单位按照国家规定的范围和标准缴纳的住房公积金

7.下列各项支出，属于居民个人综合所得中允许扣除的专项附加扣除的有（　　）。

A.子女学前教育支出　　　　　　B.赡养老人支出

C.住房租金支出　　　　　　　　D.继续教育支出

8.下列各项关于子女教育个人所得税专项附加扣除的表述，正确的有（　　）。

A.纳税人的子女接受全日制学历教育的相关支出，按照每个子女每月1 000元的标准定额扣除

B.纳税人的子女接受全日制学历教育的相关支出，按照每个子女每月2 000元的标准定额扣除

C.父母可以选择由其中一方按扣除标准的100%扣除，也可以选择由双方分别按扣除标准的50%扣除，具体扣除方式在一个纳税年度内不能变更

D.父母只能选择由双方分别按扣除标准的50%扣除

9.下列各项关于住房贷款利息个人所得税专项附加扣除的表述，正确的有（　　）。

A.纳税人本人或者配偶单独或者共同使用商业银行或者住房公积金个人住房贷款为本人或者其配偶购买中国境内住房，发生的首套住房贷款利息支出，在实际发生贷款利息的年度，按照每月1 000元的标准定额扣除，扣除期限最长不超过240个月

B.纳税人可以多次享受首套住房贷款的利息扣除

C.经夫妻双方约定，可以选择由其中一方扣除，也可以由夫妻双方分别按扣除标准的50%扣除，具体扣除方式在一个纳税年度内不能变更

D.纳税人应当留存住房贷款合同、贷款还款支出凭证备查

10.个人独资企业和合伙企业在计算个人所得税应纳税所得额时，可以扣除的项目有（　　）。

A.投资者个人工资支出　　　　　B.企业财产保险支出

C.分配给投资者的股利支出　　　D.公益性捐赠

11.下列各项按照特许权使用费所得缴纳个人所得税的有（　　）。

　　A.个人提供专利权所得　　　　　　B.个人提供著作权所得

　　C.个人出版图书的所得　　　　　　D.个人转让房产所得

12.下列各项中，计算个人所得税时，允许税前全额扣除的公益、救济性捐赠有（　　）。

　　A.通过非营利性的社会团体向红十字事业的捐赠

　　B.通过非营利性的社会团体和国家机关向公益事业的捐赠

　　C.通过非营利性的社会团体和国家机关向贫困地区的捐赠

　　D.通过非营利性的社会团体向公益性青少年活动场所的捐赠

13.纳税人应当依法办理自行纳税申报的情形有（　　）。

　　A.取得应税所得，扣缴义务人未扣缴税款

　　B.因移居境外注销中国户籍

　　C.非居民个人在中国境内从两处以上取得工资、薪金所得

　　D.取得境外所得

14.下列各项关于个人所得税纳税期限的表述，正确的有（　　）。

　　A.居民个人取得综合所得需要办理汇算清缴的，应当在取得所得的次年3月1日至6月30日内办理汇算清缴

　　B.纳税人取得经营所得的，在取得所得的次年3月31日前办理汇算清缴

　　C.居民个人从中国境外取得所得的，应当在取得所得的次年3月1日至6月30日内办理纳税申报

　　D.纳税人因移居境外注销中国户籍的，应当在申请注销中国户籍前，向户籍所在地主管税务机关办理纳税申报

四、业务题

1.设计师金某为某非任职企业做某项产品的设计，第一个月企业支付了20 000元，第二个月设计完成后，又支付了剩余的30 000元。

要求：计算该企业应预扣预缴金某的个人所得税。

2.中国公民李先生在杭州工作，在老家有房亦有房贷但非首套住房贷款，在杭州租房每月支付租金4 000元，与妻子共同育有一子一女，均正上小学，李先生为独生子，其父母已年过60岁。由于其妻为全职太太，两人约定子女教育由李先生扣除。李先生某年取得以下所得：

（1）在工作单位每月取得工资20 000元，每月缴纳三险一金3 500元。

（2）7月为某公司设计图纸，取得设计费28 000元。

（3）客串电视台某节目，取得劳务收入5 000元。

（4）出版一部专著，取得收入50 000元。

要求：计算李先生当年个人所得应纳的个人所得税。

3.公民李某是高校教师，为独生子，父母均年满60岁，某年12月份取得会计师职业资格证书，某年取得以下各项收入：

（1）每月取得工资4 000元，6月份取得上半年学期奖金6 000元，12月份取得下半年学期奖金8 000元，每月缴纳三险一金1 000元。

（2）5月份出版一本专著，取得稿酬40 000元，李某当即拿出10 000元通过政府部门捐给农村义务教育。

（3）6月份为B公司进行营销筹划，取得报酬35 000元。

（4）2月份以100 000元购买A企业股权，并于10月份以250 000元的价格将股权卖出，不考虑相关的税费。

要求：计算李某当年个人所得应纳的个人所得税。

4.张先生某年12月取得以下所得：

（1）取得银行存款利息收入500元。

（2）取得股票转让收入10 000元。

（3）将一套商品房出售，取得转让收入1 000 000元，该商品房原价为700 000元，转让时发生各项税费50 000元。

（4）将自有住房出租，每月租金5 000元，每月缴纳有关税费350元。

（5）购买福利彩票，一次性中奖20 000元。

要求：计算张先生12月份应纳的个人所得税。

5.赵某为中国公民，某年1月至12月从中国境内取得工资、薪金收入共444 000元，缴纳三险一金50 000元，取得稿酬收入20 000元。当年还从A国取得特许权使用费收入8 000元；从B国取得银行存款利息收入3 000元、劳务报酬收入20 000元。该纳税人已按A、B两国税法的规定分别缴纳了个人所得税1 400元和1 700元。

要求：计算赵某境外所得在我国境内应补缴的个人所得税（不考虑专项附加扣除）。

五、项目实训

中国公民王某（23010119830619003X）就职于国内A上市公司，现居杭州，已婚，结婚后购买的首套住房有房贷，每月偿还3 600元，育有一子在读小学，父母已年过60岁，王某还有一个姐姐，王某与姐姐约定平均分摊赡养老人专项附加扣除。妻子目前仍在读在职研究生。夫妻双方约定，子女教育、房贷都选择由王某扣除。2022年，王某收入情况如下：

（1）每月工薪收入10 000元，个人每月缴纳养老保险400元、医疗保险200元、失业保险50元、住房公积金800元，12月份取得年终奖金36 000元。单位已按规定预扣预缴个人所得税。

（2）出版专著，取得稿酬收入35 000元，出版社已按规定预扣预缴个人所得税。

（3）5月，利用业余时间为一家民营企业开发了一项技术，取得收入40 000元。

（4）6月，每周六为某培训中心授课1次，每次报酬为1 200元，一共授课4次。

（5）自1月1日起将其位于市区的一套公寓住房按市价出租，每月收取租金3 800元，每月缴纳有关税费200元。1月因卫生间漏水发生修缮费用1 200元，已取得合法有效的支出凭证。

（6）10月，取得国内B上市公司分配的红利18 000元，王某于2021年1月购买该公司股票。

要求：

（1）计算各项所得应由支付方代扣代缴（预扣预缴）的个人所得税税额。

（2）计算王某2022年综合所得应纳个人所得税税额。

（3）请替王某填制《个人所得税年度自行纳税申报表（A表）》。

项目七

其他税种计算申报与筹划

职业能力目标	1. 了解房产税、城镇土地使用税、车船税、印花税、土地增值税、契税、城市维护建设税与教育费附加的基本知识 2. 根据企业实际情况判断是否应缴纳房产税、城镇土地使用税、车船税、印花税、土地增值税、契税、城市维护建设税与教育费附加并选择适用的税率 3. 掌握房产税、城镇土地使用税、车船税、印花税、土地增值税、契税、城市维护建设税与教育费附加应纳税额的基本计算方法 4. 掌握房产税、城镇土地使用税、车船税、印花税、土地增值税、契税、城市维护建设税与教育费附加的纳税申报方法 5. 了解其他税种纳税筹划方法
典型工作任务	1. 能确定房产税、城镇土地使用税、车船税、印花税、土地增值税、契税、城市维护建设税与教育费附加的纳税人、征税对象、征税范围和适用税率 2. 会运用房产税、城镇土地使用税、车船税、印花税、土地增值税、契税、城市维护建设税与教育费附加的优惠政策 3. 会计算房产税、城镇土地使用税、车船税、印花税、土地增值税、契税、城市维护建设税与教育费附加的应纳税额 4. 会申报缴纳房产税、城镇土地使用税、车船税、印花税、土地增值税、契税、城市维护建设税与教育费附加 5. 会进行其他税种简单纳税筹划
职业素养目标	1. 引导自觉践行社会主义核心价值观 2. 增强依法纳税、合法节税意识 3. 培养诚实守信、责任担当的职业精神

任务一　房产税计算申报与筹划

引导案例

某税务机关在进行日常纳税检查时，发现甲企业将其临街的一幢厂房出租给某商贸公司使用，该企业认为现在这幢厂房正由商贸公司使用，本企业不应缴纳房产税。而商贸公司认为厂房归甲企业所有，本公司不应缴纳房产税。故此，双方均未缴纳房产税。这种情况下，应由哪一方缴纳房产税呢？

引导案例解析

一、学习房产税的基本知识

房产税是以房屋为征税对象，按照房屋的计税余值或出租房屋的租金收入向产权所有人或经营人征收的一种财产税。对房产征税的目的是运用税收杠杆，加强对房产的管理，提高房产使用效率，控制固定资产投资规模和配合国家房产政策的调整，合理调节房产所有人和经营人的收入。

（一）确定房产税纳税人

房产税以房屋产权的所有人为纳税人。

对纳税人的具体规定如下：产权属于国家所有的，由经营管理单位缴纳；产权属于集体和个人所有的，由集体单位和个人缴纳；产权出典的，由承典人缴纳；产权所有人、承典人不在房产所在地的，或者产权未确定及租典纠纷未解决的，由房产代管人或者使用人缴纳。

无租使用其他单位房产的，房产税由实际使用人代缴。

（二）确定房产税征税对象和征税范围

1.房产税的征税对象

房产税的征税对象是房产。房产是以房屋形态表现的财产，是指有屋面和围护结构（有墙或两边有柱），能遮风避雨，可供人们在其中生产、工作、学习、娱乐、居住或储藏物资的场所。凡以房屋为载体，不可随意移动的附属设备和配套设施，如给排水、采暖、消防、中央空调、电气及智能化楼宇设备等，无论在会计核算中是否单独记账与核算，都应计入房产原值，计征房产税。具备房屋功能的地下建筑，包括与地上房屋相连的地下建筑，如地下室、地下停车场等，以及完全建在地下的建筑，也属房产税的征税范围。

独立于房屋之外的建筑物，如围墙、烟囱、水塔、变电塔、油池油柜、酒精池、室外游泳池、玻璃暖房、砖瓦石灰窑以及各种油气罐等，不属于房产。

2.房产税的征税范围

房产税的征税范围是位于城市、县城、建制镇和工矿区的房产。即房产税的征税范围不包括农村房产，这主要是为了减轻农民的负担。

【提示】对于房地产开发企业建造的商品房，在售出前，不征收房产税；但对于售出前房地产开发企业已使用或出租、出借的商品房应按规定征收房产税。

纳税人因房屋大修导致连续停用半年以上的，在房屋大修理期间免征房产税。纳税人对原有房屋进行改建、扩建的，要相应增加房屋的原值。

（三）确定房产税税率

目前，我国房产税区别房屋的经营使用方式规定不同的征税办法，分别按从价计征和从租计征设置了两种税率：对占有使用房产的，从价计征，税率为1.2%；对出租房产的，从租计征，税率为12%。

对个人按市场价格出租用于居住的居民住房，减按4%的税率征收房产税。

（四）了解房产税税收优惠

房产税的税收优惠政策主要有：

（1）国家机关、人民团体、军队自用的房产免税。

但上述免税单位的出租房屋以及非自身业务使用的生产、经营用房，不属于免税范围。

（2）由国家财政部门拨付事业经费的单位，其自身业务范围内使用的房产免税。企业办的各类学校、医院、托儿所、幼儿园自用的房产，可以比照由国家财政部门拨付事业经费的单位自用的房产，免征房产税。

（3）宗教寺庙、公园、名胜古迹自用的房产免税。

（4）个人所有非营业用的房产免税。

（5）经财政部批准免税的其他房产。

【提示】自2011年1月28日起，在上海、重庆等地开始对某些非经营性的个人住房试行征收房产税。

二、计算房产税税额

（一）确定房产税计税依据

房产税的计税依据为房产的计税价值或房产的租金收入。按房产的计税价值征税的，为从价计征；按房产的租金收入征税的，为从租计征。

1.从价计征

从价计征的计税依据是房产原值减除一定比例后的余值，称为"计税余值"。房产原值是"固定资产"账户中记载的房屋原价；减除的比例由省、自治区、直辖市人民政府在10%~30%范围内确定。

无租使用房产，按房产计税余值计算缴纳房产税。

2.从租计征

从租计征的计税依据为房产租金收入，即房屋产权所有人出租房产使用权所取得的报酬，包括货币收入和实物收入。计征房产税的租金收入不含增值税。

3.其他规定

对于企业投资联营的房产，应当根据投资联营的具体情况确定房产税的计税方法。对于以房产投资联营，投资者参与投资利润分红，共担风险的，以房产计税余值作为计税依

微课

房产税那些事儿

文档

上海市房产税实施细则

文档

重庆市房产税实施细则

据计征房产税；对于以房产投资，收取固定收入，不承担风险，实际上是以联营名义收取租金的，由出租方按租金收入计征房产税。

对融资租赁方式租入的房屋，由于其实际是一种变相的分期收款购买固定资产的形式，应按房产余值计征房产税。

（二）计算房产税税额

1.从价计征情况下应纳税额的计算

从价计征的计税依据是房产原值减除一定比例后的余值，其计算公式为：
$$应纳税额 = 应税房产原值 \times （1 - 扣除比例） \times 1.2\%$$

2.从租计征情况下应纳税额的计算

从租计征的计税依据为房产租金收入，其计算公式为：
$$应纳税额 = 租金收入 \times 12\%$$

【做中学7-1】某企业拥有两栋经营用房，原值均为1 000万元，依照当地政府的规定允许按减除30%后的余值计税，自某年1月1日起，出租其中一栋，年租金收入为8万元（不含增值税）。

要求：计算当年其应纳房产税。

分析：自用的房产从价计征房产税，出租的房产从租计征房产税。

应纳房产税税额 = 1 000 × （1 - 30%） × 1.2% + 8 × 12% = 9.36（万元）

三、申报缴纳房产税

（一）确定房产税纳税义务发生时间

1.纳税人将原有房屋用于生产经营的，从生产经营之月起，计征房产税。

2.纳税人将自建的房屋用于生产经营的，自建成之次月起征收房产税。

3.纳税人委托施工企业建设的房屋，从办理验收手续之次月起征收房产税。

4.纳税人新建、扩建、翻建的房屋，从建成验收的次月起缴纳房产税；未办理验收手续而已使用的，自使用的次月起缴纳房产税。

5.购置新建商品房，自房屋交付使用之次月起计征房产税。

6.购置存量房，自办理房屋权属转移、变更登记手续，房地产权属登记机关签发房屋权属证书之次月起计征房产税。

7.出租、出借房产，自交付出租、出借房产之次月起计征房产税。

8.房地产开发企业自用、出租、出借本企业建造的商品房，自房屋使用或交付之次月起计征房产税。

（二）确定房产税纳税期限

房产税实行按年征收，分期缴纳。纳税期限一般为一个季度或半年，具体由各省、自治区、直辖市人民政府确定。

（三）确定房产税纳税地点

房产税在房产所在地缴纳。房产不在同一地方的纳税人，应按房产的坐落地点分别向房产所在地的税务机关缴纳。

（四）申报房产税

自2021年6月1日起，纳税人申报缴纳城镇土地使用税、房产税、车船税、印花税、

动画

财产和行为
税合并申报
今天起全面
推行

耕地占用税、资源税、土地增值税、契税、环境保护税、烟叶税中一个或多个税种时，使用"财产和行为税纳税申报表"。纳税人新增税源或税源变化时，需先填报"财产和行为税税源明细表"。

纳税人在首次申报房产税前，应根据现有房屋的地点、面积、原值等情况，如实向房屋所在地税务机关填报"财产和行为税税源明细表"（城镇土地使用税、房产税税源明细表）部分（见表7-1），"财产和行为税纳税申报表"由税务系统自动生成，无须纳税人手工填写，仅需签章确认。后续申报，纳税人税源信息有变化的，应先对"财产和行为税税源明细表"（城镇土地使用税、房产税税源明细表）进行数据更新，如享有减免税优惠的填报"财产和行为税减免税明细申报附表"（见表7-2），税务机关提供免填单服务，根据纳税人识别号，系统自动生成"财产和行为税纳税申报表"（见表7-3），纳税人签章确认即可完成申报。

四、筹划房产税

（一）合理确定房产原值的筹划

房产税法规对"房产"有明确的规定，非房产不征收房产税。企业应当仔细区分房屋、非房屋建筑物以及附属设施、配套设施。将企业除厂房、办公用房外的建筑物，如露天停车场、露天游泳池、玻璃暖房、砖瓦石灰窑等单独记载，单独进行会计核算，与厂房、办公用房分开，这部分建筑物不符合房屋范畴，所以其造价不计入房产原值，不用缴纳房产税。

（二）选择房产经营使用方式的筹划

房产税的征税对象是房屋，但房产的经营使用方式不同，其计税依据和税率也不同。按房产余值计税的，依1.2%税率征收；按出租收入计税的，依12%税率征收。按不同的基数计算税金，企业缴纳的税金就不同，这其中就有纳税筹划的空间。纳税人应根据具体情况，合理选择房产经营使用方式，最大程度地降低房产税应纳税额。如将空余房屋对外出租改变为用空余房屋进行仓储保管服务。当然，在这种情况下不仅需比较按租金收入计税与按房产余值计税两种方法下应纳的房产税税额，还应综合考虑仓储保管服务相较单纯房屋出租带来的其他税负与成本支出，如出租不动产与提供仓储服务增值税计税方法的不同，增加保管人员及其工资等经营成本的增加以及仓储物保管不善可能带来的赔偿损失等。

（三）利用税收优惠政策进行纳税筹划

由于房产税属于地方税种，除统一的房产税法规中规定了许多政策性减免优惠外，省级税务机关可以根据本省的具体情况，制定一些地方性税收优惠政策。纳税人应在充分了解国家及本省税收政策的基础上，进行合理的纳税筹划。如企业自办的学校、医院、幼儿园、托儿所可以免征房产税；对损坏不能使用的房屋和危险房屋，经有关部门鉴定，在停止使用后，可免征房产税。企业将这些房屋单独核算，就可利用税收优惠政策，减少房产税支出，以达到节税目的。

【思考】如果某企业要对一幢旧车间进行大修理，耗用时间大概为五个半月，有没有房产税筹划空间？

表7-1

城镇土地使用税 房产税税源明细表

纳税人识别号（统一社会信用代码）：□□□□□□□□□□□□□□□□□□

纳税人名称：

金额单位：人民币元（列至角分）；面积单位：平方米

一、城镇土地使用权税源明细

*纳税人类型	土地使用权人□ 集体土地使用人□ 无偿使用人□ 代管人□ 实际使用人□（必选）	土地使用权人纳税人识别号（统一社会信用代码）	土地使用权人名称
*土地编号		土地名称	
不动产单元号		宗地号	不动产权证号
*土地取得方式	划拨□ 出让□ 转让□ 租赁□ 其他□（必选）	*土地用途	*土地性质 国有□ 集体□（必选） 工业□ 商业□ 综合□ 居住□ 房地产开发企业的开发用地□ 其他□（必选）
*土地坐落地址（详细地址）		省（自治区、直辖市） 市（区） 县（区） 乡镇（街道）（必填）	
*土地所属主管税务所（科、分局）			
*土地取得时间	年 月	变更类型	纳税义务终止（权属转移□ 其他□） 信息项变更（土地面积变更□ 土地等级变更□ 减免税变更□ 其他□）	变更时间 年 月
*占用土地面积		地价	*土地等级	*税额标准

减免税部分	序号	减免性质代码和项目名称	减免起止时间		减免税土地面积	月减免税金额
			减免起始月份 年 月	减免终止月份 年 月		
	1					
	2					
	3					

二、房产税税源明细

（一）从价计征房产税明细

*纳税人类型	产权所有人□ 经营管理人□ 承典人□ 房屋代管人□ 房屋使用人□ 融资租赁承租人□（必选）	所有权人纳税人识别号（统一社会信用代码）	所有权人名称
*房产编号		房产名称	
不动产权证号		不动产单元号	

续表

*房屋坐落地址（详细地址）	省（自治区、直辖市） 市（区） 县（区） 乡镇（街道） （必填）			
*房产所属主管税务所（科、分局）				
房屋所在土地编号	*房产用途 工业□ 商业及办公□ 住房□ 其他□ （必选）			
*房产取得时间 年 月	变更类型	纳税义务终止（权属转移□ 其他□） 信息项变更（房产原值变更□ 出租房产原值变更□ 出租租金收入变更□ 其他□）	变更时间 年 月	
*建筑面积	其中：出租房产面积			
*房产原值	其中：出租房产原值	计税比例		

减免税部分	序号	减免性质代码和项目名称	减免起始时间 减免起始月份 年 月	减免终止时间 减免终止月份 年 月	减免税房产原值	月减免税金额
	1					
	2					
	3					

（二）从租计征房产税明细

*房产编号		
*房产所属主管税务所（科、分局）	房产名称	
承租方纳税人识别号（统一社会信用代码）	承租方名称	
*出租面积	*申报租金收入	
*申报租金所属租赁期起	*申报租金所属租赁期止	

减免税部分	序号	减免性质代码和项目名称	减免起始时间 减免起始月份 年 月	减免终止时间 减免终止月份 年 月	减免税租金收入	月减免税金额
	1					
	2					
	3					

表7-2　　　　　　　　　　　　财产和行为税减免税明细申报附表

纳税人识别号（统一社会信用代码）：□□□□□□□□□□□□□□□□□□

纳税人名称：　　　　　　　　　　　　　　　　　金额单位：人民币元（列至角分）

本期是否适用增值税小规模纳税人减征政策	□是 □否	本期适用增值税小规模纳税人减征政策起始时间	年　月
		本期适用增值税小规模纳税人减征政策终止时间	年　月
合计减免税额			

城镇土地使用税

序号	土地编号	税款所属期起	税款所属期止	减免性质代码和项目名称	减免税额
1					
2					
小计	—			—	

房产税

序号	房产编号	税款所属期起	税款所属期止	减免性质代码和项目名称	减免税额
1					
2					
小计	—			—	

车船税

序号	车辆识别代码/船舶识别码	税款所属期起	税款所属期止	减免性质代码和项目名称	减免税额
1					
2					
小计				—	

印花税

序号	税目	税款所属期起	税款所属期止	减免性质代码和项目名称	减免税额
1					
2					
小计	—			—	

资源税

序号	税目	子目	税款所属期起	税款所属期止	减免性质代码和项目名称	减免税额
1						
2						
小计	—	—			—	

续表

耕地占用税					
序号	税源编号	税款所属期起	税款所属期止	减免性质代码和项目名称	减免税额
1					
2					
小计	—			—	

契税					
序号	税源编号	税款所属期起	税款所属期止	减免性质代码和项目名称	减免税额
1					
2					
小计	—			—	

土地增值税					
序号	项目编号	税款所属期起	税款所属期止	减免性质代码和项目名称	减免税额
1					
2					
小计	—			—	

环境保护税						
序号	税源编号	污染物类别	污染物名称	税款所属期起	税款所属期止	减免性质代码和项目名称	减免税额
1						
2						
小计	—	—	—			—

声明：此表是根据国家税收法律法规及相关规定填写的，本人（单位）对填报内容（及附带资料）的真实性、可靠性、完整性负责。

纳税人（签章）： 年 月 日

经办人：

经办人身份证号：

代理机构签章：

代理机构统一社会信用代码：

受理人：

受理税务机关（章）：

受理日期： 年 月 日

表7-3　　　　　　　　　　　　　　　财产和行为税纳税申报表

纳税人识别号（统一社会信用代码）：□□□□□□□□□□□□□□□□□□

纳税人名称：　　　　　　　　　　　　　　　　　　　　　金额单位：人民币元（列至角分）

序号	税种	税目	税款所属期起	税款所属期止	计税依据	税率	应纳税额	减免税额	已缴税额	应补（退）税额
1										
2										
3										
4										
5										
6										
7										
8										
9										
10										
11	合计	—	—	—	—	—				

声明：此表是根据国家税收法律法规及相关规定填写的，本人（单位）对填报内容（及附带资料）的真实性、可靠性、完整性负责。

纳税人（签章）：　　　　　年 月 日

经办人：

经办人身份证号：

代理机构签章：

代理机构统一社会信用代码：

受理人：

受理税务机关（章）：

受理日期：　　　年 月 日

【工作任务实例7-1】

锦华电子技术服务有限责任公司，注册资金400万元，为增值税一般纳税人。纳税人识别号为330112233445566789，经营期限为20年。

该公司主要从事电子技术服务，注册及经营地点为××市开发区振华路185号；邮编310006；电话8642135；职工人数60人。开户银行为××市建设银行振华支行，账号3456789000009，币种为人民币，此账号即为缴税账号。该企业执行企业会计制度。法定代表人李新民，身份证号码3301021951110278××，电话65433456，手机13358812123；财务负责人张向前，身份证号码3301031982051321××，电话85858556，手机13358232323；办税人员陈胜利，身份证号码3301021983010632××，电话85665456，手机13505821345。

该公司拥有两栋经营用房，原值均为1 000万元，按当地政府的规定允许按减除30%

后的余值计税。2022年8月15日，出租其中一栋，当月交付使用，月租金收入为8万元（不含增值税）。

要求：计算当年其应纳房产税并进行纳税申报。

【工作流程】

第一步：分析经济业务类型并确定计税方法和计税依据

纳税人自己使用的经营用房按照房产余值缴纳房产税，出租房产自交付房产之次月起按照租金计征房产税。

第二步：计算各项业务应纳房产税

（1）按房产余值从价计征部分

$$应纳房产税税额 = 1\,000 \times (1 - 30\%) \times 1.2\% + 1\,000 \times (1 - 30\%) \times 1.2\% \times 8 \div 12$$
$$= 8.4 + 5.6 = 14（万元）$$

（2）按租金从租计征部分

$$应纳房产税税额 = 8 \times 4 \times 12\% = 3.84（万元）$$

第三步：计算本年应纳房产税

$$应纳房产税税额 = 14 + 3.84 = 17.84（万元）$$

第四步：维护修改"财产和行为税税源明细表"（城镇土地使用税、房产税税源明细表），系统自动生成"财产和行为税纳税申报表"，签章确认，房产税申报完成。

【税收与民生】

房子是用来住的、不是用来炒的

住房是民生问题，是百姓安身立命之所，自古至今都是普通百姓最纯朴的民生追求，直接影响获得感、幸福感和安全感。由于缺乏政策的厘清与定位，过去很长一段时间内，房地产投机炒作氛围浓厚，房价飞涨，大幅抬高了居民的生活成本，长此以往，不仅会给宏观经济带来危害，也会对广大居民实现住有所居造成阻碍。

房地产市场，一头连着民生，一头连着发展。2016年年底的中央经济工作会议提出：促进房地产市场平稳健康发展。要坚持"房子是用来住的、不是用来炒的"的定位，要求回归住房居住属性，综合运用金融、土地、财税、投资、立法等手段，加快研究建立符合国情、适应市场规律的基础性制度和长效机制。在经济高质量转型和推动脱虚向实的大环境下，经过近6年时间的房地产市场调控，房地产正在逐步失去投资的红利，住房被过度炒作和金融化问题已有明显改善，但城市居民住房支付力分化以及新市民、青年人和中低收入家庭等群体的买房困难问题依然存在。

安居才能乐业，"居"是民生的重要组成部分，也是老百姓幸福生活的基本保障。党的二十大报告在"增进民生福祉，提高人民生活本质"相关论述中提出，"在发展中保障和改善民生"。并在住房领域再度明确，"坚持房子是用来住的、不是用来炒的定位，加快建立多主体供给、多渠道保障、租购并举的住房制度"。未来的住房制度将全面贯彻落实租购并举新模式，重点解决新市民、城市低收入人群的居住难题，提升全体人民的居住幸福指数。

作为调控楼市利器之一的房地产税是打击炒房，引导住房合理消费的有力措施，能有效调节贫富差距，让过多占用住房资源的多缴税，从而落实房子是用来住的，不是用来囤的，更不是用来炒的政策。2021年10月，全国人大常委会授权国务院在部分地区开展房地产税改革试点工作。虽然财政部宣布2022年不具备扩大房地产税改革试点城市的条件，但房地产税缓收不是不收，只要条件允许，势必加快推进。我们应理性看待房地产税改革及实施，树立正确的价值观、消费观，积极倡导避免资源浪费，使社会资源得到更合理的运用。

🔶 课堂能力训练 ●●●

坐落在县城的某外商投资企业，某年用于生产经营的厂房原值为5 000万元，该企业还创办了一所学校和一所职工医院，房产原值分别为300万元和200万元。另外，该企业还有一个用于出租的仓库，年租金为4万元（不含增值税）。按当地规定，允许按减除房产原值20%后的余值为计税依据。

请分析：

（1）该外商投资企业是不是房产税纳税人？其所拥有的厂房、学校、职工医院以及用于出租的仓库是否属于房产税征税范围？

（2）计算该企业全年应纳的房产税。

任务二　城镇土地使用税计算申报与筹划

引导案例

某企业坐落于某中等城市，实际占地面积为8 000平方米。其中，厂区内绿化面积为300平方米，企业自办幼儿园占地面积为100平方米，其余为生产用地。该企业财务人员在计算应纳城镇土地使用税时，认为绿化面积是不用算入计税依据的，但幼儿园占地应算入计税依据。

请问：该财务人员的想法对吗？

引导案例解析

一、学习城镇土地使用税基本知识

城镇土地使用税是以城镇土地为征税对象，对拥有土地使用权的单位和个人征收的一种税。该税是一个资源税性质的税种。开征城镇土地使用税，有利于加强对土地的控制与管理，调节土地级差收入，提高土地使用效益。

（一）确定城镇土地使用税纳税人

城镇土地使用税的纳税人是在中国境内的城市、县城、建制镇和工矿区范围内使用土地的单位和个人。所称单位，包括国有企业、集体企业、私营企业、股份制企业、外商投资企业、外国企业、其他企业、事业单位、社会团体、国家机关、军队以及其他单位；所称个人，包括个体工商户以及其他个人。

对纳税人的具体规定如下：拥有土地使用权的单位或个人不在土地所在地的，由代管人或实际使用人缴纳城镇土地使用税；土地使用权属尚未确定，或权属纠纷未解决的，由实际使用人缴纳城镇土地使用税；土地使用权共有的，由共有各方分别缴纳城填土地使用税。

（二）确定城镇土地使用税征税对象和征税范围

城镇土地使用税的征税对象是土地。

城镇土地使用税的征税范围包括城市、县城、建制镇和工矿区内的国家所有和集体所有的土地，不包括农村的土地。

（三）确定城镇土地使用税税率

城镇土地使用税根据不同地区和各地经济发展状况实行等级幅度税额标准。税额标准见城镇土地使用税税额标准表（见表7-4），各省、自治区、直辖市人民政府根据当地实际情况在规定的税额幅度内确定所辖地区适用的税额幅度。

表7-4 城镇土地使用税税额标准表

地　区	税额标准
一、大城市（人口50万以上）	每平方米每年1.5～30元
二、中等城市（人口20万~50万）	每平方米每年1.2～24元
三、小城市（人口20万以下）	每平方米每年0.9～18元
四、县城、建制镇、工矿区	每平方米每年0.6～12元

（四）了解城镇土地使用税税收优惠

《中华人民共和国城镇土地使用税暂行条例》规定，以下土地免缴城镇土地使用税：

（1）国家机关、人民团体、军队自用的土地（仅指这些单位的办公用地和公务用地）。

（2）由国家财政部门拨付事业经费的单位自用的土地。

（3）宗教寺庙、公园、名胜古迹自用的土地（公园、名胜古迹中附设的营业单位，如影剧院、饮食部、茶社、照相馆、索道公司等经营用地均应按规定缴纳城镇土地使用税）。

（4）市政街道、广场、绿化地带等公共用地。

（5）直接用于农、林、牧、渔业的生产用地。

（6）经批准开山填海整治的土地和改造的废弃土地，从使用的月份起免缴城镇土地使用税5~10年。

（7）由财政部另行规定免税的能源、交通、水利设施用地和其他用地。

（8）企业办的学校、医院、托儿所、幼儿园，其用地能与其他用地明确划分的，免征城镇土地使用税。

（9）对机场飞行区（包括跑道、滑行道、停机坪、夜航灯光区）用地、场内外通信导航设施用地和飞行区四周排水防洪设施用地，免征城镇土地使用税。机场道路，区分为场内、场外道路，场内道路用地免征城镇土地使用税。

（10）对盐场的盐滩、盐矿的矿井用地，暂免征收城镇土地使用税。

对个人出租住房，不区分用途，免征城镇土地使用税。

纳税人缴纳城镇土地使用税确有困难需要定期减免的，由省、自治区、直辖市税务机关审核后，报国家税务总局批准。

【提示】对免税单位无偿使用纳税单位的土地，免征城镇土地使用税；对纳税单位无偿使用免税单位的土地，纳税单位应照章缴纳城镇土地使用税。

二、计算城镇土地使用税税额

（一）确定城镇土地使用税计税依据

城镇土地使用税以纳税人实际占用的土地面积为计税依据，按照适用税额标准计算应纳税额。具体按下列办法确定：

（1）由省、自治区、直辖市人民政府确定的单位组织测定土地面积的，以测定的土地面积为准。

（2）尚未经组织测量，但纳税人持有政府部门核发的土地使用证书的，以证书确认的土地面积为准。

（3）尚未核发土地使用证书的，应由纳税人申报土地面积，据以纳税，待核发土地使用证书以后再作调整。

（二）计算城镇土地使用税应纳税额

城镇土地使用税按纳税人实际占用的土地面积和规定的税额按年计算，分期纳税。其计算公式为：

$$年应纳税额 = 应税土地实际占用面积 \times 适用单位税额$$

或 $$年应纳税额 = \sum(各级次应税土地面积 \times 该级次土地单位税额)$$

如果属于高层建筑并多家共用一宗土地，每一产权者应缴纳的城镇土地使用税应按拥有建筑面积占总建筑面积的比例计算，计算公式为：

$$年应纳税额 = \sum(应税土地面积 \times 该级次土地单位税额) \times \frac{某纳税人使用建筑面积}{该宗地总建筑面积}$$

【做中学7-2】某市星光购物中心实行统一核算，土地使用证上载明，该企业实际占用土地情况为：中心店占地面积为8 200平方米，一分店占地3 600平方米，二分店占地5 800平方米，企业仓库占地6 300平方米，企业自办托儿所占地360平方米。经税务机关确认，该企业所占用土地分别适用市政府确定的以下税额：中心店位于一等地段，每平方米年税额7元；一分店和托儿所位于二等地段，每平方米年税额5元；二分店位于三等地段，每平方米年税额4元；仓库位于五等地段，每平方米年税额1元。

要求：计算星光购物中心年应纳城镇土地使用税税额。

（1）中心店占地应纳税额 = 8 200 × 7 = 57 400（元）

（2）一分店占地应纳税额 = 3 600 × 5 = 18 000（元）

（3）二分店占地应纳税额 = 5 800 × 4 = 23 200（元）

（4）仓库占地应纳税额 = 6 300 × 1 = 6 300（元）

（5）全年应纳城镇土地使用税税额 = 57 400 + 18 000 + 23 200 + 6 300 = 104 900（元）

三、申报缴纳城镇土地使用税

（一）确定城镇土地使用税纳税义务发生时间

城镇土地使用税的纳税期限实行按年计算，分期缴纳的征收方法。

（1）纳税人购置新建商品房，自房屋交付使用之次月起计征城镇土地使用税。

（2）纳税人购置存量房，自办理房屋权属转移、变更登记手续，房地产权属登记机关签发房屋权属证书之次月起计征城镇土地使用税。

（3）纳税人出租、出借房产，自交付出租、出借房产之次月起计征城镇土地使用税。

（4）以出让或转让方式有偿取得土地使用权的，应由受让方从合同约定交付土地时间的次月起计征城镇土地使用税；合同未约定交付时间的，由受让方从合同签订的次月起计征城镇土地使用税。

（5）纳税人新征用的耕地，自批准征用之日起满1年时开始计征城镇土地使用税。

（6）纳税人新征用的非耕地，自批准征用之次月起计征城镇土地使用税。

（二）确定城镇土地使用税纳税期限

城镇土地使用税实行按年计算，分期缴纳的征收方法，具体纳税期限由省、自治区、直辖市人民政府确定。

（三）确定城镇土地使用税纳税地点

城镇土地使用税的纳税地点为土地所在地。

纳税人使用的土地不属于同一省、自治区、直辖市管辖的，由纳税人分别向所在地的税务机关纳税；在同一省、自治区、直辖市管辖范围内，纳税人跨地区使用的土地，其纳税地点由各省、自治区、直辖市税务机关确定。

（四）申报城镇土地使用税

纳税人在首次申报城镇土地使用税前，应根据所占用土地面积、地点、土地等级等情况，如实向土地所在地税务机关填报"财产和行为税税源明细表"（城镇土地使用税、房产税税源明细表）部分（见表7-1），"财产和行为税纳税申报表"由税务系统自动生成，无须纳税人手工填写，仅需签章确认。后续申报，纳税人税源信息有变化的，应先对"财产和行为税税源明细表"（城镇土地使用税、房产税税源明细表）进行数据更新，如享有减免税优惠的填报"财产和行为税减免税明细申报附表"（见表7-2），税务机关提供免填单服务，根据纳税人识别号，系统自动生成"财产和行为税纳税申报表"（见表7-3），纳税人签章确认即可完成申报。

四、筹划城镇土地使用税

（一）用地所属区域的筹划

因城镇土地使用税根据不同地区和各地经济发展状况实行等级幅度税额标准，纳税人占有并实际使用的土地，因其所在区域不同，缴纳城镇土地使用税数额的大小也不同。因此纳税人可以结合实际生产经营需要，在征税区与非征税区之间选择，在高税额区与低税额区之间选择。如在确定的省份内合理选择利用大、中、小城市或者县城、工矿区，而在确定的城市内合理选择利用不同等级的土地等。

同时，城镇土地使用税在纳税地点上，为"原则上在土地所在地缴纳"。对于跨省份或虽在同一个省、自治区、直辖市但跨地区的纳税人的纳税地点，也是有筹划空间的，纳税人应尽可能选择税额标准低的地方纳税。

（二）土地用途划分的筹划

纳税人实际占有并使用的土地用途不同，是可享受不同的城镇土地使用税优惠政策的，纳税人应充分考虑。如企业直接用于农、林、牧、渔业的生产用地，办学校、医院、托儿所、幼儿园，其用地能与其他用地明确划分的，免征城镇土地使用税。企业如将这些土地单独核算，也可充分利用税收优惠政策，减少城镇土地使用税的税负。

【工作任务实例7-2】

锦华电子技术服务有限责任公司（企业相关资料见本项目工作任务实例7-1）的土地使用证书上记载占地面积共20 000平方米，土地使用证书号为国用〔2013〕字第1370号，其中企业自办医院占地100平方米，能与其他用地明确区分。当地市政府确定，锦华电子技术服务有限责任公司占地位于二级地段，每平方米年税额7元，城镇土地使用税每年申报一次。

要求：计算并申报锦华电子技术服务有限责任公司2022年应纳城镇土地使用税。

【工作流程】

第一步：分析经济业务类型并确定计税方法和计税依据

企业按实际占地面积以每平方米年税额7元计算缴纳城镇土地使用税，但企业自办医院占地能够与生产经营用地区分开，免税。

第二步：计算应纳城镇土地使用税

城镇土地使用税应纳税额 = （20 000 - 100）× 7 = 139 300（元）

第三步：维护修改"财产和行为税税源明细表"（城镇土地使用税、房产税税源明细表），系统自动生成"财产和行为税纳税申报表"，签章确认，城镇土地使用税申报完成。

课堂能力训练

某超级市场与某娱乐中心共同使用一块面积为1 800平方米的土地，其中，超级市场实际使用的土地面积占这块土地总面积的2/3，另外1/3归娱乐中心使用。当地每平方米城镇土地使用税年税额为5元，税务机关每半年征收一次城镇土地使用税。

请分析：

（1）该超级市场、该娱乐中心是否属于城镇土地使用税纳税人？

（2）计算该超级市场每半年应缴纳的城镇土地使用税。

任务三　车船税计算申报与筹划

引导案例

某企业某年初拥有四辆送货的大型载货汽车、两辆挂车和两辆小货车。以上车辆均依法在车辆管理部门进行了登记并缴纳了车船税。但当年7月12日，一辆大货车因车祸报废。新来的办税员段某向财务主管建议，可以向主管税务机关申请退还该辆大货车已经缴纳的当年7—12月的车船税。

请问段某的说法对吗？

引导案例解析

一、学习车船税基本知识

车船税是依照法律的规定，对在我国境内的车辆、船舶，按照规定的税目、计税单位和年税额标准计算征收的一种税。征收车船税，是为了加强对车船的管理，增加交通运输业建设资金。

（一）确定车船税纳税人

车船税的纳税人为中华人民共和国境内车辆、船舶的所有人或管理人，包括涉外企业和外籍人员。

管理人是指对车船具有管理使用权，但不具有所有权的单位和个人（如国家机关拥有所使用车船的管理使用权，其所有权属于国家所有）。对于车船的所有人或管理人与使用人不是同一人，且所有人或者管理人未缴纳车船税的，使用人应当代为缴纳车船税。车船所有人和使用人不一致时，应由双方协商确定纳税人；未商定的，使用人为纳税人。

从事机动车交通事故责任强制保险业务的保险机构为机动车车船税的法定扣缴义务人，应当在收取保险费时依法代收车船税，并出具代收税款凭证。

纳税人没有按照规定期限缴纳车船税的，扣缴义务人在代收代缴税款时，可以一并代收代缴欠缴税款的滞纳金。

（二）确定车船税征税对象和征税范围

1.征税对象

车船税的征税对象为在我国境内使用的车船。包括：

（1）依法应当在车船登记管理部门登记的机动车辆和船舶。

（2）依法不需要在车船登记管理部门登记的在单位内部场所行驶或者作业的机动车辆和船舶。

2.征税范围

（1）车辆的征税范围为机动车，指以燃油、电力等能源作为动力而运行的车辆。包括乘用车、商用客车、商用货车（包括低速载货汽车）、挂车、摩托车、专项作业车和轮式专用机械车等。

（2）船舶的征税范围包括机动船（客轮、货船等，以燃料为动力）、游艇和非机动驳船（本身无自航能力，需拖船或顶推船拖带的货船）。

（三）确定车船税税率

车船税采用幅度定额税率，车船税税目税额表见表7-5。其中车辆的具体适用税额由省、自治区、直辖市人民政府在规定的子税目税额幅度内确定。船舶、游艇的适用税额由国务院在规定的幅度内确定。

【提示】客货两用车按载货汽车的计税单位和税额标准计税。

（四）了解车船税税收优惠

1.法定优惠

（1）捕捞、养殖渔船（指在渔业船舶登记管理部门登记为捕捞船或者养殖船的船舶）免征车船税。

（2）军队、武装警察部队专用的车船（指按照规定在军队、武装警察部队车船登记管理部门登记，并领取军队、武警牌照的车船）免征车船税。

图片

关于节约能源使用新能源车船车船税优惠政策

表7-5   车船税税目税额表

税目		计税单位	年基准税额	备注
乘用车（按发动机气缸容量（排气量）分档）	1.0升（含）以下的	每辆	60～360元	核定载客人数9人（含）以下
	1.0升以上至1.6升（含）的		300～540元	
	1.6升以上至2.0升（含）的		360～660元	
	2.0升以上至2.5升（含）的		660～1 200元	
	2.5升以上至3.0升（含）的		1 200～2 400元	
	3.0升以上至4.0升（含）的		2 400～3 600元	
	4.0升以上的		3 600～5 400元	
商用车	客车	每辆	480～1 440元	核定载客人数9人以上，包括电车
	货车	整备质量每吨	16～120元	包括半挂牵引车、三轮汽车和低速载货汽车等
挂车		整备质量每吨		按照货车税额的50%计算
其他车辆	专用作业车	整备质量每吨	16～120元	不包括拖拉机
	轮式专用机械车		16～120元	
摩托车		每辆	36～180元	
船舶	机动船舶	净吨位每吨	3～6元	拖船、非机动驳船分别按照机动船舶税额的50%计算
	游艇	艇身长度每米	600～2 000元	

（3）警用车船（指公安机关、国家安全机关、监狱、劳动教养管理机关和人民法院、人民检察院领取警用牌照的车辆和执行警务的专用船舶）免征车船税。

（4）悬挂应急救援专用号牌的国家综合性消防救援车辆和国家综合性救援专用船舶免征车船税。

（5）依照法律的规定应当予以免税的外国驻华使领馆、国际组织驻华代表机构及其有关人员的车船免征车船税。

2.特殊减免

省、自治区、直辖市人民政府根据当地实际情况，可以对公共交通车船，农村居民拥有并主要在农村地区使用的摩托车、三轮汽车和低速载货汽车，定期减征或者免征车船税。

对节约能源、使用新能源的车船，可以减征或者免征车船税。

对受严重自然灾害影响纳税困难以及有其他特殊原因确需减税、免税的，可以减征或者免征车船税。

依照我国有关法律和我国缔结或参加的国际条约的规定应当予以免税的外国驻华使馆、领事馆和国际组织驻华机构及其有关人员的车船，免征车船税。

【提示】依法不需要在车船登记管理部门登记的机场、港口、铁路站场内部行驶或者作业的车船，自2012年1月1日起5年内免征车船税。

【思考】为什么对乘用车按排气量设置不同基准税额？

二、计算车船税税额

（一）确定车船税计税依据

车船税根据车船的种类、性能、构造和使用情况，分别按辆、整备质量和净吨位、艇身长度为计税依据。具体如下：

（1）乘用车、商用客车、摩托车，按"辆"计税。

（2）载货汽车、挂车、其他车辆，按"整备质量"计税。

（3）机动船舶按"净吨位"计税，拖船按"发动机功率每千瓦折合0.67净吨位"计算。

（4）游艇按"艇身长度"计税。

车辆整备质量尾数在0.5吨以下的，按0.5吨计算；超过0.5吨的，按1吨计算。整备质量不超过1吨的，按1吨计算。船舶净吨位尾数在0.5吨（含）以下的，不予计算；超过0.5吨的，按1吨计算。船舶净吨位不超过1吨的，按1吨计算。

（二）计算车船税应纳税额

车船税根据不同类型的车船及其适用的计税标准分别计算应纳税额。其计算公式如下：

$$年应纳税额 = 计税依据 × 适用税额$$

购置的新车船，购置当年的应纳税额自纳税义务发生的当月起按月计算。其计算公式为：

$$应纳税额 = 年应纳税额 ÷ 12 × 应纳税月份数$$

【提示】在一个纳税年度内，已完税的车船被盗抢、报废、灭失的，纳税人可以凭有关管理机关出具的证明和完税证明，向纳税所在地主管税务机关申请退还自被盗抢、报废、灭失月份起至该纳税年度终了期间的税款。

已办理退税的被盗抢车船失而复得的，纳税人应当从公安机关出具相关证明的当月起计算缴纳车船税。

【做中学7-3】某年度某运输公司拥有载货汽车40辆（每辆整备质量10吨），其中10辆为当年5月份新购置的，车船登记管理部门核发的行驶证书所记载日期为5月15日，载货汽车年应纳税额每吨100元。

要求：计算该运输公司当年车船税应纳税额。

$$年应纳税额 = [（40 - 10）× 10 × 100] + [（10 × 10 × 100）÷ 12 × 8]$$
$$= 36\ 666.67（元）$$

文档

已缴车船税的车船同一纳税年度内转让过户能退税吗？

三、申报缴纳车船税

（一）确定车船税纳税义务发生的时间

车船税纳税义务发生时间，为取得车船所有权或者管理权的当月。具体规定如下：为车船登记管理部门核发的车船登记证书或者行驶证书所记载日期的当月；纳税人未按照规定到车船登记管理部门办理应税车船登记手续的，以车船购置发票所载开具时间的当月作为车船税的纳税义务发生时间；对未办理车船登记手续且无法提供车船购置发票的，由主管税务机关核定纳税义务发生时间。

由扣缴义务人代收代缴机动车车船税的，纳税人应当在办理机动车交通事故责任强制保险的同时由保险机构代收代缴机动车车船税。

（二）确定车船税纳税期限

车船税按年申报，分月计算，一次性缴纳。具体申报纳税期限由省、自治区、直辖市人民政府规定。

（三）确定车船税纳税地点

车船税的纳税地点为车船的登记地或者车船税扣缴义务人所在地。依法不需要办理登记的车船，车船税的纳税地点为车船的所有人或者管理人所在地。由扣缴义务人代收代缴的，纳税地点为扣缴义务人所在地。

（四）申报缴纳车船税

车船税以机动车交通事故责任强制保险业务的保险机构为机动车车船税的法定扣缴义务人，依法不需要购买机动车交强险的车辆，纳税人应自行向主管税务机关申报缴纳车船税。

图片

车购税VS车船税傻傻分不清？

机动车车船税的扣缴义务人代收代缴车船税时，纳税人不得拒绝。

中华人民共和国境内自行申报车船税的纳税人首次申报车船税前，应根据现有车船信息，如实填报"财产和行为税税源明细表"（车船税税源明细表）部分（见表7-6），"财产和行为税纳税申报表"由税务系统自动生成，无须纳税人手工填写，仅需签章确认。后续申报，纳税人税源信息有变化的，应先对"财产和行为税税源明细表"（车船税税源明细表）进行数据更新，如享有减免税优惠的填报"财产和行为税减免税明细申报附表"，税务机关提供免填单服务，根据纳税人识别号，系统自动生成"财产和行为税纳税申报表"，纳税人签章确认即可完成申报。

四、筹划车船税

（一）利用税额、税率临界点进行筹划

现行车船税法对货车、三轮汽车、低速汽车、专项作业车和轮式专用机械车以整备质量为单位，对船舶以净吨位为单位分级规定税额，从而就产生了应纳车船税税额相对于整备质量、净吨位数变化的临界点。在临界点上，整备质量、净吨位数虽然相差仅1吨，但临界点两边的税额却有较大变化，这种情况下纳税人在对生产影响不大的情况下可以考虑选择较小吨位的车船进行纳税筹划。

同样道理，对于乘用车来说，由于按发动机气缸容量（排气量）分档计税，则纳税人在不影响使用的情况下，选择购买排气量较小的乘用汽车，也可以节约税款支出。

（二）利用税收优惠政策进行筹划

现行车船税法对于农业用拖拉机和渔业用船舶，是免征车船税的。纳税人如果有用于农业或渔业的车船，一定要注明用途，并与其他用途的车船分开，这样可以避免多交车船税。同时，对节约能源、使用新能源的车船也可以减征或者免征车船税，纳税人应在可能的情况下尽量选择利用新能源的车船，既符合环保要求，又节约了税款支出。

车船税税源明细表

表7-6

纳税人识别号（统一社会信用代码）：□□□□□□□□□□□□□□□□□□

纳税人名称：

体积单位：升；质量单位：吨；功率单位：千瓦；长度单位：米

车辆税源明细

序号	*车辆识别代码（车架号）	*车辆类型	车辆品牌	车辆型号	*车辆发票日期或注册登记日期	排（气）量	核定载客	整备质量	*单位税额	减免性质代码和项目名称	纳税义务终止时间
1											
2											
3											

船舶税源明细

序号	*船舶识别号	*船舶种类	*中文船名	初次登记号码	船籍港	发证日期	取得所有权日期	建成日期	净吨位	主机功率	艇身长度（总长）	*单位税额	减免性质代码和项目名称	纳税义务终止时间
1														
2														
3														

【工作任务实例7-3】

锦华电子技术服务有限责任公司（企业相关资料见本项目工作任务实例7-1）2022年车辆相关信息如下：

（1）拥有3辆客货两用汽车。载客人数在6人以下，整备质量为5.6吨。

（2）拥有1辆货车，整备质量为8吨。

（3）拥有1辆排气量为2.0的小轿车。

根据当地政府的规定，客车车船税年税额为800元/辆，货车车船税年税额为100元/吨，小轿车年税额为480元/辆。

要求：计算并申报锦华电子技术服务有限责任公司当年应缴纳的车船税。

【工作流程】

第一步：分析经济业务确定计税方法和计税依据

（1）客货两用汽车、货车按照货车的计税单位和税额标准计征车船税。客货两用汽车车辆整备质量尾数在0.5吨以下的，按0.5吨计算；超过0.5吨的，按1吨计算，故计税依据为6吨。

（2）小轿车按乘用车的计税单位和税额标准计征车船税。

第二步：计算各种车辆本年车船税应纳税额

（1）货车、客货两用汽车应缴纳的车船税税额 = （3×6＋8）×100 = 2 600（元）

（2）小轿车应缴纳的车船税税额 = 1×480 = 480（元）

第三步：计算当年车船税总应纳税额

车船税年应纳税额 = 2 600＋480 = 3 080（元）

第四步：维护修改"财产和行为税税源明细表"（车船税税源明细表），系统自动生成"财产和行为税纳税申报表"，签章确认，车船税申报完成。

课堂能力训练

某公司拥有载货汽车2辆，其中A车整备质量10吨，B车整备质量20吨，当地规定的车船税税额为30元/吨；拥有载客汽车5辆，当地规定的车船税税额为200元/辆；拥有机动船一艘，净吨位为40吨，当地规定的车船税税额为50元/吨。

要求：计算该公司每年应纳车船税税额。

任务四　印花税计算申报与筹划

引导案例

某年6月，美达公司与庆丽公司签订运输合同，由美达公司为庆丽公司提供运输服务，合同金额30万元，美达公司依法计算缴纳了印花税，但庆丽公司新来的会计小王认为庆丽公司不属于提供服务方，所以不用缴纳印花税。

请问：小王的想法正确吗？

引导案例解析

一、学习印花税基本知识

印花税是对经济活动和经济交往中书立、领受各种具有法律效力的应税凭证的行为征收的一种税。印花税属于行为税。2021年6月10日，第十三届全国人民代表大会常务委员会通过《中华人民共和国印花税法》，自2022年7月1日起施行。

（一）确定印花税纳税人

印花税的纳税人，是指在我国境内书立应税凭证、进行证券交易的单位和个人，以及在境外书立在境内使用的应税凭证的单位和个人。

书立应税凭证的纳税人，为对应税凭证有直接权利义务关系的单位和个人。

证券交易印花税对证券交易的出让方征收，不对受让方征收。证券登记结算机构为证券交易印花税的扣缴义务人，应当向其机构所在地的主管税务机关申报解缴税款以及银行结算的利息。

纳税人为境外单位或者个人，在境内有代理人的，以其境内代理人为扣缴义务人；在境内没有代理人的，由纳税人自行申报缴纳印花税。

【提示】对于两方或两方以上当事人共同书立的应税凭证，其当事人各方都是印花税的纳税人，按照各自涉及的金额分别计算应纳税额。如应税凭证上未列明纳税人各自涉及金额，以纳税人平均分摊的应税凭证所列金额（不包括列明的增值税税款）计算应纳税额。

（二）确定印花税征税对象和征税范围

印花税的征税对象是税法列举的各种应税凭证和证券交易。征税范围主要包括：

（1）合同。具体包括借款合同、融资租赁合同、买卖合同、承揽合同、建设工程合同、运输合同、技术合同、租赁合同、保管合同、仓储合同、财产保险合同。

【提示】企业之间书立的确定买卖关系、明确买卖双方权利义务的订单、要货单等单据，且未另外书立买卖合同的，应当按规定缴纳印花税。

（2）产权转移书据。产权转移书据，是指单位和个人产权的买卖（出售）、继承、赠与、互换、分割等所立的书据。具体包括土地使用权出让书据；土地使用权、房屋等建筑物和构筑物所有权转让书据；股权转让书据（不包括应缴纳证券交易印花税的）；商标专用权、著作权、专利权、专有技术使用权转让书据。

（3）营业账簿。

（4）证券交易。证券交易指转让在依法设立的证券交易所、国务院批准的其他全国性证券交易场所交易的股票和以股票为基础的存托凭证。

【提示】在中华人民共和国境外书立在境内使用的应税凭证，应当按规定缴纳印花税。包括以下几种情形：

（1）应税凭证的标的为不动产的，该不动产在境内；

（2）应税凭证的标的为股权的，该股权为中国居民企业的股权；

（3）应税凭证的标的为动产或者商标专用权、著作权、专利权、专有技术使用权的，其销售方或者购买方在境内，但不包括境外单位或者个人向境内单位或者个人销售完全在境外使用的动产或者商标专用权、著作权、专利权、专有技术使用权；

（4）应税凭证的标的为服务的，其提供方或者接受方在境内，但不包括境外单位或者个人向境内单位或者个人提供完全在境外发生的服务。

（三）确定印花税税率

印花税税目税率表见表7-7。

表7-7　　　　　　　　　　　　　印花税税目税率表

税目		税率	备注
合同（指书面合同）	借款合同	借款金额的万分之零点五	指银行业金融机构、经国务院银行业监督管理机构批准设立的其他金融机构与借款人（不包括同业拆借）的借款合同
	融资租赁合同	租金的万分之零点五	
	买卖合同	价款的万分之三	指动产买卖合同（不包括个人书立的动产买卖合同）
	承揽合同	报酬的万分之三	
	建设工程合同	价款的万分之三	
	运输合同	运输费用的万分之三	指货运合同和多式联运合同（不包括管道运输合同）
	技术合同	价款、报酬或者使用费的万分之三	不包括专利权、专有技术使用权转让书据
	租赁合同	租金的千分之一	
	保管合同	保管费的千分之一	
	仓储合同	仓储费的千分之一	
	财产保险合同	保险费的千分之一	不包括再保险合同
产权转移书据	土地使用权出让书据	价款的万分之五	转让包括买卖（出售）、继承、赠与、互换、分割
	土地使用权、房屋等建筑物和构筑物所有权转让书据（不包括土地承包经营权和土地经营权转移）	价款的万分之五	
	股权转让书据（不包括应缴纳证券交易印花税的）	价款的万分之五	
	商标专用权、著作权、专利权、专有技术使用权转让书据	价款的万分之三	
营业账簿		实收资本（股本）、资本公积合计金额的万分之二点五	
证券交易		成交金额的千分之一	

（四）了解印花税税收优惠

下列凭证免征印花税：

1.应税凭证的副本或者抄本；

2.依照法律规定应当予以免税的外国驻华使馆、领事馆和国际组织驻华代表机构为获得馆舍书立的应税凭证；

3.中国人民解放军、中国人民武装警察部队书立的应税凭证；

4.农民、家庭农场、农民专业合作社、农村集体经济组织、村民委员会购买农业生产资料或者销售农产品书立的买卖合同和农业保险合同；

5.无息或者贴息借款合同、国际金融组织向中国提供优惠贷款书立的借款合同；

6.财产所有权人将财产赠与政府、学校、社会福利机构、慈善组织书立的产权转移书据；

7.非营利性医疗卫生机构采购药品或者卫生材料书立的买卖合同；

8.个人与电子商务经营者订立的电子订单。

根据国民经济和社会发展的需要，国务院对居民住房需求保障、企业改制重组、破产、支持小型微型企业发展等情形可以规定减征或者免征印花税，报全国人民代表大会常务委员会备案。

【提示】对应税凭证适用印花税减免优惠的，书立该应税凭证的纳税人均可享受印花税减免政策，明确特定纳税人适用印花税减免优惠的除外。

二、计算印花税税额

（一）确定印花税计税依据

印花税的计税依据是应税凭证的计税金额。具体有以下几种情况：

1.应税合同的计税依据，为合同所列的金额，不包括列明的增值税税款。

2.应税产权转移书据的计税依据，为产权转移书据所列的金额，不包括列明的增值税税款。

应税合同、应税产权转移书据未列明金额的，印花税的计税依据按照实际结算的金额确定。计税依据按照上述规定仍不能确定的，按照书立合同、产权转移书据时的市场价格确定；依法应当执行政府定价或者政府指导价的，按照国家有关规定确定。

应税合同、应税产权转移书据所列的金额与实际结算金额不一致，不变更应税凭证所列金额的，以所列金额为计税依据；变更应税凭证所列金额的，以变更后的所列金额为计税依据。已缴纳印花税的应税凭证，变更后所列金额增加的，纳税人应当就增加部分的金额补缴印花税；变更后所列金额减少的，纳税人可以就减少部分的金额向税务机关申请退还或者抵缴印花税。

3.应税营业账簿的计税依据，为账簿记载的实收资本（股本）、资本公积合计金额。

已缴纳印花税的营业账簿，以后年度记载的实收资本（股本）、资本公积合计金额比已缴纳印花税的实收资本（股本）、资本公积合计金额增加的，按照增加部分计算应纳税额。

4.证券交易的计税依据，为成交金额。

证券交易无转让价格的，按照办理过户登记手续时该证券前一个交易日收盘价计算确定计税依据；无收盘价的，按照证券面值计算确定计税依据。

【提示】同一应税凭证载有两个以上税目事项并分别列明金额的，按照各自适用的税目税率分别计算应纳税额；未分别列明金额的，从高适用税率。

（二）计算印花税应纳税额

印花税的计算公式为：

$$应纳税额 = 计税依据 × 适用税率$$

【做中学7-4】某企业某年发生以下业务：订立买卖合同1份，合同金额100万元（不含增值税）；企业营业账簿中"实收资本"和"资本公积"金额比上年新增500万元。计算该企业当年应纳印花税税额。

$$应纳税额 = 1\ 000\ 000 × 0.3‰ + 5\ 000\ 000 × 0.25‰ = 1\ 550（元）$$

三、申报缴纳印花税

（一）确定纳税申报方式

印花税可以采用粘贴印花税票或者由税务机关依法开具其他完税凭证的方式缴纳。

1.自行贴花

自行贴花办法一般适用于应税凭证较少或者贴花次数较少的纳税人。纳税人书立、领受印花税法列举的应税凭证的同时，纳税义务即已产生，应自行计算应纳税额，自行购买印花税票，自行一次贴足印花税票，并由纳税人在每枚税票的骑缝处盖戳注销或者画销，纳税义务才算全部履行完毕。

文档

企业发生的业务未签合同，是否需要缴纳印花税?

2.汇贴或汇缴

汇贴或汇缴办法一般适用于应纳税额较大或者贴花次数频繁的纳税人。

汇贴办法是指一份凭证应纳税额金额较大的，纳税人可以采取将税收缴款书、完税证明其中一联粘贴在凭证上或者由税务机关在凭证上加注完税标记代替贴花。

汇缴办法是指同一种类应税凭证，需要频繁贴花的，可由纳税人根据实际情况自行决定是否采用按期汇总申报缴纳印花税的方式。汇总申报缴纳的期限不得超过一个月。采用按期汇总申报缴纳方式的，一年内不得改变。

【提示】未履行的应税合同、产权转移书据，已缴纳的印花税不予退还及抵缴税款。纳税人多贴的印花税票，不予退税及抵缴税款。

3.代扣代缴

证券交易印花税由证券登记结算机构代扣代缴。

纳税人为境外单位或者个人，在境内有代理人的，由境内代理人代扣代缴印花税。

（二）印花税纳税义务发生时间

印花税的纳税义务发生时间为纳税人书立应税凭证或者完成证券交易的当日。

证券交易印花税扣缴义务发生时间为证券交易完成的当日。

（三）印花税纳税期限

印花税按季、按年或者按次计征。应税合同、产权转移书据印花税可以按季或者按次申报缴纳，应税营业账簿印花税可以按年或者按次申报缴纳，具体纳税期限由各省、自治区、直辖市、计划单列市税务局结合征管实际确定。

实行按季、按年计征的，纳税人应当自季度、年度终了之日起十五日内申报缴纳税款；实行按次计征的，纳税人应当自纳税义务发生之日起十五日内申报缴纳税款。

证券交易印花税按周解缴。证券交易印花税扣缴义务人应当自每周终了之日起五日内申报解缴税款以及银行结算的利息。

（三）印花税纳税地点

1.纳税人为单位的，应当向其机构所在地的主管税务机关申报缴纳印花税；纳税人为个人的，应当向应税凭证书立地或者纳税人居住地的主管税务机关申报缴纳印花税。

2.不动产产权发生转移的，纳税人应当向不动产所在地的主管税务机关申报缴纳印花税。

3.境外单位或者个人的境内代理人扣缴印花税，向境内代理人机构所在地（居住地）主管税务机关申报解缴税款。

4.证券登记结算机构扣缴证券交易印花税，应当向其机构所在地的主管税务机关申报解缴税款以及银行结算的利息。

（四）印花税纳税申报

纳税人应当根据书立印花税应税合同、产权转移书据和营业账簿情况，填写"财产和行为税税源明细表"（印花税税源明细表）部分（见表7-8），"财产和行为税纳税申报表"由税务系统自动生成，无须纳税人手工填写，仅需签章确认。

表7-8　　　　　　　　印花税税源明细表

纳税人识别号（统一社会信用代码）：□□□□□□□□□□□□□□□□□□

纳税人名称：　　　　　　　　　　　　　　　　金额单位：人民币元（列至角分）

序号	*税目	*税款所属期起	*税款所属期止	应纳税凭证编号	应纳税凭证书立（领受）日期	*计税金额或件数	核定比例	*税率	减免性质代码和项目名称
按期申报									
1									
2									
3									
按次申报									
1									
2									
3									

【提示】应税合同、产权转移书据未列明金额，在后续实际结算时确定金额的，纳税人应当于书立应税合同、产权转移书据的首个纳税申报期申报应税合同、产权转移书据书立情况，在实际结算后下一个纳税申报期，以实际结算金额计算申报缴纳印花税。

四、筹划印花税

（一）利用分开核算或分期签订合同进行筹划

按照现行印花税法的规定，同一凭证，载有两个或两个以上经济事项而适用不同税目税率分别记载金额的，按各自的税率分别计算印花税；未分别记载金额的，从高适用税率计税。因此，企业在签订合同时应尽量分别记载不同税率的经济事项，以免承担不必要的税收负担。

另外，因印花税应于合同书立时贴花，如果某些合同可以分期进行签订，则最好分期签订，这样总的印花税金额虽然没有减少，但却延缓了纳税时间，利用了资金时间价值，也达到了筹划的目的。当然，前提是不影响企业正常的生产经营，同时不会因分期签订可能遇上物价变化造成合同金额增大，而导致筹划失败。

（二）及时变更合同金额进行筹划

按照现行印花税法的规定，应税合同、应税产权转移书据所列的金额与实际结算金额不一致，不变更应税凭证所列金额的，以所列金额为计税依据；变更应税凭证所列金额的，以变更后的所列金额为计税依据。已缴纳印花税的应税凭证，变更后所列金额增加的，纳税人应当就增加部分的金额补缴印花税；变更后所列金额减少的，纳税人可以就减少部分的金额向税务机关申请退还或者抵缴印花税。而现实中很多企业在签订经济合同的过程中，往往会根据预计的情况估算合同数量和金额，但实际执行的数量和金额却大大低于原合同上的数额。因此，纳税人在执行合同时，如果实际结算金额低于合同所列金额，应及时变更合同金额，以降低印花税税负。

【工作任务实例7-4】

锦华电子技术服务有限责任公司（企业相关资料见本项目工作任务实例7-1）按季申报印花税，2022年第二季度发生以下业务：

（1）签订了10份买卖合同，合同金额共计1 000万元。

（2）签订了1份借款合同，所载金额为300万元。

（3）签订了2份运输合同，记载运费共计20万元。

以上合同金额均不含增值税。经主管税务机关确定，锦华电子技术服务有限责任公司采用按季度汇缴办法缴纳印花税。

要求：计算并申报其第二季度应纳的印花税。

【工作流程】

第一步：分析经济业务确定计税方法和计税依据

（1）企业订立买卖合同，按购销金额的0.3‰贴花。

（2）企业签订借款合同，按借款金额的0.05‰贴花。

（3）企业签订运输合同，按合同记载运费金额的0.3‰贴花。

第二步：计算每笔业务印花税应纳税额

（1）业务1应缴纳的印花税税额 = 10 000 000 × 0.3‰ = 3 000（元）

（2）业务2应缴纳的印花税税额 = 3 000 000 × 0.05‰ = 150（元）

（3）业务3应缴纳的印花税税额 = 200 000 × 0.3‰ = 60（元）

第三步：计算当季度总印花税应纳税额

印花税应纳税额 = 3 000 + 150 + 60 = 3 210（元）

第四步：填制"印花税税源明细表"，系统自动生成"财产和行为税纳税申报表"，签章确认，印花税申报完成。

课堂能力训练

某纳税人按季申报缴纳印花税，某年第三季度书立买卖合同5份，合同所列价款共计100万元，书立建筑工程合同1份，合同所列价款共计1000万元，书立产权转移书据1份，合同所列价款共计500万元。以上合同所列价款均不包括列明的增值税税款。

要求：计算该纳税人第三季度应纳的印花税。

任务五　城市维护建设税和教育费附加计算申报与筹划

引导案例

引导案例解析

兴华实业公司位于某县城，某年3月缴纳增值税200 000元、消费税50 000元，另外补缴了2月漏缴的增值税30 000元。

请问：该公司适用的城市维护建设税税率和教育费附加征收率为多少？当月应缴的城市维护建设税和教育费附加的计算依据是什么？

微课

2分钟带你了解"城市维护建设税法"

一、认识与计算城市维护建设税

城市维护建设税（简称城建税）是国家对缴纳增值税、消费税（简称"两税"）的单位和个人就其实际缴纳的"两税"税额为计税依据而征收的一种税。城市维护建设税是一种具有附加税性质的税种，是国家为加强对城市的维护建设，扩大和稳定城市维护资金的来源而采取的一项税收措施。

《中华人民共和国城市维护建设税法》于2020年8月11日经第十三届全国人民代表大会常务委员会第二十一次会议通过，自2021年9月1日起施行。

（一）确定城市维护建设税的纳税人

城市维护建设税的纳税人，是指在中华人民共和国境内缴纳增值税、消费税的单位和个人。

（二）确定城市维护建设税的计税依据

城市维护建设税的计税依据为纳税人依法实际缴纳的增值税、消费税税额。

依法实际缴纳的增值税税额，是指纳税人依法计算应当缴纳的增值税税额，加上增值税免抵税额，扣除直接减免的增值税税额和期末留抵退税退还的增值税税额后的金额。

依法实际缴纳的消费税税额，是指纳税人依法计算应当缴纳的消费税税额，扣除直接减免的消费税税额后的金额。

应当缴纳的两税税额，不含因进口货物或境外单位和个人向境内销售劳务、服务、无形资产缴纳的两税税额。

纳税人被查补"两税"时，应同时对其偷漏的城市维护建设税进行补税。

（1）对进口产品由海关代征的增值税、消费税不作为城市维护建设税计税依据。

（2）对出口产品实行出口退还增值税、消费税的，不退还出口产品已缴纳的城市维护建设税。

（3）对纳税人因违反增值税、消费税有关税法而加收的滞纳金或罚款，不作为城市维护建设税的计税依据。但对纳税人因偷漏税而被查补的增值税、消费税，应作为城市维护建设税计税依据征收城市维护建设税。

（4）纳税人减征或免征增值税、消费税，同时也就减征或免征了城市维护建设税。

（三）确定城市维护建设税的税率

1.城市维护建设税采用比例税率。按纳税人所在地的不同，设置了三档地区差别比例税率，分别为：

（1）纳税人所在地为市区的，税率为7%。

（2）纳税人所在地为县城、镇的，税率为5%。

（3）纳税人所在地不在市区、县城或镇的，税率为1%。

2.城市维护建设税的适用税率，应当按纳税人所在地的规定税率执行。但是对下列两种情况，可以按缴纳"两税"所在地的规定税率就地缴纳城市维护建设税：

（1）由受托方代收代缴、代扣代缴"两税"的单位和个人。

（2）流动经营等无固定纳税地点的单位和个人。

（四）计算城市维护建设税应纳税额

城市维护建设税的应纳税额是按纳税人实际缴纳的"两税"税额计算的，其计算公式为：

$$应纳税额 = 纳税人实际缴纳的增值税、消费税税额 \times 适用税率$$

二、认识与计算教育费附加

教育费附加是对缴纳增值税、消费税的单位和个人，就其实际缴纳的"两税"税额为计算依据征收的一种专项附加费，是正税以外的政府行政收费。目的是多渠道筹集教育经费，改善中小学办学条件，促进地方教育事业的发展，具有专款专用的性质。

教育费附加对缴纳"两税"的单位和个人征收，以其实际缴纳的"两税"税额为计算依据，分别与"两税"同时缴纳。现行教育费附加的征收率为"两税"税额的3%。另外，地方税务机关还征收地方教育附加，各地的费率不同，一般为1%~2%。

对进口商品由海关征收的增值税、消费税，不征收教育费附加。

对由于减免增值税、消费税而发生退税的，可同时退还已征收的教育费附加。但对出口产品退还的增值税、消费税，不退还已征的教育费附加。

【提示】根据《财政部 国家税务总局关于扩大有关政府性基金免征范围的通知》（财税〔2016〕12号）的规定：按月纳税的月销售额或营业额不超过10万元（按季度纳税的季度销售额或营业额不超过30万元）的缴纳义务人，免征教育费附加、地方教育附加、水利建设基金。

以上所称销售额为不含增值税的销售额。应税行为有扣除项目适用增值税差额征收政策的，应以取得的全部价款和价外费用即未扣除之前（或称差额前）的销售额来确定是否可以享受该项优惠政策。

教育费附加的计算公式为：

　　　　　　应纳教育费附加 = 纳税人实际缴纳的增值税、消费税税额 × 征收率

三、申报缴纳城市维护建设税与教育费附加

（一）确定纳税地点与纳税期限

1.确定纳税义务发生时间

城市维护建设税和教育费附加以纳税人实际缴纳的"两税"税额为计算依据，分别与"两税"同时缴纳。也就是说城市维护建设税和教育费附加的纳税义务发生时间与"两税"纳税义务发生时间一致。

2.确定纳税地点

纳税人缴纳"两税"的地点就是该纳税人缴纳城市维护建设税和教育费附加的地点。有特殊情况的，按下列原则和办法确定纳税地点：

（1）代扣代缴、代收代缴"两税"的单位和个人，同时也是城市维护建设税的代扣代缴、代收代缴义务人，其纳税地点为代扣代收地。

（2）对流动经营等无固定纳税地点的单位和个人，应随同"两税"在经营地按适用税率缴纳。

（3）实行汇总缴纳"两税"的纳税人，城市维护建设税在汇总地与"两税"同时缴纳。

3.确定纳税期限

城市维护建设税与教育费附加的纳税期限与"两税"的纳税期限一致，对于增值税和消费税而言，分别为1日、3日、5日、10日、15日或者1个月，具体由税务机关根据纳税人应纳税额的大小分别核定；不能按期纳税的，可以按次纳税。

（二）纳税申报与缴纳

自2021年8月1日起，增值税、消费税分别与城市维护建设税、教育费附加和地方教育附加申报表整合，纳税人在申报"两税"时，填报"增值税及附加税费申报表""消费税及附加税费申报表"，在缴纳"两税"的同时缴纳城市维护建设税、教育费附加及地方教育附加等。

四、筹划城市维护建设税与教育费附加

城市维护建设税以纳税人实际缴纳的增值税、消费税税额为计税依据，分别与"两税"同时缴纳。但城市维护建设税因纳税人所在地的不同，其适用的税率也不同，这就为纳税人提供了纳税筹划空间。

增值税与消费税法规均规定，纳税人总机构与分支机构不在同一县（市）的，应当分别向各自所在地主管税务机关申报纳税。

比如，某市某土建工程公司欲承包某高速公路中某几段的工程，该工程应纳增值税总额约为80万元。该工程绝大部分施工路段在远离市区的农村，离某县城较近。假如他们把工程施工经理部（工程核算地）设置在市区，该工程总承包收入应纳城市维护建设税为80 × 7% = 5.6（万元）；如果把工程施工经理部设置在县城，该工程总承包收入应纳城市

维护建设税为 80×5% = 4（万元）；如果把工程施工经理部设置在农村，该工程总承包收入应纳城市维护建设税为 80×1% = 0.8（万元）。因此，公司可以将工程施工经理部办公地点选择在离该工程施工路段中心位置相对较近的农村。虽然交通通信等条件比不上市、镇，会增加各项办公费用支出，但仅城市维护建设税这一项，就比选择在市区节税 4.8 万元，也比选择在镇节税 3.2 万元。

【工作任务实例 7-5】

锦华电子技术服务有限责任公司（企业相关资料见本项目工作任务实例 7-1）2022 年 10 月依法缴纳增值税 35 000 元。

要求：计算并申报其当月应纳城市维护建设税与教育费附加。（本题忽略地方教育附加）

【工作流程】

第一步：分析经济业务，确定计税方法和计税依据

（1）城市维护建设税与教育费附加的计税依据为企业实际缴纳的增值税税额。

（2）锦华电子技术服务有限责任公司位于市区，城市维护建设税按 7% 计算缴纳。

（3）教育费附加按 3% 计算缴纳。

第二步：计算应纳城市维护建设税税额与教育费附加额

（1）城市维护建设税税额 = 35 000×7% = 2 450（元）

（2）教育费附加额 = 35 000×3% = 1 050（元）

第三步：填制增值税及附加税费申报表（略）

课堂能力训练

某市某企业某年 5 月实际缴纳增值税 300 000 元，实际缴纳消费税 100 000 元，补缴上月少交增值税 20 000 元并被处以 2 000 元的罚款。

要求：

（1）分析该企业当月应纳城市维护建设税和教育费附加的计税（费）依据。

（2）计算当月应纳城市维护建设税和教育费附加。

（3）如果该企业 6 月份搬迁至县城，则其适用的城市维护建设税税率为多少？

任务六　土地增值税计算申报与筹划

引导案例

某单位在某年底，计划出售其位于市郊的一栋原价为 200 万元的楼房，请相关机构对该楼房价格进行重新评估，因处于新建地铁的附近，该楼房的评估价为 380 万元。

请问：此时该企业需要缴纳土地增值税吗？

引导案例解析

一、学习土地增值税基本知识

土地增值税是对转让国有土地使用权、地上建筑物及其附着物（简称转让房地产）并取得收入的单位和个人就其转让房地产所取得的增值额征收的一种税。土地增值税在房地产的转让环节实行道道征税、按次征收，即每转让一次就征收一次土地增值税。征收土地增值税，可以减少土地和房地产投机行为，提高土地利用效率。

（一）确定土地增值税纳税人

土地增值税的纳税人是转让国有土地使用权、地上建筑物及其附着物并取得收入的单位和个人。

单位包括各类企业、事业单位、国家机关、社会团体及其他组织等。个人包括个体工商户和其他个人。外商投资企业、外国企业、外国驻华机构及海外华侨和外籍个人也包括在内。

（二）确定土地增值税征税对象和征税范围

土地增值税的征税对象是纳税人有偿转让国有土地使用权、地上建筑物及其附着物产权所取得的增值额。"增值额"为纳税人转让房地产的收入，减去税法规定准予扣除项目金额后的余额。

土地增值税具体征税范围规定如下：

1.土地增值税只对转让国有土地使用权的行为征税，转让非国有土地和出让国有土地的行为均不征税。

根据我国宪法及土地管理法规的规定，城市土地属国家所有，农村和城市郊区的土地属集体所有（法律规定属国家所有的除外）。故城市房地产转让属于土地增值税的征税范围。而农村集体所有的土地，根据有关法律不得自行转让，也就不成为土地增值税的征税范围。

2.土地增值税既对转让土地使用权征税，也对转让地上建筑物和其他附着物的产权征税。"地上建筑物"是指建于地上的一切建筑物，包括地上地下的各种附属设施。"附着物"是指附着于土地上的不能移动或一经移动即遭损坏的物品。

3.土地增值税只对有偿转让的房地产征税，对以继承、赠与等方式无偿转让的房地产，则不予征税。

这里所说的赠与指以下情况：房产所有人、土地使用权所有人将房屋产权、土地使用权赠与直系亲属或承担直接赡养义务人；房产所有人、土地使用权所有人通过中国境内非营利的社会团体、国家机关将房屋产权、土地使用权赠与教育、民政和其他社会福利、公益事业。

[提示] 土地使用权出让与转让不同。国有土地使用权出让是指国家以土地所有者的身份将土地使用权在一定年限内让与土地使用者，并由土地使用者向国家支付土地使用权出让金的行为，这种行为涉及由政府垄断的土地一级市场，不属于土地增值税的征税范围；而国有土地使用权的转让是指土地使用者通过出让等形式取得土地使用权后，将土地使用权再转让的行为，这是土地二级市场的交易行为，属于土地增值税的征税范围。

（三）确定土地增值税税率

土地增值税实行四级超率累进税率，见表7-9。

表7-9　　　　　　　　　　　　　　　　土地增值税税率表

级数	增值额占扣除项目金额的比例	税率	速算扣除率
1	50%（含）以下	30%	0
2	50%~100%（含）	40%	5%
3	100%~200%（含）	50%	15%
4	200%以上	60%	35%

（四）了解土地增值税税收优惠

土地增值税的税收优惠有以下几方面：

1.建造普通标准住宅出售，增值额未超过扣除项目金额20%的，免征土地增值税；增值额超过扣除项目金额20%的，应就其全部增值额按规定计税。所谓普通标准住宅，是指按所在地一般民用住宅标准建造的居住用住宅，高级公寓、别墅、度假村等不属于普通标准住宅。

2.因国家建设需要依法征用、收回的房地产，免征土地增值税。

3.个人因工作调动或改善居住条件转让原自用房的，依原房产使用时间长短确定免税或减半征税：居住满5年及以上的，免征土地增值税；居住满3年未满5年的，减半征收土地增值税；居住未满3年的，按规定征收土地增值税。自2008年11月1日起，对个人销售住房暂免征收土地增值税。

4.对于一方出地，一方出资金，双方合作建房，建成后按比例分房自用的，暂免征土地增值税；建成后转让的，应征收土地增值税。

5.对于以房地产进行投资、联营的，投资、联营的一方以土地（房地产）作价入股进行投资或作为联营条件，将房地产转让到所投资、联营的企业中时，暂免征土地增值税。对投资、联营企业将上述房地产再转让的，应征收土地增值税。

6.个人之间互换自有居住用房地产的，经当地税务机关核实，可以免征土地增值税。

7.在企业兼并情况下，对被兼并企业将房地产转让到兼并企业中的，暂免征土地增值税。

二、计算土地增值税税额

（一）确定土地增值税计税依据

土地增值税以转让房地产取得的收入，减除法定扣除项目金额后的增值额作为计税依据。其计算公式为：

土地增值额 = 转让房地产取得的收入 − 扣除项目金额

1.确定应税收入

应税收入，是指纳税人转让房地产的全部价款及有关的经济收益，包括货币收入、实物收入和其他收入，但不含增值税。

（1）货币收入。货币收入是指纳税人转让房地产而取得的现金、银行存款、支票、银行本票、汇票等各种信用票据和国库券、金融债券、企业债券、股票等有价证券。

（2）实物收入。实物收入是指纳税人转让房地产而取得的各种实物形态的收入，如房屋、土地等不动产。

（3）其他收入。其他收入是指纳税人转让房地产而取得的无形资产收入或具有财产价值的权利。

2.确定扣除项目内容

扣除项目及其内容包括：

（1）取得土地使用权所支付的金额。

取得土地使用权所支付的金额包括纳税人为取得土地使用权所支付的地价款和按照国家的统一规定缴纳的有关费用。具体为：以出让方式取得土地使用权的，为支付的土地出让金；以行政划拨方式取得土地使用权的，为转让土地使用权时按规定补交的出让金；以转让方式得到土地使用权的，为支付的地价款。

（2）房地产开发成本。

房地产开发成本即开发土地和新建房及配套设施的成本，包括土地征用及拆迁补偿费、前期工程费、建筑安装工程费、基础设施费、公共配套设施费、开发间接费用。这些成本允许按实际发生额扣除。

（3）房地产开发费用。

房地产开发费用即开发土地和新建房及配套设施的费用，包括销售费用、管理费用、财务费用。房地产开发费用不按房地产开发项目实际发生的费用进行扣除，而是按以下办法进行扣除：

①财务费用中的利息支出能够按转让房地产项目计算分摊并能提供金融机构贷款证明的，利息支出允许据实扣除，但最高不能超过按商业银行同类同期贷款利率计算的金额。其他房地产开发费用，按扣除项目（1）、（2）两项规定计算的金额之和的5%以内计算扣除。即：

$$\text{允许扣除的房地产开发费用} = \text{利息} + \left(\text{取得土地使用权所支付的金额} + \text{房地产开发成本} \right) \times 5\%\text{以内}$$

②凡利息支出不能按转让房地产项目计算分摊或不能提供金融机构贷款证明的，房地产开发费用按扣除项目（1）、（2）两项规定计算的金额之和的10%以内计算扣除。即：

$$\text{允许扣除的房地产开发费用} = \left(\text{取得土地使用权所支付的金额} + \text{房地产开发成本} \right) \times 10\%\text{以内}$$

上述计算扣除的具体比例，由各省、自治区、直辖市人民政府规定。

（4）旧房及建筑物的评估价格。

旧房及建筑物的评估价格是指在转让已使用的房屋及建筑物时，由政府批准设立的房地产评估机构评定的重置成本价乘以成新度折扣率后的价格。评估价格须经当地税务机关确认。

重置成本价是对旧房及建筑物按转让时的建材价格及人工费用计算建造同样标准的新房及建筑物所需花费的成本费用。成新度折扣率是按旧房的新旧程度作一定比例的折扣。

【提示】纳税人转让旧房及建筑物，凡不能取得评估价格，但能提供购房发票的，旧房及建筑物的评估价格，可按发票所载金额并从购买年度起至转让年度止每年加计5%计算扣除。

对于转让旧房及建筑物，既没有评估价格，又不能提供购房发票的，地方税务机关可以根据《中华人民共和国税收征收管理法》的规定，实行核定征收。

（5）与转让房地产有关的税金。

与转让房地产有关的税金，包括在转让房地产时缴纳的城市维护建设税、印花税。因转让房地产缴纳的教育费附加，也可视同税金予以扣除。

（6）其他扣除项目。

对从事房地产开发的纳税人，可按取得土地使用权所支付的金额与房地产开发成本之和加计20%扣除。其他纳税人不适用。

按《中华人民共和国土地增值税暂行条例》等规定的土地增值税扣除项目涉及的增值税进项税额，允许在销项税额中计算抵扣的，不计入扣除项目，不允许在销项税额中计算抵扣的，可以计入扣除项目。

（二）计算土地增值税应纳税额

土地增值税的计算方法和计算公式如下：

（1）计算房地产转让增值额。

$$增值额 = 转让收入 - 扣除项目金额$$

（2）计算增值率，并据其确定适用税率。

$$增值率 = 增值额 \div 扣除项目金额 \times 100\%$$

（3）计算应纳税额。

$$应纳税额 = \sum 每级距的土地增值额 \times 适用税率$$

也可以采取以下公式：

$$应纳税额 = 增值额 \times 适用税率 - 扣除项目金额 \times 速算扣除率$$

【做中学7-5】某市房地产公司（增值税一般纳税人）某年度建设普通住宅进行销售，取得销售收入6 648万元。该公司选择按简易计税办法（适用5%的征收率）缴纳增值税，开具了发票，并依法缴纳了有关税金。与该住宅楼开发相关的成本、费用有：取得土地使用权所支付金额为1 297.8万元，开发成本为2 025万元。发生管理费用460万元、销售费用280万元、利息费用380万元（利息费用虽未超过按同期银行贷款利率计算的金额，但不能准确按项目计算分摊）。当地政府规定，其他房地产开发费用在计算土地增值税增值额时的扣除比例为9%。

要求：计算应纳土地增值税税额。（本题忽略契税、地方教育附加）

（1）销售收入 = 6 648 ÷ （1 + 5%） = 6 331.428 6（万元）

（2）扣除项目如下：

①取得土地使用权所支付金额1 297.8万元。

②房地产开发成本2 025万元。

③房地产开发费用 = （1 297.8 + 2 025） × 9% = 299.052（万元）

④与转让房地产有关的税金 = 6 331.428 6 × 5% × （7% + 3%）

$$= 31.657 1（万元）$$

⑤房地产企业加计扣除 = （1 297.8 + 2 025） × 20% = 664.56（万元）

允许扣除项目合计 = 1 297.8 + 2 025 + 299.052 + 31.657 1 + 664.56 = 4 318.069 1（万元）

（3）增值额 = 6 331.4286 − 4 318.0691 = 2 013.3595（万元）

（4）增值率 = 2 013.3595 ÷ 4 318.0691 × 100% = 46.63%，适用30%税率，速算扣除率为0。

（5）应纳土地增值税税额 = 2 013.3595 × 30% = 604.0079（万元）

【做中学7-6】某单位转让一幢旧房，取得收入945万元，依法按5%征收率计算缴纳了增值税，并依法缴纳了有关税金。该房原账面价值为300万元，已累计计提折旧200万元，现经房地产评估机构评定的重置成本价为380万元，六成新。旧房占地原来是行政划拨的，转让时，补缴了土地出让金80万元。

要求：计算该单位转让旧房应纳的土地增值税税额。

（1）销售收入 = 945 ÷（1 + 5%）= 900（万元）

（2）扣除项目如下：

①取得土地使用权所支付的金额 = 80万元

②与转让房地产有关的税金 = 900 × 5% ×（7% + 3%）+ 900 × 0.5‰ = 4.95（万元）

③旧房及建筑物的评估价格 = 380 × 60% = 228（万元）

允许扣除项目合计 = 80 + 4.95 + 228 = 312.95（万元）

（3）增值额 = 900 − 312.95 = 587.05（万元）

（4）增值率 = 587.05 ÷ 312.95 × 100% = 188%，适用50%税率，速算扣除率为15%。

（5）应纳土地增值税税额 = 587.05 × 50% − 312.95 × 15% = 246.5825（万元）

三、申报缴纳土地增值税

（一）确定土地增值税纳税义务发生时间和纳税期限

纳税人应当自转让房地产合同签订之日起7日内向房地产所在地主管税务机关办理纳税申报，并在税务机关核定的期限内缴纳土地增值税。

（二）确定土地增值税纳税地点

土地增值税的纳税人应向房地产所在地主管税务机关办理纳税申报，并在税务机关核定的期限内缴纳。"房地产所在地"，是指房地产的坐落地。纳税人转让的房地产坐落在两个或两个以上地区的，应按房地产所在地分别申报纳税。

（三）申报土地增值税

纳税人应向税务机关提交房屋及建筑物产权、土地使用权证书，土地使用权转让、房产买卖合同，房地产评估报告及其他与转让房地产有关的资料，并按自身企业情况填报"财产和行为税税源明细表"（土地增值税税源明细表）部分（见表7-10），系统自动生成"财产和行为税纳税申报表"，签章确认，土地增值税申报完成。

四、筹划土地增值税

（一）合理选择利息支出扣除法进行筹划

依据现行土地增值税相关法规中关于利息支出扣除项目的规定：

（1）财务费用中的利息支出，凡能够按转让房地产项目计算分摊，并提供金融机构贷款证明的，允许据实扣除，但最高不能超过按商业银行同类同期贷款利率计算的金额；其他开发费用按取得土地使用权所支付的金额及房地产开发成本之和的5%以内计算扣除。

表7-10 土地增值税税源明细表

税款所属期限：自 年 月 日至 年 月 日

纳税人识别号（统一社会信用代码）：□□□□□□□□□□□□□□□□□□

纳税人名称： 金额单位：人民币元（列至角分）；面积单位：平方米

土地增值税项目登记表（从事房地产开发的纳税人适用）			
项目名称		项目地址	
土地使用权受让（行政划拨）合同号		受让（行政划拨）时间	
建设项目起讫时间		总预算成本	单位预算成本
项目详细坐落地点			
开发土地总面积		开发建筑总面积	房地产转让合同名称
转让次序	转让土地面积（按次填写）	转让建筑面积（按次填写）	转让合同签订日期（按次填写）
第1次			
第2次			
⋮			
备注			
土地增值税申报计算及减免信息			

申报类型：

1.从事房地产开发的纳税人预缴适用 □

2.从事房地产开发的纳税人清算适用 □

3.从事房地产开发的纳税人按核定征收方式清算适用 □

4.纳税人整体转让在建工程适用□

5.从事房地产开发的纳税人清算后尾盘销售适用 □

6.转让旧房及建筑物的纳税人适用 □

7.转让旧房及建筑物的纳税人核定征收适用 □

项目名称		项目编码		
项目地址				
项目总可售面积		自用和出租面积		
已售面积		其中：普通住宅已售面积	其中：非普通住宅已售面积	其中：其他类型房地产已售面积
清算时已售面积		清算后剩余可售面积		

续表

申报类型	项目	序号	金额			
			普通住宅	非普通住宅	其他类型房地产	总额
1.从事房地产开发的纳税人预缴适用	一、房产类型子目	1				—
	二、应税收入	2=3+4+5				
	1.货币收入	3				
	2.实物收入及其他收入	4				
	3.视同销售收入	5				
	三、预征率（%）	6				—
2.从事房地产开发的纳税人清算适用 3.从事房地产开发的纳税人按核定征收方式清算适用 4.纳税人整体转让在建工程适用	一、转让房地产收入总额	1=2+3+4				
	1.货币收入	2				
	2.实物收入及其他收入	3				
	3.视同销售收入	4				
	二、扣除项目金额合计	5＝6+7+14＋17＋21＋22				
	1.取得土地使用权所支付的金额	6				
	2.房地产开发成本	7＝8＋9＋10＋11＋12＋13				
	其中：土地征用及拆迁补偿费	8				
	前期工程费	9				
	建筑安装工程费	10				
	基础设施费	11				
	公共配套设施费	12				
	开发间接费用	13				
	3.房地产开发费用	14＝15＋16				
	其中：利息支出	15				
	其他房地产开发费用	16				
	4.与转让房地产有关的税金等	17＝18＋19＋20				
	其中：营业税	18				
	城市维护建设税	19				
	教育费附加	20				
	5.财政部规定的其他扣除项目	21				

续表

申报类型	项目		序号	金额			总额
				普通住宅	非普通住宅	其他类型房地产	
2.从事房地产开发的纳税人清算适用 3.从事房地产开发的纳税人按核定征收方式清算适用 4.纳税人整体转让在建工程适用	6.代收费用（纳税人整体转让在建工程不填此项）		22				
	三、增值额		23=1-5				
	四、增值额与扣除项目金额之比（％）		24=23÷5				
	五、适用税率（核定征收率）（％）		25				
	六、速算扣除系数（％）		26				
	七、减免税额		27=29+31+33				
	其中：减免税（1）	减免性质代码和项目名称（1）	28				
		减免税额（1）	29				
	减免税（2）	减免性质代码和项目名称（2）	30				
		减免税额（2）	31				
	减免税（3）	减免性质代码和项目名称（3）	32				
		减免税额（3）	33				
5.从事房地产开发的纳税人清算后尾盘销售适用	一、转让房地产收入总额		1=2+3+4				
	1.货币收入		2				
	2.实物收入及其他收入		3				
	3.视同销售收入		4				
	二、扣除项目金额合计		5=6×7+8				
	1.本次清算后尾盘销售的销售面积		6				
	2.单位成本费用		7				
	3.本次与转让房地产有关的税金		8=9+10+11				
	其中：营业税		9				
	城市维护建设税		10				
	教育费附加		11				

续表

申报类型	项目		序号	金额			
				普通住宅	非普通住宅	其他类型房地产	总额
5.从事房地产开发的纳税人清算后尾盘销售适用	三、增值额		12=1-5				
	四、增值额与扣除项目金额之比（%）		13=12÷5				
	五、适用税率（核定征收率）(%)		14				
	六、速算扣除系数（%）		15				
	七、减免税额		16=18+20+22				
	其中：减免税（1）	减免性质代码和项目名称（1）	17				
		减免税额（1）	18				
	减免税（2）	减免性质代码和项目名称（2）	19				
		减免税额（2）	20				
	减免税（3）	减免性质代码和项目名称（3）	21				
		减免税额（3）	22				
6.转让旧房及建筑物的纳税人适用 7.转让旧房及建筑物的纳税人核定征收适用	一、转让房地产收入总额		1=2+3+4				
	1.货币收入		2				
	2.实物收入		3				
	3.其他收入		4				
	二、扣除项目金额合计		(1) 5=6+7+10+15 (2) 5=11+12+14+15				
	（1）提供评估价格						
	1.取得土地使用权所支付的金额		6				
	2.旧房及建筑物的评估价格		7=8×9				
	其中：旧房及建筑物的重置成本价		8				
	成新度折扣率		9				

续表

申报类型	项目		序号	金额			
				普通住宅	非普通住宅	其他类型房地产	总额
6.转让旧房及建筑物的纳税人适用 7.转让旧房及建筑物的纳税人核定征收适用	3.评估费用		10				
	（2）提供购房发票						
	1.购房发票金额		11				
	2.发票加计扣除金额		12=11×5%×13				
	其中：房产实际持有年数		13				
	3.购房契税		14				
	4.与转让房地产有关的税金等		15=16+17+18+19				
	其中：营业税		16				
	城市维护建设税		17				
	印花税		18				
	教育费附加		19				
	三、增值额		20=1-5				
	四、增值额与扣除项目金额之比（%）		21=20÷5				
	五、适用税率（核定征收率）（%）		22				
	六、速算扣除系数（%）		23				
	七、减免税额		24=26+28+30				
	其中：减免税（1）	减免性质代码和项目名称（1）	25				
		减免税额（2）	26				
	减免税（2）	减免性质代码和项目名称（2）	27				
		减免税额（2）	28				
	减免税（3）	减免性质代码和项目名称（3）	29				
		减免税额（3）	30				

（2）利息支出不能够按转让房地产项目计算分摊，或不能提供金融机构贷款证明的，利息不单独扣除，三项费用按取得土地使用权所支付的金额及房地产开发成本之和的10%以内计算扣除。

上述计算扣除的具体比例，由各省、自治区、直辖市人民政府规定。

所以纳税人应根据筹资方式的不同，充分比较两种方案，选择对自身有利的利息支出扣除方案以达到纳税筹划的目的。

（二）利用税收优惠政策的筹划

按照现行土地增值税法规的规定，对建造普通标准住宅出售，增值额未超过扣除项目金额20%的，免征土地增值税。而对个人拥有的普通住宅，其转让暂免征土地增值税；个人转让非普通住房，居住满5年及以上的，免征土地增值税；居住满3年未满5年的，减半征收土地增值税；居住不满3年的，全额征收土地增值税。因此，纳税人建造普通标准住宅出售，在增值率略高于20%的情况下，应考虑增值额降低造成的收入减少和达到起征点而带来的土地增值税税额增加两项中哪项对企业更为不利。而对于个人而言，如果需要转让的非普通住宅，居住已近3年或5年，则应在充分考虑房产价格变化趋势的前提下，尽量利用税收减免规定来减轻税收负担。

【工作任务实例7-6】

2022年7月8日，锦华电子技术服务有限责任公司（企业相关资料见本项目工作任务实例7-1）与另一家公司签订转让房地产合同，转让其位于所在市区凯旋路356号的一栋旧房，取得收入3 150万元，选择按简易计税办法缴纳增值税并开具了发票，依法缴纳了有关税费。据资料记载，这栋房屋购入时取得发票时间为2011年3月5日，发票价格为2 500万元。经政府批准设立的房地产评估机构评定，其重置成本价为2 800万元，房屋成新率为70%；旧房转让时，补缴了土地出让金100万元。

要求：计算并申报其应纳土地增值税（本题忽略契税、地方教育附加及房地产评估费用）。

【工作流程】

第一步：确认计算土地增值税时允许扣除项目金额

（1）需缴纳的有关税费：

销售收入 = 3 150 ÷（1 + 5%）= 3 000（万元）

增值税应纳税额 = 3 000 × 5% = 150（万元）

城市维护建设税应纳税额 = 150 × 7% = 10.5（万元）

教育费附加额 = 150 × 3% = 4.5（万元）

印花税应纳税额 = 3 000 × 0.5‰ = 1.5（万元）

可扣除的税费合计金额 = 10.5 + 4.5 + 1.5 = 16.5（万元）

（2）扣除项目合计 = 100 + 2 800 × 70% + 16.5 = 2 076.5（万元）

第二步：计算增值额和增值率，并确定适用税率和速算扣除率

（1）增值额 = 3 000 - 2 076.5 = 923.5（万元）

（2）增值率 = 923.5 ÷ 2 076.5 = 44.47%

税率为30%，速算扣除率为0。

第三步：计算应纳土地增值税税额

土地增值税应纳税额 = 923.5 × 30% = 277.05（万元）

第四步：维护修改"财产和行为税税源明细表"（土地增值税税源明细表），系统自动生成"财产和行为税纳税申报表"，签章确认，土地增值税申报完成。

课堂能力训练

1. 某市房地产开发公司转让写字楼一幢，取得转让收入 5 250 万元（含增值税），公司采用简易计税方法缴纳了增值税，并按税法的规定缴纳了有关税费。该公司为取得土地使用权而支付的金额为 500 万元；投入该房地产项目的开发成本为 1 500 万元；开发费用为 400 万元，其中计算分摊给这幢写字楼的利息支出为 120 万元（有金融机构贷款证明），比按中国工商银行同类同期贷款利率计算的利息多 10 万元。公司所在地政府规定的其他开发费用的计算扣除比例为 5%。

要求：计算该公司转让此写字楼应纳的土地增值税（不考虑契税和地方教育附加）。

2. 某公司转让一栋 20 世纪 90 年代初期建造的砖混结构的楼房，转让收入 1 722 万元（含增值税），已按简易计税方法缴纳了增值税，并按规定缴纳了有关税费。该楼房原值为 1 000 万元，已提折旧 400 万元。经房地产评估机构评定，该楼重置成本价为 1 800 万元，成新度折扣率为 60%。

要求：计算该公司应纳的土地增值税。

任务七　契税计算申报与筹划

引导案例

某年 7 月，李某经与韩某商量，决定互换彼此的住房。李某的房产价值 300 万元，韩某的房产价值 312 万元，李某支付了差价。

请问：他们两人是否应缴纳契税？如果需要缴纳，是双方都缴纳还是某方单独缴纳？

引导案例解析

一、学习契税基本知识

我国现行契税属于行为税，契税由财产承受人缴纳。契税具有调控房地产市场的作用。《中华人民共和国契税法》于 2020 年 8 月 11 日第十三届全国人民代表大会常务委员会第二十一次会议通过，自 2021 年 9 月 1 日起施行。

图片

（一）确定契税纳税人

契税纳税人是指在我国境内承受土地、房屋权属转移的单位和个人。

这里所指的"单位和个人"，包括企业单位、事业单位、国家机关、军事

9月1日起实施！一张图带你了解契税法

单位和社会团体以及其他组织和个体经营者及其他个人。所谓"承受"，是指以受让、购买、受赠、交换等方式取得土地、房屋权属的行为。

（二）确定契税征税对象和征税范围

契税以在我国境内转移土地、房屋权属的行为作为征税对象。具体征税范围包括：

1.土地使用权出让

土地使用权出让是指土地使用者向国家交付土地使用权出让费用，国家将土地使用权在一定年限内让予土地使用者的行为。

2.土地使用权转让

土地使用权转让包括出售、赠与和交换，是指土地使用者以出售、赠与、交换或者其他方式将土地使用权转移给其他单位和个人的行为。

3.房屋买卖

房屋买卖是指房屋所有者将其房屋出售，由承受者交付货币、实物、无形资产或者其他经济利益的行为。

4.房屋赠与

房屋赠与是指房屋所有者将其房屋无偿转让给受赠者的行为。

5.房屋互换

房屋互换是指房屋所有者之间相互交换房屋的行为。

【提示】 土地、房屋权属以下列方式转移的，应视同土地使用权转让、房屋买卖或者房屋赠与征税：①以土地、房屋权属作价投资（入股）；②以土地、房屋权属抵债；③以划转方式转移土地、房屋权属；④以获奖方式承受土地、房屋权属。

土地、房屋权属未发生转移的，不征收契税。

（三）确定契税税率

为适应不同地区纳税人的负担水平和调控房地产交易的市场价格，契税采用3%～5%的幅度比例税率。

契税的具体适用税率，由省、自治区、直辖市人民政府在前款规定的税率幅度内提出，报同级人民代表大会常务委员会决定，并报全国人民代表大会常务委员会和国务院备案。

省、自治区、直辖市可以依照前款规定的程序对不同主体、不同地区、不同类型的住房的权属转移确定差别税率。

（四）契税税收优惠

1.有下列情形之一的，免征契税：

（1）国家机关、事业单位、社会团体、军事单位承受土地、房屋权属用于办公、教学、医疗、科研、军事设施；

（2）非营利性的学校、医疗机构、社会福利机构承受土地、房屋权属用于办公、教学、医疗、科研、养老、救助；

（3）承受荒山、荒地、荒滩土地使用权用于农、林、牧、渔业生产；

（4）婚姻关系存续期间夫妻之间变更土地、房屋权属；

（5）法定继承人通过继承承受土地、房屋权属；

（6）依照法律规定应当予以免税的外国驻华使馆、领事馆和国际组织驻华代表机构承受土地、房屋权属。

根据国民经济和社会发展的需要，国务院对居民住房需求保障、企业改制重组、灾后重建等情形可以规定免征或者减征契税，报全国人民代表大会常务委员会备案。

2. 省、自治区、直辖市可以决定对下列情形免征或者减征契税：

（1）因土地、房屋被县级以上人民政府征收、征用，重新承受土地、房屋权属；

（2）因不可抗力灭失住房，重新承受住房权属。

以上免征或者减征契税的具体办法，由省、自治区、直辖市人民政府提出，报同级人民代表大会常务委员会决定，并报全国人民代表大会常务委员会和国务院备案。

二、计算契税税额

（一）确定契税计税依据

契税的计税依据是在土地、房屋权属转移时双方当事人签订的契约价格，不含增值税。按照土地、房屋权属转移的形式、定价方法的不同，契税的计税依据确定如下：

1. 土地使用权出让、出售或房屋买卖，为土地、房屋权属转移合同确定的成交价格，包括应交付的货币以及实物、其他经济利益对应的价款。

【提示】以作价投资（入股）、偿还债务等应交付经济利益的方式转移土地、房屋权属的，参照土地使用权出让、出售或房屋买卖确定契税计税依据。

2. 土地使用权赠与、房屋赠与以及其他没有价格的转移土地、房屋权属行为，为税务机关参照土地使用权出售、房屋买卖的市场价格依法核定的价格。

【提示】以划转、奖励等没有价格的方式转移土地、房屋权属的，参照土地使用权赠与或房屋赠与确定契税计税依据。

3. 土地使用权互换、房屋互换，为所互换的土地使用权、房屋价格的差额。

土地使用权互换、房屋互换，互换价格相等的，互换双方计税依据为零；互换价格不相等的，以其差额为计税依据，由支付差额的一方缴纳契税。

【提示】纳税人申报的成交价格、互换价格差额明显偏低且无正当理由的，由税务机关依照《中华人民共和国税收征收管理法》的规定核定。

（二）计算契税应纳税额

契税应纳税额依照省、自治区、直辖市人民政府确定的适用税率和税法规定的计税依据计算征收。其计算公式为：

$$应纳税额 = 计税依据 × 适用税率$$

【做中学7-7】某单位以500万元的成交价格（不含增值税）购进一套房产，当地规定的契税税率为5%。

要求：计算该企业应纳契税税额。

计算：应纳契税税额 = 5 000 000 × 5% = 250 000（元）

三、申报缴纳契税

（一）确定契税纳税义务发生时间

契税的纳税义务发生时间，为纳税人签订土地、房屋权属转移合同的当天，或者纳税人取得其他具有土地、房屋权属转移合同性质凭证的当天。

（二）确定契税申报期限

纳税人应当在依法办理土地、房屋权属登记手续前，向土地、房屋所在地的税务机关申报缴纳契税。

（三）确定契税申报地点

纳税人发生契税纳税义务时，向土地、房屋所在地的税务机关申报纳税。

（四）申报契税

纳税人应按照契税法的有关规定及时办理纳税申报，如实填写"财产和行为税税源明细表"（契税税源明细表）部分（见表7-11）。系统自动生成"财产和行为税纳税申报表"，签章确认，契税申报完成。

表7-11　　　　　　　　　　　　　契税税源明细表

纳税人识别号（统一社会信用代码）：□□□□□□□□□□□□□□□□□□

纳税人名称：　　　　　　　　　　金额单位：人民币元（列至角分）；面积单位：平方米

*税源编号		*土地房屋坐落地址		不动产单元号	
合同编号		*合同签订日期		*共有方式	□ 单独所有/按份共有 □ 共同共有 （共有人：___）
*权属转移对象		*权属转移方式		*用途	
*成交价格		*权属转移面积		*成交单价	
*评估价格			*计税价格		
*适用税率			减免性质代码和项目名称		

动画

契税法之
新变化

四、筹划契税

（一）购入不动产分别核算的筹划

契税以在我国境内转移土地、房屋权属的行为作为征税对象，由于独立于房屋之外的建筑物、构筑物以及地面附着物不属于房屋的范畴，因此在转让时是不征收契税的。所以，纳税人在转让不动产时，如有水塔、酒窖菜窖、室外游泳池、砖瓦窑等不属于房屋的部分，应分别进行核算，以达到纳税筹划的目的。

（二）房屋互换的纳税筹划

由于现行契税相关法规规定，在房屋互换情况下，互换价格相等的，免征契税；互换价格不等的，由支付差额的一方按差额缴纳税款。因此，在互换房屋不等价的情况下，尽量降低互换差价，也可以降低价格较高一方的契税税负。如由价格较低一方对房屋进行维修或者装修后等价或者低差价交换。当然这种筹划方法需在双方充分沟通，甚至由价格较高方对价格较低方做出其他让步的基础上进行。这时需要比较互换方案，做出最优选择。

【工作任务实例7-7】

2022年1月8日，锦华电子技术服务有限责任公司（企业相关资料见本项目工作任务实例7-1）购买光耀公司旧房一幢，面积1 000平方米，契约价格560万元（不含增值税）。假设当地契税税率为3%。

要求：计算并申报锦华电子技术服务有限责任公司应缴纳的契税。

【工作流程】

第一步：确定锦华电子技术服务有限责任公司应纳契税计税依据

房屋买卖应由承受方缴纳契税，契税的计税依据是土地、房屋权属转移时双方当事人签订的契约价格。

第二步：计算锦华电子技术服务有限责任公司应纳契税税额

应纳契税税额 = 560 × 3% = 16.8（万元）

第三步：填报"财产和行为税税源明细表"（契税税源明细表），系统自动生成"财产和行为税纳税申报表"，签章确认，契税申报完成。

课堂能力训练

1.A公司与B公司协商，同意互换办公大楼，A公司的办公大楼折价500万元，B公司的办公大楼折价800万元，A公司补差价300万元给B公司，双方签订了契约，当地规定的契税税率为5%（以上价格均不含增值税）。

请分析：

（1）A、B公司是否属于契税纳税人？

（2）计算该项业务的契税纳税人应缴纳多少契税。

2.A企业某年接受B企业以房产投资入股，市场价格为200万元；同年又以自有房产与C企业交换一处房产，C企业支付差价款200万元；另经政府批准取得一块土地，缴纳土地出让金50万元。当地规定的契税税率为5%（以上价格均不含增值税）。

请分析：

（1）A企业以上各业务是否都应缴纳契税？

（2）计算应纳契税税额。

任务八　其他税种综合计算与筹划

动画

由于复合税制的关系，企业在进行任何生产经营活动时，其发生的应纳税行为或者产生的应纳税收入所涉及应缴纳的税种都不是完全独立的。不仅流转税与所得税如此，其他税种也如此。因此企业管理者应在充分考虑企业具体情况和各税种的计算缴纳情况的前提下，具体情况具体分析，综合进行纳税筹划。同时，在设计纳税筹划方案时，不能就税论税仅考量税收负担降低的情况，还应充分考虑采用筹划方案引起企业经济行为发生改变而导致的收入与成本、

扶助小微，
"六税两费"
减免政策扩围

费用等变化的因素，综合考量筹划方案为企业带来的利益与损失，以及万一筹划失败所带来的税收风险。而企业特点不一样，地区情况有区别，时间阶段有差异，纳税筹划的方案也会有所不同，无法进行简单的比较，筹划方案也无法进行复制和模仿。只有认真学习税收法规、仔细领会税收政策、充分前瞻经济形势、灵活思考与细致比较计税方法，才能做出合理有效的纳税筹划方案。

【工作任务实例7-8】

荣晖公司，位于某工矿区，占地面积共25 000平方米，与农村毗邻，其中企业一般生产经营用地24 900平方米，自办医院、幼儿园占地均为50平方米，荣晖公司没有分别进行核算。另有独立于厂区，位于农村的仓库900平方米。按当地市政府确定，城镇土地使用税每平方米年税额为7元，每年申报缴纳一次。

荣晖公司拥有两栋一样的砖混办公楼，建筑面积均为800平方米，价值均为400万元；一栋独立砖混小楼，建筑面积为100平方米，价值为50万元，自办医院、幼儿园设立于其中；一栋砖混厂房，建筑面积为1 000平方米，价值为300万元。2022年12月，出租其中一栋办公楼，当月签订合同当月交付，约定租期3年，年租金为80万元（不含增值税）。当地政府规定的计算房产余值的扣除比例为30%，房产税每年申报缴纳一次。

公司拥有车船情况如下：现存2辆货车，整备质量均为4.3吨。2022年8月购入一辆排气量为2.5升的小轿车。当地政府规定，排气量为1.6升以上至2.0升（含）的小汽车，税额为480元/辆，2.0升以上至2.5升（含）的，税额为800元/辆；货车车船税年税额为100元/吨。

2022年公司发生以下与印花税相关的其他业务：签订1份借款合同，所载金额为300万元，实际执行合同时借款金额为200万元，公司未变更合同金额。以上金额均不含增值税。

要求：请帮助荣晖公司进行纳税筹划，并按最佳方案计算荣晖公司2022年应纳城镇土地使用税、房产税、车船税、印花税。

【工作流程】

1.进行综合纳税筹划

（1）在城镇土地使用税与房产税方面，城镇土地使用税与房产税仅对位于城镇的土地和房产征收，不对位于农村的土地和房产征收。而企业办学校、医院、托儿所、幼儿园，其用地、房产能与其他用地明确划分的，免予征收城镇土地使用税与房产税，因此，荣晖公司应将医院、幼儿园占地与生产用地分别核算，以减轻税收负担。

（2）在车船税方面，由于政策规定排气量为1.6升以上至2.0升（含）的小汽车，税额为480元/辆，2.0升以上至2.5升（含）的，税额为800元/辆，因此，荣晖公司如将购入排气量为2.5升的小轿车改为购入2.0升排气量的小轿车，可以达到降低车船税税收负担的目的。

（3）在印花税方面，由于近期房产租金价格均处于上升趋势中，荣晖公司应考虑在签订出租办公楼的合同时，将约定的租期由3年改为1年，这样既可降低印花税税额，也可为次年续租时适当提高租金做好准备（在该区域房产出租有利于出租方的情况下）。签订的300万元借款合同，实际执行时只借款200万元，大大低于原合同上的金额，应及时变更合同金额，以降低印花税负担。

2.按筹划后的方案计算各税种应纳税额

（1）计算城镇土地使用税应纳税额

第一步：分析经济业务类型，并确定计税方法和计税依据

根据税法的规定，企业按实际占地面积以每平方米年税额7元计算缴纳城镇土地使用税，位于农村的仓库不征税，企业自办医院、幼儿园占地能够与生产经营用地区分开的，免税。

第二步：计算应纳城镇土地使用税

城镇土地使用税年应纳税额 =（25 000 – 100）× 7 = 174 300（元）

（2）计算房产税应纳税额

第一步：分析经济业务类型，并确定计税方法和计税依据

根据税法的规定，纳税人自己使用的办公楼和厂房按照房产余值缴纳房产税；出租房产自交付房产之次月起按照租金计征房产税，因此出租的房产2022年12月仍应从价计征房产权；位于农村的仓库不征税；企业自办医院、幼儿园占地能够与生产经营用地区分开的，免税。

第二步：计算应纳房产税

房产税年应纳税额 =（400 × 2 + 300）×（1 – 30%）× 1.2% = 9.24（万元）

（3）计算车船税应纳税额

第一步：分析经济业务，确定计税方法和计税依据

①货车车辆整备质量尾数不超过0.5吨的，按照0.5吨计算，故计税依据为4.5吨。

②车船税的纳税义务发生时间以购买车船的发票或其他证明文件所载日期的当月为准，故新购入的车船应从8月起计算车船税。

第二步：计算车船税应纳税额

①货车应缴纳的车船税税额 = 2 × 4.5 × 100 = 900（元）

②当年购入的小轿车应缴纳的车船税税额 = 1 × 480 × 5 ÷ 12 = 200（元）

车船税年应纳税额 = 900 + 200 = 1 100（元）

（4）计算印花税应纳税额

第一步：分析经济业务，确定计税方法和计税依据

①企业签订借款合同后实际执行时金额小于合同金额的，如变更借款合同金额与实际执行金额一致，则按变更后的借款金额的0.05‰计算印花税。

②企业签订租赁合同，应按合同记载租金金额的1‰计算印花税。

第二步：计算印花税应纳税额

①借款合同应缴纳印花税税额 = 2 000 000 × 0.05‰ = 100（元）

②租赁合同应缴纳印花税税额 = 800 000 × 1‰ = 800（元）

印花税年应纳税额 = 100 + 800 = 900（元）

课堂能力训练

希望公司为增值税一般纳税人，2022年部分涉税业务资料如下：

（1）办公楼、车间等房屋原值900万元，当地政府规定的扣除比例为30%，其中，出

租的临街房屋的房产原值为100万元，月租金收入为4万元（不含增值税）。

（2）拥有车辆情况为：大货车6辆，整备质量均为6吨，年税额为30元/吨；小货车3辆，整备质量均为2吨，年税额为30元/吨；小轿车2辆，年税额为360元/辆。

（3）企业占用土地面积为20 000平方米，其中职工宿舍占地300平方米，职工休闲绿地占地300平方米，幼儿园占地100平方米。年税额为10元/平方米。

（4）本年度订立买卖合同，所载金额为600万元；订立借款合同1份，所载金额为400万元；企业记载资金的账簿中，"实收资本""资本公积"账户金额没有增加数。以上金额均不含增值税。

要求：根据以上资料计算该公司2022年度房产税、车船税、城镇土地使用税、印花税应纳税额并进行以上税种的纳税申报。

思考与练习

一、判断题

1.现行房产税的征税范围包括农村。　　　　　　　　　　　　　　　　（　　）

2.房产税是按房产租金征收的一种税。　　　　　　　　　　　　　　（　　）

3.计征土地增值税时，计算转让房地产取得的收入中不含增值税。　　（　　）

4.城镇土地使用税采取有幅度的差别税额，按大、中、小城市和县城、建制镇、工矿区分别确定每平方米城镇土地使用税年应纳税额。　　　　　　　　　　　（　　）

5.凡在中华人民共和国境内拥有土地使用权的单位和个人，均应依法缴纳城镇土地使用税。　　　　　　　　　　　　　　　　　　　　　　　　　　　　　（　　）

6.城镇土地使用税实行按年计算、分期缴纳的征收方法，具体纳税期限由省、自治区、直辖市人民政府确定。　　　　　　　　　　　　　　　　　　　　　　（　　）

7.车船税的纳税人是车辆、船舶的使用人。　　　　　　　　　　　　（　　）

8.车船税的征税范围不包括非机动车。　　　　　　　　　　　　　　（　　）

9.车船税法对应税车船实行有幅度的定额税率。　　　　　　　　　　（　　）

10.为方便纳税人缴纳车船税，提高税源控管水平，节约征纳双方的成本，由保险机构在办理机动车交通事故责任强制保险业务时代收代缴机动车的车船税。　　（　　）

11.凡是由两方或两方以上当事人共同书立的应税凭证，其当事人各方都是印花税的纳税人，应各自就其所持凭证的计税金额全额完税。　　　　　　　　　　（　　）

12.对于在国外书立但在国内使用的应税凭证，其纳税人是该凭证的使用人。（　　）

13.王某将自有的一间房屋出租给某单位使用，合同规定每月租金为1 500元，租期1年。王某在租房合同签订时按5元贴花注销后，纳税义务即告完成。　　　　（　　）

14.对已贴花的凭证，变更后所列金额增加的，其增加部分应当补缴印花税；变更后所列金额减少的，纳税人可以就减少部分的金额向税务机关申请退还或者抵缴印花税。

　　　　　　　　　　　　　　　　　　　　　　　　　　　　　　　　（　　）

15.由受托方代收代缴消费税的，其应代收代缴的城市维护建设税应按委托方所在地的适用税率计算。　　　　　　　　　　　　　　　　　　　　　　　　　（　　）

16.海关对进口产品代征的增值税、消费税，不征收城市维护建设税。（　　）

17.纳税人违反增值税、消费税法规而加收的滞纳金和罚款，是税务机关对纳税人违法行为的经济制裁，不作为城市维护建设税的计税依据。（　　）

18.出口货物退还增值税和消费税时，不退还已缴纳的城市维护建设税。（　　）

19.位于市区的某企业在缴纳城市维护建设税时，适用5%的税率。（　　）

20.从事房地产开发的纳税人在计算土地增值税时，可以按转让项目开发成本和开发费用两项金额之和加计20%扣除。（　　）

21.土地增值税是对转让国有土地使用权的行为征税，对于转让非国有土地使用权和出让国有土地使用权的行为，视同转让国有土地使用权计征土地增值税。（　　）

22.财务费用中的利息支出，凡能按房地产转让项目计算分摊并提供金融机构贷款证明的，可据实扣除。（　　）

23.旧房及建筑物的评估价格指在转让已使用的房屋及建筑物时，由政府批准设立的房地产评估机构评定的重置成本价乘以成新度折扣率后的价格。（　　）

24.对房地产的抵押，在抵押期间不征收土地增值税，但对于以房地产抵债而发生房地产权属转让的，则应征收土地增值税。（　　）

25.发生房屋产权买卖时，出售方应缴纳契税。（　　）

26.因互换房屋而发生产权转移时，不论何种情况，均不征契税。（　　）

27.国有土地使用权出让、土地使用权出售、房屋买卖，以市场价格作为完税价格。（　　）

28.土地使用权的赠与和房屋的赠与不需要缴纳契税。（　　）

29.纳税人发生契税纳税义务时，应向土地、房屋所在地的税务机关申报纳税。（　　）

30.某公民购买福利彩票后，中奖获得一套三居室，因是获奖所得，无须为此缴纳房屋的契税。（　　）

二、单项选择题

1.纳税人将房产出租的，依照房产租金收入计征房产税，税率为（　　）。

A.1.2%　　　　　　B.12%　　　　　　C.10%　　　　　　D.30%

2.某企业某年1月1日的房产原值为3 000万元，4月1日将其中原值为1 000万元的临街房出租给某连锁商店，月租金5万元（不含增值税），3月底已交付使用。当地政府规定允许按房产原值减除30%后的余值计税。该企业当年应缴纳房产税（　　）万元。

A.7.2　　　　　　B.16.8　　　　　　C.24.3　　　　　　D.25.2

3.城镇土地使用税的计税依据是（　　）。

A.纳税人使用土地而产生的收益

B.纳税人因地理位置不同而产生的级差收入

C.纳税人出租场地而取得的租金收入

D.纳税人实际占用的土地面积

4.城镇土地使用税的税率采用（　　）。

A.有幅度差别的比例税率　　　　　　B.有幅度差别的定额税率

C.全国统一定额税率　　　　　　　　D.税务机关确定的定额税率

5.某歌舞厅实际占用的土地面积为400平方米，经税务机关核定，该土地每平方米年应纳税额为 5 元，税款分两期缴纳。该歌舞厅每期应缴纳的城镇土地使用税税额为（　　）元。

  A.167   B.500   C.1 000   D.2 000

 6.城镇土地使用税的纳税办法是（　　）。

  A.按日计算，按期缴纳   B.按季计算，按期缴纳

  C.按年计算，分期缴纳   D.按年计算，按期缴纳

 7.下列车船不需缴纳车船税的是（　　）。

  A.乘用车   B.机动船   C.非机动车   D.非机动驳船

 8.下列不属于车船税计税依据的是（　　）。

  A.辆   B.整备质量   C.净吨位   D.载重吨位

 9.甲公司与乙公司签订了一份买卖合同，合同所载金额为 6 000 万元（不含增值税），双方各执一份，印花税税率为 0.3‰，则甲、乙公司各应缴纳的印花税为（　　）万元。

  A.3.5   B.1.8   C.0.9   D.3.2

 10.下列不属于印花税征税范围的是（　　）。

  A.企业签订的融资租赁合同   B.企业签订的运输合同

  C.企业签订的借款合同   D.企业填制的限额领料单

 11.城市维护建设税的计税依据是（　　）。

  A.增值税、消费税的计税依据

  B.土地增值税的计税依据

  C.纳税人实际缴纳的增值税、消费税税额

  D.仅为纳税人实际缴纳的增值税税额

 12.城市维护建设税纳税人所在地在县城、镇的，其适用的城市维护建设税税率为（　　）。

  A.7%   B.5%   C.3%   D.1%

 13.下列各项中，属于土地增值税征税范围的是（　　）。

  A.出让国有土地使用权   B.房地产的出租

  C.转让国有土地使用权   D.房地产的抵押

 14.土地增值税实行的税率是（　　）。

  A.差别比例税率   B.四级超额累进税率

  C.四级全率累进税率   D.四级超率累进税率

 15.土地增值税的计税依据是（　　）。

  A.转让房地产取得的收入额   B.房地产开发总投资额

  C.转让房地产取得的利润额   D.转让房地产取得的增值额

 16.纳税人建造普通标准住宅出售，增值额未超过扣除项目金额（　　）的，免征土地增值税。

  A.10%   B.20%   C.30%   D.40%

 17.在土地增值税的计算过程中，不准按实际发生额扣除的项目是（　　）。

  A.房地产开发成本   B.地价款

  C.房地产开发费用   D.城市维护建设税税金

18.契税的纳税人是（　　　）。

　　A.出典人　　　　　　　B.赠与人　　　　　　　C.出卖人　　　　　　　D.承受人

19.契税采用（　　　）税率。

　　A.累进　　　　　　　　B.比例　　　　　　　　C.累退　　　　　　　　D.定额

20.土地使用权互换、房屋互换，若互换价格相等（　　　）。

　　A.由互换双方各自缴纳契税　　　　　　　B.由互换双方共同分担契税

　　C.互换双方均无须缴纳契税　　　　　　　D.由双方协商一致确定纳税人

三、多项选择题

1.按照《房产税暂行条例》的有关规定，下列地区中属于房产税征税范围的有（　　　）。

　　A.城市　　　　　　　　B.农村　　　　　　　C.县城、建制镇　　　　D.工矿区

2.房产税的计税依据有（　　　）。

　　A.房产原值　　　　　B.房产租金收入　　　　C.房产售价　　　　　　D.房产余值

3.下列各项关于房产税纳税人的表述，正确的有（　　　）。

　　A.产权属于国家所有的房屋，其经营管理单位为纳税人

　　B.产权属于集体所有的房屋，该集体单位为纳税人

　　C.产权属于个人所有的营业用的房屋，该个人为纳税人

　　D.产权出典的房屋，出典人为纳税人

4.下列房产应从价计征房产税的有（　　　）。

　　A.出租的房产　　　　　　　　　　　B.投资收取固定收入的房产

　　C.融资租赁租入的房产　　　　　　　D.自用的房产

5.根据《城镇土地使用税暂行条例》的规定，下列地区中，开征城镇土地使用税的有（　　　）。

　　A.城市　　　　　　　B.县城、建制镇　　　　C.农村　　　　　　　　D.工矿区

6.下列有关车船税纳税人的说法正确的有（　　　）。

　　A.车船税的纳税人是车辆、船舶的所有人

　　B.车船税的纳税人是车辆、船舶的管理人

　　C.应税车船的所有人或者管理人未缴纳车船税的，应由使用人代缴

　　D.车船税的纳税人是拥有车船的单位和个人

7.下列应税车船中，以"辆"为车船税计税依据的有（　　　）。

　　A.客车　　　　　　　B.货车　　　　　　　　C.机动船　　　　　　　D.摩托车

8.下列应税车船中，以"整备质量"为车船税计税依据的有（　　　）。

　　A.载货汽车　　　　　B.商用客车　　　　　　C.挂车　　　　　　　　D.游艇

9.下列属于印花税纳税人的有（　　　）。

　　A.买卖合同的保证人

　　B.在国外书立，在国内使用技术合同的单位

　　C.买卖合同的当事人

　　D.借款合同的双方当事人

10.下列各项属于印花税征税范围的有（　　　）。

A.买卖合同　　　　　B.运输合同　　　　　C.承揽合同　　　　　D.财产保险合同

11.印花税的征税对象包括（　　　）。

A.合同　　　　　　　　　　　B.产权转移书据

C.记载资金的营业账簿　　　　D.权利许可证照

12.某建筑公司与某单位签订建筑承包合同，总承包额800万元，工期12个月，该建筑公司所持合同应纳印花税的处理为（　　　）。

A.适用0.3‰比例税率　　　　B.应纳税额2 400元

C.可以采用汇贴方法缴纳　　　D.完工时缴纳

13.城市维护建设税的适用税率有（　　　）。

A.7%　　　　　　B.5%　　　　　　C.3%　　　　　　D.1%

14.纳税人的下列支出，不得作为城市维护建设税计税依据的有（　　　）。

A.查补的"两税"税额　　　　　　B.偷漏"两税"被处的罚款支出

C.欠缴"两税"支付的滞纳金　　　D.被查补的城市维护建设税税额

15.下列各项中，符合城市维护建设税法规规定的有（　　　）。

A.缴纳增值税、消费税的企业都应缴纳城市维护建设税

B."两税"实行先征后返方法而退库的，可以同时退还城市维护建设税

C.对出口产品退还增值税、消费税的，不退还城市维护建设税

D.海关对进口产品代征的增值税、消费税，不征收城市维护建设税

16.在计算房地产企业的土地增值税时，下列可以扣除的项目有（　　　）。

A.取得土地使用权所支付的金额

B.房地产开发成本

C.按取得土地使用权所支付的金额与房地产开发成本的金额之和，加计20%扣除的
　金额

D.与转让房地产有关的印花税

17.土地增值税纳税人在确定扣除项目金额时，可以扣除的与房地产转让有关的税金有（　　　）。

A.增值税　　　　　　　　　　B.城市维护建设税

C.印花税　　　　　　　　　　D.企业所得税

18.下列各项中，不征收土地增值税的有（　　　）。

A.国有土地使用权转让　　　　B.国有土地使用权出让

C.房地产的继承　　　　　　　D.房地产的出租

19.契税征税对象中土地使用权的转让是指土地使用者以（　　　）的方式将土地使用权转移给其他单位和个人的行为。

A.赠与　　　　　B.交换　　　　　C.出售　　　　　D.承包

20.我国的契税法规定的征税对象有（　　　）。

A.土地使用权出让　　　　　　B.土地使用权转让

C.房屋买卖　　　　　　　　　D.房屋互换

四、业务题

1.某县城一家企业某年5月12日将经营用的一栋房屋出租给另一家企业，即时交付，

租期5年，每年租金为20万元（不含增值税）。该房产原值为100万元，当地政府规定的房产税计税余值的扣除比例为30%。

要求：计算该企业本年的房产税。

2.某市某购物中心实行统一核算，土地使用证上载明，该企业实际占用土地情况为：中心店占地面积为5 100平方米，一分店占地面积为3 200平方米，位于农村的仓储中心占地面积为8 700平方米，企业自办医院占地面积为360平方米。经税务机关确认，该企业所占用土地分别适用市政府确定的以下税额：中心店位于一等地段，每平方米年税额7元；一分店和自办医院位于二等地段，每平方米年税额5元；另外，该市政府规定，企业自办托儿所、幼儿园、医院、学校用地免征城镇土地使用税。

要求：计算该购物中心年应纳城镇土地使用税税额。

3.某企业某年拥有车辆情况如下：发动机气缸排量为2.0升的乘用车5辆、整备质量为5吨的载货汽车10辆、整备质量为2.4吨的挂车2辆。该地方政府规定的车船税税率为：乘用车发动机气缸排量为2.0升的900元/辆，载货汽车整备质量每吨50元。

要求：计算该企业该年度应纳车船税。

4.某企业某年度有关资料如下："实收资本"比上年增加200万元，"资本公积"比上年增加40万元；向银行借款100万元，借款合同上约定的年利率为6%；与A公司签订金额为550万元的买卖合同。以上金额均不含增值税。

要求：计算该企业该年度应纳印花税税额。

5.某市某房地产开发公司（增值税一般纳税人）建造一幢普通标准住宅并进行销售，销售收入为1 500万元（不含增值税），支付的地价款为150万元，建造成本为470万元，该公司支付的银行借款利息为30万元（该借款同时用于其他工程且利息不能按房地产转让项目计算分摊），按简易计税方法缴纳了增值税，该地方人民政府规定的房地产开发费用扣除比例为10%。

要求：计算该公司销售普通标准住宅应缴纳的土地增值税。

五、项目实训

绿波电器厂为增值税一般纳税人，注册资金600万元，为股份有限公司。于2016年3月13日向××市市场监督管理部门办理开业登记，3月16日取得"五证合一"企业法人营业执照，统一社会信用代码为620987659876543210，经营期限为20年。

该公司主要从事机械制造；注册及经营地点：××市东山区山清路67号；邮编：210006；电话：65432190；企业网址：www.lvbo.com；法定代表人：王峻，身份证号码：6200101980110255××，电话：65432190；财务负责人：赵巍，身份证号码：6201101982051321××，电话：65435678，手机：13567678989，电子信箱：zhaowei@161.com；办税人员：肖青，身份证号码：6200101983010632××，电话：6547894，手机：13578642390，电子信箱：xiaoqing@161.com。职工人数：120人。开户银行：××市中国工商银行东山支行，账号：67543290876，币种为人民币，此账号即为缴税账号。该企业执行企业会计准则。2022年部分涉税业务资料如下：

（1）办公楼、车间等房屋原值为300万元，当地政府规定的房产税计税余值的扣除比例为30%，其中，出租临街的房屋的房产原值为50万元，月租金收入2万元（不含增值税）。

（2）拥有车辆情况为：东风大货车8辆，整备质量均为5吨，年税额为30元/吨；春风小货车2辆，整备质量为2吨，年税额为30元/吨；小轿车3辆，年税额为360元/辆；客车1辆，35座，年税额为1 000元/辆。

（3）企业占用土地面积为10 000平方米，其中幼儿园占用150平方米。年税额为10元/平方米。

（4）本年度与某企业订立专用技术使用权转移书据1份，所载金额为100万元；订立产品买卖合同，所载金额为200万元；订立借款合同1份，所载金额为400万元；企业记载资金的账簿中，"实收资本""资本公积"账户金额没有增加。以上金额均不含增值税。

要求：根据以上资料计算该企业2022年度房产税、车船税、城镇土地使用税、印花税应纳税额并进行纳税申报。

参考文献

［1］王荃，朱丹. 税费计算与申报［M］. 3版. 北京：高等教育出版社，2020.

［2］王荃，殷慧敏. 企业纳税实务［M］. 2版. 北京：高等教育出版社，2019.

［3］林松池. 税务筹划［M］. 3版. 北京：高等教育出版社，2022.

［4］倪成伟，王敏. 财政与金融［M］. 5版. 北京：高等教育出版社，2022.

［5］财政部会计资格评价中心. 经济法基础［M］. 北京：经济科学出版社，2022.

［6］中国注册会计师协会. 税法［M］. 北京：经济科学出版社，2022.

［7］全国税务师职业资格考试教材编写组. 税法（Ⅰ）［M］. 北京：中国税务出版社，2022.

［8］全国税务师职业资格考试教材编写组. 税法（Ⅱ）［M］. 北京：中国税务出版社，2022.

数字化教学资源索引

为了帮助读者更好地学习和掌握税费计算、纳税申报和纳税筹划，编者针对本教材的重点难点内容制作了下列数字化教学资源，各资源的具体位置见括号内标注的页码，扫描对应的二维码即可直接观看。

［1］ 微课：税收制度构成要素（p.3）
［2］ 微课：价内税与价外税（p.8）
［3］ 视频：《税卡图》里的红色税收（p.13）
［4］ 动画：深化税收征管改革 服务国家治理大局（p.14）
［5］ 微课：企业涉税工作流程（p.14）
［6］ 动画：五证合一办，别忘把税交（p.15）
［7］ 文档：电子发票那些事儿（p.22）
［8］ 文档：国家税务总局关于在新办纳税人中实行增值税专用发票电子化有关事项的公告（p.23）
［9］ 视频：手把手教你查发票（p.23）
［10］ 文档：增值税普通发票防伪鉴别方法（p.24）
［11］ 视频：《月历表》里的红色税收故事（p.28）
［12］ 视频：5G智慧办税，真酷！（p.31）
［13］ 文档：企业税收合规现状解读（p.33）
［14］ 视频：和谐税收 一场国与家的双向奔赴（p.37）
［15］ 动画：2分钟动画读懂营改增（p.44）
［16］ 动画：2分钟动画读懂营改增——生活服务篇（p.47）
［17］ 微课：增值税视同销售项目（p.49）
［18］ 微课：增值税混合销售和兼营行为（p.49）
［19］ 图片："营改增"后登记一般纳税人年应税销售额从何时算起？（p.51）
［20］ 图片：年应税销售额超过规定标准是否一定要办理一般纳税人资格登记？（p.51）

［21］图片：小规模纳税人购置税控设备，必须取得专票才能抵减增值税吗？（p. 55）

［22］图片：9张图，带你读懂"专票电子化"（p. 58）

［23］微课：认识发票（p. 58）

［24］图片：持预付卡消费不能开发票（p. 63）

［25］图片：自2016年8月1日起红字增值税发票开具有新规（p. 64）

［26］动画：3分钟带你了解纳税信用（p. 66）

［27］微课：增值税销项税额（一）（p. 68）

［28］微课：增值税销项税额（二）（p. 69）

［29］微课：增值税销项税额（三）（p. 71）

［30］微课：增值税进项税额（p. 74）

［31］微课：增值税的征收管理（p. 86）

［32］动画：3分钟了解：增值税、消费税分别与附加税费申报表整合（p. 87）

［33］微课：消费税征税范围和税率（p. 125）

［34］微课：自产应税消费品外销消费税的计算（p. 133）

［35］微课：自产自用应税消费品消费税的计算（p. 135）

［36］微课：委托加工应税消费品消费税的计算（p. 135）

［37］微课：企业所得税基本税制要素（p. 176）

［38］微课：企业所得税纳税调整——业务招待费（p. 186）

［39］微课：企业所得税纳税调整——捐赠支出（p. 187）

［40］图片：@中小微企业：购置设备器具可按一定比例一次性税前扣除！（p. 191）

［41］网页：研发费用税前加计扣除新政指引（p. 194）

［42］图片：研发费用加计扣除归集范围新规12个亮点（p. 195）

［43］图片：企业所得税预缴纳税申报表简化了！一图读懂主要变化（p. 212）

［44］微课：个人所得税纳税人（p. 255）

［45］微课：个人所得税征税对象和税率（p. 258）

［46］微课：个人所得税的税收优惠（p. 262）

［47］动画：居民纳税人享受专项附加扣除的范围及条件（p. 264）

［48］动画：居民个人申请享受专项附加扣除的途径及方法（p. 264）

［49］图片：3岁以下婴幼儿照护专项附加扣除怎么扣？（p. 266）

［50］动画：三分钟看懂劳务报酬所得、稿酬所得、特许权使用费所得个税怎么算？（p. 269）

［51］微课：财产租赁所得如何计算个人所得税（p. 274）

［52］微课：财产转让所得如何计算个人所得税（p. 275）

［53］微课：个人发生公益性捐赠时个人所得税的计算（p. 277）

［54］动画：带您了解个人所得税预扣预缴申报（p. 285）

［55］动画：哪些人不需要办理年度汇算（p. 287）

［56］动画：教你使用新版个人所得税办税系统（p. 288）

［57］动画：通过哪些渠道可以办理个税年度汇算？（p. 289）

［58］微课：房产税那些事儿（p. 334）

［59］文档：上海市房产税实施细则（p. 334）

［60］文档：重庆市房产税实施细则（p. 336）

［61］动画：财产和行为税合并申报今天起全面推行（p. 336）

［62］图片：关于节约能源使用新能源车船车船税优惠政策（p. 348）

［63］文档：已缴车船税的车船同一纳税年度内转让过户能退税吗？（p. 350）

［64］图片：车购税 VS 车船税傻傻分不清？（p. 351）

［65］文档：企业发生的业务未签合同，是否需要缴纳印花税？（p. 357）

［66］动画：2分钟带你了解"城市维护建设税法"（p. 360）

［67］图片：9月1日起实施！一张图带你了解契税法（p. 375）

［68］动画：契税法之新变化（p. 378）

［69］动画：扶助小微，"六税两费"减免政策扩围（p. 379）